WOLF-DIETER SICK · MADAGASKAR

D1663000

WISSENSCHAFTLICHE LÄNDERKUNDEN

HERAUSGEGEBEN
VON
WERNER STORKEBAUM

BAND 16

1979
WISSENSCHAFTLICHE BUCHGESELLSCHAFT
DARMSTADT

MADAGASKAR

TROPISCHES ENTWICKLUNGSLAND
ZWISCHEN DEN KONTINENTEN

VON

WOLF-DIETER SICK

Mit 36 teils farbigen Abbildungen,
24 Tabellen und 18 Bildtafeln im Anhang

1979

WISSENSCHAFTLICHE BUCHGESELLSCHAFT

DARMSTADT

CIP-Kurztitelaufnahme der Deutschen Bibliothek

Sick, Wolf Dieter:
Madagaskar: trop. Entwicklungsland zwischen d.
Kontinenten / von Wolf-Dieter Sick. — Darmstadt:
Wissenschaftliche Buchgesellschaft, 1979.
(Wissenschaftliche Länderkunden; Bd. 16)
ISBN 3-534-05822-4

12345

🅦 Bestellnummer 5822-4

© 1979 by Wissenschaftliche Buchgesellschaft, Darmstadt
Satz: Maschinensetzerei Janß, Pfungstadt
Druck und Einband: Wissenschaftliche Buchgesellschaft, Darmstadt
Printed in Germany
Schrift: Linotype Garamond, 9/11

ISBN 3-534-05822-4

INHALT

VERZEICHNIS DER ABBILDUNGEN

(F = Farbkarte)

VERZEICHNIS DER TABELLEN

VERZEICHNIS DER BILDER IM ANHANG

BILDNACHWEIS

Die Fotos 1—26 des Tafelanhangs stellte der Verfasser für den Druck zur Verfügung. Die Luftaufnahmen 27—35 (© I.G.N., Paris) wurden mit Genehmigung des Institut Géographique National á Paris, direction des affaires économiques et commerciales, Paris, abgedruckt. (n° d'autorisation 99—2811/08.11.1978).

VORWORT

Die Insel Madagaskar hat im deutschsprachigen geographischen Schrifttum bisher wenig Beachtung gefunden. Abgesehen von älteren, zum Teil in das 19. Jahrhundert zurückreichenden Reisebeschreibungen sind nur einige neuere Untersuchungen zu nennen, die sich meist mit Spezialproblemen befassen. Bis vor kurzem im Machtbereich Frankreichs gelegen, hat das Land seit etwa 100 Jahren vor allem durch die französische Forschung eine vielseitige und gründliche Bearbeitung erfahren. In jüngster Zeit treten auch Arbeiten einheimischer Wissenschaftler hinzu. Dieses fremdsprachige Schrifttum ist indes weit verstreut und im deutschen Raum nur zum Teil greifbar. So ist hier die Insel für viele das ›unbekannte, geheimnisvolle Madagaskar‹ am Rande Afrikas geblieben.

Eine Landeskunde Madagaskars in deutscher Sprache erscheint somit gerechtfertigt. Sie möchte nicht nur eine Lücke im länderkundlichen Mosaik der Erde füllen und Detailkenntnisse über einen begrenzten Raum vermitteln. Sie will auch auf überregionale Zusammenhänge aufmerksam machen und am Beispiel die natur- und kulturgeographischen Probleme tropischer Entwicklungsländer aufzeigen. Madagaskar eignet sich als Modell für weiträumige geographische Verflechtungen in hervorragendem Maße. Zwischen den Kontinenten gelegen, hat die Insel ihre natur- und kulturräumliche Ausstattung aus verschiedenen Richtungen empfangen. Angesichts der lage- und klimabedingten Differenzierung der Naturräume und der historisch gewachsenen Vielfalt des Volkstums wird Madagaskar zu Recht als ein ›Kontinent im kleinen‹ bezeichnet, der die geographischen Phänomene auf engem Raum zusammenfaßt. Auch in seiner sozialökonomischen Entwicklung mit den einschneidenden Übergängen von der vorkolonialen zur kolonialen Zeit und zur problemreichen Unabhängigkeit kann das Land als anschauliches Beispiel dienen.

Im Rahmen dieser größeren Zusammenhänge und im Verknüpfen von regionaler und allgemeiner Geographie ist die umstrittene landeskundliche Forschung auch heute berechtigt. Die Problematik liegt dabei in der Auswahl des Stoffes, die sowohl das großräumig Vergleichbare als auch die individuellen Erscheinungen zu erfassen hat. Vor dieses Problem ist gerade eine Landeskunde von Madagaskar gestellt, die aus einer umfangreichen Literatur und vielen eigenen Beobachtungen auswählen soll, was das Land als Individualität und als beispielhaften Teil der Tropen charakterisiert. Hier liegen auch die Grenzen eines einzelnen Bearbeiters; subjektives Ermessen und Schwerpunkte eigener Forschung werden mitbestimmend.

In der Anordnung des Stoffes sucht das Buch, abweichend von länderkundlichen Schemen, Madagaskar seinen wesentlichen geographischen Strukturen ent-

sprechend zu erfassen. Nach einer induktiven Einleitung, die mit ersten Beobachtungen Fragen aufwirft, soll zunächst die Bevölkerung als gestaltende Kraft mit
dem Gang der Besiedlung und der politischen Entwicklung vorgestellt werden.
Hierauf wird das naturräumliche Potential untersucht, wobei das Klima als überregionales Element, das die ökologische und ökonomische Struktur stark bestimmt, vorangestellt wird und sodann die Darstellung des geologisch-morphologischen Aufbaus, der Vegetation und der Böden folgt. Bei der Kombination der
naturräumlichen Faktoren verdienen nicht nur die Raumgliederung, sondern auch
die Probleme des Naturschutzes für die ganz eigenartige und stark bedrohte Fauna
und Flora der Insel Beachtung.

Der Agrarlandschaft kommt in Madagaskar zentrale geographische Bedeutung
zu. Die Darstellung der traditionellen Agrargesellschaft mit ihren Siedlungen,
Nutzungsformen und ihrem Übergang von der Subsistenz- zur Marktwirtschaft,
von der Tradition zum ›Fortschritt‹, nimmt deshalb breiten Raum ein. Zentrale
Orte und Industrie sind demgegenüber erst in jüngerer Zeit aufgeprägte Elemente.
Der Verkehr hat entscheidende Funktionen für die Koordination der verschiedenartigen Landesteile. Die Entwicklungsprozesse haben in den vorgenannten Abschnitten Vorrang gegenüber der Interpretation unsicherer statistischer Details.

Es erscheint sinnvoll, die gegenwärtige Bevölkerungsstruktur erst am Schluß
zu untersuchen, weil sie nur aus der Kenntnis der historischen Entwicklung, der
naturräumlichen Differenzierung und der sozioökonomischen Struktur heraus
voll verständlich wird. Dies gilt auch für den heutigen Staat und seine Funktionen,
wobei die jüngsten Entwicklungen nach dem Umsturz von 1972 zu berücksichtigen sind, die das Land zu einem Beispiel für den Widerstreit zwischen West und
Ost in der ›Dritten Welt‹ werden ließen.

Der Abschnitt über die geographischen Großräume der Insel hat sowohl eine
zusammenfassende Gliederung als ein skizzenhaftes Herausgreifen der regionalen
Besonderheiten zum Ziel.

Eine Landeskunde kann heute nur noch zu geringem Teil auf eigenen Forschungen beruhen und ist im übrigen auf Vorarbeiten angewiesen, von denen wiederum nur ein kleiner Teil genannt werden kann. Insbesondere muß hier der
Leistung französischer Wissenschaftler dankend gedacht werden; ohne ihre zahllosen, methodisch und sachlich oft ausgezeichneten Arbeiten wäre eine Gesamtdarstellung nicht möglich gewesen.

Neben der Literatur dienten dem Verfasser drei mehrmonatige Aufenthalte in
den Jahren 1968, 1970 und 1976 mit zahlreichen Reisen durch alle Teile der Insel
und vielen Kontakten zu Behörden und Privatpersonen als Grundlage. Die Reisen
wurden zum Teil durch die Deutsche Forschungsgemeinschaft unterstützt, der
hier besonders gedankt sei. Für sehr wertvolle Hilfe und wissenschaftliche Anregungen ist dem Laboratoire de Géographie an der Universität von Madagaskar
und den dortigen Kollegen MM. R. BATTISTINI und LE BOURDIEC, der Ecole Nationale Supérieure Agronomique, ehemals unter Leitung von M. J. C. ROUVEY-

RAN, sowie der französischen Forschungsorganisation O.R.S.T.O.M., Séction Géographie unter Leitung von M. J. P. RAISON, ausdrücklich zu danken. Die Botschaft der Bundesrepublik Deutschland unterstützte mit dankenswerter technischer Hilfe. Mit einem herzlichen Dank bedacht seien die vielen madagassischen, französischen und deutschen Helfer und Informanten, die den Verfasser ausnahmslos freundlich unterstützt haben und nicht einzeln genannt werden können. Besonders zu erwähnen sind die Entwicklungshelfer und Missionare, die auf den Reisen durch die ›Brousse‹ wertvolle Informationen aus langjähriger Landeskenntnis gaben und dem Verfasser die Mentalität der Bevölkerung nahebrachten. Der Wissenschaftlichen Buchgesellschaft sei schließlich für die Aufnahme in die länderkundliche Reihe und die Ausstattung des Buches gedankt. Ich möchte es auch meinen deutschen Kollegen, den Herren Prof. Dr. H. POSER und Dr. W. MARQUARDT widmen, die mir mit ihren Arbeiten über die Insel wertvolle Hilfe gaben.

Für die Reinzeichnung von Karten danke ich Frl. E. Kopf und Herrn E. Parlow.

Es ist der Wunsch des Verfassers, daß diese Landeskunde über die Kenntnisvermittlung auch der weiteren Entwicklung Madagaskars dienen kann. Sie ist ein bescheidener Dank für die liebenswerte Gastfreundschaft der Madagassen und für die tiefen Eindrücke, die dem Verfasser beim Bereisen der Insel vergönnt waren.

Freiburg, im September 1978   WOLF-DIETER SICK

1. EINLEITUNG

MADAGASKAR IM QUERSCHNITT

Seit der Mitte des 19. Jh. war die Insel das Ziel zahlreicher Forschungsreisender, für die sich aus der Lage Madagaskars zwischen den Kontinenten und seiner starken inneren Differenzierung von vornherein Fragen nach konvergierenden und divergierenden Natur- und Kulturentwicklungen ergaben. Aus der Erkenntnis der räumlichen Vielfalt und Gegensätzlichkeit erwuchsen immer wieder neue Problemstellungen.

Auch für den fachlich nicht vorgebildeten Besucher bietet sich hier ein reiches Beobachtungsfeld, auf dem sich Fragen nach den Hintergründen der äußeren Erscheinungen aufdrängen. Als Einführung soll deshalb ein Querschnitt durch den räumlichen Wandel Madagaskars dienen, der bereits Probleme erkennen läßt, die in den folgenden Abschnitten näher zu behandeln sind.

Der mit dem Flugzeug anreisende Besucher lernt zunächst das Hochland und damit den zentralen Teil der Insel mit der höchsten Kulturentwicklung und der Hauptstadt Tananarive kennen. Schon die ersten Beobachtungen machen deutlich, wie fragwürdig eine Zuordnung zum nahe benachbarten afrikanischen Kontinent ist. Die Bevölkerung mit kleinem, oft schlankem Wuchs, dunklen, meist glatten Haaren, hellbrauner Hautfarbe und mit lebhaftem Temperament erinnert mehr an Südostasien als an Afrika. Dies gilt auch für die Agrarlandschaft, die in den Becken und Tälern des Hochlandes, zumal um die Hauptstadt, eine hohe Anbaudichte erreicht. Hier fällt der Naßreisanbau als bestimmendes Merkmal ins Auge; mit seinen jahreszeitlich überschwemmten, von Dämmen eingefaßten Feldern, mit der grün sprießenden Saat, besonders aber mit den kunstvollen, vielstufigen Terrassen an den Hängen erscheint er wie ein Teil der südasiatischen Kulturlandschaft. Davon heben sich die im Regenfeldbau bestellten Parzellen auf dem leuchtendroten Boden der höheren Geländeteile ab. Die Rücken und Hochflächen über den Niederungen, baumlos oder mit eingeführten Holzarten nur spärlich aufgeforstet, tragen überwiegend Grasvegetation und dienen verstreuten Viehherden als dürftige Weide. Die enge Verzahnung zwischen intensiver Bewässerungswirtschaft, extensiv genutzten Trockenfeldern und ausgedehnter Viehhaltung, der wie in Afrika Kult- und Prestigefunktion zukommt, wirft die Frage nach der Entwicklung der heutigen Kulturlandschaft und dem Ursprung ihrer Elemente auf.

Diese Frage erhebt sich auch bei den Siedlungen. Neben bevölkerungsreichen Dörfern am Rande der Niederungen finden sich, meist in höherer Lage, Streusiedlungen mit isolierten Feldfluren, auf den Höhenrücken merkwürdige, meist verlassene Festungsanlagen mit Grabensystemen, die Wüstungsvorgänge anzeigen. Dem Beobachter fallen auch sehr bald die Eigenheiten der madagassischen Hausformen im Hochland auf. In den Städten und größeren Dörfern sind es insbesondere die zweistöckigen, aus Backsteinen errichteten Wohnhäuser mit säulengetragenen Balkonen, die man in dieser Form weder in Afrika noch in Asien antrifft und die europäischen Landhäusern ähneln. Im ländlichen Bereich haben diese Ziegelbauten und die aus rotem Lehm errichteten niedrigeren Häuser eine auffällig häufige Nord-Südorientierung, die auf der ganzen Insel vorherrscht. Es finden sich ausschließlich Rechteckhäuser mit Satteldach; afrikanische Kuppelbauten fehlen. Die Hochlandsiedlungen zeigen im übrigen eine erhebliche Differenzierung nach Lage, Form und innerer Ausstattung und damit Unterschiede in der Entwicklung und sozialen Schichtung.

Tananarive hebt sich von der ländlichen Umgebung als einzige Großstadt des Landes durch die Massierung der Bevölkerung, der zentralen Funktionen und des Verkehrs ab. Im Zentrum ragen neben älteren Ziegelbauten bereits einige Hochhäuser im Stil moderner Städte auf. Auf dem Markt der in 1200—1400 m Höhe gelegenen Hauptstadt begegnen uns neben kunstgewerblichen und importierten industriellen Produkten die Agrarerzeugnisse der verschiedenen tropischen Höhenstufen. In den belebten Straßen sind Europäer heute selten geworden. In den Randgebieten der Stadt deuten Villengebiete einerseits, Viertel mit dichter Bevölkerung und schlechten Wohnverhältnissen andererseits soziale Spannungen an. Die Folgen der Landflucht, die nur ungenügend durch die bescheidene Industrie und durch Dienstleistungen aufzufangen ist und zur Unterbeschäftigung führt, werden erkennbar.

An den schmalen Bereich dichter Besiedlung im zentralen Teil der Insel schließen östlich und westlich Räume an, die sich kontrastreich voneinander unterscheiden. Im Osten wird das offene Kulturland am steilen Abfall des Hochlandes scharf durch den dichten Regenwald begrenzt. Die mehrmonatige Trockenzeit im Hochland wird hier abgelöst durch fast ganzjährige Regenfälle mit starken östlichen Winden. Die Besiedlung des Waldlandes beschränkt sich auf Rodungsinseln längs der zum Indischen Ozean führenden Täler. Zum Meer hin geht das Steilrelief in flacheres Hügelland und schließlich in die Ebenen an der von Lagunen und Strandwällen gesäumten Ostküste über. Die Bevölkerung, physiognomisch den Hochlandbewohnern ähnlich, wohnt in Dörfern, aber auch in verstreuten Kleinsiedlungen des Hügellandes; ihre aus Pflanzenmaterial errichteten Häuser stehen auf Pfählen. Neben dem Reisbau erscheint eine Vielzahl von Nutzgewächsen in meist kleinen Pflanzungen — Kaffee, Bananen, Zuckerrohr, im Norden Gewürznelken und Vanille —, die der unteren und mittleren tropischen Höhenstufe angehören. Die Viehhaltung tritt hingegen im Vergleich zum Hochland zurück. Das Kulturland wird von Waldresten durchsetzt, deren niedriger und lichter Wuchs deutlich eine degradierte Sekundärvegetation verrät. Dieses gegenüber dem Hochland andersartige Landschaftsbild wirft die Frage nach der Form der Erschließung und ihren ökologischen Folgen im feuchtwarmen Tieflandsklima auf. Die Höhenstufung von Vegetation und Anbau legt den Vergleich mit anderen tropischen Bergländern nahe.

Ein anderes Bild bietet die Westseite der Insel. Weite reliefarme, von einzelnen Kuppen überragte Hochflächen mit z. T. verkrusteten Böden auf kristallinem Gestein deuten langdauernde morphologische Prozesse an. Das dicht kultivierte zentrale Hochland wird abgelöst durch eine monotone Grassavanne, in der sich nur längs der Taleinschnitte Gehölzbestände finden. Man beschäftigt sich seit langem mit der Frage, ob dieser Vegetationsbestand natürlich oder auf den Eingriff des Menschen zurückzuführen sei. Die mehrere Monate dauernde Regenzeit steht mit dem Bewuchs nicht im Einklang. Andererseits weisen größere, verstreute Viehherden und Buschfeuer, die am Ende der Trockenzeit weite verbrannte Flächen hinterlassen, auf anthropogene Veränderungen hin. Unübersehbar sind in diesem Landesteil die tiefen Erosionsnischen und -risse, wie Wunden die Hänge zerschlitzend — ein für Madagaskar spezifisches morphologisches Phänomen und Indiz für einschneidende ökologische Störungen. Die Siedlungen folgen den Tälern in weiten Abständen, der Feldbau nimmt gegenüber der Viehhaltung nur geringen Raum ein.

Diese eintönige Landschaft wird westlich von Tananarive belebt durch auffällig steile Kuppen, Kegel und Krater, die unschwer junge, den Hochflächen aufgesetzte Vulkanformen erkennen lassen. Wenig westlich davon liegt ein für Madagaskar atypisches Einzelhofgebiet mit regelmäßigen Feldterrassen, Ergebnis einer jungen Kolonisation in dem sonst dünn besiedelten Raum.

Der Querschnitt durch den Westen der Insel führt von dem sanft abgedachten Hochland über einen steilen Abstieg zunächst in eine nord-südlich ziehende Niederung mit heißem Binnenlandklima. Westlich schließen sich meerwärts geneigte, von Stufen unterbrochene Flächen an, ein Schichtstufenland im wechselfeucht-tropischen Klima, das morphologische Probleme aufwirft. Trockenwald mit mächtigen Affenbrotbäumen und Palmsavanne lösen die Grassavanne des Hochlandes ab. An der mangrovegesäumten Westküste tauchen die Schichtflächen des Landesinneren unter, teils bedeckt mit jungen marinen Strandbildungen. Die von Osten kommenden Flüsse haben an ihrem Unterlauf Schwemmlandniederungen und zum Teil Deltas aufgeschüttet. In diesen eng begrenzten Küstenräumen verdichtet sich die Bevölkerung; große Dörfer sind vom engmaschigen Netz bewässerter Reisfelder und von Parzellen mit Regenfeldbau umgeben. Wie im Osten ist auch hier die Küste Standort städtischer Siedlungen, die mit Geschäften, stärkerem Verkehr und kleinen Häfen Handelsfunktionen für das Hinterland erkennen lassen.

Die Bevölkerung des Westens wirkt weniger einheitlich als im Hochland. Man trifft hier häufiger Menschen mit dunklerer Hautfarbe, größerem Wuchs und krausem Haar; der Schluß auf Einwanderung vom benachbarten Afrika liegt nahe.

Wie an der Ostküste unterscheiden sich die Behausungen von den Ziegel- und Lehmbauten des Hochlandes durch die Verwendung von pflanzlichem Material, doch sind sie wegen des trockeneren Klimas nicht auf Pfählen errichtet wie im Osten.

Im Nordwesten der Insel liegen Gebirge und küstennahe Niederungen, mit Regenwald und Anbauprodukten der feuchtwarmen Tropen (Zuckerrohr, Kakao, Gewürz- und Parfümpflanzen) der Ostseite ähnlich, während der äußerste Norden mit der isolierten Provinzstadt Diégo-Suarez in Vegetation und Nutzung wieder auf größere Trockenheit schließen läßt. Das sonst von Osten nach Westen trockener werdende Klima der Insel erfährt hier regionale Variationen, die eine Untersuchung des Reliefeinflusses und der Luftzirkulation in diesem äquatornächsten Teil Madagaskars erfordern.

Im Süden schließlich erreicht man einen Raum, der am stärksten durch Niederschlagsarmut geprägt ist. Die im Osten fast ganzjährige, im Westen noch vier- bis sechsmonatige Regenzeit geht hier auf wenige Wochen im Jahr zurück. Diesem Klima ist eine eigenartige Vegetation angepaßt, bei der neben Kakteen, eingeführten Opuntien und Agaven bizarre endemische Arten auffallen. Dazu kommt die artenreiche, aber vom Aussterben bedrohte Fauna mit vielen, nur der Insel eigenen Vertretern, z. B. der Lemuren oder Riesenschildkröten. Diese zum Teil als Relikt früherer Erdzeitalter gedeutete Pflanzen- und Tierwelt hat den Südwestteil der Insel zu einem bevorzugten Arbeitsfeld der Naturforscher werden lassen; die Klärung von Herkunft und Entwicklung dieser Arten in einem isolierten Raum führt in grundlegende genetische Probleme.

Aber auch in kulturgeographischer Hinsicht ist die Eigenart des Südens augenfällig. Der Wassermangel läßt den Reisbau stark zurücktreten; auch der Regenfeldbau auf den von Dornhecken umgebenen Feldern leidet oft unter der Niederschlagsarmut. Über weite Strecken wandernde Herden lassen auf die Schwierigkeit der Futterbeschaffung schließen. Die Häuser der verstreuten Siedlungen, aus Brettern oder einem mit Lehm verkleideten Holzgerüst errichtet, sind kleiner und bescheidener ausgestattet als in den anderen Teilen der Insel und bezeugen einen naturbedingt niedrigen Lebensstandard. Weite Entfernungen, nur von dürftigen Verkehrswegen überbrückt, trennen den Raum vom politischen und wirtschaftlichen Zentrum des Landes. Städtische Siedlungen sind noch seltener als im Westen; sie finden sich vorwiegend in Nähe der Küste, wo sich auch die ländliche Bevölkerung stärker verdichtet. Am Ostrand dieses Raumes liegen ausgedehnte Sisalplantagen mit regelmäßigem Parzellenmuster als Zeugen kolonialzeitlicher Überformung der Agrarlandschaft; hier stellt sich die Frage nach der heutigen Bedeutung der europäischen Agrarkolonisation im selbständig gewordenen Staat.

Im Südosten der Insel vollzieht sich auf kurzer Entfernung der Übergang von der Trockenvegetation zum Regenwald des östlichen Gebirgsrandes. Für die Kontraste der Teilräume Madagaskars, die in diesem ersten Überblick skizziert wurden, findet sich hier auf engem Raum ein besonders eindrucksvolles Beispiel.

Die Großgliederung des Landes in das zentrale Hochland und die peripheren Räume im Osten, Westen und Süden ist das Leitmotiv, das sowohl bei den natur- wie bei den kulturgeographischen Erscheinungen immer wiederkehrt.

2. DIE ENTWICKLUNG VON BESIEDLUNG, BEVÖLKERUNG UND STAAT

Die Bedeutung der Lage für die Entwicklung der Bevölkerung und der Kultur eines Raumes zeigt sich bei Madagaskar in hervorragendem Maße. Aus der Beobachtung, daß sich im Rassenbild der Bewohner und in ihrem Kulturgut Einflüsse aus dem ganzen Umkreis des Indischen Ozeans widerspiegeln, erwuchs eine bis heute andauernde wissenschaftliche Diskussion um Herkunft, Stärke und Dauer dieser Einwirkungen und eine mögliche eigene Urbevölkerung. Die zentrale Lage zwischen den Kontinenten und zugleich die Isolierung als Insel haben dazu geführt, daß Fremdbürtiges sich zu einer selbständigen neuen Form entwickelt hat. Mit dem Fortgang der Besiedlung waren tiefe Eingriffe in den Naturhaushalt des Landes verbunden. Über den engeren Raum hinaus vermag so die Geschichte Madagaskars ein Licht auf den Gang der Kultur im Raum des Indischen Ozeans zu werfen.

2.1. BESIEDLUNGSGESCHICHTE

Die Trennung Madagaskars von den Nachbarkontinenten mit der für seine Natur- und Kulturentwicklung folgenreichen Isolierung begann vermutlich im Mesozoikum, d. h. noch vor dem Erscheinen des Menschen, ja selbst der Menschenaffen auf der Erde. In der Nachbarschaft Ostafrikas mit seinen berühmt gewordenen altsteinzeitlichen Funden der Oldoway-Schlucht ist die Frage nach der ersten menschlichen Besiedlung der Insel von besonderem Interesse. Die vorgeschichtliche Erforschung Madagaskars setzte erst zu Beginn dieses Jahrhunderts ein und hat bisher nur zu wenigen, jedoch aufschlußreichen Funden geführt. Keiner dieser Funde reicht indes vor die Zeitenwende zurück, so daß mit einer sehr jungen Einwanderung gerechnet werden muß. Die Datierung mit der Radiokarbon-Methode bezeugt die Anwesenheit des Menschen erst für die Zeit um 1000 n. Chr. (R. BATTISTINI — P. VERIN 1972 u. a.). So wurde für die Funde von Talaky im äußersten Süden der Insel ein Alter von 840 ± 80 Jahren ermittelt; neben Töpferwaren und Geräten einer Fischfang treibenden Bevölkerung wurden hier auch Eisenwerkzeuge entdeckt. JANVIER (1975) vermutet allerdings aus dem Bericht des DIODOR von Sizilien (1. Jh. v. Chr.) über einen Seefahrer Jambulos, daß Madagaskar schon vor der Zeitenwende von Afrikanern besiedelt war.

Bedeutsam für die Naturgeschichte der Insel ist die Verknüpfung mancher Artefakte mit Subfossilien, d. h. mit Resten vor kurzem ausgestorbener Tierarten. In Talaky fand man neben den oben genannten Geräten Schalen von Eiern des Riesenstraußes *Aepyornis.* Auch im äußersten Norden, bei Irodo, wurden Reste von *Aepyornis* entdeckt; die Datierung ergab ein Alter von 1150 ± 90 Jahre. In ihrer Nachbarschaft wurden gleichfalls Töpfer- und Eisenwaren sowie bearbeitete Chloritschiefer gefunden. Die Verbindung von menschlichen und tierischen Relikten ist auch im Zentrum der Insel nachgewiesen worden. Bereits 1905 erregte der Fund von Ampasambazimba westlich von Tananarive Aufsehen, der neben den Subfossilien von Aepyornis und Lemuren die Verarbeitung von Holz, Ton und Knochen ermittelte. Jüngere Funde im Südwesten Madagaskars ergaben bei Rezoky Lemurenknochen neben Töpferwaren und bei Taolambiby neben Resten des ausgestorbenen Flußpferdes *Hippopotamus Lemerlei* Knochen des erst vom Menschen eingeführten Zeburindes. Das Alter von *Hippopotamus Lemerlei* wurde nach den Subfossilien von Itampolo an der Südwestküste mit 900 ± 200 Jahren bestimmt (R. Battistini — P. Verin 1965).

Somit ergibt die prähistorische Forschung trotz der noch weitgestreuten Funde zweifelsfrei, daß um die Jahrtausendwende verschiedene Teile der Insel besiedelt waren und der Mensch Zeitgenosse einer Tierwelt war, die vermutlich durch sein Eingreifen ausgerottet wurde. Wie jung dieser Vorgang ist, zeigt der Bericht von E. de Flacourt (1658), wonach der Riesenstrauß *Aepyornis* im Süden Madagaskars um die Mitte des 17. Jh. noch existierte.

In der Diskussion um die Herkunft der Bevölkerung stehen sich zwei Hypothesen gegenüber: die einer getrennten, d. h. zuerst afrikanischen und dann asiatischen Einwanderung und die einer Vermischung schon vor der Besiedlung Madagaskars. Es bleibt dabei nach dem Rassen- und Kulturbild der Insel außer Zweifel, daß beide Kontinente im Laufe der Geschichte einen mehr oder minder großen Einfluß ausgeübt haben. Der Jesuitenpater Mariano, der Madagaskar im 17. Jh. bereiste, erfaßte dies bereits richtig mit der Aussage: ›Die Bewohner stammen von Malakka und aus dem Kaffernland.‹

Vor etwa 50 Jahren vertrat A. Grandidier, der sich um die Natur- und Kulturgeschichte der Insel höchst verdient gemacht hat, die Ansicht einer Einwanderung aus dem weit entfernten melanesischen Raum; dieser Hypothese wird heute nicht mehr gefolgt, obgleich R. Ratsimamanga noch 1940 von einem Anteil negro-ozeanischer Bevölkerung spricht.

Unbestritten ist indes der große Einfluß *Indonesiens*, belegt durch eine Fülle anthropologischer, linguistischer und kulturgeschichtlicher Zeugnisse. Die trotz regionaler Unterschiede in der Wurzel einheitliche Sprache, das *malagasy*, weist in ihrer Syntax und ihrem Wortschatz eindeutig nach Indonesien (J. Poirier). Für Grundbegriffe wie Himmel (malaiisch: langit, madag.: lanitra), Wasser, Feuer und Erde lauten die Worte in beiden Regionen ähnlich. Der Norweger O. Dahl fand 1951 eine weitgehende Übereinstimmung mit der Sprache der Maanjan auf Borneo. Der geringe Anteil von Sanskritworten im Madagassischen und manche archaische Sprachelemente lassen darauf schließen, daß die Trennung und eigenständige Weiterentwicklung bereits vor oder bei Beginn der Hinduisierung

Südostasiens erfolgte, d. h. um die Mitte des ersten Jahrtausends n. Chr. Das Madagassische ist jedenfalls ein Zweig der malayo-polynesischen Sprachfamilie.

Eindeutig ist auch, daß ein Teil der madagassischen Bevölkerung mit der Indonesiens in den Rassemerkmalen weitgehend übereinstimmt. Dazu gehören der mittelgroße oder kleine Wuchs, das glatte oder gewellte Haar, die mesokephale Schädelform und die nur mäßige Prognathie. Dieser z. B. auf Java vertretene Typ umfaßt bei den Merina im Zentrum Madagaskars immerhin 44 % der Bevölkerung, in anderen Landesteilen allerdings nur einen geringen Prozentsatz (n. M. C. Chamla 1958).

Groß ist die Zahl der Kulturelemente, die sowohl Madagaskar wie Indonesien eigen sind, z. B. die Wohnhäuser mit rechteckigem Grundriß, auf Pfählen errichtet, die befestigten Höhensiedlungen, die Landerschließung mit Brandrodung, ein spatenartiges Ackergerät *(angady)* und — sehr wichtig für die Erklärung transozeanischer Wanderungen — die Auslegerboote. An Kulturgewächsen dürfte Madagaskar von Indonesien Kokospalme und Taro übernommen haben; für Zuckerrohr und den heute landschaftlich und wirtschaftlich so wichtigen Naßreisanbau kommt jedoch auch südasiatische Herkunft in Frage. Soziologische Gemeinsamkeiten Madagaskars und Indonesiens sind patrilineare Sippen mit matrilinearen Tendenzen, das Landeigentum der Sippen, die Schichtung in drei Kasten, die sexuelle Freiheit der Mädchen, ferner Begräbnissitten, die auf den Totenkult deuten. Wichtig ist der Hinweis von P. Ottino (1974) auf Parallelen der sozialen und territorialen Dorforganisation bei den Merina und im Südosten Madagaskars einerseits, auf Timor andererseits mit fast gleicher Bezeichnung *(fukun, tukum)*.

Aber auch für den Einfluß *Afrikas* spricht eine lange Reihe von Zeugnissen. Ein großer Teil der Bevölkerung Madagaskars, vor allem im Westen und Süden (bei den Bara über 54 % n. M. C. Chamla), doch auch im Hochland bei den Betsileo (51 %) und Merina (ca. 30 %) trägt eindeutig afrikanische, d. h. bantuide, und nicht, wie Grandidier meinte, melanesische Rassemerkmale. Neben dunkler Hautfarbe und Kräuselhaar sind die starke Prognathie und die dolichokephale (längliche) Schädelform zu nennen.

In der Agrarwirtschaft weisen der Anbau von Hirse und die Haltung von Rindern, Ziegen, Schafen und Hühnern auf ostafrikanische Herkunft. Auffällig ist in beiden Gebieten die starke Prestigefunktion der Rinderhaltung, die über der wirtschaftlichen Bedeutung steht. Andere Gemeinsamkeiten finden sich in der Keramik und Baumwollweberei sowie bei Holzskulpturen, im kultischen Bereich in der Ahnenverehrung und der Sitte der Beschneidung.

Bei vielen der von Afrika übernommenen Kulturgüter mischen sich bantuide mit arabischen Elementen. Dies gilt für die Suaheli-Sprache, aus der zahlreiche Bezeichnungen, z. B. für Haustiere, verändert in das Madagassische eingegangen sind:

	Madagassisch	Kisuaheli
Rind	omby	ngombi
Schaf	ondri	kondo
Ziege	osi	mbozi
Katze	saka	paka

Im Vergleich zum indonesischen Grundstock ist der Anteil des Kisuaheli und der Bantusprachen am Madagassischen jedoch gering; er wurde von früheren Forschern, wie JULIEN und FERRAND, in jüngerer Zeit auch von KENT, überschätzt. Dies hat zu der Hypothese einer afrikanischen Erstbesiedlung noch vor der indonesischen Einwanderung geführt. Die Ansicht von einem afrikanischen Substrat der madagassischen Bevölkerung ist bis heute umstritten.

Die neuere Forschung, vertreten z. B. durch H. DESCHAMPS, sieht die indonesisch-afrikanische Rassemischung, die den größten Teil der madagassischen Bevölkerung umfaßt, und die kulturelle Pluralität vielmehr als Ergebnis von Kontakten zwischen beiden Kulturkreisen, die schon vor der ersten Einwanderung außerhalb Madagaskars erfolgten. Späterer Zuzug von beiden Seiten hat diese Vermischung verstärkt. In jüngerer Zeit wird, vor allem durch P. OTTINO (1974), nicht nur die West- und Ostseite, sondern der Gesamtrahmen des Indischen Ozeans einbezogen und wohl mit Recht gefordert, die Einflüsse auch Südindiens und Ceylons zu berücksichtigen.

Daraus ergibt sich nun die Frage nach dem Weg und der Zeit der Besiedlung Madagaskars. Die Einwanderung über See aus dem etwa 6000 km entfernten Südostasien — in vorgeschichtlicher Zeit eine gewaltige Leistung — muß im Vergleich mit den Winden und Meeresströmungen im Indischen Ozean gesehen werden. Im Süden stellt der beständige, durch den Südostpassat bewegte Süd-Äquatorialstrom eine direkte Verbindung zwischen der Südwestflanke Indonesiens und der Ostküste Madagaskars her. Beim Krakatauausbruch 1883 haben vulkanische Aschen auf diesem Wege die Insel erreicht. Die direkte Überfahrt ist auf Segelbooten mit Hilfe der Strömung zwar möglich, ohne Zwischenstationen für die Wanderung einer größeren Menschenzahl im ersten Jahrtausend jedoch schwer vorstellbar (G. P. MURDOCK 1959). Verständlicher ist die Hypothese des Wanderweges über den Norden des Ozeans. Hier führen im Nordwinter der Nord-Äquatorialstrom und der Somalistrom mit dem Nordostmonsun von Südostasien über Südindien und Ceylon an die Ostküste Afrikas und ihr entlang nach Süden. Die Bevölkerungsbewegung konnte sich auf diesem Wege in Etappen mit vielleicht längeren Aufenthalten in Südasien und Ostafrika vollziehen. Dies würde mit den von P. OTTINO vermuteten Kontakten zu Indien übereinstimmen. Vor allem aber läßt sich damit die Hypothese von der Mischung indonesischer und afrikanischer Rasse- und Kulturelemente bereits vor der Ankunft in Madagaskar unterbauen. Die Einwanderer behielten ihre Sprache und die Güter einer höher entwickelten Kultur und Technik aus Südostasien (und Indien?) bei, vermehrten diese aber durch die Übernahme von Kulturpflanzen, Haustieren und Gebräuchen und vermischten sich teilweise mit der ostafrikanischen Bevölkerung. Der weitere Weg über den Kanal von Moçambique und die Komoren-Inselgruppe nach Nordwestmadagaskar bot trotz der starken Meeresströmung keine unüberwindlichen Schwierigkeiten mehr (G. DONQUE 1965).

Diese erste, hypothetisch für die Mitte des ersten Jahrtausends n. Chr., von P. OTTINO erst für das 9./10. Jh. angesetzte Immigration der sogen. *Proto-Indonesier* (besser *Proto-Madagassen*) schuf die Grundlage der Besiedlung und Kultur der Insel. Die Siedler erweiterten ihren Lebensraum von der Nordwestküste aus in das Landesinnere. Neben Fischfang, Jagd und Sammelwirtschaft betrieben sie Weidenutzung mit den eingeführten Vieharten und Ackerbau mit Taro und Bergreis. Außerdem wurde Reis in Sümpfen angepflanzt; der regulierte Überschwemmungsreisanbau ist wahrscheinlich erst jünger. Die Brandrodung *(tavy)* als Mittel der Landerschließung reduzierte die ursprüngliche Vegetation und hatte tiefgreifende Folgen für den Naturhaushalt (s. S. 65). Östlich des Alaotrasees fand man in 2—4 m Tiefe unter sandigem Lehm Kohlefragmente, die vielleicht Zeugen der ersten Brandrodung sind (R. BATTISTINI — P. VERIN 1972).

Dieser ersten Einwanderungswelle wird die sagenhafte Volksgruppe der *Vazimba* zugeordnet, die früher als Rest einer afrikanischen Urbevölkerung angesehen wurde. Kleine Vazimbagruppen hat man noch im Westen in den Bongolavabergen, aber auch nahe der Ostküste am Sakaleonafluß ermittelt (L. GERNBÖCK 1961 u. a.). Im Hochland sprechen Überlieferungen von Kämpfen der Merina und Betsileo mit den Vazimba, die als ältere Vorbevölkerung Herren des Landes *(tompon tany)* waren. Trotz mancher rassischer und sprachlicher Parallelen zu Afrika (Va-zimba von Bantu ba = Volk?) wird heute indonesischer Einfluß auch bei den Vazimba angenommen, die somit zu den Proto-Madagassen zählen. Die Erforschung dieser Volksgruppe ist indes noch nicht abgeschlossen.

Fraglich ist auch die Herkunft anderer kleiner Volksteile mit überwiegend afrikanischen Merkmalen an der Westküste. Dazu gehören die Vezo, die von B. KOECHLIN (1975) den Sakalava, von P. OTTINO den Meerbantu zugeordnet werden. Die dunkelhäutigen Makoa gelten als Nachkommen importierter Sklaven aus Afrika. Der Zeitpunkt dieser Importe ist jedoch unklar. Sklavenhandel wurde durch Araber, Europäer, aber auch von den Madagassen selbst betrieben. Daneben können afrikanische Volksgruppen selbständig nach Madagaskar gekommen sein. Sprachlich sind sie heute in das Madagassische integriert; zum Teil haben sie sich mit den Nachbargruppen vermischt. Wieweit die starken afrikanischen Einflüsse im Süden und Westen der Insel (n. P.OTTINO) auf eingewanderten Bantus beruhen, ist noch fraglich.

Räumlich und wohl auch zeitlich getrennt davon soll die Immigration jener Hochlandbewohner (Teile der Merina, Betsileo und Sihanaka) erfolgt sein, die sich bis heute durch ausgeprägte indonesische Merkmale von der Mischbevölkerung unterscheiden. Der Zuzug dieser *Neo-Indonesier* oder *Deutero-Madagassen* könnte sich demnach ohne Kontakte mit Afrika über Südindien und Ceylon oder aber auf direktem Wege von Indonesien her vollzogen haben. Die zeitliche Einordnung ist noch sehr unsicher und bewegt sich zwischen dem 9. und 15. Jh. Dieser Einwanderungswelle wird der Naßreisanbau zugeschrieben, der vielleicht von Indien übernommen wurde, da die Bezeichnung für Reis (mad. *vary*) auf indischen Ursprung verweist.

Diese jüngere Besiedlung ist vermutlich von der Ostküste aus in das Hochland vorgedrungen. Hier traf sie auf die von Westen kommende ältere Einwanderungswelle, der die Vazimba angehören. Die höher entwickelte Kultur der ›Neo-Indonesier‹ setzte sich schließlich im zentralen Hochland durch und verdrängte oder assimilierte die Vazimba, doch wurde die Sprache der Proto-Madagassen übernommen und damit die sprachliche Einheit des Landes gewahrt. Aus den Ansiedlungen am Oberlauf der Flüsse Ikopa und Sisaony ging die Volksgruppe der Merina hervor, die später einen Großteil der Insel beherrschte.

In diese Zeit der (hypothetischen) zweiten Einwanderung fällt auch die Einwirkung der *Araber* und des Islam. Die Übernahme arabischer Bezeichnungen für die Monate und Wochentage, die Einführung des Geldes und neuer Waren, die Verbreitung von Magie und Astrologie sind darauf zurückzuführen. Die mythologisch-genealogischen Berichte der *Sorabe* (große Bücher) in arabischer Schrift sind bei den Antaimoro im Südosten Madagaskars Zeugen aus jüngerer Zeit (17. Jh. ?).

Die arabische Expansion im Indischen Ozean begann mit der Auswanderung von Glaubensflüchtlingen zu Beginn der Islamisierung und mit der Anlage von Handelsstützpunkten an der afrikanischen Ostküste. Bis zum 13. Jh. waren Handel und Seefahrt der Araber im Westen des Ozeans beherrschend gegenüber der indonesischen Konkurrenz geworden. Vielleicht schon im 9. Jh., spätestens aber im 12. Jh. hat diese Expansion Madagaskar erreicht und zur Einwanderung einer islamisierten afrikanisch-arabischen Mischbevölkerung im Nordwesten und Osten der Insel geführt, wobei der Sklavenhandel eine große Rolle spielte. Es folgte eine weitere Vermischung mit der bereits früher eingewanderten Bevölkerung, so daß der arabische Anteil anthropologisch nur noch wenig erkennbar ist.

Zu diesen islamisierten, aus Arabern, Persern, Afrikanern und wohl auch Indern zusammengesetzten Einwanderern, den *Silamo*, gehören mehrere Teilgruppen. Die *Antalaotra* siedelten, um die Jahrtausendwende von den Komoren kommend, an der Nordwestküste Madagaskars. Im Nordosten wanderten im 12. Jh., belegt durch Funde islamischer Kultur, die *Iharana* mit den Untergruppen der *Rasikajy* und *Onjatsy* ein. Von hier aus erfolgte eine weitere Kolonisation längs der Ostküste. Im Südosten ist seit dem 13. Jh. die Gruppe der *Zafi Raminia* faßbar, deren Könige von Mekka stammen sollen. Die Zafi Raminia sind die Vorfahren der heutigen Antambahoaka. Die Antaimoro sollen im 13./14. Jh. aus Arabien eingewandert sein. Es ist dabei strittig, wieweit die Islamisierung des Südostens nur auf arabischen Einfluß oder auch auf selbständige Einwanderung von Indonesien oder Südwestindien (P. OTTINO 1974) nach Einführung des Islam in jenen Gebieten zurückgeht.

Mit der Integration dieser Volksgruppen in die madagassische Vorbevölkerung und dem Rückgang der arabischen See- und Handelsmacht in der Neuzeit verlor der Islam als Religion an Bedeutung. Die heutigen Mohammedaner im Nordwesten Madagaskars sind überwiegend erst in junger Zeit eingewanderte Komorianer. Wirtschaftlich wichtiger, auch für das Landesinnere, war, daß vermutlich durch arabischen Einfluß der Naßreisanbau, im Nordwesten auch die Wanderviehhaltung, weiter verbreitet wurden. Bedeutsam ist zudem, daß die Zafi Raminia Stammesführer bei verschiedenen Volksgruppen, so bei den Antanosy, Bara, Mahafaly und Antandroy, vielleicht sogar bei den Merina wurden. Die Bildung großräumiger, über Einzelstämme hinausreichender Königreiche mit feudaler Struktur scheint zum Teil auf islamischem Einfluß zu beruhen.

Die Klärung dieser sehr komplexen, weithin nur hypothetischen Besiedlungsgeschichte Madagaskars wird durch den Mangel an schriftlichen Quellen bis in das 19. Jh. erschwert. Neben den noch spärlichen Funden werden neuerdings Blutanalysen herangezogen, um die Herkunft der Bevölkerung zu ermitteln. Sie ergaben z. B. in Südostmadagaskar die Verbreitung von Hämoglobin S, das in Südindien, nicht aber in Indonesien und Afrika vorkommt (P. OTTINO 1974 n. R. FOURQUET). Untersuchungen über Blutgruppen und Rhesusfaktor bestätigen andererseits den afrikanischen und indonesischen Anteil.

Die rätselhafte Geschichte der Insel zeigt sich auch in ihrer wechselnden Bezeichnung. Die Benennung durch die frühen Einwanderer ist unbekannt. Der Name Madagaskar taucht zuerst bei MARCO POLO (als Madeigascar oder Mogelasio) auf, bezogen aber wohl auf die afrikanische Ostküste um Mogadishu. Er wurde 1492 von M. BEHAIM für eine Insel im Indischen Ozean übernommen. Die Araber nannten die Insel ›Komr‹ (Mondinsel; danach wurden später die Komoren benannt) oder ›Bouki‹, die Portugiesen ›Ilha de San Lourenço‹, die Franzosen zeitweilig ›Ile Dauphin‹. Erst seit dem 17. Jh. setzte sich die heutige Bezeichnung allgemein durch und wurde als einheitlicher Name für das Land *(Madagasikara)* auch von den Bewohnern übernommen. Dies fällt bereits in die Zeit der europäischen Kontakte, die Madagaskar den Einflüssen eines weiteren Kontinents öffneten.

2.2. DIE BILDUNG VON VOLKSGRUPPEN UND VORKOLONIALE KONTAKTE ZU EUROPA

Vielleicht haben europäische Seefahrer Madagaskar schon im Altertum oder Mittelalter erreicht. Die erste bekannte Entdeckung aus der Sicht Europas erfolgte durch den Portugiesen DIEGO DIAZ, der im Jahre 1500 an die Nordspitze der Insel verschlagen wurde. VASCO DA GAMA war auf seiner Fahrt nach Indien an Mada-

2.2. Volksgruppen und vorkoloniale Kontakte

gaskar vorbeigesegelt. An einem der wichtigsten Handelswege der Kolonialzeit gelegen, rückte die Insel nun in das Blickfeld der führenden Kolonialmächte, die sich in den folgenden 400 Jahren wechselweise um die Anlage von Stützpunkten bemühten.

Für die Portugiesen war Madagaskar eine Etappenstation nach Indien, nachdem die arabische Seemacht gebrochen war. Portugiesische Handelsstützpunkte sind durch Funde an der Nordküste ermittelt worden. Doch schon Anfang des 17. Jh. wurde der portugiesische Einfluß durch den Aufstieg neuer Mächte, Hollands, Englands und Frankreichs, zurückgedrängt. Die Engländer scheiterten zunächst im 17. Jh. mit der Anlage von Stützpunkten im Westen. Auch die holländischen Ansätze an der Ostküste, die u. a. dem Erwerb von Sklaven für Mauritius dienten, waren nur von kurzer Dauer.

Frankreich unternahm im Rahmen seiner merkantilistischen Politik mehrere Anläufe zur Besitzergreifung. Dramatisch war das Schicksal von Fort-Dauphin. 1643 von PRONIS angelegt, stand es später unter dem Kommando von E. DE FLA-COURT, dem wir mit seiner ›Histoire de la Grande Ile de Madagascar‹ (1658) die wichtigste Geschichtsquelle dieser Zeit verdanken; 1674 mußte das Fort infolge des Widerstandes der Eingeborenen nach harten Kämpfen wieder aufgegeben werden. Weitere französische Stützpunkte entstanden an der Südwestküste bei Tuléar, auf der im Osten vorgelagerten Insel Ste. Marie und in der Bucht von Antongil, von wo aus der von Frankreich beauftragte Abenteurer BENYOWSKY die ganze Insel unterwerfen wollte. Diese kleinen Stützpunkte sollten den Erwerb der Insel La Réunion (damals ›Bourbon‹ genannt), zeitweilig auch von Mauritius, ergänzen, indem sie Lebensmittel und Sklaven lieferten.

Legendäre Berichte vom Reichtum Madagaskars lockten neben den Kolonialmächten auch zahlreiche Piraten an, die mit ihren Beutezügen die Küsten Madagaskars bis in das 18. Jh. heimsuchten.

Der europäische Einfluß blieb bis zum 19. Jh. auf den Küstensaum beschränkt. Der Widerstand der Einheimischen, aber auch der Natur mit dem Regenwald im Osten und den weiten, kaum besiedelten Savannen im Westen verhinderten ein Vordringen in das Innere der Insel. Nur wenige Expeditionen, wie die von MAYEUR 1774, führten bis in das innere Hochland. Der Handel konzentrierte sich in den Küstenplätzen, wo Sklaven exportiert und europäische Erzeugnisse, darunter Waffen, an küstennahe Stämme abgegeben wurden. Wichtig war die Einführung neuer Kulturpflanzen, so von Maniok, Batate, Mais, Mango, Advokatenbirne (Avogado) und Kaffee, großenteils wohl schon durch die Portugiesen.

In die Zeit des 15.—18. Jh. fällt die Entwicklung größerer *Volksgruppen* und ihrer Wirtschaftsformen, die sich den naturräumlichen Grundlagen anpaßten. Schiffahrt und Fischfang blieben auf den Küstensaum beschränkt. Im östlichen Regenwald entstand aus Jagd und Sammelwirtschaft nach der Erschließung kleiner Flächen für den Anbau durch Brandrodung ein Waldbauerntum. In den Tälern und an den Hängen des zentralen Hochlandes entwickelte sich auf größeren Rodeflächen der Feldbau mit Taro, Batate, Mais, Bohnen und Reis in der Feucht-savanne. Die Trockensavanne des Westens und Südens wurde zur Domäne der ex-tensiven Viehhaltung auf gerodeten Naturweiden, verbunden mit Wanderfeldbau.

Innerhalb dieser großen Natur- und Wirtschaftsregionen bildeten sich Volks-gruppen, die bis heute maßgeblich für die Untergliederung der Bewohner Mada-gaskars geblieben sind. Oft als ›Ethnien‹ bezeichnet, sind sie mehr territoriale als genealogische oder gar rassische Einheiten, wenn sie auch aus kleineren Stämmen mit jeweils gemeinsamer Abstammung hervorgegangen sind. Die Stämme und Dorfgemeinschaften führten ihre Verwandtschaft auf einen als mythisches Symbol verehrten Ahnen zurück und entschieden ihre inneren Angelegenheiten im Rat der Familienhäupter *(fokonolona)*. Die Volksgruppen wurden darüber hinaus zu überregionalen Einheiten, gegliedert in mehrere Stämme. Die Dynastien ihrer Häuptlinge, die z. T. aus anderen Landesteilen, z. B. dem islamisierten Südosten, stammten, regierten in befestigten Residenzen *(rova)*. Einige Volksgruppen, de-ren Territorium einheitlich von einer zentralen Gewalt verwaltet, verteidigt oder erweitert wurde, zeigten bereits Ansätze zur Staatenbildung. Andere Gruppen er-reichten keine politische Einigung und unterschieden sich nur in ihren Bräuchen und Wirtschaftsformen von den Nachbarn.

Infolge der oft unsicheren Abgrenzung schwanken die Angaben über die Zahl der Volksgruppen. Meist werden 18 bis 20 größere Einheiten genannt; J. POIRIER und J. DEZ (1963) führen einschließlich kleiner, oft nur wenige tausend Menschen zählender Gruppen sogar 48 auf. Hier können nur die wichtigsten erwähnt wer-den (vgl. dazu J. POIRIER — J. DEZ 1963, A. DANDOUAU — G. S. CHAPUS 1952). Die Bevölkerungszahlen sind gerundete offizielle Angaben von 1972; sie haben je-doch infolge der schwierigen Erhebung und der zunehmenden Mischung der Gruppen nur Anhaltswert (vgl. Abb. 1, Tab. 18).

An der schmalen Ostseite der Insel siedelt eine Vielzahl von Gruppen, die sich, bedingt durch das starke Relief und die dichte Bewaldung, getrennt voneinander entwickelt haben. Nach dem Übergang von Jagd und Sammelwirtschaft zum Waldbauerntum betreiben sie auf kleinen Rodeflächen Naßreis- und Regenfeld-bau mit beschränkter Viehhaltung. Besonders zahlreich sind die Gruppen im Süd-osten. Hier wohnen die *Antambahoaka* (31 000), die in ihren Bräuchen noch den islamisch-arabischen Einfluß erkennen lassen, auf den auch die Feudalstruktur der *Antaimoro* (272 000) mit ihrer früher islamisierten Aristokratie und ihren alten arabischen Schriften (Sorabe) zurückgeht. Die *Antanosy* (189 000) besaßen eben-falls eine arabisch-islamische Oberschicht über einer älteren autochthonen Bevöl-kerung; sie emigrierten in den letzten Jahrhunderten zum Teil nach Westen, wo eine größere Zahl im Gebiet des Onilahyflusses siedelt. Zu den nichtislamisierten Gruppen des Südostens zählen die *Antaifasy* (98 000), die von Westen eingewan-dert sein sollen, und die *Antaisaka* (406 000), deren Dynastie ebenfalls von Westen aus der Gruppe der Sakalava stammen soll. Die dicht wohnende Bevölkerung des

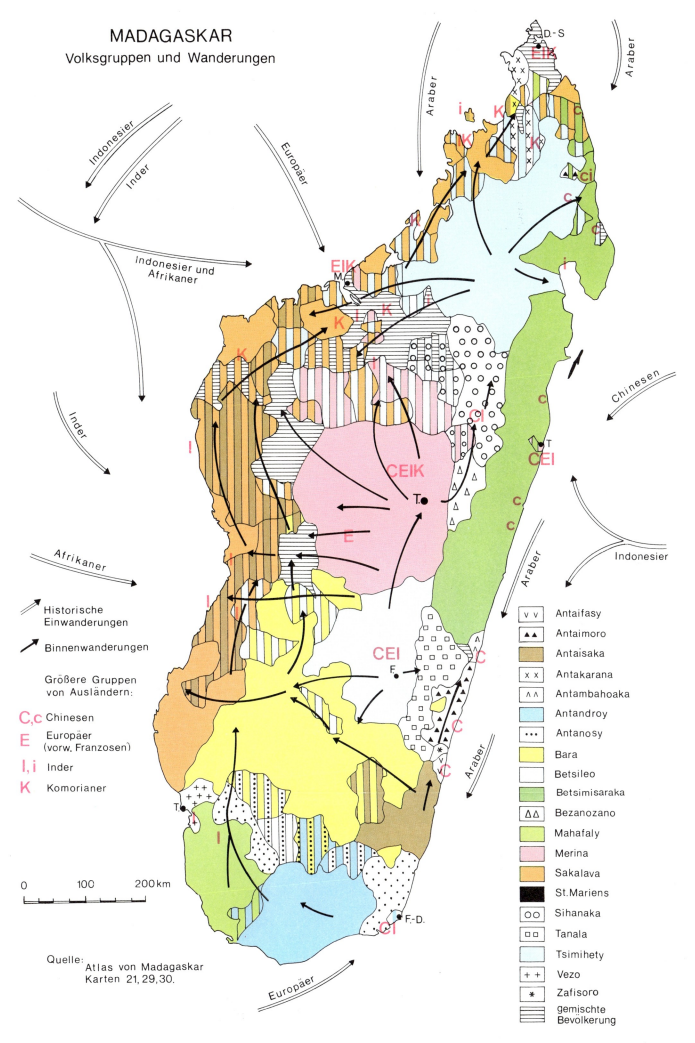

MADAGASKAR
Volksgruppen und Wanderungen

Indonesier

Inder

Europäer

Araber

Araber

D.-S

EIK

i

K

K

K

K

i

ci

c

c

i

Indonesier und
Afrikaner

EIK

M.

K

I

K

I

i

Chinesen

Inder

c

T

CEI

CEIK

T.

CI

c

c

E

Araber

Afrikaner

Historische
Einwanderungen

Binnenwanderungen

Größere Gruppen
von Ausländern:

C,c Chinesen

E Europäer
(vorw. Franzosen)

I,i Inder

K Komorianer

Indonesier

I

I

I

I

CEI

F.

C

C

C

Araber

C

T.

I

I

0   100   200 km

Quelle: Atlas von Madagaskar
Karten 21, 29, 30.

CI

F.-D.

Europäer

v v	Antaifasy
▲▲	Antaimoro
	Antaisaka
x x	Antakarana
∧∧	Antambahoaka
	Antandroy
····	Antanosy
	Bara
	Betsileo
	Betsimisaraka
Δ Δ	Bezanozano
	Mahafaly
	Merina
	Sakalava
	St.Mariens
o o	Sihanaka
□ □	Tanala
	Tsimihety
+ +	Vezo
*	Zafisoro
	gemischte Bevölkerung

Abb. 1.

Südostens wandert seit dem 19. Jh. in großem Umfang in andere Landesteile aus
(s. S. 132 f.).

Die *Tanala* (293 000) haben im Regenwald, der ihnen Schutz vor anderen
Gruppen bot, die Formen der Waldnutzung mit Sammelwirtschaft, Brandrodung
und Wanderfeldbau am längsten beibehalten. Heute sind auch sie zur Seßhaftig-
keit mit dem Anbau von Reis und Kaffee übergegangen. Sie haben, wie die weiter
nördlich im Mangorotal siedelnde Waldbevölkerung der *Bezanozano* (62 000) nie
eine geschlossene politische Einheit gebildet.

Die stärkste Gruppe der Ostseite sind die *Betsimisaraka* (1 166 000), die den
mittleren und nördlichen Teil der Ostküste und ihres Hinterlandes einnehmen.
Ihre zahlreichen Teilgruppen wurden im 18. Jh. unter König Ratsimilaho, der
Kontakte zu den europäischen Stützpunkten unterhielt, vorübergehend geeinigt.
Doch zerfiel dieses in zahlreiche Talschaften gegliederte Reich rasch nach seinem
Tod und wurde im 19. Jh. von den Merina des Hochlandes unterworfen. Die Bewohner der kleinen Insel *Sainte Marie* (ca. 11 000) können als eigene Gruppe angesehen werden; infolge der exponierten Lage waren hier sowohl indonesische wie
afrikanische, arabische und europäische Einflüsse wirksam.

Auf der Westseite der Insel nehmen die *Sakalava* (470 000) den größten Raum
unter den Volksgruppen Madagaskars mit jedoch nur geringer Bevölkerungsdichte ein. Ihre wirtschaftliche Grundlage ist die Wanderviehhaltung mit unterge-
ordnetem Feldbau. Hirtenfeudalismus mit Sklavenhaltung kennzeichnete früher
ihre Sozialstruktur. Ursprünglich im Gebiet des Onilahyflusses ansässig und von
Dynastien beherrscht, die aus dem Südosten stammen sollen, haben sich die Sakalava im 17. und 18. Jh., andere Gruppen unterwerfend, nach Norden ausgebreitet. Als größere territoriale Einheiten entstanden dabei die Königreiche Menabe
im Süden und Boina im Norden. Die Sakalava waren gefährliche Gegner der Merina des Hochlandes und erreichten ihre höchste Machtentfaltung um 1780 unter
der Königin Ravahiny, zerfielen jedoch dann wieder in Teilgruppen; die Weite
des Raumes und das Freiheitsbedürfnis der Hirtenbevölkerung hat eine Einigung
erschwert. Die kleine, von Sklaven abstammende Gruppe der *Makoa* hat sich
weitgehend mit den Sakalava vermischt.

Im Norden der Insel wohnen die *Antakarana* (50 000), eine Mischbevölkerung
aus Sakalava und Betsimisaraka mit einer früher arabisch-islamischen Oberschicht; sie wurden im 18. Jh. dem Sakalava-Königreich von Boina eingegliedert
und im 19. Jh. von den Merina unterworfen. Die große Gruppe der *Tsimihety*
(573 000) südlich des Ambregebirges soll von Osten über den Paß von Androna
eingewandert sein. Sie sind Viehzüchter und Ackerbauern mit Brandrodungsfeldbau, haben sich rasch vermehrt und ihr Gebiet nach Westen bis fast zur Küste ausgedehnt. Obwohl sie keine geschlossene politische Einheit bildeten, konnten sie
die Sakalava im 18. Jh. erfolgreich bekämpfen und unterwandern. Die Tsimihety
sollen aus einer Mischung von Betsimisaraka und *Sihanaka* hervorgegangen sein.
Letztere (188 000) wohnen als Fischer, Viehzüchter und Reisbauern um den Alao-

trasee und haben sich nach der Unterwerfung durch die Merina mit diesen vermischt.

Die Volksgruppen im Süden der Insel betreiben infolge des trockenen Klimas überwiegend Viehhaltung neben extensivem Regenfeld- und nur wenig Naßreisanbau. Die *Mahafaly* (136 000) haben sich von ihrem vermutlichen Ursprungsgebiet am Onilahyfluß über den Südwesten ausgebreitet und dabei mehrere Teilreiche, aber keine geschlossene Einheit gebildet. Auch die *Antandroy* (428 000) weiter östlich zerfielen im 18. Jh. in mehrere Teilgruppen, nachdem sie im 16. Jh. vermutlich von Südosten her eingewandert waren. Die Mahafaly und Antandroy konnten trotz ihrer Zersplitterung infolge der peripheren Lage nicht von den Merina unterworfen werden. Die im Übergang zum Hochland wohnenden *Bara* (267 000) sind eine kriegerische Hirtenbevölkerung mit stark afrikanischem Einschlag; sie betreibt neben extensiver Viehhaltung Regenzeitfeldbau und hat ihr Siedlungsgebiet von Westen nach Norden und Osten ausgedehnt. Wie die Mahafaly sollen sie Königsdynastien von den Antanosy übernommen haben. Die Fischerbevölkerung der *Vezo* (ca. 60 000) an der Westküste wird den Sakalava zugerechnet.

Die *Betsileo* (954 000) dürften von Osten her in das vordem von den Vazima besetzte südliche Hochland eingewandert sein; ihre Könige stammten vielleicht von den Antaimoro oder Merina ab. Die Betsileo entwickelten einen intensiven Naßreisanbau mit kunstvollen Terrassen und errichteten Höhenfestungen gegen die Sakalava im Westen. Versuche des Königs ANDRIANAMALINA im 18. Jh., die vier mächtigen Teilkönigreiche mit zahlreichen Stämmen zu einigen, hatten keinen dauernden Erfolg; dies erleichterte die Unterwerfung durch die Merina.

Der Überblick zeigt, wie stark sich die Volksgruppen nicht nur nach ihrer Bevölkerungszahl und Ausdehnung, sondern auch nach ihrer Wirtschaftsweise und politischen Bedeutung unterschieden. Bis zum 18. Jh. haben nur die Betsimisaraka und die Sakalava vorübergehend eine großräumige Einigung erzielt, die aber auf die Ost- bzw. Westseite der Insel beschränkt blieb.

Nur bei den *Merina* wurde der Übergang von der lockeren Stammesgruppierung zur Staatenbildung mit einer dauerhaften Organisation und einem weit über das Volksgebiet hinausreichenden Territorium vollendet. Die Entwicklung des Merinastaates war ein entscheidender Schritt zur politischen Einheit Madagaskars. Diese heute größte Volksgruppe (2 067 000) der Insel zeigt den stärksten indonesischen Einfluß und soll von Südosten her über die Quellgebiete der Flüsse Ikopa und Sisaony in die Betsimitatatra-Niederung um Tananarive eingewandert sein. Die ersten Könige der Merina waren Vazimba, die aber im 16. Jh. nach anfänglich friedlichem Zusammenleben vertrieben wurden. Mindestens seit dem 17. Jh. wurde der Naßreisanbau in den Niederungen neben Regenfeldbau und Viehhaltung zur Grundlage der Volks- und Staatsentwicklung. Bis zum 18. Jh. zerfiel das Merinagebiet in kleine, nur vorübergehend vereinigte Teilkönigreiche. Die Bevölkerung gliederte sich in die Kasten der *Andriana* (Adelige, Mitglieder

der Königsfamilien) und der *Hova* (freie Bürger), zu denen später die *Andevo* als Sklaven ohne Grundbesitz traten. Während die Andriana, wohl durch Endogamie, indonesische Merkmale am reinsten erhalten haben, zeigen die *Andevo* (= Sklaven) — vermutlich Nachkommen von Gefangenen aus unterworfenen Nachbargruppen — stärker afrikanischen Einschlag. Obwohl die Sklaverei 1896 aufgehoben wurde, spielen die Kastenunterschiede bis heute eine Rolle im Standesbewußtsein.

Für den überraschenden Aufstieg von einer unbedeutenden Volksgruppe, die kaum über die Ebene von Tananarive hinausreichte, zur Vormacht Madagaskars innerhalb weniger Jahrzehnte waren das starke Volkswachstum und die intensive Bodenkultur eine wichtige Grundlage. Entscheidend war aber das Auftreten von zwei überragenden Herrscherpersönlichkeiten. König ANDRIANAMPOINIMERINA (1787—1810), in seiner Bedeutung für die Insel KARL DEM GROSSEN vergleichbar, einigte die Teilgruppen und machte Tananarive zur endgültigen Hauptstadt. Er organisierte über der Basis der Dorfgemeinschaften *(fokonolona)* eine Verwaltung, erließ Gesetze *(lalana)* auf Volksversammlungen *(kabary)*, förderte den Reisanbau und regelte Landzuteilung und Bewässerung. Ein Dienst für öffentliche Arbeit und Märkte wurden eingerichtet. Ein Heer und Festungen dienten dem Schutze des Landes und ersten Eroberungszügen in Nachbargebiete, z. B. gegen die Betsileo. ANDRIANAMPOINIMERINAS Worte: ›Das Meer soll die Grenze meines Reisfeldes (d. h. Landes) sein‹ drücken schon die ferne Vision eines geeinigten Madagaskar aus. Dieser Herrscher, der neben Machtbewußtsein Klugheit, Organisationstalent und Gerechtigkeitssinn besaß, war der Gründer des ersten madagassischen Staates. Sein Sohn RADAMA I. (1811—1828) vollstreckte das Vermächtnis seines Vaters, indem er neben dem Ausbau der inneren Organisation auf zahlreichen Kriegszügen vor allem gegen die Betsimisaraka und Sakalava den gesamten Norden und Osten und einen Teil des Westens der Insel unterwarf.

Wenn auch die peripheren Gebiete durch Militärstützpunkte nur in einer losen Abhängigkeit gehalten werden konnten, war damit zum ersten Mal ein Machtbereich geschaffen, der Räume sehr unterschiedlicher Bevölkerung und ökologischer Ausstattung zusammenfaßte. RADAMA, der sich König von Madagaskar nannte, öffnete sein Land erstmalig europäischen Einflüssen; namentlich mit englischer Hilfe führte er Schulen ein, organisierte und bewaffnete er das Heer. Unter seiner Regierungszeit begann die christliche Mission, wurden die lateinische Schrift und die moderne Handwerkstechnik eingeführt. Mit Handelsverträgen und Botschaftern trat Madagaskar in Europa nun erstmalig als selbständige Macht auf.

Dieser schnellen politischen Expansion, die in einer gewaltigen Kraftentfaltung das Merinareich fast überforderte, folgte eine Phase der Reaktion. Unter Königin RANAVALONA I. (1828—1861) und einer traditionalistischen Oligarchie wurden die Europäer vertrieben, die Christen verfolgt und die Außenhandelsbeziehungen stark eingeschränkt. Selbst der Franzose Jean LABORDE, der als Vertrauter der Königin mit Handwerksbetrieben und dem ersten Hochofen die Anfänge der Industrie schuf, mußte schließlich das Land verlassen. Die eroberten Gebiete wurden nur wenig erweitert oder mühsam gehalten. Der Süden der Insel blieb völlig, der Westen großenteils unabhängig. Die Regierung RANAVALONAS unterbrach einesteils wirtschaftliche und kulturelle Entwicklungen, erkannte aber andererseits die Gefahren der Überfremdung, die sie in allerdings sehr schroffer Form zu verhindern suchte. Die plötzliche Liberalisierung unter dem Nachfolger RADAMA II. (1861—1863), der Beziehungen mit Frankreich anknüpfte, führte zu anarchischen Zuständen und bald zur Ermordung des Königs.

Die letzten Jahrzehnte des unabhängigen Königreichs, in denen unter drei Königinnen der Premierminister RAINILAIARIVONY autoritär regierte, waren eine Zeit der Stagnation. Verordnungen und die Kodifizierung von Gesetzen (Code der 305 Artikel, 1881) suchten das Erreichte zu wahren. Es gelang jedoch nicht, die peripheren Reichsteile zu integrieren; dazu fehlte sowohl die Infrastruktur wie die assimilierende Kraft des Zentrums. Zudem vertiefte sich die Kluft zwischen der Bevölkerung und der elitären, oligarchischen Oberschicht. So stand das Land den zunehmenden Annexionsbestrebungen der Kolonialmächte ohne geschlossenen Widerstand gegenüber. Mangelnde außenpolitische Elastizität und die Scheu des despotischen Premierministers vor inneren Reformen beschleunigten den Niedergang. Diplomatische Konflikte mit Frankreich, das 1885 Diégo-Suarez an der Nordspitze der Insel besetzte und das Protektorat über Madagaskar beanspruchte, führten schließlich zum Krieg. 1895 stießen die Franzosen von Nordwesten nach schweren Verlusten durch eine Fieberepidemie bis in das Hochland vor. Nach der raschen Einnahme der kaum verteidigten Hauptstadt wurde Madagaskar 1896 zur Kolonie Frankreichs, die Königin abgesetzt und ausgewiesen. Das Merinareich hatte die Einigung des Landes nicht erreicht.

2.3. DIE KOLONIALZEIT

Mit der Besetzung Madagaskars durch die Franzosen war die Befriedung des Landes noch nicht vollendet. Aufstände flammten zunächst im Merinagebiet mit Stützpunkten im Ankaratragebirge auf. In der Peripherie, die auch von den Merinakönigen nicht oder nur unvollständig unterworfen worden war, dauerte der zähe Buschkrieg der französischen Truppen gegen die Aufständischen noch Jahre an. Die ›Pacification‹ wurde durch den ersten Gouverneur, General GALLIENI (1896—1905), mit der Unterwerfung des Südens erst 1904 abgeschlossen.

GALLIENI, ein erfahrener Kolonialbeamter und nüchterner Empiriker, suchte im Interesse Frankreichs die Entwicklung des Landes zu fördern. Dazu gehörten die Organisation der Verwaltung und des staatlichen Erziehungswesens, die Verkehrserschließung, die Regelung der Grundbesitzrechte und die Steigerung des Außenhandels, der größtenteils auf Frankreich orientiert wurde. Wissenschaftlich fruchtbar war die Gründung der bis heute bestehenden Akademie von Madagaskar. GALLIENI und seine Nachfolger nutzten mit der *politique des races* die Gegensätze der Volksgruppen und Kasten, um ein Nationalgefühl zu verhindern und die französische Herrschaft zu sichern.

Die mittlere und höhere Verwaltung, Wirtschaft und Bildungswesen wurden zentralisiert und ganz nach dem Muster der ›Metropole‹ Frankreich ausgerichtet. Das System einer Entwicklungspolitik, die dem Land technische Fortschritte brachte, doch am Nutzen der Kolonialmacht orientiert war, die das Volk zum Vollzug von Anordnungen und nicht zur aktiven Mitwirkung erzog, wurde für über sechzig Jahre in allen Bereichen bestimmend.

Zu den wirtschaftlichen Maßnahmen der Kolonialzeit gehörte die Förderung des Exportes durch den erweiterten Anbau von Kaffee, Vanille, Gewürzpflanzen, Zuckerrohr und Tabak in den dafür geeigneten Tieflandgebieten. Neben den europäischen Betrieben übernahmen auch die kleinen madagassischen Pflanzungen die Produktion in großem Umfang, wobei allerdings der forcierte Kaffeeanbau als Zwang empfunden wurde.

Die Regelung des Grundbesitzes sah neben den Reservaten für Einheimische (Réserves indigènes) die Vergabe von ›Konzessionen‹ an europäische Pflanzer und Gesellschaften vor. Um die Jahrhundertwende installierten sich mehrere große französische Kapitalgesellschaften mit dem Ziel einer großflächigen Erschließung für den Anbau, die Weiterverarbeitung und den Export von Agrarprodukten, vor allem im Nordwesten der Insel. Kleinere Betriebe von Pflanzern aus Frankreich und von der Insel Réunion entstanden besonders im Norden und Osten. Das dicht besiedelte Hochland bot hingegen nur wenig Kolonisationsmöglichkeiten. Aber auch im ganzen gesehen wurde Madagaskar nie zu einer Siedlungskolonie der Weißen, wie z. B. Kenia oder Algerien. Die nur beschränkten nutzbaren Flächen, die Abgelegenheit der Insel und der Mangel an geeigneten Arbeitskräften verhinderten einen größeren Zustrom. Der geringe Anteil europäischen Grundbesitzes, der 1 % der Gesamtfläche nie überschritt, hat dem Land sicher manche Konflikte anderer Kolonien erspart und die rassische Konfrontation verringert.

In der Infrastruktur brachte die Kolonialzeit tiefgreifende Innovationen. Aus Militär- und Verwaltungsstützpunkten, die nur z. T. an ältere Mittelpunkte der Volksgruppen anknüpften, entwickelte sich ein Netz zentraler Orte mit hierarchischer Stufung. In den Städten konzentrierten sich Verwaltung, Handel, Verkehr, Bildungswesen und die Ansätze einer Industrie. Die Anziehungskraft der Zentren führte aber auch zu Landflucht und Unterbeschäftigung. Zu den traditionellen Unterschieden zwischen den Volksgruppen und Landesteilen kam nunmehr der sozialökonomische Gegensatz zwischen Stadt und Land, wenn auch der Verstädterungsgrad noch gering blieb.

Der Ausbau des Verkehrsnetzes sollte dazu dienen, die Kolonie militärisch zu sichern und wirtschaftlich zu aktivieren. Neben neuen Straßen, die vor allem die Nord-Südachse (Majunga–Tananarive–Fianarantsoa–Tuléar) erschlossen, wurde 1901—1913 die technisch schwierige Bahnstrecke von Tananarive zum Ostküstenhafen Tamatave angelegt; andere Bahnlinien folgten bis 1936. Die Häfen in Tamatave und Majunga wurden für den Kolonialhandel ausgebaut, Diégo-Suarez gewann strategische Bedeutung als französischer Flottenstützpunkt im Indischen Ozean. Seit dem Zweiten Weltkrieg ergänzt der Flugverkehr das bis heute unzureichende Landverkehrsnetz mit einer sehr hohen Streckendichte.

Im Erziehungswesen entstanden neben den älteren Missionsanstalten öffentliche Grundschulen, in den Städten auch Höhere Schulen mit französischen Lehrkräften. Lehrpläne und Unterrichtssprache waren französisch, das Madagassische wurde vernachlässigt. Die Universitätsausbildung erfolgte in Frankreich; die einheimische Oberschicht wurde stark von der französischen Kultur geprägt. Obwohl sich der Analphabetismus verringerte, verstärkte sich das Bildungsgefälle zwischen Stadt und Land wie auch zwischen dem schon vor der Kolonialzeit höher entwickelten Zentrum und der Peripherie entsprechend der sehr unterschiedlichen Schuldichte. Die Gesundheitsfürsorge wurde ausgebaut, zeigte aber das gleiche Gefälle. Das Christentum, teils protestantisch durch den früheren englischen, teils katholisch durch den französischen Einfluß, war ebenfalls überwiegend im Hochland und in den Städten verbreitet.

Zu diesen regionalen Gegensätzen kam die Kluft zwischen den Einheimischen und den Angehörigen der Kolonialmacht, die als Beamte und Soldaten, als Vertreter der Handelsgesellschaften, Lehrer und Techniker mit 1—2 % der Bevölkerung eine dünne Oberschicht bildeten. Die Kolonialherrschaft wurde äußerlich respektiert; es gab keine rassischen und bis nach dem Zweiten Weltkrieg keine offenen politischen Auseinandersetzungen. Doch blieb der geheime Widerstand lebendig, zunächst in der entmachteten Oligarchie der Merina, später zunehmend in jungen Intellektuellenkreisen. Für das Hochland war das frühere Königreich trotz seiner Schwächen weiterhin Symbol der Unabhängigkeit, in der Peripherie wurde die Opposition gegen die zentralistische Vormacht vom Merinareich auf die Kolonialherrschaft übertragen.

In die Kolonialzeit fällt die Bildung einer neuen Zwischenschicht mit der Einwanderung von Chinesen und Indern (vgl. W. MARQUARDT 1963, D. BARDONNET 1968, G. DONQUE 1968). Die *Chinesen* waren seit 1862 vereinzelt an der Ostküste als Händler ansässig. Um 1900 wurden sie als billige Arbeitskräfte für den Straßen- und Bahnbau und die großen Pflanzungen angeworben. Harte Arbeit und Krankheiten dezimierten ihre Zahl, doch ließen sich viele Deserteure als kleine Händler in abgelegenen Gebieten nieder. In den folgenden Jahrzehnten steigerten der freiwillige Zuzug, überwiegend aus dem Gebiet von Kanton, und die starke natürliche Vermehrung die Zahl der Chinesen in Madagaskar bis 1972 auf 10000. Durch Fleiß, Ausdauer, Sparsamkeit und Anpassungsvermögen errangen sie eine im Vergleich zu ihrem Bevölkerungsanteil sehr starke Stellung im Handel. In den Städten, aber auch in vielen Dörfern sind sie Inhaber von Gemischtwarenläden mit vielfältigem Angebot, häufig verbunden mit Gaststätten, Tankstellen und Transportunternehmen. Im Sammeln der Exportprodukte bei den kleinen Pflanzern, im Zwischenhandel und Geldverleih liegen weitere einträgliche Aktivitäten. Durch ihren starken familiären Zusammenhalt mit eigener Lebensweise und gegenseitiger Hilfe sind die Chinesen trotz der Einheirat von Madagassinnen eine geschlossene Gruppe geblieben. Hart und listig im Geschäftsgebaren, aber korrekt und gefällig, politisch jedes Engagement vermeidend, im Kleinhandel unentbehrlich, haben die Chinesen ihre von der Bevölkerung anerkannte, von der Kolonialmacht wie vom heutigen Staat geduldete Stellung bis heute zu wahren verstanden. Von der Ostseite haben sie sich auch im Hochland, vor allem in Tananarive, verbreitet, während ihre Zahl auf der Westseite nur gering geblieben ist.

Die *Inder* sind in geringem Umfang bereits in früheren Jahrhunderten eingewandert. Der stärkste Zuzug fällt auch bei ihnen mit der Anwerbung von Arbeitskräften in die Kolonialzeit; bis 1972 stieg ihre Zahl auf 18000 an. Im Gegensatz zu den Chinesen sind sie vorwiegend im Westen der Insel, vor allem in Majunga, Tuléar und Morondava vertreten, doch haben sie sich im Hochland (Tananarive) und Osten ebenfalls niedergelassen. Im Unterschied zu den Chinesen sind sie stärker auf die Städte konzentriert und mehr an Banken, am Groß- und Außenhandel beteiligt. Der Schwerpunkt des Kleinhandels liegt im Verkauf von Textil- und Schmuckwaren, verbunden mit Handwerksbetrieben. Das zusätzlich durch Geldverleih mit häufig wucherischen Zinsen erworbene Kapital wurde in Landbesitz, industriellen Anlagen und Hausbesitz investiert. Überwiegend Mohammedaner aus dem Gebiet von Bombay, gliedern sich die Inder in mehrere Gruppen und Sekten, darunter die Ismaeliten des AGA KHAN; dazu kommen etwa 7 % Hindus. Nach außen hin bilden aber auch sie eine geschlossene Gruppe. Ihre Exklusivität wird von den Madagassen als arrogant empfunden; sie beruht auf dem meist höheren Lebensstandard und ist viel stärker als bei den anpassungsfähigeren Chinesen. Die Heirat von Indern mit Einheimischen ist selten.

Beiden asiatischen Gruppen gemeinsam ist die ausgeprägte innere Solidarität, der erhebliche Zuwachs durch natürliche Vermehrung und der starke, sowohl von der Kolonialmacht wie vom unabhängigen Staat als empfindliche Konkurrenz beargwöhnte Anteil am Handel. Im Wirtschaftsleben bis heute unersetzlich, sind die Chinesen und Inder eine nicht assimilierte Zwischenschicht geblieben, deren Integration ein ungelöstes Problem ist. So beweist auch diese jüngste Einwanderungswelle, daß die Lage Madagaskars zwischen den Kontinenten Gewinn und Belastung zugleich bedeutet.

Das Ende der Kolonialzeit bahnte sich nach dem Zweiten Weltkrieg an. Die beiden Kriege, an denen madagassische Soldaten im Dienst Frankreichs aktiv teilnahmen, hatten die Schwächen Europas deutlich gemacht. Nach der französischen Niederlage 1940 stand Madagaskar zunächst auf der Seite der mit Deutschland kollaborierenden VICHY-Regierung, wurde aber 1942 von den Engländern besetzt und der Exilregierung von DE GAULLE unterstellt. Nach dem Krieg steigerte die Welle der Unabhängigkeitsbewegungen in den afrikanischen und asiatischen Ländern den nationalen Widerstand unter führenden einheimischen Politikern auch in

Madagaskar. Wohl konnten die Madagassen nun die französische Staatsbürgerschaft erwerben, die leitenden Funktionen verblieben jedoch bei der Kolonialmacht. Die nationale Partei ›Mouvement démocratique de la Rénovation malgache‹ forderte die volle Unabhängigkeit, die Madagaskar auch im Rahmen der Union française als überseeisches Territorium nicht erreicht hatte. Im Jahre 1947 brach ein blutiger Aufstand mit Schwerpunkt im Osten aus, der vielen Franzosen und schätzungsweise 11 000 Madagassen das Leben kostete. Dabei forderten nicht nur die Kämpfe, sondern auch Hunger und Krankheit im Regenwald, wohin sich die Aufständischen zurückgezogen hatten, hohe Opfer. Die Rebellion wurde 1948 mühsam unterdrückt, wobei die Uneinigkeit der Volksgruppen der Kolonialmacht zu Hilfe kam. Eine erste Abwanderungswelle der Franzosen setzte ein, Furcht und gegenseitiges Mißtrauen hemmten die weitere Entwicklung.

Um die Mitte der fünfziger Jahre entspannte sich die Lage. Frankreich suchte durch Entwicklungskredite, Ausbau des Erziehungswesens und Erschließungsprogramme das Land zu fördern und zu beruhigen. Das Rahmengesetz der Überseeterritorien brachte 1956 das allgemeine Wahlrecht innerhalb der Französischen Gemeinschaft. Unter den neuen Parteien führte die P.S.D. (Parti socialdémocrate) des späteren Präsidenten Ph. TSIRANANA, die eine Kooperation mit Frankreich vertrat und vor allem von der Küstenbevölkerung getragen wurde. Die oppositionelle A.K.F.M. (Antokon'ny Fahaleovantenan'i Madagasikara = Partei für die Unabhängigkeit Madagaskars) forderte die völlige Freiheit und die Gleichberechtigung der Volksgruppen und lehnte das Rahmengesetz ab. Nach dem Besuch DE GAULLES 1958 wurde jedoch die neue Verfassung, welche die Selbständigkeit im Rahmen der Französischen Gemeinschaft vorsah, mit großer Mehrheit angenommen und die neue Republik proklamiert. Nach weiteren Verhandlungen erhielt Madagaskar 1960 die volle Unabhängigkeit; die Bindung an die Gemeinschaft wurde durch eine freiwillige Zusammenarbeit ersetzt. In beiderseitigem Einvernehmen war so eine friedliche Lösung gefunden worden. Madagaskar wurde Mitglied der UNO und der Organisation afrikanischer Staaten (O.A.U.).

2.4. DIE REPUBLIK MADAGASKAR

Die neue Verfassung gab dem Präsidenten, der Staats- und Regierungschef war, nach dem Vorbild der Fünften Republik Frankreichs große Vollmachten. Präsident Philibert TSIRANANA, Mitbegründer der Republik und Vorsitzender der sozialdemokratischen Regierungspartei, genoß anfänglich großes Vertrauen im In- und Ausland und prägte die Politik des Landes bis 1972. Er propagierte einen gemäßigten ›pragmatischen Sozialismus‹, der wohl einen sozialen Ausgleich anstrebte, das Privateigentum jedoch unangetastet ließ und sich betont gegenüber dem Kommunismus abgrenzte. Obwohl er sich für die Unabhängigkeit eingesetzt hatte, war TSIRANANA stark von der französischen Kultur beeinflußt und lehnte sich eng an die frühere Kolonialmacht und Westeuropa an. In der Zeit des Überganges hat diese Haltung dem Land zunächst eine ruhige Entwicklung und erhebliche Entwicklungshilfe gebracht. Europäische Entwicklungsgelder, Lehrer, technische und wissenschaftliche Experten trugen zum Aufbau des Landes bei. Die im Vergleich zu anderen unabhängig gewordenen Staaten Afrikas beachtliche politische und wirtschaftliche Stabilität Madagaskars brachte Investitionen in der Industrie. Die ›Malgaschisierung‹ der Verwaltung wurde auf allen Stufen durchgeführt, doch behielten die europäischen, namentlich französischen Berater weiterhin einen gewichtigen Einfluß. Die in der Kolonialzeit eingeführte zentralisierte Verwaltungsgliederung wurde beibehalten.

Die Ende der sechziger Jahre wachsende Opposition gegen das Regime TSIRANANAS hatte verschiedene Ursachen. Man fürchtete die Übermacht der regierenden Partei, die sich einseitig auf die Küstenstämme stützte und durch Cliquenwirtschaft und Korruption an Vertrauen verlor. Die alten Gegensätze zwischen den Volksgruppen brachen auf; das Hochland und der Süden fühlten sich gegenüber anderen Regionen, in denen zahlreiche Entwicklungsprojekte anliefen, benachteiligt. 1971 flammte im Süden eine Revolte der linksgerichteten Monimapartei auf. Mit Recht wurde die Macht der etablierten Bürokratie kritisiert, die den differenzierten lokalen Bedürfnissen nicht genügend Rechnung trug und Funktionäre aus anderen Landesteilen aufoktroyierte. Der wichtigste Anlaß des Umsturzes war der wachsende Widerstand gegen die enge Bindung an den kapitalistischen Westen und insbesondere an Frankreich, die als Neokolonialismus empfunden wurde. In der Tat war das Land vor allem durch die überwiegende Orientierung des Außenhandels und des Bildungswesens auf Frankreich in einseitiger Abhängigkeit verblieben.

Im Mai 1972 brachen in Tananarive Unruhen aus, getragen von Studenten der Universität und Arbeitern der sozial schwachen Stadtviertel; sie führten zu blutigen Auseinandersetzungen mit der Polizei und zu schroffen Reaktionen des Präsidenten. TSIRANANA war schließlich gezwungen, die Macht einer Militärregierung unter General RAMANANTSOA zu übergeben, um ein Chaos zu vermeiden. Die folgenden Jahre waren eine Zeit des Übergangs und der Unsicherheit. Die politisch unerfahrene Militärregierung brachte keine Lösung der Probleme. Man strebte eine Öffnung zu den sozialistischen Ländern an, suchte sich stärker auf die traditionellen Dorfgemeinschaften zu stützen und entwarf einen kritischen und wohlmeinenden, aber schwer realisierbaren neuen Entwicklungsplan. Es fehlte zudem an Rückhalt in der Bevölkerung und an Durchsetzungskraft. Infolge der unsicheren Entwicklung nahm die Produktion ab, die ländlichen Gebiete beschränkten sich weitgehend auf die Selbstversorgung, so daß die Belieferung der Städte schwierig wurde und der Export zurückging; die Investitionsbereitschaft des In- und Auslandes verringerte sich. RAMANANTSOA verzichtete schließlich 1975 auf die Präsidentschaft. Sein Nachfolger RATSIMANDRAVA, von dem man energische Maßnahmen erwartet hatte, wurde jedoch unmittelbar nach dem Amtsantritt ermordet, und monatelange Wirren setzten ein.

Mit dem neuen Präsidenten RATSIRAKA, früher Seeoffizier und Außenminister, der sich durch eine Volksabstimmung im Dezember 1975 im Amt bestätigen ließ, fand das Land zur mindestens vorläufigen Stabilität zurück. RATSIRAKA trat mit einem ideologisch-politischen Wechsel die Flucht nach vorne an. Sein revolutionärer Sozialismus wendet sich ausdrücklich gegen Neokolonialismus und Imperialismus. Unter der Losung der allseitigen Öffnung (›Tous azimuts‹) wurden feste Kontakte zu den sozialistischen Ländern, insbesondere zur Volksrepublik China, geknüpft und die westlichen Einflüsse, vor allem die Bindungen an Frankreich, zurückgedrängt.

Blockfreiheit und Weiterentwicklung möglichst aus eigener Kraft sind die Ziele der zweiten, der ›Demokratischen Republik Madagaskar‹. Ideologisch ist das im ›Roten Buch‹ *(boky mena)* niedergelegte Regierungsprogramm RATSIRAKAS jedoch weitgehend von den Gedankengängen MAO TSE-TUNGS und des nordkoreanischen Präsidenten KIM IL SUNG beeinflußt.

Wieweit diese Pläne, die noch näher erläutert werden (s. S. 238 f.), realisierbar sind, hängt davon ab, ob das Volk zu einer aktiven Mitarbeit bereit ist. Die vorwiegend aus der jüngeren Generation und der Arbeiterschaft stammenden Aktivisten der revolutionären Bewegung haben sich in der AREMA *(Avantgarde de la révolution malgache)*, Vorläuferin einer späteren Einheitspartei, zusammengefunden. Die übrigen politischen Richtungen sind von der konservativen Rechten bis zur extremen Linken stark zersplittert. Die Landbevölkerung verhält sich noch weitgehend passiv, die Bourgeoisie mißtrauisch-abwartend. Wahlen für ein neues Parlament wurden bis 1977 aufgeschoben und die Staatsgewalt konzentriert sich auf den ›Obersten Revolutionsrat‹.

So steht Madagaskar heute am Beginn einer neuen, noch ungewissen Epoche seiner Geschichte. Der Erfolg hängt davon ab, ob die Verbindung der traditionellen Gesellschaftsstruktur mit modernen sozialistischen Zielen nicht nur propagandistisch, sondern auch für die Weiterentwicklung des Landes wirksam gemacht werden kann. Die aus der Lage der Insel und ihrer inneren Differenzierung erwachsenen Grundprobleme haben sich der neuen Regierung weitervererbt, d. h. einen eigenen Standort zwischen der Einflußnahme von West und Ost zu finden und die inneren sozialen und ethnischen Gegensätze auszugleichen.

2.5. DIE PERSÖNLICHKEIT DER MADAGASSEN

Aus der weitgespannten Herkunft, der Vermischung verschiedener Rassen und der eigenständigen Weiterentwicklung haben sich Charaktermerkmale und Lebensstil der Madagassen herausgebildet. Trotz der sehr komplexen Struktur und regionalen Differenzierung dieser Eigenschaften soll versucht werden, einige Grundlinien aufzuzeigen. Die Kulturlandschaft Madagaskars ist in hohem Maße Ergebnis geistiger und kultureller Wertvorstellungen und nur aus deren Kenntnis heraus voll verständlich. Man muß sich allerdings bewußt bleiben, daß ein objektives Urteil dabei schwierig ist und der Aussagekraft solcher Betrachtungen Grenzen gesetzt sind.

Das Leben in der Gemeinschaft, die sozialen Werte, bestimmen die Denk- und Verhaltensweise des Madagassen. Der einzelne fühlt sich schutz- und nutzlos außerhalb der Gruppe, die die Maßstäbe der Lebensführung setzt. Familie und Dorfgemeinschaft sind die traditionellen Grundeinheiten der Sozialstruktur Madagaskars.

Die Familie umfaßt nicht nur Eltern und Kinder, sondern drei bis vier Generationen und verschwisterte Anverwandte. Die gemeinsame Abstammung (*fihavanana*) ist für den Madagassen die stärkste Gemeinschaftsbindung. Die Familie bietet Schutz und Hilfe, sie erfordert Einordnung und gegenseitige Achtung. In ihrem hierarchischen System übt das älteste Familienoberhaupt die höchste Autorität aus; man schuldet ihm und der älteren Generation Respekt und Gehorsam. Diese jahrhundertelang festgefügte Ordnung beginnt sich erst in jüngster Zeit zu lockern. Die zunehmende Mobilität mit zeitweiliger oder dauernder Abwanderung, der Einfluß der Städte und modernen Kommunikationsmittel fördern die Individualisierung und die Emanzipation der jüngeren Generation.

Auch die Dorfgemeinschaft beruht auf der durch Endogamie geförderten gemeinsamen Abstammung der Mitglieder sowie auf der Gemeinsamkeit des Territoriums und der Gebräuche. Der Dorfrat der Ältesten (*fokonolona*) ist Träger der Autorität und Entscheidungsgewalt. Wohl ist die Gesellschaft in sich differenziert nach den Generationen und der sozialen Stellung der einzelnen Familien, doch ist die Dorfgemeinschaft die übergreifende Einheit, in die auch Eingeheiratete und später Zugezogene integriert werden. Sie übernimmt gemeinsame Aufgaben z. B. bei der Durchführung von Bewässerung, Wegebau oder Neulanderschließung und bei gegenseitiger Hilfe in Notfällen. Sie nimmt teil an den Familienfesten der Beschneidung, Hochzeit und Totenbestattung. Der einzelne hat seine Interessen der Gruppe unterzuordnen; er identifiziert sich mit ihr, weil sie ihm nicht nur Sicherheit nach außen, sondern auch inneren Halt gibt. Man strebt über die individuellen Gegensätze der Interessen und Charaktere hinweg nach Ausgleich, nach Erhaltung des Gleichgewichts in der Gemeinschaft, indem man traditionelle autoritäre Strukturen zu bewahren sucht und zugleich die laufenden Probleme einer Entscheidung durch die Familienoberhäupter unterwirft. Das ursprünglich geschlossene, auf Selbstversorgung beruhende System der Dorfgemeinschaft ist heute durch Migration, Verkehrserschließung und Marktwirtschaft zwar weithin aufgebrochen; doch ist aus der noch immer engen Bindung an Familie und Wohnort das Solidaritätsbewußtsein erwachsen, das für die Madagassen kennzeichnend bleibt.

Diese soziale Haltung steht in enger Beziehung zu den religiösen Werten. Das Christentum umfaßt nur etwa ein Drittel der Bevölkerung und konnte an traditionelle Glaubensvorstellungen anknüpfen. Auch hier gibt es einen Schöpfergott, der jedoch nicht monotheistisch und in den Volksgruppen verschieden aufgefaßt wird. Gott wird mit den eigenen Vorfahren identifiziert; *Zanahary* personifiziert die Ahnen einer Stammes- oder Familiengruppe, *Andriamanitra* die der Stammesführer oder Könige. Die Ahnen durchlaufen nach ihrem Ableben Stufen der Gottwerdung, sie sind Mittler zwischen Gott und den Lebenden, denen sie Segen oder Fluch senden können. Das Leben ist nur ein Übergang; die Seelen der Ahnen leben fort, sie repräsentieren die solidarische Gemeinschaft der Gruppe auch jenseits des Todes. Die Verehrung der Vorfahren steht deshalb für den Madagassen in enger Beziehung zum irdischen Dasein, das von den Ahnen mitgelenkt wird.

Der ›Ahnenkult‹ zeigt sich in der Bedeutung der Grabanlage mit oft aufwendigen Bauten, in den Zeremonien der Bestattung, im Hochland in der Sitte der ›Totenumwendung‹ *(famadihana)*, bei der die Verstorbenen nach bestimmten Zeiträumen feierlich in neue Tücher gewickelt werden. Das Familiengrab ist Symbol der Gemeinschaft; auch die Ausgewanderten streben danach, dort bestattet zu sein, so daß die Toten selbst aus entfernten Landesteilen überführt werden. Der Kinderreichtum der Madagassen erklärt sich nicht nur aus dem Bestreben, irdisches Ansehen durch eine stattliche Familie zu erwerben und viele Arbeitskräfte zu gewinnen, sondern auch aus dem Wunsch, nach dem Tode von einer großen Nachkommenschaft verehrt zu werden. Kinderlosigkeit wird als großes Unglück empfunden, Adoptionen sind deshalb häufig.

Aus religiöser Wurzel sind auch die zahlreichen Gebote und Verbote *(fady)* entstanden, die für ganze Volksgruppen bindend sein können und die Solidarität verstärken. Die Übertretung dieser Normen zieht den Zorn der göttlichen Ahnen und Unglück nach sich. Die vielfältigen *fady* umfassen das Verbot mancher Speisen und der Arbeit an bestimmten Wochentagen, sie erklären Orte, Gegenstände oder Tiere als Tabu und bestimmen den günstigen Zeitpunkt z. B. für Hausbau und Feldbestellung. Sie regeln aber auch die menschlichen Kontakte, z. B. die Form der Rede oder die sexuellen Beziehungen. Die *fady* spielen noch immer eine große Rolle; sie hemmen einerseits eine elastische Entwicklung, sichern andererseits Beständigkeit und Gleichgewicht in der Gruppe.

Die traditionelle Religion besitzt weder eine Organisation noch Priester. Doch haben einzelne Dorfangehörige eine Sonderstellung als Träger religiöser oder magischer Funktionen, wobei z. T. auch islamischer Einfluß wirksam blieb. Dazu gehören der *mpsidiky* als Wahrsager oder Zauberer, der *mpanandro* als Astrologe oder der *ombiasy* als Heilkundiger, der aus Pflanzen Heilmittel *(fanafody)* bereitet. Zuweilen gibt es den *(lahy)-kibory* als Wächter der Familiengräber.

Die sozialen und religiösen Maßstäbe stehen für den Madagassen über den materiellen. Der irdische Besitz hat nicht nur reale, sondern auch ideelle Bedeutung. So werden Reisfeld, Wohnhaus und Ahnengrab als Symbole des Wohlstands, der schützenden Gemeinschaft und des Weiterlebens betrachtet. Die Kult- und Prestigefunktion der Rinderherde ist wichtiger als der wirtschaftliche Wert. Die Rolle des Geldes als Maßstab für Erwerb und Besitz wird erkannt, jedoch den sozialen Werten untergeordnet, so wie es das madagassische Sprichwort ausdrückt: ›Es ist besser, Geld als die Freundschaft zu verlieren.‹

Die traditionelle Ordnung der Gemeinschaft der Lebenden und der Toten gibt mit ihren Normen den Rahmen für die Lebensführung. Für philosophische Spekulationen mit abweichender Interpretation der Normen bleibt hier wenig Raum. Der einzelne hat sich den gemeinsamen Regeln zu unterwerfen und muß die Folgen eigenmächtigen Verhaltens tragen. Hierin wurzeln zwei wesentliche Merkmale der madagassischen Mentalität, als *tsiny* und *tody* bezeichnet (vgl. R. ANDRIAMANJATO). *Tsiny* ist das Bewußtsein des Unvollkommenen, Fehlerhaften im Menschen, das einen ständigen Schuldkomplex und Furcht vor Tadel erzeugt. *Tody* bedeutet die Folge der Taten, die Strafe und Buße. Die Angst vor dem Fehlerhaften gegenüber der Umwelt, der Gruppe und den Vorfahren ist verbunden mit der Scheu vor dem Unbekannten, vor dem Risiko des Irrtums. Man will konform mit der Gemeinschaft bleiben und vermeidet die Brüskierung. Neuerungen gegenüber ist man mißtrauisch, wägt ab, wieweit sie in das traditionelle Wertsystem integriert werden können und akzeptiert sie erst, wenn sie durch eigene Erfahrung erprobt worden sind. Dieses abwartende Mißtrauen erstreckt sich auch auf die Obrigkeit außerhalb der vertrauten Gemeinschaft, woraus Differenzen zwischen der Dorfgesellschaft und der Administration *(fanjakana)* in kolonialer und nachkolonialer Zeit erwuchsen. Mit der Lockerung alter Bindungen nimmt der Zwiespalt zwischen Tradition und Innovation zu.

Den Problemen des täglichen Lebens gegenüber verhält sich der Madagasse pragmatisch als Realist und Empiriker. Für ihn ist die Wahrheit relativ, sie kann sich nach zeitlichen und örtlichen Umständen ändern. Er sucht sich den Verhältnissen anzupassen und möchte flexibel bleiben. Er hat erkannt, daß das Leben die Kunst des Möglichen ist, ein Kompromiß, der zwischen den Meinungen vermittelt. Den Entscheidungen gehen deshalb meist lange Diskussionen voraus. Auch die Zeit ist für den Madagassen relativ und dehnbar *(mora mora* = nichts überstürzen)*,* womit sich der an eine strenge Terminierung gewöhnte Europäer abzufinden hat.

Man mag dem Madagassen seine Traditionsverhaftung, seine Scheu vor Neuerungen und raschem Entschluß, Fatalismus und Mangel an Initiative vorwerfen. Andererseits muß man den Wert der Beständigkeit erkennen, die eine überstürzte Entwicklung vermeidet und der Mentalität des Volkes entspricht. Fortschritt und Glück sind relativ und lassen sich nicht nach fremden Maßstäben aufdrängen!

Der Madagasse liebt das Leben *(mamy ny aina* = süß ist das Leben) und die frohen zwischenmenschlichen Kontakte. Seine Lebensfreude ist aber kein genießender Epikureismus, sondern gemessen im Rahmen der Normen. In der öffentlichen Diskussion *(kabary)* entfaltet sich die Redekunst der Madagassen mit den Regeln der Höflichkeit und dem Zusammenspiel von Inhalt und Form. Die *kabary* dienen dem Gedankenaustausch auf dem Markt, der Beschlußfassung in den fokonolona, früher der Gesetzgebung durch die Könige. In den Erzählungen der *kabary* werden Geschichte und Tradition der Volksgruppen weitervermittelt, so in den *Tantara ny Andriana* (Königsgeschichten) der Merina. Die Gedichte *(tononkira)* der Madagassen sprechen in ihrer zarten Lyrik von einer verhaltenen, doch tiefen Gefühlswelt. Die Sprichwörter *(ohabelona)* sind voller beziehungsreicher Gleichnisse, die Märchen verbinden Folklore und Phantasie. Bei den Festen erklingt die Musik der Spielleute *(mpilalao)* zum rhythmenreichen Tanz und Gesang. Der Dienst an der Gemeinschaft steht auch bei der Kunst immer im Vordergrund.

Die soziale Einstellung des Madagassen zeigt sich schließlich in der Gastfreundschaft, die jedem Fremden zuteil wird; sie beeindruckt den Reisenden in ihrer schlichten Höflichkeit und uneigennützigen Freigebigkeit.

Im Wesen der Madagassen findet sich das Gegensätzliche von zwei Kontinenten in unterschiedlicher Mischung vereint: Asiatisch sind Gleichmut und Ausdauer, Diskretion und Höflichkeit, die Kunst der Anpassung, das ›Verschlagene‹ und Geheimnisvolle, das dem Europäer im letzten Grund verschlossen bleibt. Afrikanisch wiederum ist die unvermittelte Impulsivität und Spontaneität, die manchmal aufbricht, rascher Leistungsanstieg und -abfall, aufgeschlossene Fröhlichkeit und Gesprächigkeit. Wohl kann nach diesen Eigenschaften versucht werden, die Volksgruppen zu unterscheiden, doch häufig liegen sie schon bei dem einzelnen im Widerstreit. Unleugbar prägt den Madagassen aber auch das natürliche Milieu, mit dem er sich auseinanderzusetzen hat. Der Darstellung dieser Umwelt gilt das folgende Kapitel, um die Kulturlandschaft als Ergebnis aus Besiedlungsgeschichte und naturräumlichem Angebot verständlich zu machen.

3. DIE NATURRÄUMLICHEN GRUNDLAGEN

Die Folgen der Lage Madagaskars zwischen den Kontinenten und die Umgestaltung fremdbürtiger Einflüsse zu einer neuen eigenen Form, die bei der geschichtlichen Entwicklung erkennbar wurden, lassen sich auch bei der naturräumlichen Ausstattung feststellen. Die Einbindung der Insel in den Großraum des Indischen Ozeans wird besonders deutlich bei den klimatischen Verhältnissen, die von primärer Bedeutung für die regionale Differenzierung Madagaskars sind. Das Klima bestimmt die Verbreitung der Vegetationsformationen und der Anbauregionen, es beeinflußt tiefgreifend die morphologischen Prozesse und die Bodenbildung. Es erscheint deshalb gerechtfertigt, zunächst diesen weit über die Insel hinausgreifenden Faktor zu behandeln, bevor auf die interne Ausstattung durch die anderen naturräumlichen Faktoren eingegangen wird.

3.1. DIE KLIMATE MADAGASKARS
(Abb. 6, Tab. 20)

Madagaskar, das auch in klimatischer Hinsicht ein ›Mikrokontinent‹ ist, hat Anteil an fast allen äquatornahen Klimabereichen. Die Breitengradlage (12°—25,5° S) ordnet die Insel den Tropen zu; der südlichste Teil jenseits des Wendekreises liegt bereits am Rande der Subtropen. Das Land wird von den Luftmassen sowohl des umgebenden Meeres wie der benachbarten Kontinente beherrscht. Es ist indes groß genug, um modifizierend zu wirken; kontinentale neben maritimen Zügen lassen sich ebenso beobachten wie die Höhenabstufung des Klimas in dem bis über 2000 m aufragenden Hochland.

Die klimatologische Forschung über Madagaskar hat während der letzten Jahrzehnte erhebliche Fortschritte erzielt (vgl. G. DONQUE 1975). Allerdings fehlt es noch an einer ausreichenden Zahl von Stationen mit längerfristigen Beobachtungen, so daß die Werte für weite Gebiete nur durch Extrapolation gewonnen werden können. Es mangelt ferner an Gebirgsstationen und an Sondenmessungen zur Erforschung der höheren Luftschichten. Die großräumigen Grundzüge des Klimageschehens auf Madagaskar sind jedoch hinreichend bekannt.

Die entscheidende Ausgangsbasis ist die Lage der Insel zwischen dem äquatorialen Tiefdruckgebiet im Norden und den subtropischen Hochdruckzellen im Süden, die sich jahreszeitlich mit dem Sonnenstand nordsüdlich verschieben. Diesen beiden Aktionszentren entstammen die Luftmassen und Winde, die als Niederschlagsbringer über das warme Meer hinweg den Rhythmus des Jahres bestimmen.

Im *Südwinter* (April/Mai bis Oktober) liegt Madagaskar mit der Nordverschiebung der Luftdruckgürtel im beherrschenden Einfluß des umfangreichen subtropischen Hochs (1020—1040 mb) über dem südwestlichen Indischen Ozean (30° S). Es kann auf den Südosten der Insel übergreifen und sich über westöstlich wandernde Zellen hohen Drucks als Rücken mit dem Hoch über Südafrika verbinden. Aus diesem antizyklonalen Aktionszentrum weht über den Indischen Ozean der erwärmte und feuchte Südostpassat (75 % relat. Feuchtigkeit) auf die Ostseite der Insel, wird dort z. T. nach Norden (nördlich von Vatomandry) oder Süden abgelenkt, z. T. zum Aufstieg und zur Kondensation an der steilen Gebirgsflanke gezwungen. Die höchsten Niederschläge fallen aber bereits im Küstenvorland, so daß die Bodenreibung eine größere Wirkung zu haben scheint als der orographisch bedingte Aufstieg.

Wichtig ist die Schichtung dieser Luftmasse. Sie ist unten instabil, feuchtwarm mit nach oben abnehmender Temperatur, wird aber in einer Höhe zwischen 1500 und 2500 m durch eine Inversion mit Homothermie oder wieder zunehmender Temperatur begrenzt und von einer stabilen trockenwarmen Schicht überlagert. Diese besonders im Südwinter häufige Schichtung beschränkt Wolkenbildung (Cumulus-Stratus) und Niederschläge auf die Ostseite der Insel. Das Hochland westlich des Gebirgsrandes erhält in dieser Jahreszeit nur seltene kurze Sprühregen oder Steigungsregen an der Ostseite größerer Höhen. Im übrigen ist der Südostpassat im Westteil der Insel ein trockener Wind, der mit der Geländeabdachung nach Westen absinkt und, begleitet von Wolkenauflösung, als Föhn wirkt. Somit ist die Insel im Südwinter deutlich in einen niederschlagsreicheren Ostteil und einen trockenen Westteil geschieden. Die über dem warmen Wasser des Kanals von Moçambique liegende Tiefdruckrinne entfaltet in dieser Zeit keine weitreichende zyklonale Wirkung.

Der äußerste Norden um Diégo-Suarez ist im Südwinter ebenfalls niederschlagsarm, obwohl seine Ostseite dem Südostpassat zugekehrt ist. Doch fehlt hier die Gebirgsflanke, die im übrigen Ostküstenbereich zum Aufstieg und zur Kondensation führt. Umgekehrt ist das südlich anschließende Gebiet der Sambiranoniederung und der Insel Nossi-Bé eine Ausnahme auf der Westseite, weil es auch im Südwinter Niederschläge erhält. Man deutet dies mit einer Konvergenz des Passats, der um die Nordspitze der Insel und um das Ambregebirge strömt, im Lee dynamisch Tiefdruck erzeugt und Niederschläge bis zur Westküste bringt. Mit seiner fast ganzjährigen Humidität ist dieser Nordwestteil klimatisch ein Ausläufer der Ostseite.

Der Südwesten und Süden der Insel ist im Südwinter niederschlagsarm wie der Westen. Der Südostpassat erreicht diesen Landesteil ebenfalls nur als absteigender trockener Föhnwind. Die aus dem kontinentalen Hoch über Südafrika kommenden West- und Südwestwinde bringen kaum Niederschläge. Größere Bedeutung haben die im Süden der Insel mit der Westdrift östlich wandernden Zyklone und Antizyklone. Die hierbei zeitweilig entstehenden Fronten können kurzfristig Bewölkung und Niederschläge, gefolgt von kühlem Rückseitenwetter, bringen. Zuweilen dringen polare Kaltfronten von Süden bis in das Hochland vor. Schneefälle sind jedoch ganz selten und auf die höchsten Gebirge beschränkt, so im August 1961, als eine Kaltfront dem Andringitragebirge (2660 m) eine Schneekappe und dem südlichen Hochland ausnehmend tiefe Temperaturen brachte. Von diesen kurzen Unterbrechungen abgesehen, ist jedoch der Winter für das südliche Madagaskar sowie für den größten Teil der Insel eine ausgeprägte Trockenzeit.

Im *Südsommer* (Oktober bis April) verändert sich die Situation mit der Südverschiebung der Druckgürtel grundlegend. Der subtropische Hochdruckbereich mit der im Südwinter beherrschenden Antizyklone über dem Indischen Ozean verlagert sich auf etwa 33° südl. Breite. Der Südostpassat erreicht die Insel zwar ebenfalls, er schwächt sich jedoch ab und wird unregelmäßig. Als feuchtwarmer Wind bringt er der Ostseite weiterhin Niederschläge, und zwar in noch größerer Menge als im Südwinter. Entscheidend ist dabei die nun veränderte Luftschichtung. Die im Südwinter häufige Inversion mit überlagernder stabiler Schicht hebt sich, wird selten oder verschwindet ganz. Damit erstreckt sich die Instabilität bis in größere Höhen; Wolkenbildung und Niederschläge erreichen über den Gebirgsrand hinweg auch das östliche Hochland. Der Steigungs- und Kondensationseffekt des Gebirgsrandes wird durch Konvektion nach dem südsommerlichen Sonnenhochstand noch verstärkt. Die Niederschlagsmengen sind nun im Süden der Ostküste, wo der Passat parallel zur Küste weht, geringer als im Norden, wo er senkrecht auftrifft und in der einspringenden, von Gebirgen umrahmten Bucht von Antongil die stärksten Regenfälle bringt. Mit der Höhe des Gebirgsrandes steigen die Niederschläge an; erst im äußersten Norden verliert der Passat mit der Absenkung des Gebirges auch im Sommer an Wirkung. Somit bleibt die antizyklonale Strömung des Passats für die Ostseite ganzjährig wetterbestimmend.

Der Westen hingegen tritt nunmehr in den Einflußbereich des südverlagerten äquatorialen Tiefdruckfeldes mit zyklonaler Zirkulation. Die Luftmassen entstammen ursprünglich der nordwinterlichen Antizyklone über Asien. Sie strömen als Nordostpassat (-monsun), über dem Indischen Ozean erwärmt und durchfeuchtet, der Tiefdruckrinne zu, die nun Madagaskar quert oder dicht nördlich davon verläuft. Dabei ändern sie beim Überschreiten des Äquators mit der Ablenkung durch die Erdrotation (Corioliskraft) ihre Richtung und werden zum Nordwestwind (sogen. Nordwestmonsun). Die sommerliche Erwärmung der Insel verstärkt mit Tiefdruckbildung diese Strömung. Auf der Westseite wird das Tiefdruckfeld weit nach Süden gezogen. Hier vereinigt es sich mit den Depressionen über dem Kanal von Moçambique und über dem westlichen Küstenvorland. Die thermische Ursache der Erwärmung fällt dabei mit der dynamischen des als Föhn absinkenden Passates zusammen. Diese westlichen Tiefdruckgebiete können auch eine eigene Zyklogenese entfalten.

Die wichtigste Folge der Nordwestströmung ist, daß sie mit instabilen feuchtwarmen äquatorialen Luftmassen (RF 75—80 %) dem Nordwesten der Insel ein-

schließlich des westlichen Hochlandes ergiebige Regen bringt. Die ausgeprägte
Trennung zwischen sommerlicher Regen- und winterlicher Trockenzeit steht so
in scharfem Gegensatz zu den fast ganzjährigen Regenfällen der Ostseite.

Bei der Niederschlagsbildung der Nordwestströmung wirken verschiedene
Ursachen zusammen. Schon im Tiefland fällt aus der feuchten Luftmasse mit der
Bodenreibung Niederschlag; er verstärkt sich mit dem Geländeanstieg nach Osten
(Steigungsregen). Dazu kommt der Einfluß des sommerlichen Sonnenhochstan-
des (Konvektionsregen). Von besonders starker Wirkung aber ist das Zusammen-
treffen des Nordwestmonsuns mit der östlichen Passatströmung an der Innertropischen Konvergenz (ITC) über Nordwestmadagaskar. Diese in SSW-NNE-
Richtung verlaufende Kontaktzone verschiebt sich mit der wechselnden Stärke
beider Windsysteme. Bei starker Nordwestströmung gleiten die warmfeuchten
äquatorialen Luftmassen über die auf der Ostseite abgeregneten und abgekühlten
Passatwinde. Die frontalen Aufgleitregen bringen, begleitet von starker Turbu-
lenz und Gewittern, dem Westteil die höchsten Niederschlagsmengen. Dies erfolgt meist in der zweiten Tageshälfte oder nachts und kann sogar den lokalen
Flugverkehr gefährden.

Der Südwesten und Süden Madagaskars nimmt auch im Sommer eine klimatische Sonderstellung ein. Die zyklonalen Strömungen des Westens und die antizyklonalen des Ostens erreichen diesen Raum nur zeitweilig und abgeschwächt am
Nord- und Ostsaum. Der Südwesten bleibt weiterhin der niederschlagsärmste
Teil des Landes. Die Niederschlagsarmut wird jedoch gemildert durch Regen aus
den bereits für den Winter genannten zyklonalen Fronten der Westdrift. Sie können sich, von den Tiefdruckgebieten über dem Kanal von Moçambique bzw. über
dem erwärmten Land angezogen, im Sommer verstärkt auswirken.

An der oben genannten Konvergenzzone (ITC) zwischen äquatorialer Nordwestströmung und Südostpassat entstehen über dem Indischen Ozean die für
große Teile Madagaskars verheerenden zyklonalen *Orkane*, nach ihrem Ur-
sprungsbereich in 5—10° S Mauritiusorkane genannt. Die Genese dieser durch
außergewöhnlich niedrigen Druck (bis 940 mb) energiereichen Zyklone ist noch
nicht eindeutig geklärt. Die heute bezweifelte Fronttheorie von Ch. Poisson deutet sie mit dem Aufeinandertreffen der beiden Luftmassen an der ITC längs einer
Diskontinuitätslinie. Nach P. Duverge ist die Bildung einer dritten Front durch
Einbruch kalter Luft von Süden entscheidend für die Auslösung. In jüngerer Zeit
wird der Sitz des ›kritischen Faktors‹ vielmehr in der hohen Troposphäre gesucht
(A. Prudhomme — B. Valtat 1954 f.).

Die Zyklone wandern mit kräftiger Vertikal- und rascher Horizontalbewe-
gung (bis 300 km/h) in einer parabolischen Bahn zunächst in südwestlicher, dann
südöstlicher Richtung, wobei das Umbiegen vielleicht durch den südlichen Hoch-
druckgürtel oder Kaltluftinvasionen bewirkt wird. Fast alljährlich erreichen einer
oder mehrere dieser Orkane die Ostküste Madagaskars, vorwiegend in ihrem
nördlichen Teil. Sie werden dort zwar durch die Bodenreibung abgebremst, über-

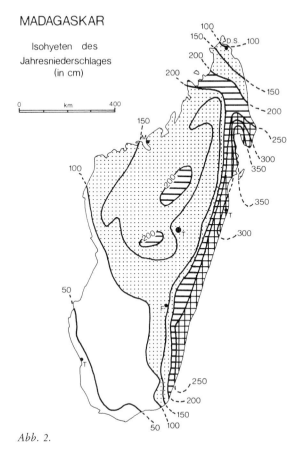

MADAGASKAR

Isohyeten des
Jahresniederschlages
(in cm)

Abb. 2.

queren aber meist den Norden der Insel und verstärken sich wieder über dem Kanal von Moçambique. Sie berühren dann, südöstlich umbiegend, häufig noch die Südwest- und nach abermaliger Querung des Landes die Südostküste.

Mit ihren heftigen Regenfällen (bis 700 mm in vier Stunden) und stürmischen, das Zentrum umkreisenden Winden sind diese Zyklone eine Geißel der Küstengebiete; sie wirken sich aber manchmal auch im Hochland noch verheerend aus. Die Häfen und Pflanzungen der Ostseite können katastrophal geschädigt, ganze Siedlungen zerstört werden. Neben den Sturmfluten an der Küste treten Überschwemmungen und Erosionsschäden im Binnenland auf. So wurde die Ebene von Tananarive durch Dammbrüche am Ikopafluß 1959 überschwemmt, und die tieferen Teile der Stadt erlitten starke Schäden. Die häufigen und noch immer schwer zu berechnenden Orkaneinbrüche — von 1911 bis 1975 wurden 168 regi-

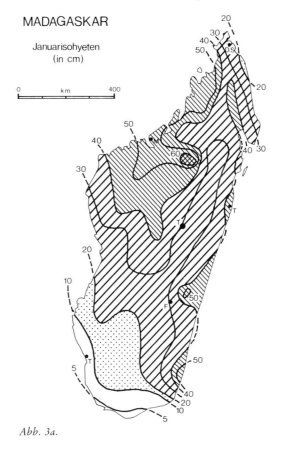

MADAGASKAR

Januarisohyeten
(in cm)

Abb. 3a.

striert — belasten Madagaskar mit hohen Verlusten und Ausgaben und sind einer der stärksten lagebedingten Ungunstfaktoren der Insel.

Aus den jahreszeitlichen Luftmassenbewegungen ergibt sich die räumliche und zeitliche *Verteilung der Niederschläge* (Abb. 2, 3 a, 3 b). Für die ganze Insel ist entsprechend ihrer Lage in den Randtropen der Sommer die Zeit der stärksten Regenfälle. Im Jahresgang weisen die Teilgebiete jedoch erhebliche Unterschiede auf. An der *Ostseite*, die durch den Passat ganzjährig Niederschläge empfängt, überschreitet die Jahresmenge allgemein 1500 mm. Die höchsten Werte werden zwischen Antalaha und Tamatave, wo der Passat im Sommer senkrecht auftrifft, erreicht (über 3200 mm/J.). Spitzenbeträge über 3600 mm weisen die regenfangende Bucht von Antongil und die vorgelagerte Insel Ste. Marie auf. Nach Norden und Süden nimmt die Menge entsprechend der Passatdivergenz ab (Sambava

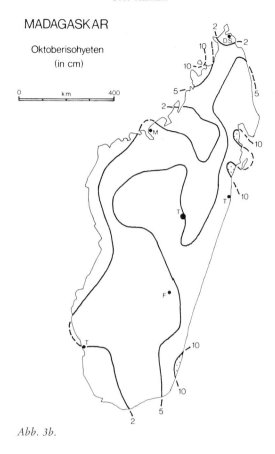

MADAGASKAR

Oktoberisohyeten
(in cm)

Abb. 3b.

2178 mm, Farafangana 2433 mm, Fort-Dauphin 1529 mm). In gleicher Richtung
vermindert sich die Zahl der jährlichen Regentage (Ste. Marie 238, Fort-Dauphin
148). Die meisten Niederschläge fallen zwischen Dezember und April mit Maxi-
malwerten im Februar und März. Nach oft sonnigen Vormittagen bringen die
Nachmittage und Nächte heftige Regen, die besonders beim Durchzug von
Zyklonen Überschwemmungen verursachen können. Die Wintermonate haben
mäßig starke, aber häufige Regen. Selbst die trockensten Monate September und
Oktober weisen noch Mengen um 100 mm auf, so daß von einer Trockenzeit nicht
gesprochen werden kann.

Auf der Nordwestseite sind die Insel Nossi-Bé und die Sambiranoniederung
eine Exklave feuchten Klimas, da sie sowohl winterliche Passat- wie sommerliche
Monsunregen empfangen. Die Jahresmenge überschreitet 2000 mm (Nossi-Bé
2232 mm, Ambanja 2172 mm). Doch sind die Passatregen wesentlich schwächer

als auf der Ostseite, so daß zwischen Juni und September trockenere Monate mit unter 50 mm Niederschlag auftreten. An der Nordspitze um Diégo-Suarez, wo fast nur der Monsun Regen bringt, verlängert und verstärkt sich die winterliche Trockenzeit (6 Monate mit unter 10 mm) und sinkt die Jahresmenge stark ab (Diégo-Suarez 902 mm).

Im *Hochland* und im gesamten *Westen* ist der Wechsel zwischen sommerlicher Regen- und winterlicher Trockenzeit am deutlichsten ausgeprägt. Zwischen April und November sinken die Monatsniederschläge auf unter 100 mm ab, mit geringsten Werten im September und Oktober. Das Hochland empfängt im Winter nur 6—16 %, der Westen sogar nur 5—9 % der jährlichen Regenmenge. Die höchsten Werte werden zwischen Dezember und März erreicht. Im Januar und Februar fallen allgemein über 200 mm Niederschlag; der dem Monsun zugekehrte Nordwesten um Majunga erhält im Januar sogar über 400 mm und gleicht damit in dieser Zeit der Ostseite.

Die Jahresmengen liegen zwischen 800 mm im Südwesten und über 2000 mm im Norden. In ihrer räumlichen Verteilung spiegeln sie den wechselnden Einfluß der Strömungen wider. Im Süden nimmt sie ostwestlich rasch von 1600 mm auf 800 mm ab, da sich der Passat nur im östlichen Hochland als Regenbringer, weiter westlich aber als Föhn auswirkt und hier auch zyklonale Regen nur während kurzer Zeit fallen. Im Norden hingegen nimmt die Jahresmenge ostwestlich von 1600 mm auf über 2000 mm zu; dies erklärt sich aus der Lage der innertropischen Konvergenz im Sommer und dem Geländeanstieg zum Hochland mit Steigungsregen des Nordwestmonsuns. An der Westküste sinkt die Jahresmenge wieder auf unter 1000 mm ab (Maintirano 840 mm).

Kleinräumig schwanken die Niederschlagshöhen stark mit dem Wechsel des Reliefs. Im Hochland stehen die niederschlagsärmeren Becken und Täler den regenreicheren Gebirgen, die zeitweilig auch im Winter luvseitigen Steigungsregen durch den Passat empfangen, gegenüber. So hat das Becken von Tananarive (1381 m) nur 1354 mm, Nanokely am Ankaratragebirge (2100 m) hingegen 1675 mm Jahresniederschlag. An der Ostflanke des Hochlandes rechnet die Senke des Mangorotales und Alaotrasees noch zum wechselfeuchten Gebiet. Die Steigungsregen der Ostseite verringern sich hier; am Alaotrasee weisen die Wintermonate unter 100 mm Niederschlag auf und die Jahresmenge beträgt nur 1153 mm.

Der abseits sowohl von der Passat- wie von der Monsunströmung gelegene *Südwesten und Süden* der Insel ist mit Jahresniederschlägen unter 800 mm semiarid. Die geringsten Mengen weist die Südwestküste mit unter 350 mm (Itampolo 331 mm) auf; dies ist knapp ein Zehntel der Spitzenwerte der Ostküste und veranschaulicht die weite Spanne der Klimate Madagaskars. Die agrarische Nutzung wird durch die sowohl spärlichen wie auch unregelmäßigen Niederschläge erschwert; in Tuléar (Mittelwert 344 mm) sanken sie 1948 auf 129 mm ab. Die jahreszeitliche Verteilung ist weniger deutlich als im Westen, da die von Süden kommenden Zyklone als wichtigste Niederschlagsquellen wohl vor allem im Sommer,

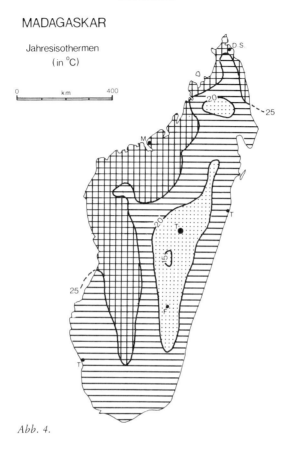

MADAGASKAR

Jahresisothermen
(in °C)

Abb. 4.

schwächer aber auch im Winter wirksam werden. Im übrigen bleibt hoher Druck mit Trockenheit beherrschend, so daß z. B. in Ambovombe an der Südküste die Niederschläge in allen Monaten unter 100 mm absinken und die Zahl der Niederschlagstage unter 10 bleibt. Die Sonnenscheindauer erreicht sehr hohe Werte (Tuléar 3614 Std./J.). Der kühle Meeresstrom vor der Südwestküste trägt nur wenig zur Niederschlagsarmut bei, da die Temperaturunterschiede zum Festland sehr gering sind. Bei dem Namibstrom Südwestafrikas und dem Humboldtstrom Perus sind die Auswirkungen erheblich größer.

An der Südostseite der Insel bildet das ausstreichende Gebirge eine außerordentlich scharfe Grenze, gleichsam eine ›hygrometrische Bruchlinie‹ zwischen dem semiariden Süden und dem immerfeuchten Osten. Um Fort-Dauphin steigen die jährlichen Regenmengen in 150 km Entfernung von 600 auf 3200 mm an, verbunden mit dem raschen Wandel der Vegetation und Bodennutzung.

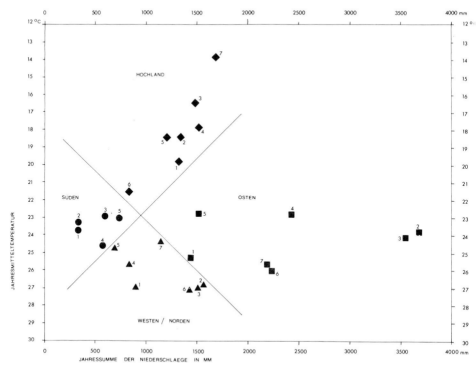

Abb. 5: Jahresmitteltemperaturen und Jahresniederschlagsmengen ausgewählter Stationen im Diagramm.

■ Osten und Nordwesten: 1 Vohemar; 2 Maroantsetra; 3 Tamatave; 4 Farafangana; 5 Fort-Dauphin; 6 Nossi-Bé; 7 Ambanja.◆Hochland: 1 Bealanana; 2 Tananarive; 3 Antsirabe; 4 Ambositra; 5 Fianarantsoa; 6 Ihosy; 7 Nanokely. ▲ Westen und Norden: 1 Diégo-Suarez; 2 Majunga; 3 Marovoay; 4 Maintirano; 5 Morondava; 6 Miandrivazo; 7 Mandritsara. ● Süden: 1 Tuléar; 2 Faux Cap; 3 Ambovombe; 4 Ampanihy; 5 Sakaraha. (Die Mittelpunkte der Signaturen stellen die gesuchten Koordinaten dar.)

Die *Temperaturen* (Abb. 4) weisen auf der ganzen Insel die für die Tropen kennzeichnende geringe Jahresschwankung auf, die von der Tagesschwankung im allgemeinen übertroffen wird. Doch sind infolge der Ausdehnung von 1500 km in nordsüdlicher und 450 km in westöstlicher Richtung und bei einem Höhenunterschied von 2800 m erhebliche Differenzierungen zu erwarten. Sie folgen dem planetarischen wie dem peripher-zentralen und hypsometrischen Wandel. Diese Formenwandelkategorien von H. LAUTENSACH lassen sich an Madagaskar beispielhaft aufzeigen.

In Nord-Südrichtung nehmen mit der Entfernung vom Äquator die Mitteltemperaturen ab, die Jahresschwankungen hingegen zu. Diégo-Suarez im äußer-

sten Norden hat einen Jahresmittelwert von 27° und eine Jahresschwankung von
3,2°, Faux-Cap im äußersten Süden hingegen entsprechende Werte von 23,3° bzw.
6,2°. Im Jahresgang des äquatornahen Diégo-Suarez macht sich der doppelte Sonnenhöchststand durch zwei schwache Maxima im Dezember (28,3°) und März
(28,2°) bemerkbar, während im größten Teil des Landes mit Annäherung an den
Wendekreis nur noch ein Maximum (Fort-Dauphin: 25,6° im Januar) zu beobachten ist.

Der Übergang zwischen Nord und Süd vollzieht sich an den beiden gegen-
überliegenden *Küsten* auf verschiedene Weise, worin die westöstliche Differenzierung deutlich wird. An der ganzjährig feuchten *Ostküste* nehmen nach Süden die
Jahresschwankungen zu (Tamatave 5,4°, Farafangana 6,1°) und die Jahresmittel-
werte gleichmäßig ab (Vohémar 25,3°, Tamatave 24,1°, Farafangana 22,8°).

An der *Westküste* hingegen ist der Übergang unregelmäßiger. Sie ist bis zur
Breite von Morondava, d. h. in ihrem größeren nördlichen Teil, mit über 25° Jahresmittel wärmer als die Ostküste. Dies ist eine Folge des warmen Wassers im Kanal von Moçambique und der sommerlichen äquatorialen Luftmasse des Nordwestmonsuns. Dazu kommt im Binnenland der erwärmende Föhn. Die Ostküste
liegt hingegen unter dem kühleren Passat; auch wirkt sich dort die stärkere Bewölkung und Beregnung aus.

Die Jahresschwankungen sind im Westen etwas höher als im Osten (Morondava 6,7°). Darin wird die scharfe Trennung zwischen der kühlen Trockenzeit im
Winter (Morondava: 21° im Juli) und der warmen Regenzeit im Sommer (Morondava: 27,7° im März) im Unterschied zur gleichmäßiger befeuchteten Ostseite
deutlich. In manchen Stationen, z. B. in Majunga, ist das sommerliche Maximum
doppelt ausgebildet. Die Ursache liegt hier nicht mehr wie bei Diégo-Suarez im
zweimaligen Sonnenhöchststand, sondern in einer geringfügigen Abkühlung
durch Bewölkung und Niederschläge inmitten der Regenzeit, auf deren Beginn
und Ende (Majunga: November und April) die höchsten Monatsmitteltempera-
turen fallen.

Im südlichen Teil der Westküste nehmen mit wachsender Breitenlage die Jahresmitteltemperaturen rasch ab (Morombé 24,6°, Tulear 23,7°) und gleichen sich
östlich Faux-Cap (23,3°) denen der Ostseite an. Zwar werden im Sommer noch
ähnlich hohe Werte wie an der nördlichen Westküste erzielt (Tuléar: 27,4° im Februar), doch macht sich im Winter der abkühlende Hochdruckeinfluß stark bemerkbar (Tuléar: 19,9° im Juli). Daraus resultiert, zusammen mit der südlichen
Lage, eine höhere Jahresschwankung (Tuléar 7,5°, Androka 7,8°, Sakaraha im
Binnenland sogar 8,6°) als im Norden. Die Tagesschwankungen sind allgemein
höher als die des Jahres. Sie liegen an den Küsten im Mittel zwischen 6° und 11°
und können im Inneren 20° erreichen.

Im *Hochland* wird mit zunehmender Höhe der hypsometrische Wandel wirksam. Der thermische Höhengradient beträgt in Madagaskar im Mittel 0,6° auf
100 m. Er ist zur kühleren Ostküste hin geringer (0,5°) als zur wärmeren Westkü-

ste (0,7°); lokal wechselt er stark mit den Reliefverhältnissen. Die Abnahme der
Jahresmittel mit der Höhe wird an folgenden Beispielen deutlich:

Station	Höhe (m)	Jahresmittel- temperatur (°C)
Marovoay	20	27,0
Bealanana	1125	19,8
Tananarive	1381	18,5
Faratsiho	1750	16,7
Nanokely	2100	13,9

Dabei ist zu berücksichtigen, daß die Temperaturen auch nordsüdlich mit
wachsender Breitenlage abnehmen (z. B. Tananarive 18°55' S: 18,5°; Fandriana
20° 12' S: 17,6° bei etwa gleicher Höhenlage).

Im Jahresgang zeigt sich der Unterschied zwischen Sommer und Winter mit
dem wechselnden Sonnenstand:

Station	Höhe (m)	Mittelwert wärmster Monat (°C)	Mittelwert kältester Monat (°C)
Bealanana	1125	21,9	16,6
Tananarive	1381	21,1	14,4
Nanokely	2100	16,1	10,2

Das höchste Monatsmittel fällt meist vor den Höhepunkt der Regenzeit, die
abkühlend wirkt. Die Jahresschwankungen liegen, von Norden nach Süden im
allgemeinen zunehmend, zwischen 5° und 7°.

Wichtig für die Bodennutzung im Hochland sind die Minimaltemperaturen,
die den Anbau gefährden können. Die Monatsminima sinken im Juli in Tananarive
auf 8,9°, in Antsirabe auf 5,6° ab. Das absolute Minimum von Tananarive wurde
mit 1,6° gemessen. Im Winter ist in den Niederungen Reifbildung nicht selten. In
Höhen um 1400 m können die Minimaltemperaturen unter 0° absinken, d. h. die
Frostgefahr setzt ein. In Antsirabe (1506 m), dessen Beckenlage tiefe Temperaturen begünstigt, erreicht das absolute Minimum −6,6°. Damit treten in dieser Höhe
in manchen Wintern Frostschäden z. B. im Kaffee-, Reis- und Obstanbau auf. Im
Jahre 1900 fiel Schnee in Antsirabe. Kaltlufteinbrüche können in größeren Höhen
zu stärkerem Schneefall führen, doch bleiben sie seltene Ausnahmen.

Nach den bisherigen Beobachtungen liegt die Obergrenze der warmen Tropen, die nach v. WISSMANN durch die Wärmemangelgrenze (Jahresmitteltempera-
tur 18,3°) oder die absolute Frostgrenze bestimmt wird, im zentralen Hochland

zwischen 1400 und 1800 m Höhe. Hier endet der Anbau frostempfindlicher Kulturen, soweit er ganz- oder mehrjährig ist. Dieser Saum entspricht der Grenze zwischen Tierra templada und Tierra fria in den südamerikanischen Anden. Über die ganze Insel gesehen, senkt sich die Frostgrenze von 1800 m im Norden auf 800 m im Süden ab (Abb. 28).

Über die täglichen Temperaturschwankungen im Hochland liegen nur wenige Daten vor; sie sind in der Regel höher als die Jahresschwankungen. In Tananarive liegt die Tagesamplitude zwischen 6° und 16°, wobei die höheren Werte bei starker Ein- und Ausstrahlung und in der bewölkungsärmeren kühlen Jahreszeit auftreten. Die Nächte und Morgenstunden sind im Hochland allgemein frisch. Die raschen Temperaturveränderungen im Laufe des Tages zwingen zu häufigem Kleidungswechsel und erhöhen die Anfälligkeit gegen Erkältungskrankheiten.

Der klimatische zentral-periphere Wandel zwischen Hochland und Küstengebieten zeigt sich vor allem in den höhenbedingten Temperaturunterschieden und fällt so mit dem hypsometrischen Wandel zusammen. Durch die Niederschlagsverteilung bedingt ist die im allgemeinen etwas größere Jahresschwankung des wechselfeuchten Hochlandes gegenüber der fast immerfeuchten Ostseite, während im Vergleich zur ebenfalls wechselfeuchten Westseite hierin keine Unterschiede zu beobachten sind. Im überwiegend trockenen Südwesten ist die Jahresamplitude hingegen größer als im Hochland.

Bei der Differenzierung nach *Ozeanität* und *Kontinentalität* der Temperaturen ist der Südwesten somit kontinentaler als das Hochland. Es wird in dieser Hinsicht auch von der breiten Niederungszone, die sich nordsüdlich zwischen Hochlandsockel und westlichem Schichtstufenland erstreckt, übertroffen. Diese beiden kontinentalen Gebiete zeichnen sich durch ihre in Relation zur Höhen- und Breitenlage großen Jahresschwankungen und hohen Sommertemperaturen aus. Niedrige Lage und starke sommerliche Erwärmung in Meerferne wirken hierbei zusammen. Mit dem Monatsmittel des wärmsten Monats von 29° in Miandrivazo, einem mittleren Maximum von 33,3° und einem absoluten Maximum von 39,3° in Maevatanana (südöstlich Majunga) werden hier Spitzenwerte des ganzen Landes gemessen. Der Gegensatz zwischen dem erfrischenden Temperaturwechsel des Hochlandes und der drückenden Hitze der westlichen Niederung (Betsiriry) wird z. B. bei der Fahrt von Antsirabe nach Miandrivazo in wenigen Stunden spürbar.

Gebiete relativ starker Ozeanität sind erwartungsgemäß die Küstensäume mit geringeren Jahres- und Tagesschwankungen, wobei der Temperaturausgleich vor allem durch die jahres- und tageszeitlich wechselnden See- und Landwinde bewirkt wird.

In der Zusammenfassung ergeben sich in Madagaskar vier *Klimaregionen* (vgl. Abb. 6, auf der zusätzlich die Gebirge hervorgehoben sind). Sie unterscheiden sich nach den jeweils vorherrschenden Luftmassen und Winden, in der Höhe ihrer Niederschläge und Temperaturen und damit in der Zahl ihrer ariden bzw. humi-

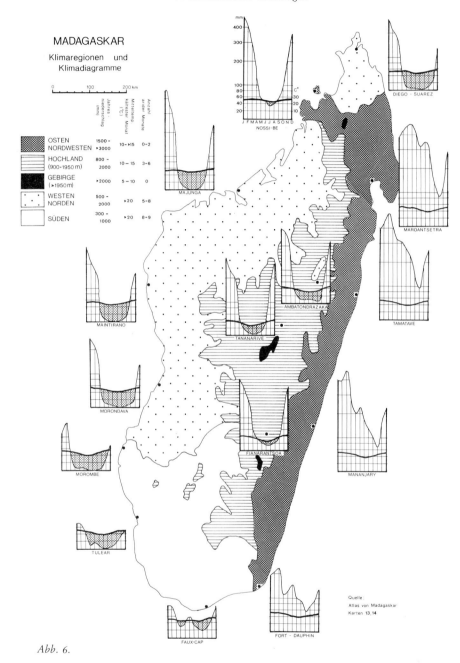

MADAGASKAR

Klimaregionen und
Klimadiagramme

Abb. 6.

den Monate. Als arid wird ein Monat dann bezeichnet, wenn die potentielle Verdunstung den Niederschlag übersteigt. Die Berechnung der ariden Monate erfolgte für Madagaskar nach der Formel von H. GAUSSEN. Danach ist ein Monat arid, wenn die zweifache Niederschlagssumme (in mm) kleiner ist als die Mitteltemperatur (in °C).

1. *Die Ostseite.* — Dieser Landesteil ist typisch für die Ostseitenklimate der Tropen. Dauernd unter dem Einfluß des aus dem Subtropenhoch wehenden Südostpassats gelegen, hat er ganzjährig Niederschläge, die sich im Winter nur abschwächen. Kein Monat des Jahres ist arid. Die Niederschläge überschreiten 1500 mm im Jahr. Die Jahresmitteltemperaturen sinken von 27° im Norden auf 23° im Süden, an der Gebirgsflanke bis etwa 20° (in 900 m Höhe) ab. Die Temperaturschwankungen sind infolge des gleichmäßigen Niederschlagsganges gering. Hohe relative Luftfeuchtigkeit und geringe Verdunstung erzeugen häufig unangenehme Schwüle. Die Ostseite wird fast alljährlich von den Wirbelstürmen des Indischen Ozeans heimgesucht und kann große Schäden erleiden. Dies ist um so schwerwiegender, als sich hier das wichtigste Verbreitungsgebiet der Nutzpflanzen der feuchtwarmen tropischen Tieflandstufe befindet.

Randlich greift diese Klimaregion abgeschwächt im Gebiet Nossi-Bé–Sambirano auf die Nordwestküste über. Hier wird sowohl der Passat wie die zyklonale Strömung des Nordwestmonsuns als Niederschlagsbringer wirksam. Im Winter treten jedoch mehrere aride Monate auf. Die Niederschlagsmenge überschreitet auch hier 1500 mm im Jahr. Die Jahresmitteltemperaturen sinken von der Küste (27°) mit dem Geländeanstieg in das Landesinnere (24°) ab. Der Raum ist für tropische Tieflandkulturen geeignet, bedarf jedoch z. T. der künstlichen Bewässerung.

2. *Das Hochland.* — Die Grenze dieser Region ist im Osten durch den steilen Gebirgsabfall scharf, während die flachere Westabdachung nur fließende Übergänge erkennen läßt. Primäres Merkmal ist die Temperaturabnahme mit der Höhe. Die Jahresmitteltemperaturen betragen am Nordwestrand etwa 25°, am Südrand (entsprechend der höheren Breite) noch 21°, am hohen feuchten Ostrand etwa 20°. Sie sinken bis auf 14° bei ungefähr 2000 m Höhe ab. Frost tritt über 1500 m häufig, Schneefall jedoch selten auf. Der Jahresrhythmus wird durch die deutliche Trennung zwischen kühltrockenem Winter mit antizyklonalem östlichem Einfluß und warmfeuchtem Sommer mit zyklonalem westlichem neben abgeschwächtem östlichem Einfluß bestimmt. Die Jahresniederschläge liegen zwischen 800 mm im Süden und über 2000 mm im Nordwesten und in den höheren Gebirgen. Die stärksten Niederschläge fallen im Sommer durch die Einwirkung des Monsuns nach Auflösung der winterlichen Inversion. Im Winter erhalten nur die Luvseiten der Gebirge stärkere Niederschläge. Die Zahl der ariden Monate steigt im zentralen Hochland auf drei bis vier, im südwestlichen sogar auf fünf bis sechs an. Die Region ist für Nutzpflanzen der mittleren und oberen tropischen Höhenstufe geeignet, doch ist für manche Kulturen künstliche Bewässerung erforderlich und in hohen Lagen der Frost gefährlich.

3. Die Westseite. — Die Westküste und ihr Hinterland bis zum Rand des Hochlandes haben entsprechend ihrer tiefen Lage Jahresmitteltemperaturen zwischen 27° im Norden und 24° im Süden. Die Kontinentalität nimmt von der Küste landeinwärts zu und erreicht in der Niederung vor dem Hochlandsockel hohe Werte. Die Jahresniederschläge liegen zwischen 800 mm im Süden und 2000 mm im Norden. Regen- und Trockenzeit sind wie im Hochland scharf getrennt. Die sommerlichen Niederschläge des Nordwestmonsuns entstehen durch das Südwandern der innertropischen Tiefdruckrinne, die sich mit der Depression über dem Kanal von Moçambique verbinden kann. Besonders starke Regen fallen in der Konvergenzzone (ITC) zwischen Monsun und Passat. Im Winter hingegen spenden nur kleinere Tiefdruckzellen, die von Westen oder Süden her die Region erreichen, geringe Niederschläge. Im Übergang zum Hochland wirkt der Passat im Winter als Föhn. Die Zahl der ariden Monate beträgt im monsunexponierten Nordwesten fünf bis sechs, steigt aber weiter im Süden auf sieben bis acht an. Während der Trockenzeit ist für Nutzpflanzen mit hohem Wasserbedarf, z. B. für Reis, außerhalb der Zone sommerlicher Überschwemmung künstliche Bewässerung erforderlich. Das Gebiet wird durch südwest-, dann südostwandernde Wirbelstürme betroffen, wenn auch weniger häufig als die Ostküste.

Der Westregion kann der äußerste Norden um Diégo-Suarez zugerechnet werden, wo trotz der Ostexposition der Passat infolge des Reliefs keine Winterregen bringt und die sommerlichen Monsunniederschläge nur zu vier bis fünf humiden Monaten führen.

Im ganzen repräsentiert die Region das wechselfeuchte randtropische Klima im Übergang zwischen semihumid und semiarid.

4. Der Süden. — Diese semiaride Region weist die geringsten Niederschlagshöhen des Landes auf (300—800 mm/Jahr). Sie wird nur randlich von Passat oder Monsun beeinflußt. Die Regen werden überwiegend durch wandernde Depressionen verursacht. Die Menge nimmt mit dem Geländeanstieg von der Küste landeinwärts zu. Doch ist der größte Teil des Jahres mit acht bis neun ariden Monaten niederschlagsarm. Die Jahresmitteltemperaturen sinken von 26° im Norden auf 23° im Süden ab. Die jährlichen Temperaturschwankungen sind infolge der südlichen Lage und des winterlich kühlen Hochdruckeinflusses relativ hoch. Das Binnenland trägt kontinentale Züge. Die Region ist in der agrarischen Nutzung am stärksten benachteiligt, da die notwendige künstliche Bewässerung durch den fast ganzjährigen Wassermangel erschwert oder unmöglich wird und zudem der weitverbreitete durchlässige Untergrund die Trockenheit fördert.

Die Vielfalt der Klimate von Madagaskar kommt in allen *Klimaklassifikationen* zum Ausdruck, obwohl die Autoren von jeweils verschiedenen Kriterien ausgehen. Als Beispiele seien die Klimagebiete nach W. Köppen, W. Thornthwaite und C. Troll — K. H. Paffen und ihre Zuordnung zu den obengenannten Klimaregionen angeführt:

	KÖPPEN		THORNTHWAITE	TROLL-PAFFEN (Jahreszeiten-klimate)	
1. Ostseite	Af	Tropisches Regenklima	A feucht	V 1	Tropisches Regenklima
	Am	Trop. Regenklima m. kurzer Trockenzeit			
2. Hochland	Cw	Warmgemäßigtes Regenklima, wintertrocken	B humid	V 2	Tropisch sommerhumides Feuchtklima u. Höhenstufen
3. Westseite	Aw	Tropisches wintertrockenes Regenklima	C subhumid	V 3	Wechselfeuchtes Tropenklima
			D semiarid		
4. Südwesten	BS	Steppenklima		V 4	Tropisches Trockenklima
Süden	BW	Wüstenklima	E arid		

Für die Methode von W. Köppen ist kritisch anzumerken, daß sie mit der Zuordnung des Hochlandes zum warmgemäßigten, auch außertropisch verbreiteten C-Klima den besonderen Temperatur- und Strahlungsverhältnissen der Tropen nicht gerecht wird. Bei allen Methoden kann eine weitere Differenzierung nach Subklimaten aus Mangel an Daten noch nicht für das ganze Land erfolgen.

Über die *paläoklimatische Entwicklung* von Madagaskar liegen bisher nur wenige Untersuchungen vor. Im Süden der Insel hat R. Battistini versucht, anhand von älteren Bodenschichten das Klima am Ende des Tertiärs und zu Beginn des Quartärs zu rekonstruieren. Demnach hatte dieses heute überwiegend aride Gebiet im Pliozän sehr niederschlagsreiche Regenzeiten und im Quartär drei Pluvialzeiten. Am Westrand des Hochlandes soll hingegen das Klima während des Pliozäns und zu Beginn der Quartärs trockener gewesen sein als heute. Doch bedürfen diese Hypothesen noch weiterer Bestätigung. Sie lassen jedenfalls erkennen, daß Madagaskar auch in klimatologischer Hinsicht ein ergiebiges Forschungsfeld für überregional wichtige Zusammenhänge ist.

3.2. Die Landformen und ihre Entwicklung
(vgl. Abb. 8)

Madagaskar zeigt eine ungewöhnliche Vielfalt von Oberflächenformen. Im Hochland ragen mächtige Gebirgsmassive auf; Granitkuppen und Quarzitrippen

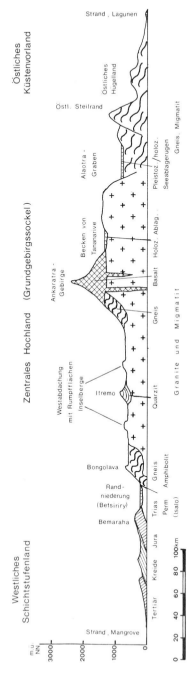

Abb. 7: Geologisches Profil WSW–ENE (Morondava–Tananarive–Tamatave) (Überhöhung 1:30).

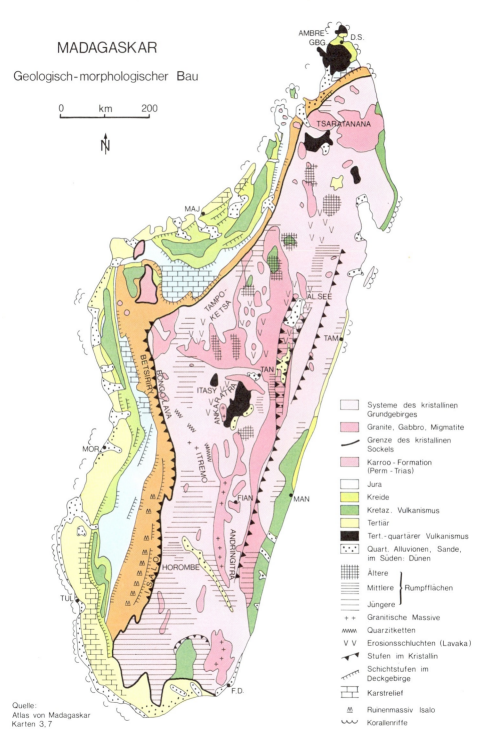

MADAGASKAR

Geologisch-morphologischer Bau

0   km   200

N

AMBRE
GBG   D.S.

TSARATANANA

MAJ

TAMPO-
KETSA

AL.SEE

TAM

BETSIRIRY

TAN

ITASY

ANKARATRA

BONGO-LAVA

ITREMO

MOR

FIAN   MAN

ISALO

HOROMBE

ANDRINGITRA

TUL

F.D.

Quelle:
Atlas von Madagaskar
Karten 3, 7

	Systeme des kristallinen Grundgebirges
	Granite, Gabbro, Migmatite
	Grenze des kristallinen Sockels
	Karroo - Formation (Perm - Trias)
	Jura
	Kreide
	Kretaz. Vulkanismus
	Tertiär
	Tert.-quartärer Vulkanismus
	Quart. Alluvionen, Sande, im Süden: Dünen
	Ältere
	Mittlere } Rumpfflächen
	Jüngere
++	Granitische Massive
mmm	Quarzitketten
V V	Erosionsschluchten (Lavaka)
	Stufen im Kristallin
	Schichtstufen im Deckgebirge
	Karstrelief
M	Ruinenmassiv Isalo
ww	Korallenriffe

Abb. 8.

finden sich ebenso wie junge Vulkankegel und -krater. Diese Vollformen kontrastieren mit weitgespannten Hochflächen, die von Steilrändern und Tälern begrenzt und zerschnitten sind. Im Westen lassen lang hinziehende Schichtstufen zwischen sanft geneigten Flächen einen andersartigen Bauplan erkennen, aber auch der Osten setzt sich mit seinem enggegliederten Hügelland am Fuß des steilen Gebirgsrandes deutlich vom Hochland ab. An den Küsten wechseln monotone Strände und Dünenketten mit Kliffen, Buchten und Deltamündungen, denen z. T. Korallenbänke vorgelagert sind. Dieser Formenreichtum deutet auf einen langen und bewegten Entwicklungsgang hin, und in der Tat führt die Geologie und Morphologie Madagaskars durch die gesamte Erdgeschichte.

3.2.1. Die geologische Entwicklung bis zum Tertiär

Die Isolierung Madagaskars als Insel stellt sowohl die Besiedlungs- wie die Erdgeschichte vor Probleme. Ähnlichkeiten im geologischen Aufbau mit anderen Festländern der Südhemisphäre und die zu Afrika parallele Westküste haben zu dem Schluß geführt, daß Madagaskar einem ursprünglich einheitlichen Südkontinent (Gondwanaland) zusammen mit Südafrika und Südindien, Brasilien, Australien und der Antarktis angehörte. Alte Gebirgsrümpfe, überdeckt mit Schichten des Erdaltertums und -mittelalters, durchbrochen von vulkanischen Ergüssen, kleinere Steinkohlenlager und Spuren einer früheren Vereisung sind Madagaskar und Südafrika, aber auch anderen Gondwanaländern gemeinsam.

Die großartige Theorie von A. WEGENER (1912), nach der die heutigen Kontinente durch Auseinanderdriften aus einem Urkontinent seit dem Erdaltertum entstanden sein sollen, ist auch durch moderne, besonders paläomagnetische Forschungsmethoden nicht widerlegt, sondern eher bestätigt und nur modifiziert worden. So sollen zwar die Kontinente bei ihrer Drift nicht frei im zähflüssigen Erdmantelgestein schwimmen, wie Wegener meinte, aber doch an Kontinentalspalten zerbrochen sein und durch Neubildung von Ozeanboden im Bereich der Risse auseinandergedrängt werden. Ein derartiger Riß im Untergrund des Indischen Ozeans trennt nach der neuen Theorie der Plattentektonik die indisch-australische von der afrikanischen Platte. Er verläuft etwa 1000—2000 km östlich und südlich von Madagaskar und wird, wie die anderen großen Grabensysteme der Erde, z. B. in Ostafrika, von einem Rücken (arabisch-indischer Rücken) gesäumt.

Madagaskar gehört somit der afrikanischen Platte an, in deren Rahmen es zur selbständigen Insel geworden ist. Als Zeit der Trennung von Afrika kann frühestens das Ende des Paläozoikums nach dem Aufbau des Grundgebirges und spätestens das Tertiär vor der Ausbildung der endemischen Tier- und Pflanzenwelt Madagaskars angenommen werden. In der Zwischenzeit erfolgte jedenfalls mit dem Wechsel mariner und kontinentaler Ablagerungen des Mesozoikums eine zunehmende Verselbständigung der Insel. Sie liegt auf einem Schelfsockel, der im Westen mit Meerestiefen von weniger als 1000 m bis zu einer Küstenentfernung von 30—85 km breit ausgebildet ist. Der Kanal von Moçambique erreicht kaum mehr als 3000 m Tiefe und wird von Schwellen durchzogen, auf denen z. B. die jungvulkanischen Komoren-Inseln aufsitzen. Im Osten hingegen fällt der Meeresboden vor einem schmalen Schelf rasch auf über 5000 m Tiefe im Maskarenen- und Madagaskarbecken ab, bevor er im Maskarenen- und arabisch-indischen Rücken zum Plattenrand hin wieder ansteigt.

Kristallines gefaltetes Grundgebirge und jüngere Deckschichten bilden die beiden geologischen Grundeinheiten Madagaskars. Ihre Erforschung ist vor allem H. BESAIRIE, dem Altmeister der Geologie des Landes, zu verdanken.

Das *Grundgebirge,* der präkambrische Sockel, ist im Osten der Insel nicht überdeckt. Es besteht aus ursprünglich in einer Geosynklinale abgelagerten, später gefalteten und stark metamorph umgestalteten Schichten vielfältiger Zusammensetzung (Gneise, Glimmerschiefer, Quarzite, Amphibolite, Marmor u. a.). Die Gebirgsbildung begann nach radiometrischen und Isotopenmessungen vor 2600 Mill. Jahren. Mehrere nach Alter und Gesteinszusammensetzung differenzierte Gebirgssysteme setzen den Sockel zusammen: das Androysystem im Süden, das Graphitsystem in der Mitte und im Norden und das Vohiborysystem in verschiedenen Gebieten, wozu nach jüngeren Forschungen als Zwischenglieder die Infra-Graphit- und die Schiefer-Quarz-Kalk-Serie treten. Das System von Antongil ist im Nordosten isoliert um die gleichnamige Bucht verbreitet.

Wichtig für die Formenbildung des Gebirges war das Eindringen von glutflüssigem und dann erstarrtem Tiefengestein, besonders von Granit, in die älteren gefalteten und metamorphisierten Gesteine während verschiedener Epochen (2500, 1100, 550 Mio Jahre v. h.). Die Granitintrusionen treten vor allem an Antiklinalachsen des Gebirges als massive Körper (Plutonite) oder als Gänge auf; sie haben zu einer Granitisierung der anliegenden präkambrischen Schichten geführt. Außer Graniten sind Rhyolithe, Syenite und Gabbro zu finden. In seiner Zusammensetzung aus gefaltetem Kristallin und Plutoniten gleicht das madagassische Grundgebirge vielen europäischen Mittelgebirgen, wie z. B. dem Schwarzwald. Dies gilt auch für die spätere (oberkretazische?) Dislokation des Sockels mit asymmetrischer Hebung. Dadurch wurde der Ostteil des Gebirges in über 2000 m Höhe gehoben und der Abtragung ausgesetzt, während der Westen tief abgesenkt ist; das Präkambrium wurde an der Westküste bei Belo erst in 6500 m, bei Majunga in 5000 m Tiefe ermittelt. Hier wird es, wieder dem Schwarzwald vergleichbar, von jüngeren Schichtgesteinen überlagert.

Das Grundgebirge Madagaskars enthält eine Reihe z. T. wirtschaftlich wichtiger Bodenschätze wie Glimmer (Mica), Graphit, Chromit, Uranthorianit, Monazit, Ilmenit und Granat.

Das *Deckgebirge* im Westen besteht aus spätpaläozoischen bis jungtertiären Schichten unterschiedlicher Mächtigkeit und Widerständigkeit, die im Wechsel von Meerestransgressionen und -regressionen abgelagert wurden. Die Sedimentation erfolgte in zwei große Senken, dem Becken von Boina um Majunga im Norden und von Menabe um Morondava im Süden. Sie sind durch den längs einer Antiklinale nach Nordwesten vorragenden Grundgebirgssporn des Ambongo, der dem Morvan des französischen Zentralmassivs vergleichbar ist, voneinander getrennt. Der Küstenverlauf zeichnet diesen Bauplan nach; er biegt im Bereich des Ambongo nach Nordwesten aus (Kap St. André) und schwingt in den beiden Becken konkav landeinwärts zurück. Das Schichtpaket der 30—200 km breiten Sedimentationszone wurde durch jüngere Kippung leicht schräggestellt. Es fällt im Mittel 3—5°, maximal 10° nach Westen und Nordwesten ein; die Oberfläche schneidet die verschiedenen Schichten in spitzem Winkel.

Das älteste Schichtglied liegt dem Grundgebirge auf und wird in Analogie zu Südafrika als Karrooformation bezeichnet. Ihre vorwiegend kontinentalen Ablagerungen werden in drei Gruppen unterteilt. Die Sakoagruppe (Karbon-Perm) ist überwiegend im Süden vertreten. Sie enthält zwei für die Entwicklungsgeschichte der Südkontinente bedeutsame Zeugnisse, zum einen zementierte Konglomerate (Tillite) aus kristallinen Schiefern als Spuren der permo-karbonen Vereisung, zum anderen Steinkohlen aus dem tropischen Klima des Karbon. Die ebenfalls vorwiegend im Süden vertretene und teils noch dem Grundgebirge auflagernde Sakamenagruppe (oberes Perm — untere Trias) ist zum Teil marin und enthält neben Sandsteinen auch weichere Schichten. Am weitesten ist die Isalogruppe als oberste Karrooformation verbreitet (obere Trias bis mittlerer Jura). Das Isalo, in drei Untergruppen geteilt, säumt den Grundgebirgsrand vom Südwesten bis zum äußersten Norden und besteht u. a. aus widerständigen Kalk- und Sandsteinen teils kontinentaler, teils mariner Bildung.

Der Karroformation lagern, nach Westen einfallend, die jüngeren Schichten des oberen Jura, der Kreide und des Tertiär auf. Ihre überwiegend marine Entstehung zeigt, daß die Trennung vom afrikanischen Festland in dieser Zeit endgültig geworden sein muß. Morphologisch wichtig ist der häufige Wechsel in der Widerständigkeit dieser Schichten. Kalke und Sandsteine, die in allen Formationen vom oberen Jura bis zum Pliozän auftreten, wechseln mit Mergeln und Tonen und bilden damit die Voraussetzung für eine selektive Abtragung. Diese regelhafte chronologische Abfolge der Schichtglieder wird am Küstensaum durch die jüngsten quartären Ablagerungen des Festlandes (Deltas) und des Meeres (Dünen) abgeschlossen.

Das horizontal abgelagerte und später schräggestellte Schichtpaket wurde in der Kreidezeit (Senon, Turon) von weitverbreiteten vulkanischen Intrusionen und Spaltenergüssen durchsetzt, die gleichaltrig mit dem Dekkantrapp Indiens sind. Sie werden mit ihren widerständigen Gesteinen (Basalte, Rhyolithe, Gabbro) auch morphologisch als tafelförmige Höhenzüge wirksam. Kretazischer Vulkanismus findet sich sowohl im Süden, wo er im Androygebiet in einer tektonischen Senke am Mandrarefluß als Massiv in Erscheinung tritt, wie auch im Hinterland der

West- und Nordwestküste. Er ist ferner an der Ostküste im Norden von Vohemar bis zur Bucht von Antongil und in einem breiten südlichen Streifen um Mananjary und Farafangana vertreten. Im übrigen gehört die Ostseite so wie das Hochland dem Grundgebirge an.

3.2.2. Die neogene (tertiäre und quartäre) Überformung

Auf der Grundlage des beschriebenen Gebirgs- und Schichtenbaus ist das heutige Oberflächenbild Madagaskars entstanden, wobei tektonische Bewegungen mit Abtragungs- und Ablagerungsvorgängen und jungem Vulkanismus zusammengewirkt haben.

Tektonische Krustenbewegungen. — Die für die weitere Formgebung maßgebliche Schrägstellung des Grund- und Deckgebirges ist bereits genannt worden. Die kretazischen Intrusionen haben sekundäre Verbiegungen im Deckgebirge verursacht. Darüber hinaus wird die Scholle Madagaskars von nordsüdlichen, z. T. morphologisch wichtigen tektonischen Linien durchzogen, die sich zwei Hauptrichtungen (Bongo-Lavalinie NNW-SSE; Ostküstenlinie NNE-SSW) zuordnen lassen. Sie spiegeln sich auch in den Umrissen der Insel wider.

Die auffällig geradlinige Ostküste ist tektonisch bedingt und folgt der NNE-SSW-Richtung. Diese wurde auch an Brüchen im Untergrund des westlichen Deckgebirges und in Aufwölbungen (Antiklinalen) des Grundgebirges festgestellt. Früher glaubte man, auch den steilen Ostabfall des Hochlandes, der der Küste parallel zieht, mit gestaffelten Brüchen gleicher Richtung erklären zu können; diese naheliegende Vermutung hat sich jedoch nicht bestätigt. Es muß deshalb angenommen werden, daß diese wichtige Landschaftsgrenze erst durch erosive Rückverlegung als sekundäre Folge der Ostküstenlinie entstanden ist. Die unmittelbar tektonische Bildung wurde nur für die Senke des Alaotrasees und Mangorotales nachgewiesen, die den Hochlandrand im Norden unterbricht. Sie wird im Westen und Osten von gegensinnig einfallenden Brüchen gesäumt. Wieweit eine kleinere Zwischenstufe im Süden des Hochlandrandes am Itomampyfluß ebenfalls auf Tektonik beruht, ist noch ungewiß.

Die NNW-SSE-Linie wird im Norden der Ostküste zwischen der Halbinsel Masoala und Diégo-Suarez deutlich, sekundär in der einspringenden Bucht von Antongil, die einen tektonischen Graben darstellt. Im Binnenland folgen der gleichen Richtung Aufwölbungen im Norden des Sockels und Bruchlinien im Westen unter dem Deckgebirge, z. B. bei Tuléar und Befandriana. Auch die Antiklinale des Ambongo gehört hierher. Morphologisch besonders wirksam wird diese Richtung in den Höhen des namengebenden Bongo Lava (= langer Berg) im mittleren Westen. Hier bricht der Grundgebirgssockel staffelförmig zur Betsirieniederung ab und wird in ihr von der Karrooformation überlagert. Auch weiter im Süden folgt die Grenze zwischen Grund- und Deckgebirge einer Bruchlinie, hier aber in Ostküstenrichtung. Im Nordwesten taucht der Sockel bruchlos unter die Deckschichten ein.

Eine Vielzahl weiterer tektonischer Linien durchzieht als Antiklinalen, Synklinalen oder Brüche das Hochland. Sie verursachen z. B. die Asymmetrie nordsüdlicher Täler im Betsileogebiet und kreuzen sich im Bereich von Tananarive. Der westliche Steilabfall des Schloßberges von Tananarive rührt vielleicht von einer dieser Bruchlinien her.

Das Alter dieser Bewegungen ist weithin noch unbestimmt. Die Bongo-Lavalinie im Westen wird entsprechend der Überlagerung in die Zeit der Karrooformation datiert, während andere kretazische Basalte schneiden, also jünger sein müssen als diese. Sicher jedoch sind viele tektonische Linien bereits mit der Orogenese des Grundgebirgssockels entstanden und wurden später wieder aktiviert.

Seit dem Ende des Erdmittelalters haben neben der Tektonik die Prozesse der Abtragung und Ablagerung das Formenbild der Gegenwart geschaffen und die Merkmale der drei morphologischen Haupteinheiten der Insel, des Hochlandes, des Ostens und Westens herausgearbeitet.

Im Grundgebirgssockel des *Hochlandes* war die zyklische Ausbildung von *Rumpfflächen* der wichtigste Vorgang der Reliefgestaltung. Die weite Verbreitung fast ebener Hochflächen (Peneplains), z. B. westlich von Tananarive, aber auch von Hügel- und Berggebieten mit einheitlichem Gipfelniveau trotz unterschiedlicher Gesteine legen in Analogie zu ähnlichen, früher erforschten Formen in den Grundgebirgen Europas und Ostafrikas den Schluß auf weitgespannte Einrumpfungsvorgänge auch in Madagaskar nahe. Die bisherigen Untersuchungen (besonders von DIXEY 1956, BIROT 1963 und BOURGEAT-PETIT 1969) haben übereinstimmend mehrere Flächen in verschiedener Höhenlage ermittelt, wenn auch die Datierungen zum Teil noch hypothetisch sind und für viele Gebiete überprüft werden müssen. Es lassen sich drei Hauptniveaus unterscheiden, die seit dem Ende des Mesozoikums durch flächenhafte Abtragung gebildet wurden. Dazwischen liegen Geländestufen, die durch Unterbrechung der Flächenbildung während der Hebungsphasen des Sockels entstanden sind. Wieweit dabei Klimawechsel eine Rolle spielte, ist noch nicht völlig geklärt. Die jüngere Erosion hat die Flächen vom Rande her zerschnitten und zum Teil bereits in ein Hügelland mit noch erkennbarem Gipfelniveau aufgelöst.

Am deutlichsten ist das obere Niveau ausgebildet, die Fläche der Tampoketsa. Diese Tampoketsa (= Hochflächen) liegen im Norden des Hochlandes in einer Höhe von 1700 bis über 2000 m. Ihre fast vollkommene Ebenheit, die der baumlosen und siedlungsarmen Landschaft starke Monotonie verleiht, bietet sich z. B. eindrucksvoll auf der Tampoketsafläche von Ankazobe nordwestlich von Tananarive dar. Die Rumpffläche schneidet in diesem Niveau verschiedenartige Gesteine wie Granite, Quarzite und Basalte. Aus der Kappung kreidezeitlicher Basalte wird das spätkretazische oder frühtertiäre Alter dieser Fläche abgeleitet. Begünstigend für ihre Erhaltung ist die relativ flache Lagerung von Schichten in diesen Gebieten sowie die erosionsferne Lage an Wasserscheiden. Konservierende Lateritkrusten finden sich allerdings auf den Tampoketsa neben den weitverbreiteten Ferrallitböden nur in geringem Umfang; die Krusten werden aber für die Datierung der Flächen in die Tertiärzeit herangezogen. Der Rand der Tampoketsaflächen ist häufig als 200—300 m hohe Steilstufe ausgebildet, die zu der tieferen, jüngeren Fläche überleitet. Dies ist z. B. auf der Strecke zwischen Tananarive und Majunga gut zu beobachten.

Das mittlere Flächenniveau liegt zwischen 1150 und 1600 m Höhe und ist in das obere, ältere Niveau eingeschnitten. Es wurde in der Umgebung von Tananarive, bei Miarinarivo und nördlich des Alaotrasees festgestellt. Weite Ausdehnung hat es im südlichen Hochland auf dem Plateau von Horombe. Von dort greift es über das Grundgebirge hinaus im Isalosandstein auf die Deckschichten über. Im Gegensatz zum oberen Niveau ist das mittlere im allgemeinen bereits stark zerschnitten und in ein hügeliges Restrelief aufgelöst. Seine Bildung wird auf die Mitte des Tertiärs datiert.

Die weiteste Verbreitung hat das untere Niveau, das aus dem Spättertiär stammt und unter 1150 m Höhe liegt. Es zerfällt in mehrere Teilniveaus, ist also vermutlich mehrzyklisch. Als breites Glacis lagert es auf dem Grundgebirge westlich des zentralen Hochlandes, besonders großflächig im Westen von Tananarive (Sakay) und von Fianarantsoa. Im Süden überzieht das untere Niveau den gesamten tiefliegenden Ausläufer des Grundgebirges im Mahafalyplateau. Wie das mittlere greift es im Westen über den Sockel hinaus auf die Isaloschichten über. Es wird ihm aber auch das Hügelrelief mancher Hochlandbecken, im Osten das des Alaotra-Mangorograbens zugerechnet. Es muß also mit einer erheblichen späteren tektonischen Verstellung gerechnet werden. Das untere Niveau ist wie das mittlere, verstärkt durch die nähere Erosionsbasis des Meeres, weithin in ein Hügelland zerschnitten worden. Die Abtragungsprodukte finden sich als pliozäne Sedimente an der Küste. Im niedrigen Mahafalyplateau ist die Rumpffläche noch intakt geblieben.

Allgemein erschweren die tektonischen Bewegungen die genaue Datierung des Niveaus. Ihre Zuordnung ist häufig deshalb unsicher, weil durch Verschiebungen einerseits gleich alte Flächen in verschiedene Höhe, andererseits unterschiedlich alte Flächen in gleiche Höhe gelangen können.

Wenn auch die Rumpfflächenbildung der grundlegende formenbildende Vorgang im Hochland und in seinen Randgebieten war, dürfen doch die mächtigen *Gebirgs- und Höhenzüge* nicht übersehen werden, die diese Flächen überragen und sich oft nicht den Niveaus zuordnen lassen. Die ›Hauts-Plateaux‹ — so wurde früher das ganze Hochland bezeichnet — weichen namentlich im zentralen Teil einem bewegten Gebirgsrelief oder werden von einzelstehenden Rücken oder Kuppen durchsetzt.

Dazu sind verschiedene Ursachen und Deutungen zu nennen. So wurden besonders widerständige Gesteine nicht von der Flächenbildung bewältigt und ragen als Härtlinge auf. Dies gilt für das große Andringitramassiv aus Granit im Süden des Hochlandes; die Zuordnung seines 2658 m hohen Gipfels (Pic Boby) zu einer jurassischen Einebnungsfläche ist hypothetisch. Härtlingsformen sind auch die scharfgezackten Rücken und Rippen im Quarzit südwestlich des Ankaratragebirges (z. B. im Itremo). Daneben finden sich am Rande der Täler und Becken zahllose gerundete Rücken und glocken- oder domförmige Einzelberge im Granit; sie sind z. B. für das Landschaftsbild westlich und südlich von Tananarive, um Ambositra oder Ambalavao charakteristisch. An ihnen können die Abtragungsformen im Massengestein unter wechselfeucht-tropischem Klima gut beobachtet werden, so die Schalenverwitterung mit plattiger Abschuppung und imposante Wollsackformen mit mächtigen gerundeten Blöcken. Der Einfluß des tektonischen Kluftnetzes auf die Formenentwicklung dieser Berge wird an vielen Beispielen offensichtlich.

Die am Rande oder inmitten von Verebnungsflächen liegenden Einzelberge des Hochlandes sind morphologisch als Inselberge zu bezeichnen. Ihre Merkmale sind steiles Hangprofil, scharfer Hangknick und fehlende Verwitterungsdecke am Fuß durch intensive chemische Verwitterung und raschen Abtransport infolge von Flächenspülung. Diese Inselberge können Skulpturformen sein, d. h. sie bestehen aus dem gleichen Gestein wie die umgebende Fläche und sind letzte Zeugen eines höheren älteren Niveaus, das von der tieferen Verebnung fast aufgezehrt worden ist. Oft sind aber Gesteinsunterschiede die Ursache; ein imposantes Beispiel ist der weithin sichtbare Bevato (= großer Fels) aus Diorit und Gabbro inmitten des unteren Flächenniveaus westlich von Tananarive bei Tsiroanomandidy. Die dritte Möglichkeit, die Entstehung von Inselbergen als Horste längs tektonischer Linien, trifft bei deren Häufigkeit im madagassischen Hochland sicher ebenfalls oft zu.

Eine weitere Bereicherung des Landschaftsbildes verdankt das Hochland dem jungen tertiären und quartären *Vulkanismus* mit einer Vielfalt frischer Formen, die dem Grundgebirgssockel aufgesetzt sind. Im äußersten Norden ist das Ambregebirge durch jungen Vulkanismus entstanden. Er hat im Tsaratananamassiv über dem Granit- und Gneissockel die größten Höhen der Insel (Maromokotra 2876 m) geschaffen. Der Westteil der Insel Nossi-Bé mit seinen reizvollen Kraterseen, Aschen- und Schlackenkegeln ist ein Vorposten außerhalb des Sockels. Im zentralen Hochland ist das mächtige Ankaratragebirge südwestlich von Tananarive mit dem dritthöchsten Gipfel (Tsiafajavona 2643 m) erst durch pliozän-quartären Vulkanismus aufgebaut worden. Längs einer tektonischen Linie sind hier in mehreren Phasen Lavaströme und Staukuppen entstanden und später zu einem bewegten Relief zerschnitten worden.

Die frischesten, wohl nur wenige tausend Jahre alten Formen, der Auvergne in Frankreich vergleichbar, finden sich am Itasysee westlich von Tananarive und um Betafo bei Antsirabe. Nach mehreren Ausbruchsphasen ist hier eine reiche Kollektion von Staukuppen und Schlackenkegeln mit Kratern und Maren, Lavaströmen und Thermalquellen entstanden. Am Itasysee liegen auf engem Raum, vielleicht längs einer Störungslinie, etwa hundert z. T. ineinandergefügte Vulkanformen aus Trachyt. Als Riegel haben sie den Itasysee aufgestaut, der jetzt zum Teil verlandet ist, nachdem der Abfluß in einer engen Schlucht mit Wasserfall die Sperre durchbrochen hat. Der frühere Stausee in der Ifanjaniederung weiter nördlich ist bereits gänzlich verlandet; das Sumpfgebiet wird heute durch Entwässerung erschlossen. Der fruchtbare dunkle Boden über dem vulkanischen Gestein wird intensiv ackerbaulich genutzt; die steilen Domberge können allerdings nur extensiver Weide dienen.

Seeaufstau fand auch in den heute durch Reisanbau genutzten Niederungen östlich des Ankaratragebirges um Ambatolampy, Sambaina und Antsirabe statt. Das Gebirge hat die ursprünglich nach Westen gerichtete Entwässerung unterbrochen und vorübergehend Stauseen verursacht, nachweisbar an den pliopleistozänen und quartären lakustren Sedimenten der Niederungen. Doch waren hier auch tektonische Bewegungen mitbeteiligt wie im Becken von Tananarive (Betsimitatatraniederung).

Der junge Vulkanismus Madagaskars hat ein breites Spektrum von Ergußgesteinen gefördert; am weitesten verbreitet sind Trachyte, Phonolithe, Andesite, Basalte und Rhyolithe.

Die *Ostseite* Madagaskars mit der Steilflanke des Hochlandes und dem Küstenvorland ist zwar morphologisch eine scharf begrenzte Einheit, gehört jedoch geologisch noch zum Grundgebirgssockel. An ihrem Aufbau sind neben den Gesteinen des Antongil-, Infra-Graphit- und Graphitsystems im Süden Granite und kretazischer Vulkanismus beteiligt. Der Steilrand ist, wie erwähnt, durch erosive Rückverlegung parallel zur tektonischen Ostküstenlinie herausgearbeitet worden. Wieweit sekundäre Bruchlinien streckenweise mitgewirkt haben, bleibt noch zu klären. Der dichte Regenwald erschwert hier die Forschung. Offensichtlich ist jedenfalls die starke Zerschneidung in enge Kerbtäler und steile Riedel, begünstigt durch das große Gefälle der Flüsse und ihren Wasserreichtum im immerfeuchten Klima.

In der tektonischen Senke des Alaotrasees und Mangorotales (700—900 m Höhe) finden sich Zeugen einer jungen Einebnungsfläche, die dem unteren Niveau des Hochlandes gleichgestellt werden. Der Boden der Senke ist mit quartären Fluß- und Seesedimenten bedeckt. Der Alaotrasee hatte früher eine wesentlich größere Ausdehnung, aber auch das Mangorotal war von einem langgestreckten See erfüllt. Heute entwässern die beiden Teile der Senke gegensinnig nach Norden und Süden, getrennt durch eine flache Wasserscheide. Die fluvio-lakustre Füllung wurde rezent in Terrassen zerschnitten. Die breite Alaotrasenke ermöglichte eine dichte Besiedlung und intensive Nutzung inmitten des bewaldeten Steilreliefs.

Das Küstenvorland zeigt ein kleingekammertes Hügelrelief, zertalt durch die zahlreichen vom Gebirgsrand kommenden Flüsse. Auch hier wird streckenweise eine zerschnittene spättertiär-frühquartäre Einebnungsfläche im Niveau der Hügelrücken angenommen. Das Gelände verflacht sich zur Küste hin und geht in junge Strandbildungen über (s. S. 58).

Die *Westseite* der Insel hebt sich sowohl geologisch durch ihr Deckgebirge als morphologisch durch ihren *Schichtstufenbau* vom Grundgebirgssockel des Hochlandes ab.

Zwischen den Rand des untertauchenden Sockels und den im Westen parallel dazu ziehenden Stufen schiebt sich eine tiefliegende Subsequenzzone, die sich mehr oder weniger deutlich von Maromandia im äußersten Nordwesten bis zum Onilahyfluß im Süden verfolgen läßt. Besonders breit und klar ist sie um Mampikony und Maevatanana im Nordwesten und wieder zwischen Ankavandra und Malaimbandy (Betsiriryniederung) im Westen ausgebildet. Der Übergang zum Sockel im Osten erfolgt im Nordwesten bruchlos, in den Bongo-Lavabergen und nördlich des Onilahyflusses über eine Bruchstufe. Für den Steilrand der Bongo Lava wird aber auch vermutet, daß es sich hier um die Grenze zwischen Einebnungsflächen im Sockel handelt, deren tiefere unter der auflagernden Karrooformation fossiliert und rezent wieder aufgedeckt wurde; Zeugen davon wären vorgeschobene kristalline Kuppen in der Betsiriryniederung.

Im übrigen aber gehört diese Subsequenzzone (Dépréssion périphérique) mit den Schichten der Karrooformation, besonders des Isalo, bereits dem Deckgebirge an. Sie wurde durch die parallel zu Sockelrand und Schichtstufen fließenden Subsequenzflüsse stark ausgeräumt, namentlich in den weicheren Schiefern und Tonen des Karroo. Sie verschmälert sich im Nordwesten, wo die Jurastufe nahe dem Sockelrand verläuft, und wird undeutlich im Süden, wo die weichen Schichten durch den harten Isalosandstein abgelöst werden.

Die Stufen des Westens umfassen die Schichten vom Isalo (obere Trias) bis zum Eozän. Die östlichste Stufe bildet der Isalosandstein; sie wurde im Süden um Ranohira von R. BATTISTINI und F. DOUMENGE (1966) untersucht. Der Isalosandstein ist hier in bizarre Formen mit steilen Felswänden, Schluchten und Pfeilern gegliedert; mauerartig über die einsame Trockensavanne aufragend, ist dieses ›massif ruiniforme de l'Isalo‹ eines der eigenartigsten Landschaftsbilder von Madagaskar (Bild 22). Nach den genannten Autoren ist das Ruinenmassiv aus der Zerschneidung verschiedener Einebnungsflächen des Tertiärs hervorgegangen und ein steiler Ostrand nicht als Schicht-, sondern als Bruchstufe zu deuten. Die östlich anschließende Subsequenzzone der Sakamenaschichten wäre demnach sowohl nach Westen zum Isalo wie nach Osten zum Grundgebirge von Bruchlinien eingefaßt.

Echte Schichtstufen sind in den westlich folgenden jüngeren Gesteinshorizonten ausgebildet. Besonders markant ist die Jurastufe des Bemaraha, die sich mauergleich mit ihren mitteljurassischen Riffkalken über die Betsiriryniederung erhebt und relative Höhen zwischen 400 und 700 m erreicht. Sie ist auch weiter nördlich bei Kandreho und wieder bei Diégo-Suarez, hier als zweite Linie hinter dem Isalo, zu erkennen. Westlich schließt sich die Kreidestufe, vorwiegend aus Sandsteinen, an. Südlich von Majunga und nordöstlich von Morondava erreicht sie über 200 m Höhe. Entsprechend dem raschen Schichtenwechsel lassen sich streckenweise, wie bei Majunga, mehrere Kreidestufen feststellen. Das Bild kompliziert sich dadurch, daß im Bereich der kretazischen Ablagerungen auch die vulkanischen, im wesentlichen basaltischen Ergüsse der Kreidezeit Höhenrücken bilden. Als letzte Schichtstufe folgt in Küstennähe die des Eozäns aus marinen Kalksteinen; sie bleibt allgemein unter 200 m Höhe und ist bei Majunga, Morondava und in geschlossener Front bei Tuléar bis fast zur Südküste erkennbar. Das ganze, durch die Wechsellagerung verschieden widerständiger Gesteine entstandene Schichtstufenrelief bietet sich, durch die Vegetation nur spärlich verhüllt, eindrucksvoll z. B. auf dem Flug zwischen Tananarive und Morondava dar.

Auf den hinter den Kalkstufen des Jura und Tertiärs nach Westen einfallenden Flächen sind deutliche Karstformen ausgebildet. Ihre stärkste Verbreitung liegt im Jurakalk des Bemaraha und des Kelifelyplateaus südlich von Majunga sowie im Eozänkalk an der Nordwestküste und südlich von Tuléar (Mahafalyplateau). Dolinen und Kessel mit Schlundlöchern, im Untergrund Höhlen, durchsetzen den Kalkstein; im Bemarahagebiet wurde tropischer Kegelkarst festgestellt. Um Majunga sind tertiäre Karstformen unter jüngeren Pliozänablagerungen fossiliert worden. Für die tropische Karstforschung bieten diese schwer zugänglichen Kalkgebiete ein noch wenig bearbeitetes, ergiebiges Feld. Dies haben die Untersuchungen von G. Rossi (1975) an der Bucht von Narinda gezeigt, wo im dolomitischen Eozänkalk die Übergänge vom Kuppen- zum Turmkarst beobachtet werden können.

Die großen, im Grundgebirge des Hochlandes entspringenden Flüsse (z. B. Sofia, Betsiboka und die beiden Mahavavyflüsse im Norden; Manambola, Mania, Mangoky und Onilahy im Süden) durchbrechen, nachdem sie vor dem Sockelrand zum Teil Subsequenzflüsse aufgenommen haben, konsequent, d. h. in Richtung des Schichtenfallens, die Stufen. Manche haben dabei tiefe Schluchten eingesägt, wie der Tsiribihinafluß, der in einem windungsreichen Lauf die Jura- und Kreidestufen durchbricht.

In den Subsequenzzonen und Mündungsgebieten werden die Flüsse von Terrassen und Dammufern, den sogen. *Baiboho*, begleitet. Sie sind durch den jahreszeitlich wechselnden Wasserstand der Flüsse entstanden. Die Überschwemmungen der Regenzeit lagern die feinkörnigen Abtragungsprodukte aus dem Hochland seitlich ab und erhöhen so allmählich die Uferdämme, deren anbaugünstige lehmige Böden jährlich regeneriert werden. Die höheren Baiboho sind ältere Uferdämme, die nicht mehr oder nur selten überschwemmt werden und von heute verlassenen Flußbetten mit sandigen Böden zerschnitten sind.

Die Bildung der Schichtstufen im wechselfeucht-tropischen Klima ist in Madagaskar noch nicht voll geklärt. Zweifellos spielen dabei Gesteinsunterschiede

eine Rolle, d. h. es sind Strukturformen, wie die Bindung der Stufen an widerständige mesozoische und tertiäre Schichten zeigt. Daneben aber greifen ältere tertiäre
und später zerschnittene Einebnungsflächen vom Sockel auf das Stufenland über.
Dies wurde für das Isalogebiet nachgewiesen und wird auch für andere Bereiche
angenommen. Der Wechsel von Flächen- und Stufenbildung muß von einer Klimaänderung begleitet worden sein, wobei eine feuchtere Epoche zur Zerschneidung der Flächen geführt und neben den Stufen ein Hügelrelief im Deckgebirge
erzeugt hat.

H. POSER (1974) untersuchte die komplexen Prozesse der rezenten Überformung durch ›Stufen- und Treppenspülung als eine Variante der Flächenspülung‹.
Danach entstehen kleine Stufen und Treppen im Gelände ohne Gesteinsabhängigkeit durch die rückschreitende Spüldenudation mit einer Kombination von Hang-
und Flächenspülung. Hierbei wird die selektive Abtragung nach der Verteilung
von Grob- und Feinmaterial im Boden wirksam. Widerständige Schutzschichten
(Stein- und Blockpanzer) erhalten die Stufenflächen und -kanten bis zur Rückverlegung der Stufen. Voraussetzungen für die Treppen- und Stufenspülung sind
flache Böschungen, reichliches Lockermaterial, wechselfeuchtes Klima mit
Starkregen und offene Vegetation, die der Mensch hier durch Rodung gefördert
hat. Im immerfeuchten Regenwaldgebiet des Ostens treten diese Formen nicht
auf. Durch die Stufen- und Treppenspülung als Spielart der Flächenspülung sind
sowohl im Grund- wie im Deckgebirge Madagaskars unter wechselfeucht-tropischem Klima die Strukturen und Schichten des geologischen Baus offengelegt
worden. Auf den noch intakten Rumpfflächen des Südwestens (Mahafalyplateau)
wird allein die Flächenspülung beherrschend und erscheinen die auch aus anderen
wechselfeuchten Tropengebieten bekannten Spülmulden und Flachmuldentäler.

Die Erforschung der Talformen unter klimamorphologischen Gesichtspunk-
ten hat in Madagaskar erst begonnen. Aus dem reichen Formenbild der Insel und
den bisherigen Untersuchungen geht jedenfalls hervor, daß bei der morphologischen Entwicklung in sehr komplexer Verknüpfung sowohl Gesteinunterschiede
(Petrovarianz) wie tektonische und wechselnde klimatische Einflüsse (Epiro- und
Klimavarianz) zusammengewirkt haben, wozu rezente Veränderungen durch den
Menschen (Humaninfluenz) treten. Diese Differenzierung stellt der klimageo-
morphologischen Forschung Madagaskars noch viele, für die Tropen allgemein
aufschlußreiche Aufgaben.

Die *Küsten* weisen mit insgesamt etwa 5600 Kilometern Länge ebenfalls eine
große Formenvielfalt auf. Im Nordwesten sind sie am stärksten gegliedert. Steil-
und Flachküsten wechseln mit tiefeingreifenden Buchten und Ästuaren, in denen
die Flüsse des Hinterlandes münden. Dadurch entfallen allein auf den Abschnitt
zwischen Kap d'Ambre und Kap St. André 34 % der gesamten Küstenlänge Madagaskars. Das Meer ist hier in das durch Schichtstufen stark gegliederte Relief
eingedrungen. Diese Ingressionsküste wurde durch frühere Meerestransgressio-

nen (namentlich die Flandrische Tr.) und tektonische Absenkungen geschaffen. Es finden sich nur wenige Deltas; ihre Bildung wird durch die hier hohen Gezeiten (Majunga 2,30—4,30 m) behindert. Das Innere der Buchten wird durch die Schwemmstoffe der großen Flüsse, z. B. Betsiboka, Sofia und Mahajamba, rasch zugefüllt und mäandrierende Wasserläufe durchziehen das von Mangroven gesäumte Schwemmland. Das ganzjährig rote Wasser des Betsibokaflusses veranschaulicht den riesigen Materialtransport mit jährlich etwa 15 Mio cbm Schwemmstoffen, was einem Bodenabtrag von 2 mm/Jahr im Einzugsbereich entspricht. Neben den Landsenkungen müssen an der Nordwestküste aber auch Hebungen angenommen werden, da sich Strandterrassen früherer Transgressionen in 30—40 m Höhe finden, die sich landeinwärts in Flußterrassen bis 80 m Höhe fortsetzen. Die starke Küstengliederung begünstigt die Anlage von Häfen, die andererseits durch die mächtigen Anschwemmungen erschwert wird.

Die übrigen Küstenabschnitte sind fast durchgehend wenig gegliedert und damit hafenfeindlich. Im Westen überwiegen flache Sandstrände, nur selten von Steilküsten unterbrochen wie im Tertiärkalk bei Tuléar. Größere Deltas bilden nur die Flüsse Tsiribihina und Mangoky, die einen weiten Einzugsbereich haben; die kleineren wie Fiherenana und Morondava werden dabei durch Brandung und Strömung behindert.

Auch die Ostküste ist mit Ausnahme der Bucht von Antongil monoton; beim Überfliegen wird eindrucksvoll sichtbar, wie sie flach und fast geradlinig auf mehr als 1000 km Länge dahinzieht, gesäumt von der weißen Brandung. Tektonik und Strandversetzung haben diese Form der Ostküste geschaffen. Die küstenparallelen, durch den Passat hervorgerufenen Strömungen transportieren das von den Flüssen gebrachte Material weiter und verhindern eine Deltabildung. Längs der Küste erstreckt sich ein breiter Anlandungsstreifen mit Dünen, hinter dem Lagunen liegen oder die Flußunterläufe weithin parallel zum Meer fließen, bis sie einen Austritt finden. Man hat diese Niederungen durch den Pangalaneskanal verbunden, der jedoch, flach und teils versumpft, wenig genutzt wird. Nördlich von Tamatave springt die Küste nach Westen zurück, vermutlich infolge einer zweiten, ebenfalls NNE-SSW-verlaufenden tektonischen Linie. Die vorgelagerte Insel Ste. Marie ist der Rest des früheren Küstenverlaufes längs der Hauptlinie. In ihrem Schutz hat sich durch konvergierende Strömungen der große Strandhaken Pointe à Larrée gebildet.

Die Südwestküste wird vor dem teils durch Bruchlinien, teils durch Meeresabrasion erzeugten Rand des Mahafalyplateaus von einem bis zu 30 km breiten Dünensaum begleitet. Nach R. Battistini sind neben dem heutigen drei fossile Dünensysteme zu unterscheiden, die aus den Regressionsphasen nach den postglazialen Transgressionen des Tatsimien, Karimbolien und Flandrien stammen. Verfärbung und Verwitterungsgrad der Dünen geben Hinweise auf die quartäre Klimaentwicklung mit vermutlich drei Pluvialzeiten. Hinter dem Dünensaum liegen zwei kleine abflußlose (endorrhëische) Becken bei Beloha und Ambovombe.

Steilküsten sind dort entstanden, wo die Karimbolatransgression die ältere ver-
festigte Düne angeschnitten hat (Kap Ste. Marie) oder die tertiären Schichten des
Hinterlandes bis an den Rand des Meeres reichen. Die genannten drei Dünensysteme wurden auch an der Nordostküste festgestellt.

Die Korallenriffe sind die äußersten Vorposten des Festlandes. Es finden sich
alle Entwicklungsstadien vom Ring- bis zum Saum- und Barriereriff; ihr Aufbau
läßt neben der rezenten Weiterbildung Meeresspiegelschwankungen und tektonische Bewegungen erkennen (R. BATTISTINI 1971). Korallenriffe sind vor allem auf
dem breiten Schelf vor der Westküste und nur wenig auf dem schmalen der Ostseite vertreten. Hier haben sie aber durch ihren schützenden Saum die Anlage des
größten Hafens, Tamatave, begünstigt. Im äußersten Süden fehlen die Riffe, da die
Wassertemperaturen (unter 18°) für ihre Entwicklung bereits zu tief liegen.

Im Rückblick heben sich Hochland, West- und Ostseite als morphologische
Haupteinheiten Madagaskars klar voneinander ab. Der Großbau der Insel hat sich
nicht nur auf die übrigen naturgeographischen Faktoren, sondern auch auf ihre
kulturelle und politische Entwicklung ausgewirkt, begünstigt doch das trennende
Hochland eher die zentrifugalen als die sammelnden Kräfte. Dem Land fehlt ein
natürlicher Mittelpunkt; auch das Becken von Tananarive ist dies nur für das
engere zentrale Hochland. Gewiß darf die Geschichte Madagaskars nicht nur
naturgeographisch determiniert werden, doch ist der bis heute nicht überwundene
Widerstreit zwischen Hochland und Peripherie auch auf dem Hintergrund der
morphologisch stark differenzierten Lebensräume zu sehen.

3.3. GEWÄSSERNETZ UND ABFLUSSREGIME

Die hydrologische Erforschung Madagaskars ist trotz noch großer Lücken so
weit fortgeschritten, daß Beobachtungen aus allen Landesteilen vorliegen, vor
allem dank der Arbeiten von M. ALDEGHERI. Sie haben die klare Abhängigkeit des
Gewässernetzes und der Abflußregime von der geologisch-morphologischen und
klimatischen Differenzierung erwiesen.

Das Gewässernetz. — Der asymmetrische Bau der Insel mit steiler Ost- und
flacher abgedachter Westseite hat zur Folge, daß dem schmalen Einzugsbereich
des Indischen Ozeans das weit in das Binnenland eingreifende Zuflußgebiet der
Meeresstraße von Moçambique gegenübersteht. Die Hauptwasserscheide verläuft
weit im Osten und folgt im allgemeinen dem Steilrand des Hochlandes. In zwei
Bereichen, am Onivefluß in der Mitte und am Mananarafluß im Süden, greift die
gefällsstarke rückschreitende Erosion jedoch bereits weit über den Rand in das
Hochland ein. Die nahe Erosionsbasis des Indischen Ozeans wird auch in anderen
Bereichen zur raschen Anzapfung heute noch westwärts gerichteter Flußoberläufe
führen.

Die Ostseite umfaßt hydrologisch ein Viertel der Insel mit einer Länge von

1200 km und einer Breite zwischen 50 und 190 km. Kennzeichnend sind die hohe Flußdichte infolge des Niederschlagsreichtums und das steile Längsprofil am Gebirgsrand. Der Ranialafluß fällt z. B. streckenweise um 26 m je km. Häufig sind Stromschnellen und Wasserfälle eingeschaltet. Durch Gefälle und Wasserreichtum besitzen die Ostseitenflüsse ein hohes, wegen der Siedlungs- und Verkehrsferne aber noch ungenutztes Energiepotential. Die vorherrschende, der Abdachungsrichtung folgende WNW-ESE-Richtung der Flüsse wird im Alaotra-Mangorograben durch den Querverlauf nach Nordosten bzw. Süden abgelöst. Der Alaotrasee ist mit 200 qkm das größte Binnengewässer Madagaskars; die vierfach größere Verlandungsfläche zeigt noch seinen früheren Umfang an. Mit dem Eintritt in das Küstenvorland nimmt das Gefälle der Flüsse rasch ab und geht schließlich in die träge entwässernden Mäander und Lagunen hinter dem Anlandungssaum über. Nur in diesem Bereich Madagaskars ist eine sehr bescheidene Binnenschiffahrt möglich. Bei Niedrigwasser entwässert der küstennahe Bereich z. T. durch Infiltration des Sandes zum Meer.

Die Westseite umfaßt mit den im Grund- und Deckgebirge entspringenden Flüssen drei Fünftel der Landesfläche. Im Vergleich zur Ostseite ist das Längsprofil im allgemeinen länger und unregelmäßiger. Im Hochland wechselt das Gefälle zwischen Steilstrecken im Gebirge und Verflachungen in den breiten Tälern und Becken, deren Aufschüttungen durch den Reisanbau genutzt werden. Am Rand der Verebnungsflächen und des Grundgebirgssockels steigert sich das Gefälle und nimmt dann im Küstenvorland rasch ab, im Unterlauf des Betsiboka[1] z. B. auf nur 10 cm je km. Unter den vielen Einzugsbereichen fallen allein auf die drei größten Flüsse Betsiboka, Tsiribihina und Mangoky mit jeweils etwa 50 000 qkm über ein Viertel der Landesfläche. Der Betsiboka, der zusammen mit dem Ikopa bis über Tananarive in das Hochland eingreift, hat an seiner Mündung die stärkste Wasserführung des Landes (Jahresmittel ca. 1000 cbm/sec). Die hydroelektrische Kapazität erreicht an den Betsibokafällen 3 Mrd. kWh, am Ikopa sogar 15 Mrd. kWh im Jahr.

Interessant ist die Bifurkation des Mahajamba, der an der Grenze des Grundgebirgssockels einen Teil seines Wassers an den Betsiboka abgibt. Der Mahajamba wurde vermutlich nicht angezapft, sondern verzweigt sich hier auf einem Binnendelta. Die Bifurkation ist seit 1903 stabil geblieben.

Der Mangoky im Süden hat mit 821 km die größte Flußlänge Madagaskars und das ausgedehnteste Delta, dessen Kolonisation durch Überschwemmungen und Laufverlegungen immer wieder bedroht wird.

Im Norden der Insel liegen die kleinen Einzugsbereiche des Ambre- und des Tsaratananagebirges. Ihre kurzen Flüsse haben sehr steile Oberläufe, am Sambirano streckenweise 46 m Gefälle je km und flache Unterläufe im Küstenvorland.

---

[1] Der männliche Artikel wird in Angleichung an die deutsche Bezeichnung Fluß, Strom verwendet. Im Madagassischen gilt das Fürwort ›ny‹ für alle Geschlechter.

Die Deltas des Nordmahavavy und des Sambirano werden agrarisch, z. B. durch Zuckerrohranbau, genutzt.

Unter den Zuflüssen der Südküste sind Menarandra und Mandrare die bedeutendsten; letzterer trägt auf den Anschwemmungen des Unterlaufes ausgedehnte Sisalplantagen. Das Gefälle der Flüsse ist auf den weitgespannten Plateaus des Südens sehr gering.

Die Flußregime. — Die Wasserführung Madagaskars wird in erster Linie durch die jahreszeitlich wechselnde Niederschlagsmenge bestimmt. In der Regel tritt Hochwasser mit der Regenzeit von Dezember bis März/April, Niedrigwasser mit der Trockenzeit in den übrigen Monaten auf (Minimum im Oktober). Doch sind die regionalen Unterschiede erheblich. ALDEGHERI unterscheidet neun Regimegebiete, die hier nur zusammenfassend behandelt werden können.

Die immerfeuchte Ostseite zeichnet sich durch ganzjährig starke Wasserführung aus, wobei Niederschlagsreichtum und hohe Luftfeuchtigkeit bei relativ niedrigen Temperaturen, d. h. geringer Verdunstung, zusammenwirken. Die durch Relief und Exposition heftigen Hochwasser des Südsommers erreichen Abflußspenden von 200—800 l/sec/qkm, bei Zykloneinbrüchen Spitzenwerte über 2000 l/sec/qkm. Im Südwinter geht die mittlere Wasserführung nur wenig zurück. Die Abflußspenden der Niedrigwasser sinken zwar im Durchschnitt auf etwa 10—15 l/sec/qkm, sind damit aber immer noch höher als in den anderen Landesteilen. Zyklone können einen verheerend raschen Anstieg des Wasserspiegels hervorrufen; so stieg der Faraony im Februar 1945 um 21 m über seinen Niedrigwasserstand. Die mittlere Abflußspende des Jahres beträgt auf der Ostseite 20—100 l/sec/qkm.

Im Hochland wirken sich die Unterschiede zwischen Regen- und Trockenzeit deutlicher aus. Die Wasserführung ist im allgemeinen geringer als bei den Flüssen der Ostseite. Die Hochwässer sind weniger stark als dort (Wasserspenden um 100 l/sec/qkm), doch können Zykloneinbrüche und Stürme auch hier kurzfristig hohe Werte (über 1000 l/sec/qkm) verursachen. Die Wasserspenden bei Niedrigwasser schwanken zwischen 1 und 15 l/sec/qkm. Sie sind also wesentlich schwächer als im Osten, doch führen die Flüsse auch in der mehrmonatigen Trockenzeit durch die hohe Wasserspeicherfähigkeit des Ferrallitbodens noch Wasser. In den großen Talbecken wirken zudem die mächtigen Aufschüttungen ausgleichend auf die Wasserspende. In den Reisanbaugebieten wird der Wasserstand der Flüsse durch die künstliche Bewässerung stark modifiziert. Die durchschnittliche jährliche Abflußspende der Hochlandflüsse liegt zwischen 15 und 50 l/sec/qkm.

Auf der Westseite sind die jahreszeitlichen Kontraste noch größer als im Hochland. Infolge der über halbjährigen Trockenzeit sinkt die Spende bei Niedrigwasser auf ⟨ 1 bis 6 l/sec/qkm ab. Andererseits verursachen die plötzlichen und heftigen Niederschläge der Regenzeit sehr große Hochwasserspenden mit 1000—1500 l/sec/qkm; in kleinen Einzugsbereichen können diese sogar Spitzenwerte bis 30000 l/sec/qkm erreichen. Der Jahresmittelwert bleibt indes mit 30 l deutlich unter dem der Ostseite. In der Trockenzeit nimmt der Wasserstand der Flüsse talabwärts nach Verlassen des Grundgebirges ab; der Versickerungs- und Verdunstungsverlust wird durch die schwachen oder versiegenden Zuflüsse nicht ausgeglichen. Die Niedrigwasserspende wird nach Süden mit zunehmender Dauer der Trockenzeit geringer; so wurde z. B. am Mangoky nur noch ein kleiner Bruchteil (0,27 l/sec/qkm) des für den Betsiboka (3,6 l/sec/qkm) ermittelten Wertes gemessen.

Der Südwesten Madagaskars hat als trockenster Raum extrem geringe Wasserspenden in den Trockenmonaten (unter 1 l/sec/qkm), und auch die ermittelten Jahresdurchschnitte (1—6 l) sind die niedrigsten des Landes. Viele Flüsse, z. B. der Linta, fallen mehrere Monate trocken; der kalkige oder sandige Untergrund fördert die Versickerung. Das Mahafalyplateau ist weithin ohne Oberflächengewässer, hat aber in der Tiefe einen großen phreatischen Grundwasserkörper. Plötzliche starke Regenfälle können auch in diesem Landesteil sehr große Hochwasserspenden erzeugen, die mit 500—800 l/sec/qkm und maximal 1500 l denen der Ostseite gleichkommen. So zeichnet sich der Südwesten durch seine klimatischen wie hydrologischen Extreme wiederum als Ungunstraum ab.

Die übrigen Regimegebiete sind Übergänge zwischen den genannten Räumen. Außerdem haben die großen Ströme Anteil an verschiedenen Regimen, so der Betsiboka oder der Mangoky im Westen, der Mandrare im Südosten. Diese Differenzierungen wie auch der wechselnde Einfluß von Gestein, Boden und Vegetation auf den Wasserhaushalt der Flüsse können bei der noch geringen Zahl an Beobachtungsstationen und Meßjahren noch nicht zusammenhängend erfaßt werden.

3.4. Die Vegetation — Natürlicher Reichtum und anthropogene Verarmung
(vgl. Abb. 9)

Beispielhaft zeigt Madagaskar, wie sich die Vegetation weiterentwickelt und an kontrastreiche ökologische Grundlagen anpaßt, nachdem sie von den benachbarten Kontinenten getrennt worden ist. Der Querschnitt von der Ostküste über das Hochland zur Westküste und nach Süden führt vom Regenwald über die Gebirgsvegetation bis zum Dornbusch und damit durch einen Großteil tropischer Pflanzenformationen, die hier jedoch eigenartig abgewandelt sind. So bietet die Insel ein reiches Feld für vegetationsgeographische und paläobotanische Forschungen, um die sich besonders H. Perrier de la Bathie und H. Humbert verdient gemacht haben. Diesem Reichtum der Primärvegetation steht aber ihre verheerende Dezimierung durch den Menschen gegenüber, die besonders bei den monotonen Grassavannen des Hochlandes und mittleren Westens ins Auge springt. Die Fol-

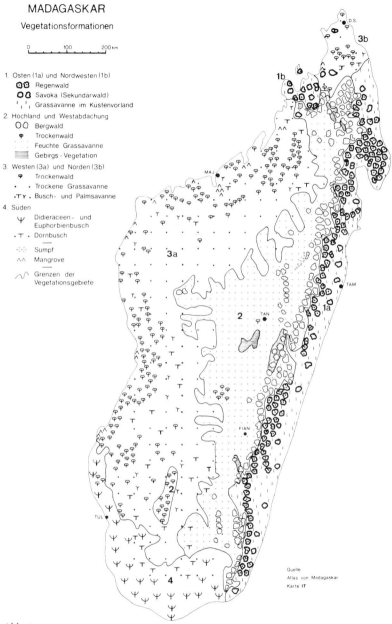

MADAGASKAR

Vegetationsformationen

0   100   200 km

1. Osten (1a) und Nordwesten (1b)
   - Regenwald
   - Savoka (Sekundarwald)
   - Grassavanne im Küstenvorland
2. Hochland und Westabdachung
   - Bergwald
   - Trockenwald
   - Feuchte Grassavanne
   - Gebirgs - Vegetation
3. Westen (3a) und Norden (3b)
   - Trockenwald
   - Trockene Grassavanne
   - Busch- und Palmsavanne
4. Süden
   - Didieraceen - und Euphorbienbusch
   - Dornbusch
   - Sumpf
   - Mangrove
   - Grenzen der Vegetationsgebiete

Quelle
Atlas von Madagaskar
Karte 17

Abb. 9.

gen dieser Verarmung sind heute nicht nur ein ökologisches, sondern ein dringendes ökonomisches Problem geworden. So ist die Pflanzenwelt Madagaskars auch ein sehr anschauliches Beispiel für die Auseinandersetzung zwischen Natur und Mensch in den Tropen.

Die Insel bildet innerhalb des Pflanzenreiches der altweltlichen Tropen (Paläotropis) ein selbständiges Florengebiet. Seine Sonderstellung zeigt sich in der — immer noch nicht voll erfaßten — Fülle der Pflanzenarten, die neben der Verwandtschaft zu Florenelementen Afrikas, Südasiens, Australiens und selbst Südamerikas eine ungewöhnliche Anzahl von Endemismen aufweist, d. h. von Pflanzen, die nur in Madagaskar verbreitet sind. Daraus läßt sich die zunehmende pflanzengeographische Verselbständigung der Insel seit der Auflösung des Südkontinentes ablesen. Erhaltene altertümliche, pantropische und östliche Florenelemente aus der Kreidezeit lassen vermuten, daß bis dahin noch eine Landverbindung zu anderen Gondwanaländern bestanden und später kein tiefgreifender Klimawechsel mehr stattgefunden hat. Jüngere afrikanische Elemente lassen auf Kontakte zum Nachbarkontinent noch im Tertiär schließen. Spätestens im Pliozän wurde die Isolierung endgültig. In den folgenden etwa 12 Mio Jahren konnte sich eine Pflanzenwelt von seltener Originalität ausbilden, obwohl fremde Arten beschränkt auch noch später durch Meeresströmungen von Osten, durch Vögel und Winde von Afrika und schließlich durch den Menschen auf die Insel gelangt sind.

Nach H. PERRIER DE LA BATHIE (1936) sind von den 7370 Pflanzenarten Madagaskars 5820, d. h. 86 % endemisch; bei Bäumen und Sträuchern steigt der Anteil auf 94 % an. Der Endemismus erstreckt sich auch auf ganze Pflanzenfamilien (Chlaenaceen und Didieraceen). Er nimmt in den Florenprovinzen Madagaskars vom Zentrum und Osten zum Westen und Süden hin zu und übertrifft nach neueren Angaben noch die oben genannten Prozentsätze:

Anteil des Endemismus in den Florenprovinzen (in %)

	Gattungen	Arten
Zentrum	21	89
Sambirano	23	89
Osten	37	90
Westen	41	90
Süden	48	95

Die reichhaltige Primärflora der Insel ist in ihrem Klimaxendzustand, d. h. im Gleichgewicht mit der natürlichen Umwelt, heute nur noch in geringem Umfang erhalten. Schätzungen von A. GUICHON haben für den Wald als Klimaxformation folgende Restflächen ermittelt:

Osten	6,2 Mio ha
Westen	2,6 Mio ha
Süden	2,9 Mio ha
Übergänge	0,9 Mio ha
insgesamt	rd. 12,6 Mio ha

Dies entspricht 21 % der Landesfläche; das übrige entfällt auf degradierten Wald (4,3 Mio ha = 7 %) oder auf Sekundärvegetation (72 %). Somit ist Madagaskar heute nur noch zu etwa einem Fünftel mit zwar individuenarmer, aber artenreicher Primärflora, jedoch zu vier Fünftel mit individuenreicher, aber artenarmer Sekundärvegetation, überwiegend aus Büschen und Gräsern, bedeckt. Die Gründe dieser landschaftswandelnden Artenverarmung beschäftigen die Forschung bis heute.

Die früher stärkere Bewaldung Madagaskars ist eindeutig bewiesen. In heute waldfreien Gebieten deuten zahlreiche Siedlungen mit der Bezeichnung *ala*, *hazo* oder *kazo*, d. h. Holz oder Wald, auf die Existenz dieser Formation noch in junger Zeit. Ein weiterer Beweis ist das Vorkommen eines gelben, unter Wald gebildeten Bodenhorizontes, ergänzt durch Funde von Holzresten und Baumstrünken. Zudem geben die in abgelegenen Gebieten erhaltenen Restbestände oder die aus religiösen Motiven (Tabu) geschonten ›Heiligen Wälder‹ noch einen Eindruck von der ehemals beherrschenden Vegetation.

Als entscheidende Ursache für diesen Landschaftswandel wird das Eingreifen des Menschen durch Brandrodung und Beweidung angenommen. Nach der Besiedlungsgeschichte ist dieser Vorgang, vergleichbar der mitteleuropäischen Rodezeit, seit etwa 1000 Jahren wirksam. Andererseits wird die Entwaldung auch mit einer Klimaänderung, d. h. mit zunehmender Trockenheit, erklärt. Manche Erosionsformen des Hochlandes *(lavaka)*, die sich nur unter offener Vegetation bilden, wurden in die Zeit schon vor der Besiedlung datiert. Demnach hätte der Mensch zumindest gebietsweise bereits eine waldärmere Landschaft vorgefunden, die ihm die Erschließung erleichterte. Die Rodung könnte im Rückkopplungseffekt wiederum die Trockenheit verstärkt haben, doch sind diese Probleme noch ungelöst.

Erleichtert wurde der Prozeß durch die Anfälligkeit der endemischen Flora, die sich an die ökologischen Grundlagen der Insel angepaßt und spezialisiert hatte und hier einen weniger rigorosen Konkurrenzkampf als auf den großen Kontinenten aufwies. So zeigte sie nur geringe Resistenz gegenüber später eingeführten pantropischen Arten. Die erst in junger Zeit dezimierte und degradierte Vegetation konnte sich nicht mehr natürlich regenerieren und wurde durch künstlich eingebrachte Bestände, insbesondere Gräser, gleichsam überrannt.

Die Sekundärvegetation zeigt in den einzelnen Landesteilen ein verschiedenes Bild, das zusammen mit den Resten der Primärvegetation im ostwestlichen Querschnitt geschildert werden soll.

Die *Östliche Florenregion* umfaßt neben dem östlichen Küstenvorland auch den größten Teil des Hochlandes. Sie ist reicher an ozeanischen und asiatischen Arten, aber ärmer an Endemismen wie die Flora im Westen der Insel. In der Gesamtzahl der Gattungen und Arten übertrifft der Osten (mit 500 bzw. 5500) den Westen (mit 200 bzw. 1800) bei weitem. Der Querschnitt durch die Östliche Florenregion führt über sehr wechselvolles Relief vom Küstenvorland über den Steilhang des Hochlandes bis zu den höchsten Gebirgen der Insel mit über 2000 m.

Der *Küstenstreifen* mit seinen Dünenzügen trägt eine offene Parklandschaft mit Gehölzinseln und Rasen. Palmen und Palmfarne mischen sich mit Pandanggewächsen (Schraubenpalmen). Zu einem heute vertrauten Bestandteil der Küstenlandschaft sind die Wäldchen oder Baumstreifen der schlanken Kasuarinen *(filao)* geworden, die häufig als Windschutz dienen; sie wurden erst durch die Europäer oder mit den Meeresströmungen nach Madagaskar gebracht.

Die feuchte, von trägen Flüssen und Lagunen durchzogene *Niederung* hinter den Dünen ist der Standort von Sumpf- und Wasserpflanzen. Auf den durch Humus dunkel gefärbten Gewässern schwimmen die farbenprächtigen Blüten der Seerosen und Lotosblumen, aber auch der Wasserhyazinthe *(Eichhornia crassipes)*, die als wuchernde ›Wasserpest‹ den Flußverkehr hier wie in vielen Flüssen der Tropen behindert. An den Rändern der Wasserflächen wachsen Papyrus *(Cyperus madagascariensis; zozoro)*, *Viha*, ein Aronstabgewächs *(Typhonodorum)* mit großen breiten Blättern, und Raphiapalmen. Diese Pflanzen kehren auch an den feuchten Standorten anderer Landesteile wieder; ihre Fasern sind vielseitig für Flechtarbeiten verwendbar.

Die eindrucksvollste Formation der Ostseite ist der immerfeuchte tropische *Regenwald*, der zwar stark reduziert, aber am Gebirgsrand noch in einer Breite von 40—100 km als geschlossener Primärbestand der Insel erhalten ist und etwa 10 % des Landes bedeckt. Das steile Relief, der geringe Brennwert und die Siedlungsungunst hat den Urwald in entlegenen Gebieten vor der Vernichtung bewahrt. Uniform in seinem Gesamtbild, weist der Regenwald doch eine fast unübersehbare Fülle von Pflanzenarten auf, die sich in mehrere Stockwerke gliedert. Bei Maroantsetra in der regenreichen Bucht von Antongil, wo er noch großflächig erhalten ist, hat man auf einem Ar 32 Pflanzenfamilien mit 102 Arten und 239 Individuen gezählt.

Das oberste Stockwerk besteht meist aus schlanken, 25—30 m hohen Bäumen, die häufig mit Brettwurzeln versehen sind. Die einzelnen Bäume werfen ihr Laub, jedoch zu verschiedener Zeit, so daß der Eindruck des üppigen Immergrün gewahrt bleibt. Von den zahlreichen Familien können nur einige weiter verbreitete genannt werden (Euphorbiaceen, Rubiaceen, Araliaceen, Sapindaceen, Anacardiaceen und Palmen). Es finden sich auch Edelhölzer wie Palisander, Amberbaum, Eben- und Rosenholz, doch sind sie weit gestreut und deshalb schwer nutzbar. Das mittlere Stockwerk bilden kleinere Palmen, Sträucher und Baumfarne mit größerer Schattentoleranz als die hochragenden Bäume. Zwergpalmen,

Farne, Bambus und Gräser setzen das unterste Geschoß zusammen. Rankende Lianen und Epiphyten, darunter zahllose Orchideen (über 700 Arten, davon mehr als 90 % endemisch) in verschiedener Höhe, kommen hinzu.

Der Regenwald greift mit dem fast immerfeuchten Klima im Sambiranogebiet auf die Westseite der Insel über und bildet dort eine eigene Florenprovinz; der Artenreichtum ist etwas geringer als auf der Ostseite.

Im hügeligen Küstenvorland und am Gebirgsrand hat die Rodung diese Waldbestände zerstört oder aufgelockert und durch Kulturland oder niedrige, artenärmere Sekundärvegetation *(savoka)* ersetzt. Schätzungen rechnen mit einem jährlichen Waldverlust von 150 000 ha durch Brandrodung *(tavy)* und Zyklonenschäden. Die Landwechselwirtschaft erfordert immer wieder neue Flächen. Die Üppigkeit des Regenwaldes beruht ja bekanntlich nicht auf großer Bodenfruchtbarkeit, sondern auf dem schnellen Stoffumsatz der unter feuchtheißem Klima rasch durch Mikroben zersetzten organischen Substanzen. Die Rodung unterbricht diesen Kreislauf zwischen Boden und Vegetation. Die für die Speicherung der Pflanzennährstoffe wichtigen Ton-Humuskomplexe des Bodens zerfallen nach Beseitigung der Urvegetation infolge raschen Humusabbaus, die Nährstoffe werden beschleunigt ausgewaschen und durch die Nutzpflanzen verbraucht. Die Anbauflächen müssen bei fehlender Düngung deshalb nach etwa 3 Jahren gewechselt werden. Wenn auch das Brachland nach durchschnittlich 10 Jahren erneut genutzt wird, zwingt doch die Bodenverarmung und die wachsende Bevölkerungszahl zu weiteren Eingriffen in die Primärvegetation. Die Gesetze des Merinareiches und der kolonialen Forstverwaltung, wonach Rodungen nur in der Sekundärvegetation erlaubt waren, wurden nie streng eingehalten und konnten auch nicht durchgreifend überwacht werden. Jüngere Aufforstungen (s. S. 158) ersetzen nur einen Bruchteil des Verlustes.

Die Sekundärvegetation besteht aus einem raschwüchsigen Buschwald von 3—6 m Höhe mit lichtliebenden Pflanzen. Charakteristisch sind harz- und gummireiche Holzgewächse, der wuchernde Bambus *(Nastus capitatus)* sowie der Longozabusch *(Afromomum angustifolium)* und *Haronga madagascariensis* neben Farnen und Nachtschattengewächsen *(Solanum)*. Am auffälligsten ist die *Ravenala (R. madagascariensis),* eine endemische Musaceenart, die mit ihrem silbergrünen und im Wind klatschenden Blattfächer zur Wappenpflanze des Landes wurde. Ihre Fruchtkerne liefern Mehl, die Blätter werden als Dachmaterial genutzt und das in den Blattscheiden gesammelte Wasser kann notfalls getrunken werden, was der *Ravenala* den Namen ›Baum der Reisenden‹ eintrug. Sie kommt vereinzelt auch im Urwald vor, hat sich aber vor allem in den gerodeten Küstengebieten bis 800 m Höhe rasch ausgebreitet. Nach häufigen, etwa 10 bis 15 mal wiederholten Rodungen bringt der verarmte Boden nur noch eine dürftige Grasvegetation (mit *Arundo* und *Aristida*) hervor und ist für eine Wiederbewaldung endgültig verloren (jährlich etwa 10 000 ha).

Soweit der Regenwald noch erhalten ist, geht er in Höhen über 800 m wie in anderen tropischen Gebirgen in den *Bergwald* und über 1300 m in den *Nebelwald* über. Der Bewuchs ist noch immergrün und dicht, doch artenärmer als in den tieferen Lagen, die Höhe der Bäume (mit *Tamborussia, Weinmannia, Symphonia, Dalbergia*) nimmt auf 20—25 m, im Nebelwald auf 10—12 m ab. Hier erscheinen auch die Nadelhölzer der tropischen Gebirge *(Podocarpus madag.)*, die u. a. als Weihnachtsbäume genutzt werden. Farne und Epiphyten, darunter viele Orchideen, sind ebenfalls noch weit verbreitet. Für den oft wolkenverhangenen feuchten und kühleren Nebelwald ist der Bewuchs mit Moosen und Flechten an und zwischen den gekrümmten kleinblättrigen Bäumen charakteristisch. Auch in dieser Höhenstufe ist der Wald schon stark durch Rodungen, namentlich längs der Verkehrslinien, aufgelockert. Seine empfindliche Flanke ist die Westseite, wo er an das trockenere Hochland grenzt, sich nur schwer regenerieren kann und rasch in großflächiges Kulturland übergeht.

In den höchsten Gebirgen des Landes (Tsaratanana, Ankaratra, Andringitra) hat sich im Anschluß an den Nebelwald über 2000 m Höhe eine eigene *Gebirgsflora* erhalten. Ihre macchienartigen Bestände aus Gestrüpp und kleinen Bäumen (4—6 m) sind an die größere Lichtfülle und Einstrahlung und an die tiefen Temperaturen (Juni bis —15°) mit häufigem Bodenfrost angepaßt. Weit verbreitet sind Heidekrautgewächse mit hartem Laub (Ericaceen mit *Vaccinium, Philippia* u. a.), die zur Holzkohlebereitung verwendet werden, und kleine *Podocarpus*-Arten. Polsterpflanzen, Flechten und Moose überkleiden die Felsen und baumlosen Gipfel. Hier finden sich auch *Senecio*-Arten wie in Ostafrika und holarktische Gräser *(Bromua, Poa, Festuca)*. Madagaskar reicht somit noch in den Ericaceen- und knapp in den Seneciogürtel, jedoch nicht mehr bis in den Páramogürtel der tropischen Hochgebirge.

Im *Hochland* grenzt die durch Abgelegenheit und Relief geschützte Gebirgsflora nach unten, so wie der Nebelwald nach oben, hart an das offene Kulturland. Weit geht hier die Sicht über baumlose Rücken und Verebnungsflächen; aus den in der Trockenzeit braun-gelben Grasfluren leuchtet das Grün der Reisparzellen und das Rot des Bodens auf den Feldern. Die ursprüngliche Vegetation der Feuchtsavanne wurde auf die Talkerben und steileren, besonders die windexponierten Hänge und auf abgelegene Höhen zurückgedrängt, wo Relief und Klima die agrarische Nutzung behindern. Nur wenige Bestände geben noch einen Eindruck von dem früheren, nicht sehr dichten Hochwald, wie der Forst von Ambohitantely bei Ankazobe, der aber seit 1897 von rd. 7000 ha auf 2000—3000 ha geschrumpft ist. Abgesehen von künstlichen Aufforstungen durchsetzen Gehölze sonst nur in kleinen Inseln oder in schmalen Bändern längs der Flüsse das Land. Dieser primäre Busch- und Baumbewuchs mit bis zu 12 m Höhe enthält u. a. Arten der Chlaenaceen, Ericaceen, Araliaceen und Rubiaceen, z. T. mit immergrünem Hartlaub. Weit verbreitet sind die gedrungenen Tapiabäume *(Uapaca Bojeri);* sie sind durch ihre dicke Borke gegen Buschfeuer geschützt und werden geschont, da ihre Früchte eßbar sind und die Blätter als Nahrung für den Seidenspinner dienen. Reste der natürlichen Vegetation finden sich auch in den versumpften Becken (z. B. Ankaizina) mit Binsen, Sphagnum, Moosen und Seerosen.

Beherrschend aber wie in keinem anderen Landesteil wurde im zentralen und westlichen Hochland die artenarme Sekundärvegetation. Nachdem die Rodung die ursprüngliche Pflanzenwelt vernichtet hatte, verhindern der Viehverbiß auf den überstockten Weiden und die Brände die Regeneration des Waldes. Die Weidebrände werden am Ende der Trockenzeit angelegt, um das Neuausschlagen der Gräser in der Regenzeit zu beschleunigen und damit das dringend notwendige Futter für das Vieh zu beschaffen. Doch werden hierdurch die Bodenfauna vernichtet, die geringmächtige Humusschicht geschädigt und auf tropischen Roterden die Bildung von Lateritkrusten gefördert. Der entblößte Boden wird durch chemische Auslaugung verschlechtert und durch mechanische Abschwemmung in der Regenzeit bedroht, besonders in hängigem Gelände. Die Feuer hinterlassen weite schwarzverbrannte Flächen und gefährden bei mangelnder Kontrolle die Siedlungen und restlichen Waldbestände.

Auf den derart verarmten und degradierten Böden ist die natürliche Wiederbewaldung oft nicht mehr und die künstliche Aufforstung nur schwer möglich. Der fehlende Waldbewuchs verringert die Wasserspeicherung und verstärkt die Trockenheit des Klimas. So ist die Nachfolgevegetation der Baumsavanne heute eine aus wenigen anspruchslosen pantropischen Arten zusammengesetzte Grassavanne. Weit verbreitete Grasarten sind *Ctenium* und *Loudetia* im zentralen, *Heteropogon* und *Hyparrhenia* im westlichen Hochland, vor allem aber *Aristida (bozaka)*, die auch auf stark degradierten Hangböden noch gedeiht. Das rasch bis 2 m hoch wachsende Gras ist nur von geringem Nährwert; häufig wird es zum Decken der Häuser verwandt. Das Bau- und Brennholz muß heute über oft weite Strecken herantransportiert werden.

Die *Westliche Florenregion* Madagaskars liegt unter 800 m Höhe und umfaßt damit den westlichsten Teil des Grundgebirges und das Schichtstufenland. Auch hier ist die natürliche Pflanzenwelt durch Brandrodung und Beweidung weitgehend vernichtet worden. Doch regeneriert sich die an die langdauernde Trockenzeit des Westens angepaßte xerophytische Vegetation rascher als die des Hochlandes. Namentlich in entlegenen, bevölkerungsarmen Gebieten sind noch größere Waldbestände erhalten; allerdings erreichen sie nicht den Umfang des östlichen Regenwaldes, der der Rodung einen noch stärkeren Widerstand leistet.

Der *Trockenwald* als natürliche Pflanzenformation des Westens erreicht 20—30 m Höhe, doch ist er lichter als der Regenwald mit weniger Unterholz und nur geringem Bewuchs von Lianen, Farnen und Orchideen. Er paßt sich der Trockenheit durch längere Vegetationsruhe mit Laubwurf, durch feingefiederte und behaarte Blätter oder Dornen und wasserspeichernde Stämme an. Unter den zahlreichen Arten sind Schmetterlingsblütler, Wolfsmilch-, Osterluzei- und Zedrachgewächse häufig. Akazien, Palisander und Ebenholz werden für Schnitz- und

Tischlerarbeiten verwendet. Am stärksten fallen die mächtigen Affenbrotbäume auf, die mit ihren plumpen flaschenförmigen Stämmen und kleinen Kronen den Trockenwald durchsetzen und überragen. Diese ›Baobabs‹ (Gattung *Adansonia* der Familie Bombacaceen: madag. *za* oder *reniala*) sind auch für die Trockensavanne Ostafrikas charakteristisch, aber auf Madagaskar allein mit 6 oder 7 endemischen Arten vertreten. Die skurrilen Baumgestalten haben für die Wasserspeicherung maximal verdickte Stämme, große orangefarbige Blüten und herabhängende gurkenförmige Früchte, deren Fleisch von Lemuren und Eingeborenen verzehrt wird.

Der Trockenwald ist je nach Standort unterschiedlich ausgebildet (Klimaxanpassung). Auf den entlegenen verkarsteten Kalkplateaus des Westens (Ankarana, Kelifely, Bemaraha, Mahafaly) hat sich die xerophytische Vegetation der Trockenheit mit tief in die Kalkspalten dringenden Wurzeln besonders angepaßt. Unter den Bäumen sind Leguminosenarten wie *Acacia* oder *Albizzia* häufig und der ›flammende Baum‹ (Flamboyant; *Poinciania regia*) mit seinen leuchtenden Blüten. Dornbüsche, Aloe und Lianen verdichten den Bestand.

Auf den Lateritböden des Nordwestens stockt in der Humusschicht, die weniger rasch zersetzt wird und deshalb mächtiger ist als im Osten, ein artenreicher, bis über 15 m hoher Wald mit *Acacia, Ficus*, Lianen und Buschunterholz. Für sandigen Untergrund, z. B. im Isalomassiv, sind die feuerresistenten Tapiabäume *(Uapaca)* kennzeichnend, bei guter Durchfeuchtung die Tamarinden. Die Baobabs sind sowohl auf Kalk- wie auf Sandböden vertreten. Sumpfige Standorte tragen Farne, Schilfrohr *(Phragmites; bararata)* und Raphiapalmen *(Raphia ruffia).* Die Raphiapalme kommt in größeren einheitlichen Beständen vor. Sie kann bis 20 m Höhe erreichen und fällt durch ihre langen Fiederblätter und mächtigen Fruchtkolben mit 2000—3000 Nüssen auf. Der Bast der Palme wird im In- und Ausland verkauft. Die Flüsse werden von Natur aus durch immergrüne, palmenreiche Galeriewälder gesäumt, doch sind die jährlich überschwemmten Uferbänke (Baibohos) weithin in Kulturland umgewandelt worden.

Die Sekundärvegetation nimmt heute auch im Westen eine weitaus größere Fläche ein als der ursprüngliche Pflanzenbestand, doch ist sie stärker von Bäumen und Büschen durchsetzt als die monotone Grassavanne des Hochlandes. Typisch für diese offene Parklandschaft sind die Satranapalme *(Medemia nobilis)* mit ihren Blattbüscheln auf dem 8—10 m hohen Stamm und der Sakoabaum *(Sclerocarya caffra)*, beide sehr widerständig gegen die Buschbrände. Häufig sind ferner der Feigenbaum *(Ficus sacalavorum)*, Borassuspalmen *(Borassus madag.)* und Tamarinden *(Tamarindus indica; kily)*, die in den Dörfern als Schattenspender für Versammlungen dienen. Im trockenen Süden sind vereinzelt die Affenbrotbäume auch außerhalb des Trockenwaldes erhalten. Zwischen den Bäumen wächst ein lockerer Busch aus endemischen und später eingewanderten Arten. Im ganzen sind die Holzbestände floristisch und wirtschaftlich arm. Die Palmen liefern Blätter und Rinde für den Hausbau, jedoch kein Brenn- und Bauholz.

Zwischen den Bäumen und Büschen wachsen pantropische Grasarten, die nach wiederholten Buschfeuern schließlich die beherrschende Restvegetation bilden; sie können 2,5 m Höhe erreichen. Die häufigsten Arten sind wie im Hochland *Heteropogon, Hyparrhenia, Imperata* und *Aristida*. Die extensive Beweidung dieser Grasflächen mit Wanderherden und die jährlichen Weidefeuer bedrohen auch hier die Primärvegetation.

Auf den Schlickböden der Küste und in den Flußmündungen stehen im Gezeiten- und Salzwasserbereich *Mangrovewälder*. Mit ihrem Gewirr von Luft- und Stelzwurzeln nehmen sie z. B. im Betsiboka- und Mangokydelta noch große Flächen ein, doch ist ihr Bestand durch die Gerbstoff-, Bau- und Brennholzgewinnung stark verringert worden.

Die Florenprovinz des *Südens* ist gekennzeichnet durch die *Dornsavanne*. Dem Klima entsprechend ist hier die Vegetation am besten der Trockenheit angepaßt, wozu neben Bedornung und Laubwurf feinfiedriges Laub und die Wasserspeicherung der Stamm- und Blattsukkulenten gehören. Fast alle Pflanzenarten sind endemisch, so daß der Süden Madagaskars eines der originellsten Florengebiete der Erde ist. Rodungen für Wanderfeldbau und Dauerkulturen, z. B. für die Sisalagave, haben zusammen mit der Beweidung hier ebenfalls Lücken gerissen, doch sind die Verluste geringer als in anderen Landesteilen. Durch ihre xerophytische Ausbildung und den geringen Graswuchs ist die Vegetation gut gegen die Buschfeuer geschützt, aber auch die beschränkten Anbaumöglichkeiten und die geringe Bevölkerungsdichte halten die Eingriffe in Grenzen. So sind zwischen Tuléar und Fort-Dauphin noch große ursprüngliche Bestände von seltenem Formen- und Artenreichtum erhalten geblieben.

Unter den skurrilen Pflanzengestalten fallen besonders die Didieraceen auf, eine nach dem französischen Forscher A. GRANDIDIER benannte Pflanzenfamilie, die mit vier Gattungen und einem Dutzend von Arten auf Madagaskar endemisch ist (madag. *fantsiholitra*). Manche Arten wie *Alluaudia procera* bilden geschlossene Bestände und werden bis zu 15 m hoch. Auf schlankem Stamm recken sie ihre rüsselförmigen feinbedornten Arme empor; nach den geringen Regenfällen tragen sie leuchtende Blüten. Andere Arten wie *Didiera trollii* bilden in der Jugend bultenartige Büsche, aus denen sich später 5—8 m hohe Äste entwickeln.

Neben den Didieraceen sind Aloe, Kakteen und viele formenreiche, z. T. Wildkautschuk liefernde Euphorbia-Arten vertreten, seltener die vorwiegend im Westen wachsenden Baobabs. Der dichte, 2—3 m hohe Trockenbusch im Unterholz mit Dornen und kleinen Blättern enthält eine Vielzahl von Pflanzenfamilien (Mimosaceen, Tilliaceen, Acanthaceen, Rubiaceen, Anacardiaceen neben Euphorbiaceen). Bodennahe Gewächse wie Zwergflaschenbäume *(Pachypodium)* und Dickblattgewächse (Crassulaceen) kommen hinzu. Die in mehrere Schichten gegliederte Vegetation überrascht nicht nur durch ihre bizarre Formenvielfalt, sondern auch durch die Farbigkeit der allerdings kurzen Blüte und den würzigen Duft vieler Pflanzen.

Zu den einheimischen Arten treten die aus Amerika eingeführten Opuntien (*O. dilleni; raketa*) und die Agaven mit ihren fleischigen Blättern und hohen Blütenstielen. Die Opuntien haben sich seit dem 18. Jh. rasch wuchernd ausgebreitet. Nach 1925 wurden sie durch die importierte Koschenille-Schildlaus bekämpft und fast völlig vernichtet. Da sie aber dem Vieh als ergänzende Nahrung dienten, trat Futternot auf und die Opuntien mußten mühsam neu angepflanzt werden. Zusammen mit den Agaven wachsen sie häufig an den Grenzrainen der Felder.

Obwohl sich die Vegetation im Süden rascher regeneriert als in anderen Landesteilen, ist sie auf langdauernd beweideten und wiederholt abgebrannten Flächen, besonders in Küstennähe, ebenfalls durch dürftige Grassavanne ersetzt worden. Tropische Allerweltsarten wie *Aristida* und *Eragrostis* bilden einen lückenhaften Teppich als spärliche Nahrung für das Vieh.

Westlich von Fort-Dauphin geht die Dornbuschsavanne fast unvermittelt in den Regenwald am Südostrand des Gebirges über. Mit einem Blick erfaßbar, zeigt dieser scharfe klimabedingte Wechsel die ganze Spanne der Vegetation Madagaskars.

3.5. Madagaskar als bedrohtes Refugium der Tierwelt

Schon Ch. Darwin hatte bei seinen umwälzenden Erkenntnissen über die Entstehung und Selektion der Arten die Bedeutung isolierter Rückzugsgebiete wie der Galápagos-Inseln, die er 1835 besuchte, erkannt. Madagaskar bot sich der paläozoologischen Forschung als ein vergleichbares Untersuchungsfeld, das in seiner Fülle bis heute nicht ausgeschöpft ist. So wie bei der Flora ist auch bei der Fauna die Vielzahl endemischer, d. h. der Insel eigenen Entwicklungsformen bemerkenswert, hinter denen das Problem der ursprünglichen Herkunft steht. Gleichermaßen auffällig ist aber das Fehlen vieler Arten benachbarter Kontinente, so der Affen und großen Raubtiere. Nicht nur bei den Säugetieren, sondern auch bei anderen Klassen und Stämmen des Tierreiches klaffen Lücken im Bestand Madagaskars. Er hat sich nach einer frühen und dann unterbrochenen Einwanderung teilweise selbständig weiterentwickelt. Die zoologische Forschung ist seit über 100 Jahren, zunächst geführt durch G. Grandidier, in unermüdlicher Bestandsaufnahme diesen Fragen nachgegangen und hat bereits verdienstvolle Übersichten erbracht (G. Grandidier — G. Petit 1932, R. Decary 1950, R. Paulian 1961, Biogeography and ecology of M. 1972).

Die Eigenheit und Vielfalt der Tierwelt Madagaskars, die sich weniger in ihren Familien als in den einzelnen Arten zeigen, kann hier nur angedeutet werden. Bei den noch unvollständig erfaßten Insekten wurden z. B. 70—80 % endemische Arten, z. B. prätertiären Alters, festgestellt. Unter ihnen ist die reiche Schmetterlingsfauna berühmt geworden mit farbenprächtigen und riesigen Arten wie *Urania* oder *Actias cometes* mit bis zu 20 cm Spannweite. Zu den schädlichen Insekten der Insel gehören die Moskitos und die zuweilen in großen Schwärmen auftretenden Heuschrecken. Die Termiten treten mit ihren roten Bauten vor allem in den Grassavannen des Südens auf. Zu den Spinnentieren rechnen eine Vielzahl einheimischer Skorpione und etwa 400 bekannte Spinnenarten, deren Bestand aber wohl um ein Vielfaches höher ist.

Relativ arm ist die Fauna der Süßwasserfische mit wenigen Familien; dies wird damit erklärt, daß die Insel isoliert war, bevor sich diese Tiergruppe stärker spezialisierte. Nur eine Familie *(Cichlidae)* ist endemisch. Heute weit verbreitete Fische wie Karpfen, Forellen und Tilapia wurden später eingeführt. In den Küstengewässern sind Thunfische, Seezungen, Rochen, Sardinen und Haie häufig. Reichhaltig ist die Fischfauna der Korallenriffe. Die Krustentiere (Krabben, Langusten, Austern, Garnelen) haben in den Küstengebieten wirtschaftliche Bedeutung.

Bei den Reptilien steigt der Anteil endemischer Arten auf 95 %. Die Hälfte der 50 bekannten Chamäleonarten sind auf Madagaskar beheimatet; ihre Größe reicht von wenigen Zentimetern bis zu über einem Meter (Riesenchamäleon; *Ch. oustaleti*). Schildkröten, z. T. in Großformen, treten auf dem Land, im Süßwasser und im Meer auf, besonders im Süden. Manche Arten sind, wegen ihres Panzers und Fleisches gejagt, von der Ausrottung bedroht (z. B. *Testudo radiata*). Schlangenarten erreichen bis zu 4 m Länge (Boa-Schlangen), doch sind sie fast alle ungiftig. Die Krokodile *(mamba, voay)* sind die einzigen gefährlichen Großtiere Madagaskars; sie kommen in Wasserläufen und Seen bis zu 1000 m Höhe vor und können an den Uferbänken Vieh und Menschen bedrohen.

Bei den Vögeln sind etwa drei Fünftel der Arten endemisch. Die Wasservögel sind artenreicher als die Waldvögel vertreten. Zu erwähnen sind u. a. Ibis, Bekassinen, Wasserhühner, Wildenten, Flamingos, ferner Rebhühner, Perlhühner, Tauben, Papageien, Sittiche und die in der Paarungszeit roten Webervögel (Scharlachweber; *foudia*). Auch diese Tierklasse ist infolge von Jagd und Vernichtung der natürlichen Ökotope durch den Menschen in Madagaskar in ihrem Bestand gefährdet.

Unter den Säugetieren treten bei den Insektenfressern die einheimischen igelartigen Tanreks und die Haftscheiben-Fledermäuse auf. Die Nagetiere sind mit zahlreichen endemischen Arten, aber nur wenig Familien vertreten. Für die Fleischfresser seien die als Hühnerräuber gefürchtete Schleichkatzenart *Cryptoprocta ferox*, für die Huftiere die Wildschweinart *Potamochaerus larvatus (lambo)* als weit verbreitete Beispiele genannt.

Zu den interessantesten Tieren Madagaskars gehören die Halbaffen (Familien der Lemuren oder Makis und der Indris mit 2 bzw. 3 Gattungen), die mit drei Vierteln ihrer Arten auf die Insel beschränkt und hier gänzlich endemisch sind. Baumtiere wie die Affen, unterscheiden sie sich von diesen durch ihre lange Schnauze, das wollige Haar und die runden Augen. In der Tertiärzeit (Eozän) noch in weiten Teilen der Erde verbreitet, haben sie in Madagaskar ein Refugium gefunden, sind aber heute stark durch den Menschen bedroht, soweit sie nicht durch Tabus geschützt werden. Sie können z. T. gezähmt werden; eine Reihe von

Arten läßt sich im Tierpark von Tananarive beobachten. Beispiele aus der formen-
reichen Lemurengesellschaft sind der nur rattengroße *Microcebus*, andererseits der
über 1 m messende *Babakoto (Indris)*, oder der *Varika (Lemur catta)* mit seinem
langen schwarz-weiß gestreiften Schwanz am braun-grauen Körper. Der seltene
Aye-Aye, ein scheues Nachttier mit großen dunklen Augen, das von den Einheimischen verehrt wird, gehört zu der monotypischen Familie der Fingertiere
(Daubentoniidae).

Die große Zahl von Subfossilien, z. B. der Riesenstrauße *(Aepyornis)* und
-landschildkröten, der Riesenlemuren, Krokodile und Zwergflußpferde läßt den
früher noch größeren Reichtum der Tierwelt Madagaskars erahnen.

Im ganzen ergibt die Bestandsaufnahme der Fauna neben dem starken Endemismus den Nachweis von Einwanderungen aus den Nachbarkontinenten Süd-
und Südostasien und insbesondere aus Afrika. Der Tierbestand ist sehr heterogen,
d. h. zwar artenreich, aber lückenhaft und sehr differenziert nach den Standorten.
Die Frage nach dem Werdegang der Inselfauna ist noch nicht eindeutig gelöst. Jedoch hat die neuere Forschung erwiesen, daß die frühere Annahme einer überwiegend östlichen Provenienz nicht zutrifft und vor allem Beziehungen zur Tierwelt
Afrikas bestehen. Nach J. MILLOT und anderen stammen viele Tierarten Madagaskars von solchen ab, die im Tertiär in Nordafrika und Westeuropa verbreitet
waren und dort z. T. ausgestorben sind. Sie blieben auf der isolierten Insel dank
des hier verminderten Konkurrenzkampfes erhalten. Neben dieser paläo-endemi-
schen Reliktfauna hat sich ein Neo-Endemismus entwickelt, d. h. aus einem Teil
der eingewanderten Bestände sind, angepaßt an die differenzierte Umwelt der Insel, neue Arten und Varietäten entstanden, während andere unverändert blieben.

Umstritten ist auch die Form und Zeit der Einwanderung. Nach J. MILLOT bestand im Tertiär keine Landverbindung mehr mit den anderen Kontinenten; er
nimmt an, daß der Transport von Tieren durch treibende Vegetation, z. B. Baum-
stämme und andere Pflanzenteile, aus den ostafrikanischen Flüssen über den Kanal von Moçambique eine große Rolle gespielt hat. Dafür spricht die Verwandtschaft vieler Tiergruppen Madagaskars mit der Waldfauna Afrikas. Es wird auch
eine erleichterte Einwanderung während der wiederholten eustatischen Absenkung des Meeresspiegels in und nach der Tertiärzeit in Betracht gezogen. Jedenfalls hat nur ein unvollständiger Faunenbestand die Insel erreicht. Die Zahl der
eingewanderten Tiere ist ohne Bedeutung, da sich auch ein kleiner Bestand bei
günstigen ökologischen Voraussetzungen und fehlender Konkurrenz rasch vermehren und ausbreiten konnte. Alle Haustiere, darunter als wichtigstes das Zeburind, sind erst durch den Menschen auf die Insel gebracht worden.

Die einzigartige Fauna Madagaskars bietet so der Forschung noch viele unge-
löste Fragen. Ihre Klärung jedoch setzt voraus, daß die bereits stark verringerten
bzw. bedrohten Bestände erhalten bleiben; dazu gehört, daß die Einfuhr von
Konkurrenzfauna verhindert wird und vor allem die zugehörigen Ökotope geschützt werden. Die Bedeutung der madagassischen Fauna faßt J. MILLOT, einer

ihrer besten Kenner, wie folgt zusammen: ›Sie ist ohne Zweifel eine der interessantesten der Erde. Neben ihrer großen Eigenbedeutung ist sie unmittelbar mit allgemeinen Problemen verknüpft, wovon eines nichts Geringeres ist als die Geschichte unseres Planeten.‹

3.6. DIE BÖDEN UND DAS PROBLEM DER BODENZERSTÖRUNG

Die Erforschung der Böden Madagaskars hat nach dem Zweiten Weltkrieg, insbesondere durch den Einsatz der französischen Forschungsorganisation O.R.S.T.O.M., mit zahlreichen kleinräumigen Kartierungen rasche Fortschritte erzielt und eine detaillierte Übersicht für das ganze Land erbracht. Sie zeigt die enge Verknüpfung der Bodentypen mit den vorher behandelten Naturfaktoren, insbesondere mit Klima und Gesteinsaufbau, wobei das Gewicht dieser Faktoren auf die Bodenentwicklung zwischen den Landesteilen wechselt.

Die *Klimate* sind infolge ihrer ausgeprägten ostwestlichen Differenzierung der wichtigste pedogenetische Faktor. Mit der Abnahme der Niederschlagsmenge und -dauer von Osten nach Südwesten sinkt der Anteil der chemischen Gesteinszersetzung und nimmt die physikalische Verwitterung zu. Der starken Basenverarmung der Böden im östlichen steht der stärkere Sättigungsgrad im westlichen Landesteil gegenüber. Der Prozeß der Lateritbildung (Ferrallitisierung) ist im Osten viel weiter fortgeschritten als im Westen, da er an ein überwiegend feuchtes tropisches Klima gebunden ist; die lateritischen Böden sind fast ganz auf den Bereich mit über 1000 mm Jahresniederschlag beschränkt.

Der Übergang von den Laterit-(Ferrallit-)böden im Osten zu den weniger laterisierten Bodentypen im Westen und schließlich zu den nichtlaterisierten im trockenen Süden ist jedoch nicht nur an den Wechsel des Klimas, sondern auch an den des *Muttergesteins* gebunden, d. h. an den geologischen Faktor. Die Ferrallitböden sind vor allem auf den quarzhaltigen Gesteinen des Grundgebirgssockels vertreten. Im Westen wirkt sich zusammen mit der verstärkten physikalischen Verwitterung und verminderten Laterisierung die rasche Folge der Schichtgesteine in einer größeren Vielfalt der Bodentypen aus, die von den fersiallitischen bis zu den calcimorphen Böden auf Kalk oder den halomorphen im Bereich des salzhaltigen Meerwassers reicht. Der Gesteinseinfluß auf die Bodenbildung ist somit im feuchteren Grundgebirgsbereich geringer als im trockeneren der Sedimentgesteine. Allgemein weisen auch die Gebiete eine verstärkte Gesteinsabhängigkeit auf, in denen der junge Vulkanismus und starke Abschwemmung die Bodenbildung bestimmen.

Die Bodenabschwemmung ist nicht nur eine Funktion der Niederschlagsmenge und -verteilung, sondern auch der schützenden *Vegetationsdecke* als drittem Faktor der Bodenbildung. Die Erosion ist viel weniger in den waldbedeckten immerfeuchten als in den waldärmeren, in ihrer Vegetation degradierten Gebieten verbreitet. Zudem wirkt sich die Pflanzendecke mit der Ablagerung organischen Materials in der Humusbildung aus. Wenn diese in den Tropen auch durch den raschen Stoffumsatz im allgemeinen geringer ist als in außertropischen Gebieten, besteht doch ein deutlicher Unterschied zwischen den humusreicheren Regenwaldgebieten und der Gras- oder Dornsavanne, wo sich das spärliche organische Material langsamer zersetzt und im Oberboden nur gering vertreten ist.

Schließlich beeinflußt das *Relief* und seine Entwicklung die Bodenbildung. Großräumige Beispiele sind die bis zur Tertiärzeit zurückreichenden Rumpfflächen des Hochlandes, auf denen einerseits alte, unter früheren Klimabedingungen gebildete Böden erhalten sind, an deren Rändern andererseits durch jüngere Zerschneidung wenig entwickelte Böden auftreten. Die Kombination von Morpho- und Pedogenese im Ablauf der Abtragungszyklen bedarf in Madagaskar noch vertiefter Regionalstudien. Der Einfluß des Reliefs wird durch junge Bodenbildungen auch im Bereich des rezenten Vulkanismus mit seinen Steilformen oder auf den flußnahen Terrassen mit ihren jahreszeitlichen Überschwemmungen deutlich. Reliefbedingt sind ferner die hydromorphen Böden der Becken und Niederungen im Hochland und an den küstennahen Flußunterläufen mit einer verzögerten oder stagnierenden Entwässerung.

Aus der Interferenz von Klimaten, Gesteinsaufbau, Vegetation, Relief und menschlichem Einfluß wird das diffrenzierte Muster der Bodentypen Madagaskars erklärbar. Es folgt im großen deutlich dem auch für die anderen Naturfaktoren kennzeichnenden ostwestlichen Landschaftswandel. Im Detail ergeben sich bei den einzelnen Bodentypen vielfältige Abwandlungen.

Die *ferrallitischen Böden* bedecken fast die Hälfte des Landes und sind der am weitesten verbreitete Typ. Seine vorherrschende rote Farbe und geringe Fruchtbarkeit hat Madagaskar den Namen der ›Roten Insel‹ und den zu Unrecht pauschalen Vergleich mit der ›Farbe, Form und Fruchtbarkeit eines Ziegelsteins‹ eingetragen. Die Merkmale der Ferrallitböden sind die starke Mineralveränderung mit hohem Anteil an freien Eisen-, Mangan- und Aluminium-Sesquioxyden, relativ niedrigem Anteil an Kieselsäure. Austauschkapazität und Sättigungsgrad sind schwach. Die Profile zeigen zwischen der mächtigen eisenhaltigen roten Oberschicht und dem Muttergestein oft eine weiße Zersatzzone mit dem vorwiegenden Tonerdemineral Kaolinit. Die dichten, wenig durchlässigen und nur von einer dünnen Humusschicht bedeckten Böden haben geringen landwirtschaftlichen Wert. Trotz zureichendem Stickstoffgehalt macht der Mangel an Phosphorsäure und Kali die Zufuhr von Düngung notwendig.

Das Hauptverbreitungsgebiet der Ferrallitböden ist das Hochland, wo ihre leuchtendrote Farbe unter oft schütterer Vegetation ein auffälliges Merkmal der Landschaft ist. Die Mächtigkeit erreicht bis zu 150 m. Hierbei ist anzunehmen, daß sich die Bodenbildung überwiegend unter früher feuchterem Klima vollzogen hat, da das heutige keine optimale Voraussetzung für die Ferrallitisierung bietet. Am besten sind diese alten, wohl tertiären (pliozänen?) Böden auf den fast ebenen

Rumpfflächen erhalten, wo die Ferrallitisierung stellenweise, wie auf den Tampoketsa von Ankazobe und Horombe, bis zur Bildung von Lateritpanzern und -krusten fortgeschritten ist, die jede landwirtschaftliche Nutzung ausschließen. Doch sind diese Krusten viel weniger verbreitet als in den afrikanischen Tropen, z. B. im Sudan, vermutlich weil die spätere Zerschneidung der Rumpfflächen sie z. T. vernichtet oder ihre weitere Ausbildung verhindert hat.

Die Ferrallitböden werden durch das Muttergestein variiert. So entstehen die roten Böden überwiegend auf saurem Gestein, besonders Granit, während sich braunrote auf Basalt und mehr gelb gefärbte auf älteren fluviatilen oder fluvio-lakustren Alluvionen entwickeln. In Höhen über 2000 m treten durch unvollständige Zersetzung humusreichere, dunkle (braunschwarze) ferrallitische Böden auf, insbesondere über basischem Vulkangestein.

Auch an der Ostabdachung und im östlichen Küstenvorland sind die ferrallitischen Böden sowohl auf saurem Grundgebirgs- wie auf basischem Eruptivgestein am stärksten verbreitet. Sehr häufig wird hier der rote untere von einem gelben oberen Horizont überlagert. Dies wird hypothetisch mit der Verarmung des A-Horizontes an Eisen und Aluminium unter Wald erklärt. Dieses Profil tritt zuweilen auch im Hochland auf und wird dort als Zeuge der früher stärkeren, durch Klimawechsel oder menschlichen Eingriff dezimierten Bewaldung gedeutet.

Im Westen treten, überwiegend auf Sedimentgestein und bei geringen Niederschlägen, an die Stelle der ferrallitischen die *fersiallitischen Böden,* vertreten vor allem durch die sog. *Sols ferrugineux tropicaux.* Sie gleichen den ferrallitischen Böden durch die Freisetzung von Eisensesquioxyden und damit häufig rote Färbung, unterscheiden sich aber durch die schwächere Mineralveränderung, die geringere Eliminierung der Kieselsäure und den höheren Sättigungsgrad. Als Tonerdemineralien erscheinen neben Kaolinit auch Montmorillonit und Illit. Im Gegensatz zu den überwiegend tonigen ferrallitischen Böden des Ostens haben die fersiallitischen des Westens einen höheren Anteil an Quarzsanden, sie sind durchlässiger und weniger mächtig.

Im Detail sind jedoch innerhalb des Westens mit dem Gesteinswechsel große Bodenunterschiede festzustellen. Am häufigsten sind die roten Böden, die sich auf metamorphen Gesteinen, vor allem aber auf den Sanden und Sandsteinen der Isalo-, Kreide- und Pliozänformation entwickeln. Ihre Farbe ist durch die geringe oder fehlende Auswaschung des Eisens bedingt. Auf den Kalken der Karstplateaus und auf Kalksanden treten rot-gelbe, entkalkte Böden auf. In den küstennahen Gebieten des Westens und Südwestens sind besonders die weitverbreiteten Roten Sande *(Sables roux)* zu nennen, die wohl nicht als Wind-, sondern als Flußablagerungen zu deuten sind. Diese entkalkten Sande haben einen Prozeß der Anreicherung an Eisenoxyd (Rubefizierung) durchgemacht, der jedoch mit dem heutigen Trockenklima wenig vereinbar ist, so daß hier ein paläoklimatischer Boden vorliegt. Eine weitere Variation sind die braun-roten Böden auf den kretazischen Basalten. Wenn der Oberboden an Ton und Eisen verarmt, entwickelt sich über der roten eine graue gebleichte Schicht (lessivierte Böden).

Gegenüber den ferrallitischen und fersiallitischen sind die *hydromorphen Böden,* die an feuchte Niederungen gebunden sind, nur lokal verbreitet. Unter dem Einfluß des Wasserüberschusses wurden hier oft andere pedogenetische Prozesse überlagert. Organische Naßböden mit hohem Grundwasserstand, Sumpf- und Moorbildung finden sich im Osten in der Lagunenzone hinter dem Strandgürtel oder in Nebentälern, die durch Aufhöhung der Haupttalböden schlecht drainiert sind. Im Hochland und seinen Randgebieten enthalten vor allem die großen Bekkenräume, so um Tananarive, Andapa, in der Ankaizina und am Alaotrasee organische Naßböden. Im Westen sind sie in den Randniederungen am Unterlauf der großen Flüsse vertreten. Der Gehalt an organischer Materie kann im Osten und im Hochland bis auf 70 % ansteigen. Bei ungenügender Drainage der Niederungen und Täler sind in allen Landesteilen auch mineralische Naßböden mit wenig organischer Materie (unter 10 %) anzutreffen; als versalzte Gleyböden begleiten sie z. B. die Unterläufe von Betsiboka und Tsiribihina. Die hydromorphen Böden werden nach Regulierung des Wasserhaushalts sehr häufig zum Reisanbau genutzt. Im niederschlagsarmen Süden fehlen hydromorphe Böden fast ganz.

Wenig oder nicht entwickelte Böden, d. h. mehr oder weniger rohe Gesteinsböden (Lithosole), sind sowohl für Gebiete starker Abtragung wie für solche frischer Ablagerung kennzeichnend, wo also entweder die Bodenentblößung oder die rasche Materialzufuhr eine Bodenneubildung behindert hat. Im Hochland finden sich Skelettböden mit einem hohen Anteil an unzersetztem Muttergestein (Granite, Quarzite) bei frischer Erosion in den entwaldeten Gebieten, an den zerschnittenen Rändern der Rumpfflächen oder auf jungem vulkanischem Gestein. Aber auch im Westen sind mineralische Rohböden auf den Abtragungsflächen der Sedimentgesteine (Kalke, Sandsteine, Mergel) häufig; die verkarsteten Kalkplateaus sind drastische Beispiele unfruchtbarer ›badlands‹. Wenig entwickelte rohe Mineralböden finden sich andererseits in den Flußbetten, auf den jahreszeitlich überschwemmten Terrassen und Uferbänken der Flüsse oder auf den Dünen und Strandwällen der Küsten. Die jährlich erneuerten Mineralreserven der Uferbänke (Baibohos) ermöglichen an den Unterläufen der großen Flüsse des Westens eine flächenintensive Nutzung mit einjährigen Kulturen. Geringe Bodenentwicklung kann jedoch nicht nur durch Erosion bzw. Materialzufuhr bewirkt werden, sondern auch aus klimatischen Ursachen. Dies trifft insbesondere für den Südwesten zu, wo infolge des Trockenklimas mit geringer Vegetation wenig entwickelte Lithosole auf kristallinem und sedimentärem Untergrund häufig sind; Sand- und Kalkböden sind dafür typische Beispiele.

Ergänzend sind einige Bodentypen zu nennen, die räumlich nur sehr beschränkt oder in Verbindung mit den vorstehend aufgeführten Böden auftreten. Dazu gehören die halomorphen oder *Salzböden,* die fast ausschließlich an die Westküste gebunden sind und sich dort sowohl in der Mangrovezone als in den

Mündungsgebieten der Flüsse finden. Der Salzgehalt ist weit überwiegend marinen Ursprungs und entstammt nur selten salzhaltigen Gesteinen des Hinterlandes. In den meernahen Niederungen der Flüsse Betsiboka, Tsiribihina und Mangoky wechselt der Salzgehalt mit den Schwankungen des fluvio-marinen Grundwasserspiegels. Die halomorphen küstennahen Böden gehen talaufwärts in die hydromorphen des Hinterlandes über.

Auf Kalken und Kalkmergeln des Westens kommen zuweilen rendzinaartige, wenig mächtige *Kalk-Magnesiumböden* brauner Farbe vor. Dunkle tropische Böden *(Vertisole)* haben sich in überschwemmten Flußniederungen des Westens durch Verbindung montmorillonitreicher toniger Alluvionen mit organischer Materie gebildet. Räumlich ebenfalls eng beschränkt, doch wichtig wegen ihrer hohen Fruchtbarkeit sind die *eutrophen Braunerden*, die sich bei längerer Bodenentwicklung aus basischen vulkanischen Ablagerungen (Aschen und Schlacken) bilden. Die tschernosemartig dunklen nährstoffreichen Böden heben sich in den Vulkangebieten am Itasysee und um Antsirabe von den roten Ferrallitböden der Umgebung deutlich ab und werden bei ausreichender Mächtigkeit intensiv z. B. für den Tabakanbau genutzt. Sie treten auch auf der Insel Nossi-Bé und im Ambregebirge auf. Eine Besonderheit sind schließlich die gebleichten *Podsolböden*, die fast nur auf den durchlässigen fluvio-marinen Sanden an der niederschlagsreichen Ostküste beobachtet wurden. Da die Bleichung nicht bis zu aschefarbigem Oberboden und Ortsteinbildung führt, wird die Bezeichnung Pseudopodsole vorgezogen.

Auf Madagaskar hat sich so entsprechend der weiten Spanne klimatischer und geologischer Grundlagen, verstärkt durch z. T. noch ungeklärte paläoklimatische Prozesse, ein ungewöhnlicher Reichtum tropischer Bodentypen und -arten entwickelt, über die zusammenfassend J. HERVIEU (1967) und P. ROEDERER (1972) berichten. Für die landwirtschaftliche Nutzung haben sie sehr unterschiedliche Bedeutung. Es überwiegen ertragsarme Böden, z. B. die Ferrallit- oder manche Gesteinsböden, wobei die verkrusteten Oberböden Extremfälle sind. Doch erscheinen in beschränktem Umfang auch langjährig nutzbare fruchtbare Gebiete, so auf jungen Anschwemmungen oder vulkanischem Untergrund. Die wachsende Bevölkerung kann aber in Zukunft nur mit verstärkter Zufuhr natürlichen oder künstlichen Düngers versorgt werden. Die Landwechselwirtschaft mit der zeitweiligen Aufgabe erschöpfter Böden kann auf Dauer keine Abhilfe mehr bringen, zumal sie in den dicht besiedelten Räumen unmöglich geworden ist.

Die Lage wird verschärft durch die *Bodenabschwemmung*, die in Madagaskar bedrohlichen Umfang erreicht hat. Drei Viertel des Landes weisen ernste Erosionserscheinungen auf; die Insel gehört damit zu den am meisten gefährdeten Gebieten der Erde. Die Verbreitung des Bodenabtrags richtet sich nach der Menge und Verteilung der Niederschläge, dem Relief, dem Boden und der Vegetationsdecke. Am stärksten ist nicht die immerfeuchte steile Ostseite betroffen, sondern das Hochland, wo neben oft steilen Hängen und gleitfähigem tonigem Unter-

grund die heftigen Regenfälle nach längerer Trockenzeit und vor allem die Wald-
armut verstärkend wirken.

Die Bodenabschwemmung tritt in verschiedenen Formen auf. Plötzliche
starke Regenfälle können zu flächenhaftem schichtförmigem Abtrag (Denuda-
tion) im tonigen Ferrallitboden über Kristallin, aber auch in den Lehm-, Mergel-
und Sandböden über den Sedimentgesteinen des Westens führen. Im semiariden
Süden wurden derartige Schichtfluten ebenfalls beobachtet; ihre Wirkung wird
hier durch die Vegetationsarmut verstärkt. Lineare Erosionsformen finden sich in
allen Landesteilen. Tief eingeschnittene Runsen und Schluchten sind in den ›badlands‹ des westlichen Schichtstufenlandes wie auf den Hängen des kristallinen
Hochlandes häufig. An der steilen Ostküste verhindert die Bewaldung zwar die
flächenhafte Abtragung, doch sind tiefe Erosionskerben, die sich rückschreitend
in die Hänge eingeschnitten haben, hier gleichfalls zahlreich.

Für das Hochland sind neben den gullyartigen Erosionsrinnen *(tevana)* die tiefen und breiten Spülnischen der *lavaka* (madag. Bezeichnung für ›Loch‹) charakteristisch. Beim Überfliegen des Landes erhält man einen bestürzenden Eindruck
von der Vielzahl dieser runden oder fingerartig verzweigten Hohlformen, die mit
ihrem bloßgelegten roten Bodenprofil wie offene Wunden in den baumlosen Hängen wirken. Die Grundform der Lavaka ist muschelartig mit steilen Hängen, die
das Innere nach oben kreisförmig, nach unten mit einer schmalen Öffnung um-
schließen. Die Lavaka reichen manchmal bis zum Hangfuß oder zur Talsohle hin-
ab, doch liegen sie häufig inmitten der Hänge. An ihre untere Öffnung schließt ein
flacher, tonig-sandiger Schwemmfächer an. Die Weiterentwicklung führt zu
komplexen Formen mit hangaufwärts greifenden Verzweigungen; mehrere Lavaka können durch Abtrag der zwischenliegenden Hangteile zusammenwachsen
und sich schließlich breit zur Talseite hin öffnen. Breite und Tiefe der Lavaka liegen meist zwischen etwa fünfzig und mehreren hundert Metern; Riesenformen erstrecken sich über 1—2 km Durchmesser.

Die Verbreitung der Lavaka gibt Hinweise auf ihre Ursachen. Sie liegen überwiegend auf mobilisierbaren tonigen Ferrallitböden mittlerer Hangneigung, sie
fehlen bei Lateritkrusten und sind selten auf vulkanischen Böden. Wichtig ist, daß
sie in der offenen Grassavanne sehr häufig, unter Wald aber nicht vorhanden sind.
Besonders massiert treten sie südöstlich von Tananarive, im mittleren Einzugsbereich des Betsiboka und westlich des Alaotrasees auf.

Die Bildung der Lavaka ist unabhängig von der Erosion der Täler an die Bodenstruktur und die unterirdische Wasserzirkulation gebunden. Die in der Regenzeit seifige Oberfläche der kolloidalen tonigen Böden verhärtet durch Trockenheit
und Verdunstung. In der Trockenzeit entstehen Risse, begünstigt durch den fehlenden höheren Bewuchs und die Beweidung auf Viehpfaden. Das zu Beginn der
Regenzeit eindringende Wasser sammelt sich in der Zersatzzone zwischen Gestein
und überlagerndem Boden. Die Zirkulation dieses Grundwassers unterspült das
hangende Material, das unter den senkrecht zum Hang verlaufenden Rissen und

Spalten abgleitet und nachstürzt. Durch erneute Risse, einstürzende Hänge und rückschreitende Erosion können sich die Lavaka vergrößern, verästeln und vereinigen. Bodenfließen, Erosion und freier Fall wirken also bei der Bildung der Lavaka zusammen, wobei die unterirdische Mobilisierung des Bodens der auslösende Faktor ist.

Entstehung und Verbreitung der Lavaka zeigen, daß neben der Bodenstruktur und den heftigen Niederschlägen der Regenzeit die degradierte Vegetation ihre Bildung begünstigt hat. Wenn diese Degradierung auch klimatisch initiiert sein kann, so hat der Mensch sie doch zweifellos durch Rodung, Buschfeuer und Überweidung stark gefördert und damit außer den schon genannten Nachteilen auch die Ausbreitung der Bodenabschwemmung mitverschuldet. Da die Grassavanne heute über zwei Drittel der Landesfläche einnimmt, wird das verheerende Ausmaß dieses Vorganges verständlich.

Die Folgen der Entwaldung und Bodenzerstörung sind tiefgreifend und oft unmittelbar im Gelände zu beobachten. In dem von Lavakabildung besonders stark betroffenen Gebiet des Alaotrasees wurde z. B. für die Regenzeit 1953/54 eine Abschwemmung von 12—15 t/ha ermittelt. Aus der jährlichen Schlammführung des Betsibokaflusses ergibt sich ein durchschnittlicher Bodenabtrag im gesamten Einzugsgebiet von 2 mm, im Bereich der Lavaka sogar von 1 cm im Jahr! Der Verlust an kalk- und kaliumhaltigem Oberboden läßt die Ferrallite rasch verarmen und versauern.

Für die Ablagerungsgebiete kann die Zufuhr erodierten Bodens nutzbringend sein, wenn sie sich auf die feinkörnigen, an Basen und organischen Stoffen reichen oberen Teile dieses Bodens beschränkt; die Kolluvialböden am Fuß der Hänge werden bevorzugt genutzt. Häufig aber werden auch sterile saure Sande und unverwitterte Gesteinsteile abgelagert, die nicht nutzbar sind und mit ihren Schwemmfächern den Anbau in den Niederungen, vor allem auf den Reisfeldern, zerstören. Diese Alluvionen können zudem den Wasserabfluß in den Tälern behindern oder die künstliche Bewässerung gefährden, wenn Stauanlagen zugeschüttet werden. Große Schäden erleiden jährlich die Verkehrswege, die wiederhergestellt oder verlegt werden müssen.

Weitreichend wirkt sich das durch Entwaldung und Bodenerosion gestörte Gleichgewicht im veränderten Wasserhaushalt aus. In der Regenzeit erfolgt ein rascher Abfluß mit oft verheerenden Hochwässern, während in der Trockenzeit die Wasserführung der Flüsse infolge verringerter Speicherung in Böden und Vegetation rasch abnimmt. So wurde z. B. im Südwesten festgestellt, daß die unterirdischen Wasserläufe im Kalkplateau zwischen Mangoky und Onilahy innerhalb von dreißig Jahren um mehr als die Hälfte gefallen sind und daß die Versickerung des Fiherenanaflusses in der Trockenzeit zunimmt; die Wasserfassungen müssen infolgedessen stromaufwärts rücken. Die Konsequenzen dieser auch andernorts zu beobachtenden Vorgänge namentlich für die Wasserversorgung der Siedlungen und für die Feldbewässerung sind leicht zu erkennen, doch schwer zu beheben.

Die naturräumlichen Großeinheiten

Raum	Klima				Geologischer Aufbau	Morphologische Raumtypen	Vegetation	Bodentypen
	Jahresniederschlag (in cm)	Jahresmitteltemperatur (in °C)	Trockenmonate	Klimatyp (n. KÖPPEN)				
1. *Osten*	150—370	23 (im S) —25 (im N) <20 (in Höhe)	0—1	Af Am	Kristalline Systeme; Kretaz. Vulkanismus, an Küste z. T. Kreide- u. Tertiärsedimente	Küste mit Strandwällen, Dünen; Niederung mit Lagunen, Sümpfen; Hügelland (z. T. mit Verebnungsflächen); Flußniederungen (z. B. an Mangoro, Matitanana); Zerschnittener Abtragungsrand des Hochlandes	Strandvegetation; Sumpfvegetation; Immergrüner Regenwald, z. T. degradiert zu »Savoka«, Grassavanne; Immergrüner Berg- u. Nebelwald	Ferrallitböden; Hydromorphe Böden, auf Sanden Podsole; Unter Wald: Ferrallite (gelb über rotem Horizont)
Sonderraum: Mangoro-Alaotra-Graben	100—160	18—22	5—8	Cf	Tekton. Graben mit Kristallin, Alluvionen	Verlandete Seen, Verebnungsflächen	Degradierte Grassavanne	Ferrallite; Hydromorphe B.
2. *Nordwesten* Nossi-Bé-Sambirano-Tsaratananagebirge	180—200 140—200	25—27 <20	1—2 0—1	Am Af	Junger Vulkanismus; Mesoz. Sedimente; Granite	Delta, Küstenebene; Schichtstufen; Gebirgsmassiv	Regenwald, z. T. degradiert Höhenwald	Ferrallite
3. *Hochland* 3.1. Zentrales Hochland	80 (im S) —180 (im NW)	Abnahme mit Höhe 21— <16	3—6	Cw	Kristalline Systeme; Tiefengesteine (Granite); Junger Vulkanismus	Kristalline Massive (z. B. Andringitra); Ältere Verebnungsflächen (Tampoketsa); Inselberge, Härtlinge, Becken (z. B. von Tananarive, Antsirabe, Fianarantsoa); Junge Vulkankegel (Itasy, Betafo) und -massive (Ankaratra)	Feuchtsavanne; Hartlaubwald m. Höhenstufung, degradiert zu Grassavanne	Ferrallite, z. T. mit Krustenbildung; Gesteinsrohböden; Becken: Hydromorphe B.; Vulkangebiete: Eutrophe Braunerden

3.2. Westl. Hochland (Westabdachung)	80 (im S) —180 (im NW)	16 (im O) —27 (im NW)	5—6 (O, NW) 7—8 (S)	Aw (Cw im O)	Kristalline Systeme Tiefengesteine (Granite, Gabbro etc.)	Kristalline Massive, Härtlinge (z. B. Itremo) Jüngere, zerschnittene Verebnungsflächen (z. B. Horombe) mit Rändern (Bongolava im W)	Vorw. Trockensavanne, degradiert zu Grassavanne	Ferrallite, im NW und S Übergang zu Fersiallit-B.
4. *Norden*	100—180	24—27	7—8	Aw BS	Sedimentgesteine Junger Vulkanismus	Schichtstufen Vulkanmassiv (Ambre-Gebirge) Buchten, Deltas	Trockensavanne, degradiert	Ferrallit-B. Gesteinsrohböden
5. *Westen*	80 (im S) —200 (im NW)	23 (im S) —27 (im NW)	5—6 (N) 7—8 (S)	Aw (N) BS (S)	Paläoz. bis tertiäre Sedimentgesteine Rezente Alluvionen, Küstensande Kretaz. Vulkanismus	Randniederungen (z. B. Betsiriry) Schichtstufen (z. B. Bemaraha) Plateaus (z. B. Kelifely) und Verebnungsflächen Deltas (z. B. Mangoky, Tsiribihina) und Astuare (z. B. Betsiboka) Korallenriffe	Trockenwald, degradiert zu Grassavanne	Fersiallitböden (z. B. Rote Sande) Gesteinsrohböden Calcimorphe B. In Niederungen: Hydromorphe B. In Küstennähe: Halomorphe B.
6. *Süden*	30 (im SW) —80 (im NO)	23—25	8—9	BS (NW) BW (SW)	Kristalline Systeme Kretaz. Vulkanismus Tertiäre Sedimente, Küstensande	Jüngere Verebnungsflächen Kalkplateaus (Mahafaly) Küstenplattform mit Dünensystemen, Flußmündungen (z. B. Onilahy, Mandrare) Korallenriffe im SW	Dornsavanne (m. Didieraceen und Euphorbien), z. T. degradiert	Fersiallitböden Calcimorphe B. Gesteinsrohböden Kalkkrusten

Der Kampf gegen die Bodenabschwemmung hat in Madagaskar erst begonnen. Wirkungsvolle Maßnahmen wie Konturpflügen, Anlage von Grünstreifen zwischen den Feldern und von Gräben zum Abführen des überschüssigen Wassers werden bisher nur wenig angewandt. Terrassen, die bei einem Gefälle über 12° als Erosionsschutz notwendig werden, sind häufiger, da sie auch die Arbeit erleichtern und der künstlichen Bewässerung dienen. In Einzelfällen hat man versucht, die Lavaka mit Dämmen und Faschinen zu stabilisieren, doch ist diese Aufgabe uferlos. Das wirkungsvollste Mittel ist, die Waldvegetation zu erhalten und zu vermehren. Die positive Wirkung der Aufforstung zeigt sich indirekt an den Lavaka, die durch natürliche Verbuschung des losgelösten Materials bereits einen stabilisierten Endzustand erreicht haben.

Vordringliches Ziel ist der Schutz der Vegetation durch Verzicht auf Rodung und Weidebrände. Dies setzt jedoch veränderte Wirtschaftsmethoden voraus, die eine ausreichende Ernährung auch ohne Raubbau sicherstellen.

3.7. Die naturräumlichen Grosseinheiten Madagaskars

Die vorstehende Übersicht (S. 82—83) faßt die wesentlichen Phänomene der naturräumlichen Faktoren zusammen. Sie ergeben, wie die vorangegangenen Kapitel gezeigt haben, im Wechselspiel eine recht eindeutige Gliederung der Insel in naturräumliche Haupteinheiten mit einer jeweils eigenen Faktorenkombination.

Klima und Relief sind die primären Kriterien der Großgliederung. Der immerfeuchte Osten ist klar vom übrigen wechselfeuchten Bereich zu unterscheiden. In diesem hebt sich das Hochland durch Höhenlage und Gesteinsaufbau vom Westen ab. Der Süden nimmt mit seinem semiariden Klima eine eigene Stellung ein. Die Vegetation, die dem Wechsel von Klima und Relief folgt, unterstreicht die Großgliederung in Osten, Hochland, Westen und Süden. Die kleineren zusätzlichen Räume im Nordwesten und Norden ergeben sich dadurch, daß einerseits Klima und Vegetation der Ostseite hier bis zur Westküste durchgreifen, andererseits im äußersten Norden die Merkmale der Westseite bis zur Ostküste reichen.

Die weitere Untergliederung ließe sich mit überwiegend morphologisch bestimmten Raumtypen vornehmen, doch können diese hier nur in Beispielen genannt werden. Eine lückenlose Aufgliederung in kleinere Einheiten ist bei der Größe der Insel und dem heutigen Forschungsstand noch nicht möglich.

Die bisher detaillierteste Gliederung des Landes nach dem Atlas de Madagascar in ›Divisions régionales‹ (Karten 59 A, B) bezieht kulturgeographische, insbesondere wirtschaftliche Faktoren mit ein und geht damit über eine rein naturräumliche Differenzierung, insbesondere in den dicht besiedelten Gebieten, hinaus.

3.8. Probleme des Naturschutzes

Madagaskar ist mit seiner einzigartigen, in hohem Grad endemischen Flora und Fauna trotz vieler Verluste auch heute noch ein natürliches Laboratorium der biologischen Forschung von unersetzlichem Wert. Die starke Differenzierung und Spezialisierung der Tier- und Pflanzenarten bedeutet, daß sie sich einerseits an die vielfältigen Ökotope der Insel angepaßt haben, andererseits aber sehr anfällig gegen Störungen des ökologischen Gleichgewichts sind. Klimaänderungen und vor allem der Mensch haben die ursprünglichen Pflanzengesellschaften dezimiert und damit die Lebensgrundlagen für viele Tierarten verändert und z. T. vernichtet. Mit dem Anwachsen der Bevölkerung ist die unberührte Naturlandschaft auf Räume zurückgedrängt worden, die wegen ihrer ökologischen Ungunst nicht genutzt werden.

Neben der Rodung für Ackerbau und Viehhaltung bedroht eine Reihe weiterer Eingriffe die natürlichen Bestände. Die rücksichtslose und unkontrollierte Jagd hat viele Tierarten, namentlich der Lemuren, Vögel und Schildkröten, weithin oder ganz ausgerottet. Eingeführte Pflanzen- und Tierarten brachten mit veränderten Konkurrenzbedingungen eine Störung des Gleichgewichtes. So schützen neu angepflanzte Mimosenwälder nicht nur das erosionsgefährdete Land, sondern sie breiten sich auch unerwünscht auf Kosten ursprünglicher Pflanzenbestände weiter aus. Die aus Amerika eingeschleppte Wasserhyazinthe *(Eichhornia crassipes)* blockiert heute viele Flüsse, Seen und Kanäle. Bei den Tieren hat die eingeführte Fischart Tilapia als Pflanzenfresser wohl einerseits die Invasion mancher Wasserpflanzen bekämpft, andererseits Schäden in den Reisfeldern verursacht und manchen Tieren wie den Enten, die keinen Schutz mehr finden, und Insekten die Lebensgrundlage entzogen. Die Einfuhr des Martinsvogels *(Acridoteres tristis)* verdrängte im östlichen Waldgebiet andere Vogelarten. Die Zerstörung der Opuntien im Süden durch die Koschenille-Schildlaus hat zwar einen nicht ursprünglichen Pflanzenbestand betroffen, zeigt aber besonders drastisch die verheerenden Wirkungen eines unkontrollierten Imports.

Nach der Erschließung größerer Flächen für einheitliche Kulturen haben sich Pflanzenschädlinge rasch ausgebreitet. Insektizide und Herbizide werden zwar bisher nur beschränkt angewendet, doch zeigte sich bereits, daß damit außer den Schädlingen auch deren natürliche Feinde vernichtet werden und häufig eine Resistenz der Schädlinge eintritt.

Allen diesen Eingriffen, die nicht nur seltene Tier- und Pflanzenarten bedrohen, sondern Böden, Wasserhaushalt und Klima verändern und damit auch die agrarwirtschaftlichen Grundlagen gefährden, stehen bisher nur bescheidene Maßnahmen gegenüber. Mit der mühsamen Aufforstung durch eingeführte Eukalypten-, Kiefern- und Mimosenarten werden zwar die Bodenerosion und der Holzmangel verringert, doch der natürliche Pflanzenbestand nicht ersetzt. Biologisch bleiben die wirtschaftlich wohl nützlichen Forstgebiete ein fremdes Element in der

Landschaft. Sie bieten der einheimischen Tierwelt keinen Lebensraum und wirken fast steril. Die Wiederbepflanzung gerodeten Landes mit einheimischen Arten hatte bisher nur geringe Erfolge.

So ist es eine ökologisch und ökonomisch vordringliche Aufgabe, Schutzgebiete in Madagaskar zu schaffen und zu erhalten. Namhafte Naturforscher, wie H. PERRIER DE LA BATHIE und H. HUMBERT, haben dies seit 1927 gefordert. Das Land besitzt heute 11 Reservate in verschiedenen Landesteilen mit einer Gesamtfläche von etwa 570 000 ha. Sorgfältig ausgewählt, repräsentieren sie die vielfältigen Ökotope der Insel. So dient z. B. das Reservat von Antsalova dem Schutz der Biotope auf dem Kalkplateau von Bemaraha im Westen, das von Andohahelo bei Fort-Dauphin zeigt den großartigen Vegetationswandel zwischen semiaridem Süden und humidem Osten. Das Reservat von Marojejy bei Andapa ist ebenfalls besonders wertvoll, weil es noch die unveränderte Höhenstufung des Regenwaldes zwischen 100 und 2100 m Höhe wiedergibt. Die Vegetation des Hochgebirges wird im Reservat des Tsaratanana-Massivs geschützt; leider haben die geodätischen Missionen um 1900 verheerende Brände verursacht und den Bewuchs der höchsten Gipfel für immer zerstört. Dem Schutz der obersten Vegetationsstufe dient noch das Reservat des Andringitramassivs im südlichen Hochland, wo zudem der Übergang zwischen den Pflanzenformationen des Ostens und Westens beobachtet werden kann. Neben den Reservaten wurden zwei Nationalparks im Isalomassiv und im Ambregebirge mit etwa 200 000 ha Fläche und 18 Sondergebiete mit 376 000 ha zum Schutz bestimmter Tier- und Pflanzenarten abgegrenzt. Mit Hilfe der Internationalen Naturschutzunion wurde schließlich das Reservat der Insel Mangabe in der Bucht von Antongil geschaffen, das insbesondere die Lemurenart Aye-Aye *(Daubentonia madagascariensis)* erhalten soll.

Mit insgesamt etwa 1,15 Mio ha unterliegen knapp 2 % der Landesfläche dem gesetzlichen Schutz, der die Nutzung und unkontrollierte Eingriffe verbietet. Doch ist dieser Schutz oft wenig wirksam und manche Reservate sind ernsthaft in ihrem Bestand bedroht. Von den umliegenden Siedlungen aus werden Teile der Schutzzonen weiterhin durch Buschfeuer, Weide und Jagd geschädigt. So wurde der Wald von Ankafarantsika im Nordwesten der Insel 1966 durch Brand zu drei Vierteln zerstört. Häufig richten Flüchtlinge, die sich in den Reservaten der Verfolgung und Bestrafung entziehen wollen, dort Schäden an. Ein wirkungsvoller Schutz läßt sich nur durch die Verbesserung der noch ganz unzureichenden Infrastruktur und verstärkte Bewachung der Reservate erreichen. Die kleine Zahl der schlecht bezahlten und oft ungenügend ausgebildeten Forstangestellten kann dieser Aufgabe nicht gerecht werden; für riesige, kaum durch Wege erschlossene Gebiete zuständig und meist ohne Verkehrsmittel, können diese Funktionäre eine nur flüchtige Kontrolle ausüben. Zudem sind sie dem Druck der Bevölkerung ausgesetzt, die dem Naturschutz aus wirtschaftlichen Interessen meist wenig Verständnis entgegenbringt.

Die Bedrohung der restlichen Naturbestände Madagaskars erfordert internationale Aufmerksamkeit und Hilfe. Die erste Tagung der I.U.C.N. (International union of conservation of nature) und des World Wildlife Fund wurde 1970 in Tananarive abgehalten. Sie beschloß eine Reihe von Empfehlungen, wonach wirtschaftliche Nutzung und Naturschutz besser koordiniert, die Schutzgebiete erweitert und wissenschaftlich erforscht werden sollen und internationale Hilfe zugesichert wurde. Diese Ziele sind jedoch nur mit einer verbesserten Zusammenarbeit der zuständigen Organisationen und verstärkter nationaler Initiative zu erreichen. Auch für die neue revolutionäre Regierung sollte der Naturschutz im Interesse des Landes eine Aufgabe von revolutionärer Bedeutung sein!

Die für die Zukunft geplanten neuen Schutzgebiete, z. B. in den bisher nicht berücksichtigten Küstenregionen oder auf den Korallenriffen, sind nur durch erheblichen finanziellen Einsatz zu erreichen. Zweifelhaft ist, ob die vorgeschlagene Erschließung der Reservate für den Fremdenverkehr dem Naturschutz dienlich ist.

Über die Pflege der Schutzgebiete hinaus bleibt das wichtigste Ziel, die natürliche Pflanzen- und Tierwelt auf der ganzen Insel zu erhalten. Sie läßt sich mit der Nutzung der Bestände, z. B. durch selektiven Einschlag in den Wäldern, der die rasche Regeneration ermöglicht, durchaus verbinden. Doch muß dazu eine integrale Landesplanung, die Land-, Forstwirtschaft und Naturschutz umfaßt und auf ökologischer Detailforschung beruht, entwickelt werden. Letzthin ist aber der Naturschutz in Madagaskar wie überall eine Frage der Volkserziehung. Dazu müssen die Schulen über informierte Lehrer und Anschauungsmaterial in madagassischer Sprache verfügen und der Öffentlichkeit klargemacht werden, daß Naturschutz in Madagaskar heute ein lebenswichtiges Problem von politischem Rang ist. Erst wenn dieses ökologische Bewußtsein Gemeingut geworden ist, kann gehofft werden, daß dem Land und der ganzen Menschheit eine der reichhaltigsten Naturlandschaften der Erde erhalten bleibt.

4. AGRARLANDSCHAFT UND AGRARGESELLSCHAFT

Madagaskar ist ein überwiegend bäuerliches Entwicklungsland. Etwa 85 % seiner Einwohner leben in Orten unter 5000 Einwohner, 80 % zählen zur bäuerlichen Bevölkerung und über 80 % des Exportwertes werden durch den primären Wirtschaftssektor bestritten. Die Agrargesellschaft ist noch die tragende wirtschaftliche Kraft des Landes, sie bestimmt Lebensform und Sozialstruktur des größten Teiles der Bevölkerung. Unter den Einflüssen der kolonialen und nachkolonialen Zeit bahnt sich ein tiefgreifender wirtschaftlicher und sozialer Umbruch an, der zu inneren Konflikten führt. Die gegenwärtige Regierung versucht, Tradition und Fortschritt zu verbinden und die Agrarwirtschaft als Basis der sozialistischen Gesellschaft zu fördern. Die städtische Gesellschaft ist hingegen ein Ergebnis junger Entwicklung, die erst einen kleinen Bruchteil der Bevölkerung erfaßt; die Industrie hat bis heute nur marginale Bedeutung. So kommt der Agrarlandschaft als sichtbarem Ausdruck der wirtschaftlichen und sozialen Struktur zentrale Bedeutung in der landeskundlichen Darstellung Madagaskars zu.

4.1. AGRARGESELLSCHAFT UND BESITZSTRUKTUR

Verwandtschaftliche Bindung und Wohngemeinschaft sind die Basis der madagassischen Agrargesellschaft. Familien, Sippen *(firazanana)* und Volksgruppen (Stämme im politischen und soziologischen Sinne), früher überregionale Zusammenschlüsse in Königreichen, sind die Stufen der traditionellen hierarchischen Gliederung. Während sich diese Bindungen durch den Einfluß von Markt- und Geldwirtschaft, durch die Verstädterung und die Emanzipation der jüngeren Generation gelockert haben, ist die Siedlungsgemeinschaft die Zelle der Agrargesellschaft geblieben. Sie umfaßt Einheimische gemeinsamer Abstammung und Zugewanderte in einer wirtschaftlichen und sozialen Interessengemeinschaft. Mit ihrem Beratungs- und Beschlußorgan *(fokonolona)* und ihrem Territorium *(fokontany)* bildet sie auch eine politische Grundeinheit.

4.1.1. Fokonolona

Der Fokonolona wird als die ›authentischste politische Institution der madagassischen Zivilisation‹ bezeichnet (Y. PRATS 1972). Die Kompetenz des Fokonolona ist weitreichend. Er vergibt die Nutzrechte im Gemeindeland an die Familien, regelt die Weidenutzung, organisiert Bewässerung und öffentliche Arbeiten wie Wege-, Kanal- und Deichbau oder gemeinsame Feldarbeiten, er sorgt für Nachbarschaftshilfe bei Alten und Kranken und für gegenseitige Unterstützung in den Spitzenzeiten der Feldarbeit. Zudem überwacht er die äußere und innere Sicherheit des Ortes und nimmt als Schlichtungsorgan bei Familien- und Landstreitigkeiten, als Urteilsgremium bei kleineren Vergehen (z. B. Diebstahl) Rechtsfunktionen der unteren Instanz wahr. Überörtliche Fragen können durch den *Dinampokonolona*, eine Föderation mehrerer Fokonolona, geregelt werden.

Die Institution des Fokonolona geht auf die Volksversammlungen zurück, die vielleicht schon im 14. Jh. unter den Sippenhäuptern tagten. Ursprünglich ein demokratisches Gremium gleichberechtigter Dorfgenossen, hat der Fokonolona oligarchischen Charakter angenommen, da die Meinung der Dorfältesten und landreichen Bauern ausschlaggebend ist. Die Beschlüsse werden einstimmig und nicht mit Majorität gefaßt, sie beruhen auf Überredung und auf Unterwerfung unter den Willen der maßgeblichen Schicht. Der moralische Zwang, sich unterzuordnen, hat seine religiöse Wurzel in der Verehrung der Ahnen und der älteren Generation. Tradition und Kontinuität der Sozialstruktur werden dadurch gesichert, Weiterentwicklung und Innovationen jedoch gehemmt.

Der Fokonolona hat in Madagaskar unterschiedliche Bedeutung. Im Merinareich war er als unterste Instanz fester Bestandteil der politischen Ordnung und Exekutivorgan für die königlichen Befehle. Unter König ANDRIANAMPOINIMERINA wurde er zur Stütze des Staates und bildete das Gegengewicht zu den Herrschaftsansprüchen des Adels. Ähnliche Institutionen entwickelten sich auch bei anderen Volksgruppen, die nach J. COMTE (1963) bei den Tsimihety stärker oligarchisch, bei den Sakalava monarchisch und im Hochland mehr demokratisch ausgerichtet waren. Dem Süden fehlte ein Dorfrat in dieser Form, doch wurden auch hier die anfallenden Probleme in der Dorfgemeinschaft besprochen. Im 19. Jh. suchten die Merina den Fokonolona in den eroberten Gebieten als Exekutivorgan ihrer Staatsmacht einzuführen und auszubauen.

Die Kolonialverwaltung knüpfte daran an und ließ durch den Fokonolona öffentliche Arbeiten, z. B. den Straßenbau, durchführen. Gegen diesen zwangsweisen Arbeitsdienst *(corvée)* erhob sich vor allem im Osten und im Süden Widerstand, da er weniger den eigenen Interessen als vielmehr der Kolonialmacht diente.

Da sich die traditionellen Bindungen in der Agrargesellschaft heute lockern, verliert der Fokonolona an Einfluß, namentlich in Stadtnähe und in größeren Orten. Die gegenwärtige Regierung sucht ihn jedoch als politische Basis zu erhalten und zu erneuern. Als Bindeglied zur Masse der Bevölkerung soll er einerseits die politische Meinungsbildung fördern, andererseits die Verordnungen des Staates, für diesen personal- und kostensparend, durchführen.

Die Gegensätze zwischen den Interessen der Dorfgemeinschaft und den Ansprüchen bzw. Interventionsabsichten des Staates sind aber bis heute nicht überwunden. Dies zeigte sich insbesondere während des ersten nachkolonialen Regi-

mes von Tsiranana, das die französische Verwaltungsgliederung und damit die
Kompetenzüberschneidungen und Reibungen zwischen den unteren staatlichen
Exekutivorganen (Chef de village, chef de commune) und den Dorfgemeinschaften übernahm. Der sozialistische Staat strebt deshalb an, diese Gemeinschaften
zur ausschließlichen Basis der Verwaltung zu machen. Doch muß dabei das Mißtrauen gegen die Vormundschaft des Staates überwunden und andererseits die
Agrargesellschaft demokratisiert werden. Wieweit sich Demokratie und Sozialisierung hier verbinden lassen, bleibt noch offen.

4.1.2. Bodenrecht

In der Entwicklung des Bodenrechts verknüpfen sich gleichfalls traditionelle
Formen mit Innovationen durch die zentrale Staatsmacht. In der vorkolonialen
Epoche war das kollektive Grundeigentum der Sippe bzw. Dorfgemeinschaft die
beherrschende Rechtsform. Das Kollektivland wurde gemeinsam bewirtschaftet
oder an die Teilsippen bzw. Familien zur Nutzung vergeben, die aber kein indivi-
duelles Eigentumsrecht begründete. Die Führer der Volksgruppen, namentlich
die Herrscher der Königreiche seit dem 18. Jh., verfügten jedoch über ausgedehnte, meist der Weide dienende eigene Ländereien. Mit der Ausbildung des Staates
der Merina unter König ANDRIANAMPOINIMERINA wurde das gesamte Territorium zum Staatseigentum erklärt, dessen Vergabe sich der König vorbehielt. Um
1800 teilte er jedem der sechs Merinastämme einen Abschnitt der Ebene von Tananarive zu, wobei die einzelne Familie 0,75 ha *(hetra)* zur dauernden Nutzung
für den Reisanbau erhielt.

Erst in der Kolonialzeit wurde das Privateigentum rechtlich festgelegt; als Muster diente der *Code civil français* mit dem Grundsatz von der Freiheit des
Eigentums und des Individuums. Schon in vorkolonialer Zeit strebten die Nutznießer das Privateigentum an, insbesondere für den Reisanbau und für ortsnahe
Grundstücke. Nicht nur die Herrscher besaßen eigenes Land; auch der Adel und
die Funktionäre der Merina in den eroberten Gebieten konnten dauernde Lehen
erhalten. Selbst im Rahmen des Kollektiveigentums wurde Land, soweit es zu
zeitlich unbeschränkter und vererbbarer Nutzung ausgegeben war, praktisch zu
privatem Eigentum. Die Übergänge in den traditionellen Rechtsformen zeigen die
beiden Besitzgruppen des *Lova*- und *Fila*landes, die im Gebiet von Morondava
untersucht wurden. Lovaland ist Eigentum der Sippe; es kann vom Nutznießer
vererbt, aber nicht geteilt und veräußert werden. Filaland wurde hingegen individuell durch Rodung, Kauf oder Schenkung gewonnen und darf geteilt und verkauft werden, d. h. es ist de facto frei verfügbares Privateigentum ohne Besitz-
anspruch der Gemeinschaft.

Die Kolonialmacht war gleich nach der Besetzung von 1896 bestrebt, klare
Rechtsnormen zu schaffen. Dabei mußte zwischen Staats-, Kollektiv- und Privat-

eigentum unterschieden werden, doch stieß die Definition in der Praxis infolge der Unklarheit von Besitz- und Nutzungsverhältnissen oft auf Schwierigkeiten.

Im Merinareich (Code der 305 Artikel 1881) gehörte der Boden grundsätzlich dem Staat; die bestehende Nutzung durch die Bevölkerung wurde dabei anerkannt. Mit der Kolonialisierung ging das Land in das Eigentum des französischen Staates über (Loi sur la propriété foncière 1896); er verfügte frei über alle noch nicht besetzten Flächen. Die traditionellen Nutzungsrechte wurden weiterhin anerkannt, doch konnte dafür der Nachweis der vorkolonialen Nutzung durch Zeugenaussagen gefordert werden. Dieser Nachweis war allerdings oft nicht zu erbringen. In der Praxis wurde deshalb für die Anerkennung lediglich die effektive Nutzung vorausgesetzt, deren Dauer (theoretisch wurden 30 Jahre gefordert) allerdings kaum zu ermitteln war.

Die Kolonialmacht suchte über die pauschale Anerkennung hinaus rechtlich fixierte Besitztitel zu schaffen und dabei das Privateigentum zu fördern. Dafür wurden 1898 der *Service de domaines* und der *Service topographique* eingeführt. Die rechtliche Grundlage war der *Décret foncier* von 1911; er orientierte sich am *Torrens Act* von Australien, dessen Grundsatz die Individualisierung des Bodens war.

Vorrang hatte zunächst die Landvergabe an französische Kolonisten und Kapitalgesellschaften. Aus Staatsland wurden sogen. *Concessions* verliehen. Nutznießer waren außer den Franzosen auch Auswanderer von der Insel Réunion oder griechische und indische Händler, die nach Kapitalanlage suchten. Bis zu einer Fläche von 100 ha erfolgte die Verleihung kostenlos. Nach mehreren Jahren ordnungsgemäßer Bewirtschaftung konnte das Land endgültig Eigentum werden, wobei vorausgesetzt wurde, daß der Inhaber in Madagaskar ansässig war. Die auf Konzessionsland entstehenden Plantagen und Farmen waren die Grundlage der kolonialen Exportwirtschaft.

Daneben aber führten diese Verleihungen auch zu Mißbräuchen. Ausgedehnte Flächen wurden nur zur Spekulation erworben oder blieben teilweise brach liegen, ältere Nutzungsansprüche der Einheimischen wurden übersehen oder mißachtet. Als Instrument der Kolonialmacht waren die Konzessionen ein Fremdkörper neben dem traditionellen Besitzgefüge. Doch blieb der Umfang der ausländischen Kolonisation auf unter 1,5 Mio ha Gesamtfläche beschränkt; er war auf die dünner besiedelten Gebiete, vorwiegend im Westen und Osten, konzentriert. Die unvollständige Bewirtschaftung vieler Konzessionen bewog die Kolonialverwaltung, seit 1926 die kleinflächige Nutzung (bis zu 10 ha) auf diesen Flächen durch Einheimische zuzulassen.

Auch die einheimische Bevölkerung konnte Privateigentum erwerben und rechtlich festlegen lassen. Schon seit 1896 wurden definitive Besitztitel mit Eintrag in das Grundbuch *(Immatrikulation)* für nachweislich genutzte Parzellen auf Antrag verliehen. Aber erst 1929 entstand mit dem *Cadastre indigène* dafür eine eigene Einrichtung. Die Grundstücke wurden registriert, vermessen und — wenn die mehrjährige effektive Nutzung erwiesen war — als Privateigentum immatrikuliert. Die lange Dauer und die hohen Kosten des Verfahrens, aber auch die Überschneidung mit den traditionellen Eigentumsansprüchen der Sippen- und Dorfgemeinschaften bewirkten jedoch, daß von der Immatrikulation nur beschränkt Gebrauch gemacht wurde. Immerhin erfaßte die Katasteraufnahme, die auch ohne Immatrikulation erfolgen konnte, bis zum Ende der Kolonialzeit etwa 2 Mio ha. Die hierbei entstandenen Flurkarten großen Maßstabs sind für größere geschlossene Bereiche des Merina- und Betsileogebietes eine wertvolle Quelle der Siedlungsgeographie.

Das Kollektiveigentum der Sippen- und Dorfgemeinschaften war, wie die individuelle Nutzung, zunächst pauschal anerkannt worden. 1926 suchte man mit den ›Eingeborenenreservaten‹ *(Réserves indigènes)* dafür eine eigene Rechtsgrundlage zu schaffen. In den Reservaten konnten Ausländer keine Besitzrechte erwerben. Die Nutzung wurde auf die Mitglieder des Kollektivs beschränkt; die Zuteilung an die Familien erfolgte über die örtlichen Fokonolona, soweit das Land nicht gemeinsam genutzt wurde. Privateigentum konnte durch die Einheimischen auch hier erworben werden.

Eigene Rechtsverhältnisse hatten schließlich die Gebiete, die durch den Staat planmäßig neu erschlossen und in Wert gesetzt werden sollten *(Périmètres de colonisation)*. Hier konnten einheimische und ausländische Kolonisten angesiedelt werden und Eigentumsrecht erwerben, waren jedoch in der Nutzung an die Pläne der Verwaltung gebunden und konnten umgesiedelt oder mit Entschädigung enteignet werden. Derartige Kolonisationsgebiete entstanden z. B. am Alaotrasee oder am Betsibokaunterlauf bei Marovoay.

Mit diesen Maßnahmen suchte die Kolonialverwaltung eine größere Rechtssicherheit zu erzielen, wobei mit Vorrang die kolonialen Interessen gewahrt und das individuelle Eigentum verankert werden sollten. Doch konnten nur Teile des großen Landes erfaßt werden; in weiten Gebieten blieben die gewohnheitsrechtlichen Formen des Grundbesitzes maßgeblich. Das Neben- und Gegeneinander von traditionellen und modernen Grundrechten wurde nicht überwunden. Davon waren vor allem die Dorfgemeinschaften betroffen, deren Kollektiveigentum zunehmend durch individuellen Grundbesitz reduziert wurde; damit lockerten sich auch die sozialen Bindungen zwischen den Mitgliedern. Durch den Übergang von der Subsistenz- zur Marktwirtschaft ist der Wert des Bodens und damit das Streben nach Privateigentum erheblich gestiegen.

Die unabhängige Regierung hatte sich mit diesen schwierigen Rechtsverhältnissen auseinanderzusetzen, wobei nunmehr die einheimischen Interessen in den Vordergrund rückten. Der madagassische Staat wurde Eigentümer aller ungenutzten Gebiete; genutzte Flächen können im öffentlichen Interesse enteignet werden. Bestehende Rechte bleiben anerkannt, die Immatrikulation ist nach zehnjähriger Nutzung weiterhin möglich, jedoch nicht obligatorisch. Die Katasteraufnahme hat aus Mangel an Mitteln nur wenig Fortschritte gemacht. Ausländischer Besitz blieb zunächst unangetastet, doch wurde der Grunderwerb auf den Konzessionen für die Einheimischen erleichtert, begünstigt durch den Abzug vieler europäischer Eigentümer. Die *Réserves indigènes* wurden in sogen. *Dotations foncières* überführt, in denen die Nutzung weiterhin den Kollektivmitgliedern vorbehalten bleibt; individuelle Besitztitel können auch hier erworben werden.

Die Regierung strebt heute die allgemeine Sozialisierung des Bodens an, die wieder an das traditionelle Gemeineigentum anzuknüpfen sucht. Privates einheimisches Eigentum wird vorläufig nicht angetastet, soweit es effektiv genutzt wird und keiner Spekulation dient. Auf lange Sicht ist aber eine Kollektivierung in

Produktionsgenossenschaften und die Verstaatlichung aller ausländischen Pflanzungen vorgesehen.

4.1.3. Vererbung

Mit der Individualisierung des Bodens gewann die Form der Vererbung an Bedeutung. Gefördert durch das französische Recht, herrscht bis heute die Realerbteilung in allen Teilen der Insel vor. Sie erstreckt sich insbesondere auf die Reisfelder und die ortsnahen, dauernd und intensiv bewirtschafteten Parzellen. In den ortsfernen, vorwiegend als Weide genutzten Gemarkungsteilen wird hingegen der Eigentumsanspruch der Gemeinschaft bis heute respektiert.

Die gleichmäßige Aufteilung des Eigentums bzw. der Nutzungsrechte an alle Nachkommen ist im Einklang mit dem kodifizierten Recht weithin üblich. Doch bestehen daneben zahlreiche gewohnheitsrechtliche regionale Abweichungen. Häufig werden die Söhne als künftige Familienoberhäupter bevorzugt, während die Töchter einen geringeren Landanteil oder nur Hausgerät erben. Zuweilen erhält der älteste Sohn einen größeren Anteil, weil er später als Haupt der Großfamilie oder Sippe eine erhöhte Stellung einnimmt. Emigranten werden mit geringeren Anteilen abgefunden, weil die am Ort Verbliebenen vermehrte Lasten, z. B. für Feste oder für die Pflege des Familiengrabes, zu tragen haben.

Soweit nicht Neuland erschlossen werden kann, muß die Parzellenzahl geteilt oder das einzelne Grundstück unterteilt werden. So wächst die Zahl der Kleinbetriebe und die Flurzersplitterung nimmt zu, vornehmlich in den dicht besiedelten Gebieten, die unter Landmangel leiden. In der Umgebung von Tananarive hat dies zu der minimalen Größe vieler Reisfelder von wenigen Ar geführt, an denen zudem oft mehrere Geschwister in Erbengemeinschaft Anteil haben. Bei einheitlicher Nutzung wird der Ernteertrag geteilt, bei Baumkulturen nach der Baumzahl. In Gebieten vorwiegender Viehhaltung wie bei den Bara und Sakalava hat die Teilung des Viehbestandes Vorrang.

4.1.4. Besitzverteilung

Die *räumliche* Besitzverteilung in der bäuerlichen Gemarkung spiegelt diese komplizierten Rechtsverhältnisse wider (Abb. 10). Obwohl zahllose Variationen bestehen, ist doch als Regel eine Differenzierung zwischen den ortsnahen und peripheren Teilen zu beobachten. Die bewässerten Reisfelder, Grundlage der Ernährung in den meisten Teilen der Insel, und die ortsnahen Gärten, Baum- und Strauchkulturen, die z. T. der Vermarktung dienen, werden dauernd und arbeitsintensiv bewirtschaftet; die Individualisierung des Grundbesitzes ist hier am stärksten ausgeprägt. Die Familien entscheiden meist frei über Vererbung, Verpachtung und sogar Verkauf der Parzellen. Dies trifft auch für die mit Regenfeldbau

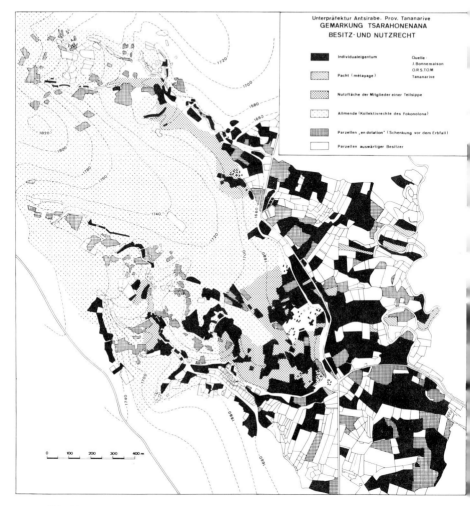

Abb. 10.

genutzten Kolluvialböden am unteren Teil der Hänge oder das Überschwemmungsland (Baiboho) am Rande der Flüsse zu.

Die peripheren Teile der Gemarkungen werden hingegen extensiv und oft nur
temporär bewirtschaftet. Die Weidenutzung herrscht vor, die weitgestreuten Parzellen ändern durch Landwechselwirtschaft häufig ihre Lage. Das Kollektiveigentum überwiegt, wobei zwischen dem Land der ortsansässigen Sippen und der
Dorfgemeinschaft zu unterscheiden ist. Das Sippenland liegt ortsnäher und ist in
die Bereiche der einzelnen Sippen aufgeteilt, auf denen die zugehörigen Familien

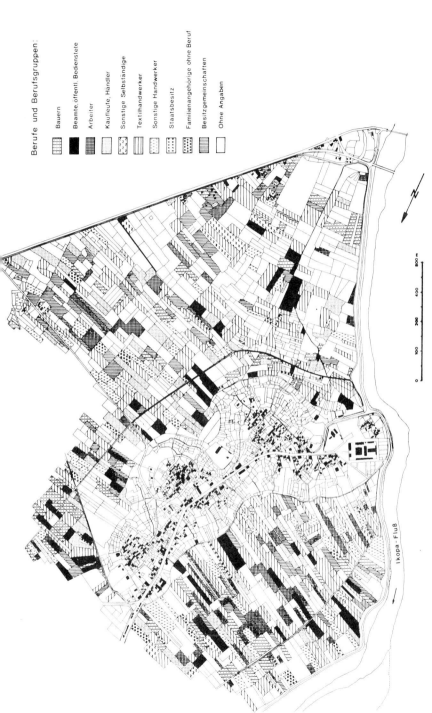

Berufe und Berufsgruppen:

▦	Bauern
■	Beamte, öffentl. Bedienstete
▦	Arbeiter
▦	Kaufleute, Händler
▨	Sonstige Selbständige
▥	Textilhandwerker
▨	Sonstige Handwerker
▦	Staatsbesitz
⠿	Familienangehörige ohne Beruf
▦	Besitzgemeinschaften
□	Ohne Angaben

Ikopa - Fluß

0   100   200   400   800 m

Abb. 11: Anosipatrana bei Tananarive (Gemarkungsteil); Berufsstruktur der Parzelleninhaber
(Quelle: Service du Cadastre Tananarive; Entw.: W. D. Sick; Zeichn.: J. Seifert, V. Binder).

Nutzrecht haben. Die Allmende der Dorfgemeinschaft im Außenteil der Gemarkung dient der gemeinsamen Weide, der Holz- und Neulandgewinnung. Wenn der Fokonolona zustimmt, kann hier Land auch individuell erschlossen werden.

Durch Vererbung und Einheirat, Kauf und Tausch entsteht in den dichtbevölkerten Gebieten oft eine starke *Besitzverzahnung* zwischen den Gemarkungen mit vielen Ausmärkern. Auswanderung und Neulanderschließung können zu Besitzanteilen in zwei Gemarkungen führen; so befinden sich in der Gemarkung Tsarahonenana bei Antsirabe noch 50 % der Felder im Besitz von Bauern, die in das Ankaratragebirge ausgewandert sind und dort neues Land gewonnen haben.

Soziologische und ethnische Faktoren können die Besitzverteilung zusätzlich differenzieren. Als die Sklaverei 1896 aufgehoben wurde, verschoben sich die Besitzverhältnisse zwischen den *Kasten*. Die Sklaven *(andevo)* waren vordem meist landlose Arbeiter, die auf den Betrieben des Adels *(andriana)* und der Freien *(hova)* Dienste leisteten. Nach der Befreiung haben sie als aufstrebende Schicht Parzellen gekauft, die heute eng mit denen der anderen Kasten vermengt sind.

Die großen Wanderbewegungen seit dem 19. Jh. (s. S.132) vermischten den Grundbesitz verschiedener *Volksgruppen* in den Zielgebieten, besonders im Westen an den Unterläufen der großen Flüsse. So verzahnen sich im Deltagebiet von Morondava die Parzellen der eingewanderten Betsileo, Merina, Antaisaka, Bara und Antandroy mit denen der einheimischen Sakalava, die ihr Land verpachteten oder verkauften und heute in der Minderheit sind. Die Wohnorte der Volksgruppen liegen hingegen häufig voneinander getrennt.

Während abseits der zentralen Orte die Vollerwerbsbauern neben wenigen Handwerkern und Händlern den größten Teil der Grundbesitzer stellen, hat sich im Umkreis größerer Städte eine *berufliche Mischung* entwickelt. Namentlich um Tananarive sind durch den Neben- und Zuerwerb in den städtischen Dienstleistungen und Industrien Arbeiterbauern häufig, die in die Hauptstadt auspendeln. In der Talniederung um Tananarive bestritten 1969 nur 45 % der Haushalte ihren Lebensunterhalt voll aus der Landwirtschaft, 21 % aus zusätzlichem Nebenerwerb und 34 % ganz aus nichtlandwirtschaftlicher Tätigkeit. Die Kartierung der großstadtnahen Gemarkung Anosipatrana (Abb. 11) durch den Verf. ergab, daß hier schon vor dem Zweiten Weltkrieg auf die Vollerwerbsbetriebe sogar nur ein Achtel der Grundbesitzer und der Parzellen entfiel. Im übrigen waren achtzig verschiedene Berufszweige vertreten, darunter vor allem Handwerker, Kaufleute, Angestellte und Hauspersonal, bei denen die Lohnarbeit in der Hauptstadt den Reisanbau auf kleinen Parzellen ergänzte.

4.1.5. Besitzformen

Die Untersuchung der Besitzformen zeigt, daß der weitaus größte Teil der Agrarbetriebe Madagaskars *direkt*, d. h. durch den Eigentümer selbst bewirtschaftet wird. Mit der zunehmenden Individualisierung und Mobilisierung des Grundbesitzes haben sich daneben Formen der *indirekten* Bewirtschaftung durch Pacht oder Leihe ausgebreitet. Nach Stichproben wurden 1961/62 91 % der Betriebe direkt, 5 % indirekt und 4 % gemischt genutzt. Die westlichen Provinzen Majunga und Tuléar weisen die höchsten Werte der indirekten Nutzung auf (11 bzw. 8 %), da dort Immigranten als Pächter häufiger sind als im Osten.

Die kostenlose *Verleihung* von Parzellen findet zwischen Freunden und Verwandten statt; häufig überlassen auch Emigranten ihr Land den am Ort Verbliebenen zur freien Weiterbewirtschaftung. Selten wird zu einem festen Geldzins verpachtet, da man bei den häufig unsicheren und niedrigen Ernteerträgen nicht über genügend Bargeld verfügt.

Hingegen ist die *Naturalpacht (Métayage)* mit Abgabe eines Teiles der Ernte noch weit verbreitet. Sie findet sich häufig bei kleinbäuerlichen Betrieben, die bestrebt oder gezwungen sind, ihre Nutzfläche durch Zupacht zu erweitern, und im Umland der Städte, wo landbesitzende Stadtbewohner ihr Eigentum verpachten. In den Einwanderungsgebieten pachten viele Einwanderer zunächst Nutzflächen, bis sie Eigentum erwerben können.

Bevorzugt werden Reisfelder und Parzellen für marktfähige Kulturen (z. B. Kaperbsen oder Tabak) gepachtet, weniger hingegen ortsferne Flächen, die im Regenfeldbau bewirtschaftet werden und nur der Selbstversorgung dienen, oder Weiden.

Die Höhe der Ernteabgabe ist unterschiedlich. Meistens wird ein Viertel des Ernteertrages an den Verpächter abgeführt, doch erhält der Pächter, wenn er Neuland erschließt, während einiger Jahre den gesamten Ertrag. Die Abgabe kann aber auf ein Drittel oder die Hälfte der Ernte ansteigen, wenn der Grundherr neben dem Land auch Saatgut, Vieh für die Feldarbeit und Wasser für die Bewässerung stellt, und bei Exportkulturen sogar zwei Drittel des Ertrages erreichen. Die Métayage dauert meist nur wenige Jahre, sie kann aber auch durch den Pächter weitervererbt werden. Die Unterverpachtung ist, obwohl offiziell verboten, noch häufig und belastet den Unterpächter durch vermehrte Abgaben stark. Viele Bauern sind gleichzeitig Pächter und Verpächter, so daß sich in manchen Gemarkungen direkt und indirekt bewirtschaftete Flächen eng verzahnen.

Zweifellos bietet die Métayage Vorteile, da das Risiko zwischen Pächter und Verpächter bei den häufig schwankenden Erträgen und Preisen geteilt wird und landarme Bauern ihre Nutzfläche vergrößern bzw. der Marktlage anpassen können. Andererseits sind die schwerwiegenden Nachteile nicht zu übersehen, da die Flächen bei kurzfristiger Pacht oft im Raubbau bewirtschaftet werden, die Pächter durch hohe Abgaben verschulden und in dauernde Abhängigkeit vom Grundherrn geraten.

Tab. 1: *Verteilung der landwirtschaftlichen Betriebe nach Größe und Fläche*
(n. Enquête agricole 1961/62; Tananarive 1966)

Betriebs-größen (in Ar)	Gesamtzahl der Betriebe: 882 000							Fläche gesamt: 917 000 ha
	Anteil an der Gesamtzahl der Betriebe (in %)							Anteil an der Gesamtfläche aller Betriebe (in %)
	Provinzen						Madagaskar	
	Tananarive	Fianarantsoa	Tamatave	Majunga	Tuléar	Diégo-Suarez		
unter 50	44,1	37,0	24,3	24,5	40,2	18,7	34,0	9,5
50— 99	29,8	35,5	25,7	28,4	29,4	18,5	29,5	20,5
100—149	10,1	15,5	21,4	17,9	17,1	21,4	16,2	19,0
150—199	8,9	6,5	12,5	11,8	5,7	7,7	8,6	14,3
200—249	3,1	2,7	3,8	8,8	2,7	12,5	4,5	9,5
250—299	1,3	1,6	2,5	2,1	2,3	7,9	2,4	6,2
300—249	1,3	0,1	2,2	2,9	1,1	4,8	1,6	5,0
350—399	—	0,6	2,1	1,0	0,6	1,7	0,9	3,1
400—449	0,7	0,1	2,1	1,5	0,7	3,1	1,1	4,4
450—499	0,1	0,1	0,8	—	—	0,7	0,2	1,1
über 499	0,6	0,3	2,6	1,1	0,2	3,0	1,0	7,4

Tab.1 (Forts.): Durchschnittliche Größe der Betriebe (in Ar)

nach Provinzen		nach Volksgruppen	
Tananarive	85	Merina	90
Tamatave	138	Betsimisaraka	125
Fianarantsoa	82	Betsileo	103
		Antaisaka	74
Tuléar	86	Antandroy	69
Majunga	122	Sakalava	131
		Tsimihety	147
Diégo-Suarez	167		
		Andere	97

Madagaskar: 104

Eine Verordnung von 1962 suchte den Mißbrauch der Métayage zu verhindern, indem sie die Abgaben allgemein auf ein Viertel der Ernte beschränkte. Zudem wurde der Verpächter verpflichtet, in Notfällen Vorschüsse an Saatgut und Reis zu leisten und Investitionen des Pächters zu entschädigen. Der Pächter erhält das Vorkaufsrecht für das Pachtland, wenn er es ordnungsgemäß bewirtschaftet hat und nicht unterverpachtet. Mit diesen Vorschriften soll eine größere Unabhängigkeit und Eigeninitiative der Pächter erreicht werden. Die Vorschriften werden jedoch weithin noch nicht beachtet und erfassen zudem nur einen kleinen Teil der Betriebe, da sie auf solche mit über 3 ha Fläche beschränkt sind. Es ist fraglich, ob es der sozialistischen Regierung gelingen wird, die Métayage als ›Instrument des bürgerlichen Rentenkapitalismus‹ ganz zu beseitigen.

4.1.6. Betriebsgrößen

Die Ermittlung der Betriebsgrößen stößt bei der hohen Zahl der landwirtschaftlichen Betriebe Madagaskars und ihrer oft unsicheren Abgrenzung auf erhebliche Schwierigkeiten. Die Ergebnisse der *Enquête agricole* von 1961/62 beruhen auf der Hochrechnung von Stichproben, die in 1000 Siedlungen 2474 Betriebe, d. h. nur 0,3 % der geschätzten Gesamtzahl (882 000) erfaßten. Immerhin wurden damit interpretierbare Größenordnungen gewonnen (Tab. 1), wenn auch die Angaben über die Betriebsflächen wohl unvollständig sind und sich auf die intensiv kultivierten Parzellen beschränken.

Der sehr geringe Durchschnittswert von 104 a (unter Ausschluß der meist kollektiv genutzten Weide- und Waldgebiete) zeigt die weit überwiegend kleinbäuerliche Struktur Madagaskars. 88,3 % der ermittelten Betriebe sind kleiner als 2 ha; sie umfassen 63,3 % der Gesamtfläche. Auf die Größenklasse über 5 Hektar entfallen hingegen nur 1% der Betriebe und 7,4% der Fläche. Die Zählung erstreckte sich hierbei nicht auf die meist größeren und von Ausländern betriebenen Konzessionsbetriebe. Die Unterschiede zwischen den Landesteilen sind nicht unerheblich. Am stärksten ist das Kleinbauerntum in den Provinzen Tananarive und Fianarantsoa ausgebildet; hier bleibt die Durchschnittsgröße der Betriebe unter 1 ha, sind Kleinstbetriebe unter 50 a am häufigsten und Größen über 5 ha sehr selten. Zu beiden Provinzen gehören die dichtbevölkerten Becken und Täler des zentralen Hochlandes, zu Fianarantsoa auch der am stärksten besiedelte Teil des Küstenvorlandes. Landmangel und Emigration sind in diesen Gebieten häufig. Die kleinbäuerliche Struktur der Südprovinz Tuléar ist hingegen mit der geringen Ausdehnung des Feldbaus, insbesondere des Naßreisanbaus im Trockenklima, zu erklären; die großflächigen extensiven Weidegebiete dieser Provinz wurden nicht mitberechnet. Die übrigen Randprovinzen sind im Vergleich zu den Hochlandprovinzen weniger dicht besiedelt und verfügen noch über größere Landreserven. Die mittlere Betriebsgröße übersteigt deshalb hier 1 ha beträchtlich und die Betriebe über 5 ha sind mit 1,1—3,0 % der Gesamtzahl relativ stark vertreten.

Die Aufgliederung der Betriebsgrößen nach Volksgruppen bestätigt die Ergebnisse der zugehörigen Provinzen. Der sehr niedrige Mittelwert bei den Antandroy (Prov. Tuléar) spiegelt den geringen Umfang des Feldbaus gegenüber der Viehhaltung wider. Auch bei den Merina, Betsileo und Antaisaka liegt der Mittelwert unter dem Landesdurchschnitt; die Wohngebiete dieser Volksgruppen sind die dichtest besiedelten Teile des Landes (Prov. Tananarive und Fianarantsoa). Die Betriebe der Sakalava und Tsimihety in den dünn bevölkerten Nordwestprovinzen Majunga und Diégo-Suarez sind demgegenüber im Durchschnitt wesentlich größer.

Die statistisch bisher nur grob erfaßten Unterschiede der Betriebsgrößen zwischen den Landesteilen und Volksgruppen bleiben überall im Rahmen des Kleinbauerntums. Diese kleinbäuerliche Agrargesellschaft ist jedoch keine Einheit, sondern weist zahlreiche innere Spannungen auf, die teils traditionelle Wurzeln haben, teils durch die moderne Entwicklung verursacht werden. Die soziale Schichtung beruht auf den Unterschieden der Besitzgrößen, dem Gegensatz zwischen Eigentümern, Pächtern und Landarbeitern, aber auch auf den Nachwirkungen der Kastengliederung und auf dem Machtanspruch der älteren gegenüber der aufstrebenden jüngeren Generation. Das Vordringen des Individualeigentums gegenüber dem Kollektiveigentum ist ebenfalls Ursache dieser inneren Spannungen. Dazu kommen mit der steigenden Mobilität der Bevölkerung die Gegensätze zwischen den Einwanderern und den ursprünglichen Bewohnern. Schließlich bringt der Einfluß der Städte auf ihr Umland und insbesondere die vordringende Geld- und Marktwirtschaft neue Probleme mit sich. Diese Faktoren, kennzeichnend für die Agrargesellschaft im Übergang, sind noch gesondert zu behandeln (s. S. 165). Sie werden erst aus den Siedlungs- und Nutzungsstrukturen voll verständlich, die in den folgenden Abschnitten zu untersuchen sind.

4.2. DIE TRADITIONELLEN LÄNDLICHEN SIEDLUNGEN

4.2.1. Lage und Verteilung

In ihrer Lage und Verteilung passen sich die ländlichen Siedlungen Madagaskars eng den naturräumlichen Grundlagen an (Abb. 12). Im Hochland konzentrieren sie sich in den Becken und breiteren Tälern. Die Niederungen um Tananarive, Antsirabe, Fianarantsoa und am Alaotrasee sind dafür anschauliche Beispiele. Bevorzugte Lagen sind die unteren Terrassen am Rande der Becken und Täler, wo die Orte vor Überschwemmungen geschützt und doch nahe bei den Reisfeldern liegen. Um Tananarive wagen sich die Siedlungen auf Deichen und Wurten oder natürlichen Kuppen in die Niederungen vor. Häufig wird auch der untere Teil der Hänge aufgesucht, wo die Nutzung der ertragreichen Kolluvialböden mit dem Reisanbau in den Alluvialauen verknüpft werden kann. Im höheren Teil der Hänge bevorzugt man die Quellnischen oder die Riedel zwischen den oft tief erodierten Taleinschnitten. Abseits der Becken und Täler lockert sich das Siedlungsbild auf, doch liegen noch viele Orte verstreut auf den Kuppen und Rücken des Grundgebirges, wo sie früher Schutz vor Überfällen fanden. Sehr dünn bewohnt sind die weiten Einebnungsflächen der Tampoketsa mit ihren ertragsarmen Ferrallitböden abseits der siedlungsleitenden Täler. Auch die höheren Gebirgsmassive sind siedlungsarm, sinkt doch die Anbaugrenze von 2100 m im Norden der Insel auf 1500 m im Süden ab; größere Höhen sind nur extensiv mit Weiden nutzbar. Immerhin erreichen im Ankaratragebirge die höchsten Orte noch etwa 2300 m. Die peripher gelegenen, regenreichen und bewaldeten Massive von Tsaratanana und Andingitra sind hingegen fast siedlungsleer. In den Gebieten des jungen Vulkanismus um den Itasysee und westlich von Antsirabe verdichten sich die Orte infolge der ertragreichen Böden.

Nach Osten bildet der Regenwald, obwohl durch Rodungen aufgelockert, noch immer die deutliche Siedlungsgrenze des Hochlandes. Am Gebirgsabfall zum Küstenvorland ist der Wald nur von wenigen Rodungsinseln durchsetzt; Bänder mit geringer Siedlungsverdichtung beschränken sich auf die flacheren nordsüdlichen Talabschnitte. Unterhalb von 500 m Höhe nimmt jedoch die Zahl der Orte am Übergang zum Küstenvorland wieder rasch zu. An den Unterläufen der vom Bergland kommenden Flüsse, die als Siedlungsleitlinien dienten, ist die Ortsdichte ähnlich groß wie in den Tälern des Hochlandes. Bevorzugt werden auch hier die überschwemmungsfreien Terrassen aufgesucht. Im südlichen Küstenvorland liegen viele Orte auf den niedrigen Rücken und Hügeln zwischen den Tälern, umgeben von Gärten, Baumkulturen und unbewässerten Feldern, nicht weit entfernt von den Reisfeldern der Talauen. An der Küste konzentrieren sich die Siedlungen am Austritt der größeren Flüsse. Auf den Nehrungsstreifen reihen sie sich in großen Abständen.

Der Übergang vom zentralen Hochland zu den Randgebieten im Westen ist in

MADAGASKAR

Ortsformen, Ortsdichte

(nach Auswertung der
Carte de Madagascar 1:100 000)

0   50   100   150 200 km

Provinzhauptstädte

Andere zentrale Orte

Häufige Verbreitung von:

≡ Großdörfer

||| Kleindörfer, Weiler

▒ Streu- und Einzelsiedlungen

/ Grenzen der Verbreitungsbereiche

– – Grenze nicht eindeutig festlegbar

Verbreitungsbereiche:

I a   Nördl. zentrales Hochland

I b   Südl. zentrales Hochland

II a   Östl. Küstenvorland

II b   Regenwaldgebiet

II c   Nördl. Küstenvorland

III a   Nordwestabdachung

III b   Isolierte Hochlandbecken

III c   Westabdachung

III d   Westl. Flußniederungen

IV a   Südwestl. Trockengebiet

IV b   Mittl. Süden

IV c   Südostabdachung

Abb. 12.

der Siedlungsdichte wie im Relief fließender als nach Osten. Die Zahl der Orte nimmt weniger rasch ab als am Rand des Regenwaldes, wird aber am westlichen Saum des Grundgebirges ebenfalls sehr gering. Selbst die Täler bieten, tief in die Verebnungsflächen eingeschnitten, hier wenig Ansatzpunkte. Die Siedlungsarmut des mittleren Westens rührt aber auch daher, daß er als umstrittener Grenzsaum zwischen den Sakalava einerseits, den Merina und Betsileo andererseits bis in das 19. Jh. gemieden wurde.

Erst im Schichtstufenland nehmen die Siedlungen wieder zu, jedoch mit großen regionalen Unterschieden. Deutlich hebt sich die breite Subsequenz- und Ausraumzone zwischen Grundgebirge und Stufenland als Band der Verdichtung, besonders längs der Flüsse, heraus. Die Flächen des Stufenlandes sind hingegen siedlungsarm, die verkarsteten Kalkplateaus ganz unbewohnt. Auch in den flußarmen Subsequenz- und engen Durchbruchstälern entstanden nur wenige Orte. In Küstennähe verdichtet sich das Siedlungsbild unvermittelt. An den Unterläufen und in den Deltas der Ströme Mahavavy (Nord), Betsiboka, Tsiribihina, Morondava, Mangoky und Onilahy häufen sich die Orte auf engem Raum. In den Dünen- und Mangrovegebieten und an den steilen Buchten des Nordens ist jedoch auch der Küstensaum siedlungsarm geblieben.

Bevorzugte topographische Lagen sind im Westen die Ränder der großen, durch Reisanbau genutzten Flußniederungen und die nicht überschwemmten Uferbänke. Im Übergangssaum zwischen Bewässerungs- bzw. Überschwemmungsfeldbau einerseits, Regenfeldbau und Weiden andererseits nehmen die Orte die Vorteile der ökologischen und ökonomischen Grenzlage wahr.

Der Süden der Insel ist wegen seiner ökologischen Ungunst im Inneren siedlungsarm. Die Orte liegen weitgestreut auf den Verebnungsflächen und setzen auf dem verkarsteten Mahafalyplateau fast ganz aus. Sie verdichten sich nur an den wenigen größeren Flußläufen (Menarandra, Mandrare) und an der Südküste. Entlang der Stufe zwischen dem Mahafalyplateau und der Küstenplattform ist an den Quellen der unterlagernden wasserstauenden Schicht eine Siedlungsreihe entstanden.

Längs der modernen Verkehrslinien nahm die Zahl der Siedlungen allgemein zu, besonders dort, wo sie schon vordem durch natürliche Leitlinien, z. B. Täler, begünstigt waren. Die dichte Folge der Orte an den Bahnstrecken und an der zentralen Straßenachse zwischen Fianarantsoa, Tananarive und Majunga zeigt dies deutlich. Im Umkreis der Städte hat sich das Netz der ländlichen Siedlungen ebenfalls verengt, doch kann nur das Umland von Tananarive mit über 100 Einw./qkm im Umkreis von 10—15 km als städtischer Verdichtungsraum bezeichnet werden.

4.2.2. Verlagerungen

Die Entwicklung der ländlichen Siedlungen läßt sich aus Mangel an schriftlichen Quellen in den meisten Fällen nur bis zum Ende des 19. Jahrhunderts zurückverfolgen. Doch wird schon für diese Zeitspanne deutlich, daß sich das Siedlungsgefüge mancher Gebiete durch Verlagerungen stark verändert hat, so daß ältere Karten im Gelände überprüft werden müssen.

Diese Verlagerungen treten nicht nur im Bereich des Wanderfeldbaus auf, sondern auch bei permanenten Siedlungen. Ihre Zahl und Lage hat sich sowohl durch Zerstreuung als auch durch Konzentration oder Siedlungsaufgabe gewandelt.

Die Siedlungszerstreuung ist die Folge des jungen Bevölkerungswachstums, vornehmlich im Zentrum und Osten des Landes. Mit dem Ende der Fehden zwischen den Volksgruppen um die Jahrhundertwende entfiel das Schutzbedürfnis. Ein Teil der jüngeren landsuchenden Generation verließ die engverbauten, oft befestigten Sippendörfer und legte Kleinsiedlungen in randlichen Bereichen der Gemarkungen an. Mit diesem Vorgang nahm das individuelle Grundeigentum zu und lockerten sich die traditionellen Bindungen, doch wurden die Beziehungen zu den Mutterdörfern, z. B. bei Festen, nicht abgebrochen. Ein Motiv für die Aussiedlung war auch der Wunsch, näher an den Reisfeldern oder an neuerschlossenen Rodeflächen zu wohnen. Die heutige diffuse Siedlungsstruktur in Teilen des Merina- und Betsileogebietes und im südöstlichen Küstenvorland ist größtenteils erst seit dem Ende des 19. Jahrhunderts entstanden.

Viel seltener sind hingegen Siedlungskonzentrationen. In dem bis in das 20. Jh. unruhigen Mahafalygebiet wurden Familienweiler (*zolika*) freiwillig zu größeren Dörfern zusammengezogen, um die Sicherheit zu verstärken. Pläne der Kolonialmacht und des unabhängigen Staates, Streusiedlungen zu konzentrieren, um damit Verwaltung und Infrastruktur zu vereinfachen, scheiterten jedoch am Widerstand der Bevölkerung.

4.2.3. Wüstungen

Wüstungen, d. h. verlassene Orte und Nutzflächen, sind in allen Landesteilen zu finden. Bis zur Jahrhundertwende waren viele Orte durch feindliche Überfälle, besonders in den Grenzsäumen zwischen den Volksgruppen, z. B. der Merina und Sakalava, zerstört worden. In den durch die Merina unterworfenen Gebieten wurden Siedlungen aus Furcht vor Rekrutierungen verlassen.

Nach der Befriedung des Landes durch die Franzosen gab man viele ehemals befestigte Höhensiedlungen auf. Die Ortswahl konnte sich nun nach wirtschaftlichen Motiven richten und das Schutzbedürfnis vernachlässigen. Die Orte wurden von den Kuppen und Rücken in die Nähe der arbeitsintensiven Reisfelder und an die Verkehrslinien verlegt. Damit konnten die Produktivität und die Marktorientierung verstärkt werden.

Häufig haben religiöse Motive Wüstungen verursacht. So wurden viele Orte nach Epidemien (z. B. nach der asiatischen Grippe von 1918) verlassen, da sie Unheil brachten. Auch der Tod eines Häuptlings, Furcht vor bösen Geistern oder Zwistigkeiten zwischen den Bewohnern können zur Aufgabe von Siedlungen führen.

Brände, gefördert durch Holzbauweise, offene Herdstellen und Buschfeuer, Naturkatastrophen wie Überschwemmungen, Zyklone, Dünenverwehung und nachlassende Wasserführung verursachten ebenfalls viele Wüstungen.

Teilwüstungen mit verfallenden Häusern entstehen durch Abwanderung in die Städte, namentlich um Tananarive. Bei der Emigration in andere Landesteile wurden auch ganze Orte aufgegeben, so z. B. bei den Antaisaka im Südosten. Häufig umgeben Flurwüstungen mit verwachsenen Feldern oder Terrassen und verfallene Bewässerungskanäle die Ortswüstungen.

4.2.4. Hausformen

Die ländlichen Hausformen Madagaskars weisen eine bemerkenswerte Vielfalt auf, die teils autochthon, teils durch Übertragung entstanden ist (Abb. 13—19).

Im Unterschied zu Afrika fehlen Rundbauten oder Häuser mit Kegel- und Pyramidendach. Die traditionelle Form Madagaskars hat rechteckigen Grundriß und ein zweiseitiges, steiles Giebeldach. Sie tritt auch in Indonesien auf und könnte von dort übertragen worden sein. Die ähnliche Bezeichnung für ›Haus‹ in beiden Gebieten (madag. *trano*, malaiisch *dangaw*) gilt dafür als weiterer Beweis.

Ein gemeinsames Merkmal aller Landesteile ist die vorherrschende nordsüdliche Orientierung der Firstlinie, die immer wieder auffällt, wenn man die Orte durchfährt oder überfliegt. Sie hat vermutlich sowohl religiöse wie klimatische Ursachen. Astrologische Vorstellungen islamischen Ursprungs messen den Himmelsrichtungen, die in Madagaskar arabische Namen tragen, eine besondere Symbolik zu. Sie bestimmen Anlage und Innengliederung des Hauses, vor dessen Bau oft der Wahrsager *(mpisikidy)* zu Rate gezogen wird. Die Nordostecke *(alahamady)* wird bevorzugt; sie dient dem Ahnenkult und als Platz des Hausherrn, während sich die Herdstelle im Südwesten, die Schlafstätte auf der Ostseite befindet. Die West-Ostorientierung der Längsachse wird vermieden, da sie Unheil bringt, während die Nord-Südrichtung als Achse der Macht gilt.

Diese kultischen Hintergründe verbinden sich mit der Anpassung an klimatische Einflüsse, d. h. an Winde und Sonneneinstrahlung. Im Hochland und Osten befinden sich die Tür- und Fensteröffnungen meist auf der westlichen Längsseite, weil man sich vor dem heftigen und regenreichen Südostpassat schützen will. Im Nordwesten der Insel bevorzugt man für die Öffnungen die Südseite, da sie den heißen Nordwinden abgekehrt ist, im südlichen Landesteil hingegen die Nordseite, da sie vor den kalten Südwinden schützt. Die nord-südliche Stellung der Hausachse bleibt dabei in der Regel gewahrt. Sie symbolisiert die Einheit der Dorfgemeinschaft und die Macht der Tradition, der sich der einzelne unterzuordnen hat. In neuerer Zeit verlieren die traditionellen Vorschriften an Gewicht, und insbesondere in den größeren Orten folgt die Hausstellung mehr dem Gelände und den Verkehrslinien.

Im Aufriß unterscheiden sich die Pfahlbauten des Ostens und Nordwestens mit ihren 30—100 cm über der Erde liegenden Böden von den ebenerdigen Häusern der übrigen Landesteile. Die Pfahlbauten sind auch anderen feuchttropischen Gebieten eigen, da sie vor Nässe und Überschwemmung in der Regenzeit und vor Raubtieren schützen; zudem sind sie gut durchlüftet. Die Verbreitung der Pfahlbauten stimmt mit den niederschlagsreichsten Teilen der Insel überein, d. h. mit der Ostseite und dem Gebiet von Nossi-Bé — Sambirano. Der Übergang vom ebenerdigen Bau zum Pfahlbau ist am Ostrand des Hochlandes an der Grenze des Regenwaldes gut zu beobachten. Die Speicher sind zum Schutz gegen Ratten im ganzen Land auf 1—2 m hohen Pfählen errichtet. Es bleibt noch zu klären, ob der Pfahlbau aus Südostasien oder Ozeanien, wo er viel häufiger ist als im feuchttropischen Afrika, übertragen wurde.

Eine weitere großräumige Differenzierung ergibt sich aus dem Baumaterial (Abb. 19). Im Hochland wird anorganisches Material, d. h. Lehm und Stein benutzt, in den peripheren Landesteilen bevorzugt man Holz und andere pflanzliche Rohstoffe. Der Übergang von den rotleuchtenden, oft zweistöckigen Lehm- und Backsteinbauten zu den kleineren, niedrigen Holzhäusern folgt im Osten der Grenze des Hochlandes und des Regenwaldes, im Westen dem Rand des Grundgebirgssockels. Das Baumaterial spiegelt damit die Ausstattung der natürlichen Großräume getreu wider. Die peripheren Gebiete stellen mit dem östlichen Regenwald, dem westlichen Trockenwald und dem Dornbusch im Süden noch pflanzliche Rohstoffe zur Verfügung, während in dem waldarmen Hochland auf den ferrallitischen Boden zurückgegriffen werden muß. Dieser Gegensatz hat sich jedoch erst im letzten Jahrhundert als Folge der Entwaldung entwickelt; vordem wurde auch im Hochland Holz reichlich verwendet (s. S. 110).

Die zahlreichen Variationen der madagassischen Hausformen können hier nur angedeutet werden. Das Haus der Betsimisaraka im *Osten* ist ein auf niedrigen Stelzen ruhender Pfahlbau mit bis zu 5 m Breite, 8 m Länge und etwa 5 m Firsthöhe (Abb. 13). Das Dach ist den hohen Niederschlägen entsprechend stark geneigt und bei Häuptlingshäusern mit zuweilen mehrere Meter langen Giebelstangen geziert; manchmal ist es zum Schutz gegen Regen und Sonne über die Längswände vorgezogen. Als Baumaterial dienen Stämme, Blattrippen und Blätter der einheimischen Musaceenart Ravenala, ferner der Bambus, dessen aufgespaltene Rohre die Wände bilden. Raphia und andere Palmenarten, Schilfrohr und Riedgras werden ebenfalls genutzt. Kunstvolle Flechtmuster zieren Giebel und Wände. Bei neueren Häusern wird der Pfahlbau durch einen Zementsockel, das Blätterdach durch Wellblech ersetzt, jedoch ist dies nur wohlhabenderen Bewohnern möglich. In größeren Höhen werden die Wände mit Lehm verkleidet, damit sie vor der Kälte schützen.

Im Inneren der ein- bis zweiräumigen Häuser trifft man die im ganzen Land übliche bescheidene Ausstattung an: Geflochtene Matten, die als Lager dienen, eine offene Feuerstelle, häufig schon Bett, Tisch und Stühle, ferner Sitzkissen, Regale, Holzkisten, Reismörser und einfache Haushaltsgeräte. Die Küchen befinden sich manchmal in eigenen Anbauten. Nebenfrauen und erwachsene Ledige bewohnen oft getrennte Nebenhäuser. Besonders malerisch sind die hochgestelzten Speicher, die oft in Reihen angeordnet sind.

Abb. 13: Wohnhaus im östlichen Küstenvorland bei Farafangana (Zeichn.: E. Kopf).

Abb. 14: Wohnhaus im westlichen Küstenvorland bei Majunga (Zeichn.: E. Kopf).

Abb. 15: Wohnhaus im Süden bei Ambovombe
(Zeichn.: E. Kopf).

Abb. 16: Relikt der früheren Holzbauten im Hochland (Königs-
haus von Ambohimanga bei Tananarive) (Zeichn.: E. Kopf).

Abb. 17: Lehmbauten im Hochland (Weiler bei Miarinarivo)
(Zeichn.: E. Kopf).

Abb. 18: Backsteinbau im Hochland (Antsirabe)
(Zeichn.: E. Kopf).

Die Hausformen des *Westens* sind weniger einheitlich als die des Ostens. Der Pfahlbau bleibt auf die niederschlagsreichsten Gebiete beschränkt. Die Dachneigung ist relativ flach. Breite Vordächer an den Längsseiten oder um das ganze Haus sind häufig (Abb. 14). Im Baumaterial treten Ravenala und Bambus hinter Raphia- oder Satrapalme und anderen Baumarten des Trockenwaldes (z. B. *Cedrelopsis*) zurück. Manchmal wird das Wandgeflecht zur besseren Isolierung mit Lehm verkleidet und z. T. übertüncht *(trano fotoka)*. Massive Lehmbauten gehen jedoch erst auf den Einfluß des Hochlandes zurück. Die Speicher sind seltener und kleiner als im Osten, da die Viehhaltung Vorrang vor dem Feldbau hat und ein Teil der Vorräte im Haus aufbewahrt wird. Die Dauersiedlungen werden durch zeitweilig bewohnte Hirtenhütten für die Wanderviehhaltung und durch Fischerhütten ergänzt. Zur Erntezeit errichtet man auf den Feldern der Uferdämme einfache Hütten aus Rohrgeflecht.

Im *Süden* der Insel zeigen die meist kleinen und dürftig ausgestatteten Häuser den niedrigeren Lebensstandard und den Mangel an Baumaterial (Abb. 15). Die Ausmaße sind mit unter 4 m Seitenlänge und 3 m Firsthöhe sehr bescheiden. Das Baumaterial entspricht der Vegetation der Trocken- und Dornsavanne mit *Cedrelopsis*, Agaven, Aloe und den endemischen Didieraceen *(fantsiholitra)*. Für Wände und Giebel werden häufiger als in anderen Landesteilen Bretter verwendet. Gezähnte Schnitzereien verzieren die Tür- und Giebelbalken. In kälteren und holzarmen Gebieten werden die aus Holz geflochtenen Wände durch Lehm, gemischt mit Mist, abgedichtet. Massive Lehmbauten und Wellblechdächer verraten größeren Wohlstand und fremden Einfluß. Die meist einräumigen Häuser haben bei den Antandroy häufig zwei Türen zur getrennten Benutzung durch die Geschlechter; man sucht die traditionellen Gebräuche auch unter bescheidensten Verhältnissen zu wahren. Ledige, gebrechliche Alte und Nebenfrauen bewohnen eigene Hütten. Abseits der Hauptsiedlungen liegen die episodischen, flüchtig aus Ästen und Blättern erbauten Hütten der Hirten und Fischer.

In den peripheren Teilen Madagaskars haben sich die Hausformen bis zum 19. Jh. kaum gewandelt. Dann aber wurden Einflüsse aus dem *Hochland* wirksam, wo sich die Formen schon zuvor tiefgreifend verändert hatten.

Bei den Merina und Betsileo waren noch vor 100 Jahren Holzbauten *(trano hazo)* so wie in den Randgebieten allgemein üblich. Letzte Beispiele dieser spitzgiebeligen, auf einem Steinsockel ruhenden Bretterhäuser sind noch heute in den Residenzbezirken von Tananarive und Ambohimanga (Abb. 16) zu sehen, wo bis 1869 nur in Holz gebaut werden durfte. Die ärmere Bevölkerung wohnte in einfacheren Häusern, deren Wände aus Ästen oder Rohr *(bararata)* geflochten und mit einem Gemisch aus Lehm, Mist und Häcksel verkleidet waren; in entlegenen Gebieten und bei der ländlichen Unterschicht findet sich diese Form bis heute.

Im übrigen aber hat der massive Lehmbau seit der Mitte des 19. Jhs. den Holzbau, für den nach jahrhundertelanger Rodung die Grundlage fehlte, verdrängt. Die Häuser wurden nunmehr aus Lehmblöcken oder aus gestampfter Erde errichtet, die man mit Wasser anrührte und mit Strohmist mischte. Das Dach wurde mit Langgras, Stroh oder Binsen abgedeckt. Diese Form *(trano tany)* findet sich heute in allen Teilen des Hochlandes (Abb. 17).

Durch französische und englische Missionare, Baumeister und Handwerker

wurden zwischen 1810 und 1830 weitere Neuerungen eingeführt, so der Mehr-
stockbau und die Verwendung von Bruchsteinen, luftgetrockneten Lehmziegeln
(Adobe) und Backsteinen. Der zweistöckige Backsteinbau mit mehreren Räumen
und der auf Ziegelpfeilern ruhenden Veranda unter dem vorgezogenen Dach
(Abb. 18) hat sich von Tananarive aus über das ganze Hochland verbreitet. Er ist
in den Städten und größeren ländlichen Orten zu einem für Madagaskar charakteristischen Bauelement und zum Prestigesymbol der wohlhabenderen Schicht geworden. Flachziegel und Wellblech ersetzten die pflanzliche Dachbedeckung. Der
Backsteinbau ist so nach dem ursprünglichen Holz- und neben dem einfacheren
Lehmbau die dritte Stufe der Hausformenentwicklung im Hochland. Der Ze-
mentbau ist nur in den Städten und bei öffentlichen Gebäuden oder Geschäften
größerer ländlicher Orte anzutreffen.

   Neben den Wohnbauten umfassen die bäuerlichen Anwesen des Hochlandes
nur kleine Ställe für das Geflügel, Karrenschuppen und z. T. gestelzte Speicher.
Größere Ställe und Scheunen sind entbehrlich, da die Rinder in Kralen oder auf der
Weide gehalten werden und die geringen Erntemengen im Haus oder im Freien
Platz finden. Mehrseitige Gehöfte sind bei den traditionellen bäuerlichen Sied-
lungen sowohl im Hochland wie in den Randgebieten selten.

   Die Bauformen des Hochlandes haben sich mit der Expansion der Merinamacht, durch die französische Besetzung und durch Auswanderer in die tiefer gelegenen Randgebiete ausgebreitet. Der Backsteinbau folgte den großen Verkehrslinien vereinzelt bis in die Küstenbereiche (Abb. 19). Die „Vormarschstraßen"
von Tananarive aus sind durch ihren Baubestand noch heute erkennbar; sie führten zu den Stützpunkten sowohl der Merina- wie der Kolonialmacht. Ausläufer
des Backsteinbaus finden sich von Bealanana und Maevatanana im Norden bis
Ampanihy im Süden, von der West- bis zur Ostküste, allerdings beschränkt auf
die großen Orte. Durch Emigranten wurde aber auch der einfachere Lehmbau in
die Peripherie übertragen. So unterscheiden sich die Häuser der eingewanderten
Betsileo und Tsimihety in den westlichen Kolonisationsgebieten von den Holzbauten der einheimischen Sakalava. Die stabilere und dauerhaftere Lehmbauweise
gilt als fortschrittlich; sie ist jedoch dem heißen Klima des Tieflandes schlechter
angepaßt als der gut durchlüftete Holzbau.

   Dieser zentral-periphere Ausbreitungsprozeß ist ein anschauliches Beispiel für
die Übertragung traditioneller und europäischer Bauformen durch politische und
demographische Expansion ohne Rücksicht auf die Naturgrundlagen.

   Eine ähnliche Überschichtung ist auch bei den *Grabmälern* erfolgt. Die Grabstätten der Sippen und Familien, Mittelpunkte der Ahnenverehrung, liegen einzeln oder in Gruppen abseits der Orte und sind ein charakteristischer Bestandteil
der ländlichen Siedlungen. Die Gräber haben bei den einzelnen Volksgruppen verschiedene Formen. Bei den Bara, Mahafaly, Antandroy und Sakalava kennzeichnen Steinanhäufungen die Bestattungsorte. Kunstvoll geschnitzte Holzpfähle
(alo-alo) zieren die Häuptlingsgräber der Sakalava, Mahafaly und Vezo. Die Siha-

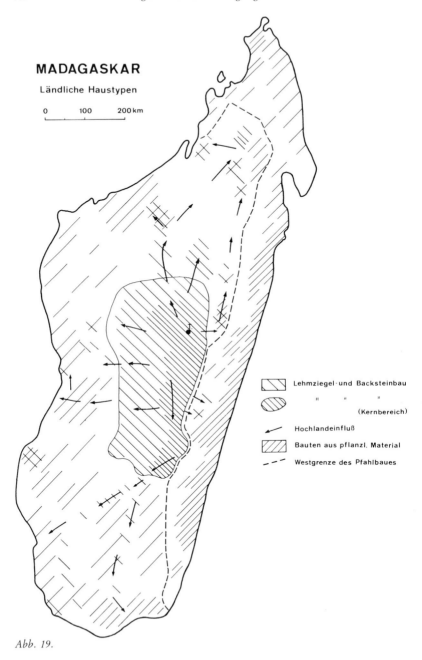

MADAGASKAR

Ländliche Haustypen

0   100   200 km

Lehmziegel-und Backsteinbau

"   "   "   (Kernbereich)

Hochlandeinfluß

Bauten aus pflanzl. Material

Westgrenze des Pfahlbaues

Abb. 19.

naka und Bezanozano bestatten ihre Toten unter Erdhügeln, über die sich aufge-
stellte Steine oder Stangen mit Ochsenschädeln erheben. Die Betsimisaraka stellen
ihre Särge in Waldlichtungen auf. Gedenkpfähle und -steine für auswärts Verstor-
bene sind in den meisten Landesteilen üblich. Die Merina bestatteten ihre Könige
in Bretterhäusern mit Strohdach. Islamische Friedhöfe mit Grabsteinen finden
sich im Nordwesten Madagaskars.

Seit dem 19. Jh. hat sich von Tananarive aus die Form der gemauerten Mausoleen aus Bruch- oder Backsteinen über das ganze Hochland mit Ausläufern bis in
die Küstengebiete ausgebreitet. Vorbild war vermutlich das 1835 in der Hauptstadt erbaute Grabmal des Ministerpräsidenten. Seitdem sind diese kubischen
Mausoleen mit etwa 5 m Seitenlänge, verziert mit Skulpturen, bunten Gemälden
und Aufschriften, zu Tausenden entstanden. Das Leben der Toten wird in Wort
und Bild, zuweilen sehr modern mit Kraftfahrzeugen, Flugzeugen u. a. fast hu-
morvoll dargestellt. Der Grabbau erfordert von den Familien großen Arbeitsein-
satz und finanzielle Opfer. Er symbolisiert Einheit und Tradition der Familie und
ist zugleich ein Prestigezeichen. Der Madagasse wünscht die würdevolle Verehrung durch die Nachkommen und bewertet die Stätte des ewigen Schlafs höher als
das Haus des vergänglichen Lebens.

4.2.5. Ortsformen

Die ländlichen Ortsformen sind von den Hausformen stark mitgeprägt worden. Unabhängig von Größe und Baumaterial setzen sich viele Siedlungen in allen
Landesteilen aus parallelen oder gestaffelt versetzten Reihen von Wohnhäusern
zusammen, wobei die Nord-Südorientierung der Firstlinien maßgeblich ist. Bei
jüngeren Orten bzw. Ortsteilen und an den Verkehrslinien wird diese traditionelle
Regel allerdings oft nicht mehr beachtet.

Grundriß und Baustruktur der Orte lassen häufig die verwandtschaftliche und
soziale Gliederung erkennen. Verwandte Familien siedeln gruppenweise in getrennten Ortsteilen, die im Hochland von Wällen und Mauern, in den westlichen
und östlichen Küstengebieten von hohen Zäunen, im Süden von Hecken umgeben
werden. Das Anwesen des Dorf- oder Sippenoberhauptes liegt meistens im Zentrum. Bei den Tanala sind die Ortsteile zuweilen radial um den zentralen Platz angeordnet, bei den Bara sind sie nordsüdlich aufgereiht, wobei die Wohnung der
vornehmsten Familie im Norden liegt. In den Immigrationsgebieten des Westens
siedeln die eingewanderten Volksgruppen häufig gesondert von den Dorfteilen der
einheimischen Sakalava oder in selbständigen Orten. Unterschiede der Wirtschaftsformen können ebenfalls eine Segregation innerhalb der Dörfer bewirken.
So wohnen an der Südwestküste die Vezofischer getrennt von den Ackerbauern
und Viehzüchtern der Mahafaly.

Der zentrale Dorfplatz ist der Mittelpunkt des sozialen Lebens. Hier finden politische und kultische Zusammenkünfte statt, soweit nicht größere Versammlungshäuser dazu dienen, hier stehen die Zeremonienpfähle und die stereotypen Unabhängigkeitsdenkmäler. Am Dorfplatz befinden sich die Gemischtwarengeschäfte der Inder und Chinesen, in größeren Siedlungen die Marktstände und Waschhäuser. Im Ortszentrum siedeln sich neben den traditionellen Würdenträgern auch die Verwaltungsfunktionäre des Staates mit Vorliebe an.

Die *Viehkrale* sind auf der ganzen Insel ebenfalls untrennbarer Bestandteil der ländlichen Siedlungen. Hier werden nachts die Rinder und Ziegen zum Schutz vor Diebstahl eingetrieben, tagsüber die Milchkühe und Kälber gehalten. Die meist kreisrunden Krale liegen am Ortsrand oder inmitten der Weiden, umgeben von Wällen, Zäunen oder Hecken, und nehmen den Viehbestand einer oder mehrerer Familien auf. Sie ersetzen die Ställe und liefern Dung für ortsnahe Felder. Die Krale symbolisieren durch ihre Größe und Viehzahl den sozialen Status der Besitzer.

Befestigungsanlagen waren früher ein weiteres gemeinsames Merkmal der madagassischen Siedlungen. Obwohl sie nach der Befriedung des Landes nicht mehr erneuert wurden, sind sie oft noch gut erhalten. Im Hochland liegen Hunderte dieser Anlagen auf den Kuppen und Rücken, besonders dicht im Umkreis von Tananarive (Bild 28). Sie wurden von den Merina, aber auch von den Betsileo, Sihanaka und Bezanozano vermutlich schon seit dem 16. Jh. zur Abwehr feindlicher Volksgruppen errichtet. Die Festungen bestehen aus 2—3 m breiten und bis zu 10 m tiefen Gräben und Wällen, die rund, rechteckig oder polygonal um die Siedlungen gezogen wurden; komplexe, mehrfach gestaffelte Systeme erreichen bis über 1 km Durchmesser. Das in den Gräben gesammelte Wasser diente früher manchmal zur Bewässerung der Reisfelder. Es ist noch nicht geklärt, ob diese Formen in Madagaskar entwickelt oder aus Indonesien übertragen wurden. Seit Anfang dieses Jahrhunderts hat man die meisten Höhenfestungen zugunsten tieferer Ortslagen aufgegeben; sie dienen noch als Viehkrale oder sind verfallen und von der Erosion zerschnitten. Bei den jüngeren Siedlungen übernehmen hohe Mauern aus Lehmziegeln *(tamboho)* den Schutz der Hofstellen vor Dieben.

Die Merina legten zur Sicherung ihrer Macht Befestigungen in den unterworfenen Gebieten an, doch hatten die anderen Volksgruppen auch eigene Anlagen. Sie waren bei den Betsimisaraka mit mehrfachen Palisadenreihen bewehrt, die schon im 17. Jh. in Reiseberichten beschrieben wurden. Im Südwesten werden die Orte der Mahafaly bis heute von Hecken aus Aloe, Opuntien oder einheimischen Buscharten umgeben, die weniger feindliche Überfälle als den Ausbruch des Viehs verhindern sollen.

Obwohl die kartographischen und statistischen Unterlagen nicht ausreichen, um die ländlichen Siedlungen vollständig zu erfassen, lassen sich doch grobe Verteilungsmuster der Ortsformen erkennen, wobei der Zusammenhang mit Relief, Ernährungsbasis, Bevölkerungsentwicklung und Infrastruktur deutlich wird (Abb. 12).

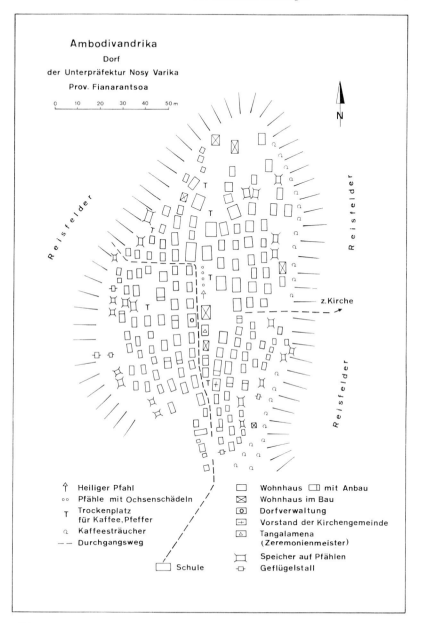

Abb. 20.

Großdörfer mit mehreren hundert bis etwa zweitausend Einwohnern haben oft Verwaltungs- und Versorgungsfunktionen unterer Stufe (s. S. 120). Sie finden sich auffällig gehäuft in den dichtbesiedelten Becken des Hochlandes mit ihren großflächigen Reiskulturen. Insbesondere weist das Umland von Tananarive zahlreiche Großdörfer mit hohem Anteil an Arbeiterbauern und Dienstleistungen auf. Bevorzugte Standorte sind die Ränder der Niederungen und die Verkehrslinien, wo die Orte in den letzten Jahrzehnten rasch angewachsen sind. Im östlichen Küstenvorland konzentrieren sich die Großdörfer naturgemäß in den breiten Tälern der Flußunterläufe; hier können in Ortsnähe ausreichend große Flächen genutzt werden, so z. B. im Hinterland von Fénérive, Mananjary und Farafangana. Landeinwärts werden größere Siedlungen infolge des steilen Reliefs selten und liegen im Regenwald nur in weiten Abständen (Abb. 20). Im Westen der Insel sind vor allem die Mündungsgebiete der großen Ströme durch Großdörfer gekennzeichnet, da hier die ertragreichen Alluvialböden mit Bewässerung eine hohe Bevölkerungsdichte ermöglichen. Beispielhafte Dorfgebiete liegen an den Flüssen Morondava und Mangoky. Durch die Vorliebe der zahlreichen Immigranten für geschlossene Ansiedlung hat sich der Bestand an großen Dörfern hier stark vermehrt. Im Süden des Landes liegen sie hingegen weit gestreut und verdichten sich nur in Nähe der Küste.

Kleindörfer und Weiler sind die zahlenmäßig weit überwiegenden Ortsformen Madagaskars; sie stellen als Gründung einer Sippe oder Familie wohl die Urform der Besiedlung dar. Kleinsiedlungen dringen in die entlegenen und höheren Gebiete vor; sie fehlen aber auch in den dichtbevölkerten Räumen nicht, wo sich ihre Zahl durch den Auszug der jüngeren Generation aus den beengten Orten oder durch die Ansiedlung von Immigranten erheblich vermehrt hat. Besonders häufig sind die Kleinsiedlungen im südlichen Merina- und nördlichen Betsileogebiet, wo sie die Hänge säumen und den Tälern bis in die hinteren Quellnischen folgen. Die schwarmartige Zerstreuung ist hier durch das stark gekammerte Relief mit entsprechend weit verstreuten Reisfeldern und Terrassen gefördert worden. Ähnlich wie im voralpinen Allgäu werden manche Dörfer von einem dichten Kranz von Weilern und Höfen umgeben; so liegt z. B. das Dorf Ambohimanambola bei Betafo inmitten von 50 verstreuten Kleinsiedlungen.

Auch im Hinterland der Ostküste ist diese Siedlungsform weit verbreitet, z. B. um Vavatenina im Norden oder um Vangaindrano im Süden (Abb. 22). Weiler und Kleindörfer bevorzugen die Lage auf den Hügeln; sie finden sich aber auch in den Tälern und Rodegassen des Regenwaldes. Im Westen und Süden des Landes liegen die Kleinsiedlungen isoliert in der Trocken- und Dornsavanne (Abb. 21), so z. B. die Familienweiler der Mahafaly. In den westlichen Flußmündungsgebieten haben Immigranten und Pächter eigene Weiler neben den vorherrschenden Großdörfern gegründet.

Die meisten Gruppensiedlungen Madagaskars sind Haufendörfer oder -weiler, da sie einen massigen Grundriß haben, ungeplant gewachsen sind und ungleiche Abstände zwischen den Gebäuden zeigen. Durch die vorherrschende Nordsüd-Orientierung der Hausfirste heben sie sich jedoch von den völlig ungeregelten Haufensiedlungen anderer Kulturräume ab. Die selteneren Reihenformen sind meist geländebedingt. Sie haben sich auf schmalen Rücken und Riedeln, in engen Tälern und am Rande der Alluvialniederungen entwickelt, im Tiefland auch auf den Uferdämmen der Flüsse und auf den Nehrungen. Die Durchgangsstraßen und die breiteren Deichkronen der Bewässerungsgebiete sind, z. B. bei Tananarive, ebenfalls Leitlinien für Reihensiedlungen.

Die *Einzelsiedlungen* sind weniger stark verbreitet und jünger als die Gruppensiedlungen. Die völlige Befriedung des Landes ermöglichte erst ihre Anlage. Der Madagasse scheut zudem die Vereinzelung; Tradition, Verwandtschaft und Schutzbedürfnis binden ihn an die Gemeinschaft. Deshalb wird auch von den Einzelsiedlungen der Kontakt zu den benachbarten Gruppensiedlungen möglichst gewahrt. Die Zahl der Einzelsiedlungen ist im reliefreichen südlichen Hochland, besonders bei den Betsileo (Abb. 23), und in Teilen des östlichen Vorlandes beträchtlich. In den peripheren Bereichen der Gemarkungen wurden sie durch Aussiedler oder Immigranten angelegt. Als weit vorgeschobene Pionierorte treten sie z. B. im Ankaratragebirge auf. Zu den Einzelsiedlungen können auch die während der Erntezeit bezogenen Feldhütten und die Lager der wandernden Hirten gerechnet werden; wirtschaftlich sind sie allerdings nur unselbständige Teile der zugehörigen Dauersiedlungen.

Die Zusammenschau zeigt, daß die Siedlungsformen in Madagaskar räumlich stark gemischt sind. Geschlossene große Verbreitungsbereiche einzelner Formen lassen sich nicht feststellen. Durch den Siedlungsausbau finden sich heute in vielen Gemarkungen des Hochlandes und Ostens Dörfer, Weiler und Einzelhöfe nebeneinander. Manchmal wechseln die Ortsformen mit den ökologischen Grundlagen und der Wirtschaftsweise. So folgen um Morondava den Dörfern der Fischer an der Küste und der Reisbauern in der Flußniederung landeinwärts auf der höheren sandigen Waldzone die Kleinsiedlungen mit Regenfeldbau und Viehhaltung. Am Mangokyfluß liegen die Ackerbaudörfer der Betsileo neben den Hirtenweilern der Sakalava, in der Mahafalyküstenebene die Fischerdörfer der Vezo neben den Akkerbauweilern der Mahafaly. Planmäßig geregelte Ortsformen französischer Plantagen und staatlicher Landerschließung unterbrechen nur in wenigen Landesteilen das Netz der traditionellen Siedlungen (s. S.122, 126).

4.2.6. Ortsnamen

Die klangvollen und oft vielsilbigen Ortsnamen Madagaskars geben Hinweise auf Lage und Funktion der Siedlungen und sind so ein anschauliches geographisches Hilfsmittel.

Sehr häufig ist z. B. das Grundwort *ambohi*, zusammengesetzt aus ›an‹ und ›vohitra‹, d. h. am Berg oder Hügel, das auf die früher bevorzugte Schutzlage hin-

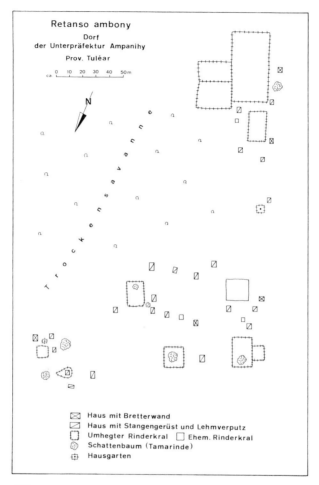

Retanso ambony
Dorf
der Unterpräfektur Ampanihy
Prov. Tuléar

ca. 0 10 20 30 40 50m

⊠ Haus mit Bretterwand
⊡ Haus mit Stangengerüst und Lehmverputz
▢ Umhegter Rinderkral   ☐ Ehem. Rinderkral
◉ Schattenbaum (Tamarinde)
⊞ Hausgarten

Abb. 21.

weist und heute ›Ortschaft‹ allgemein bedeutet. Es kommt in vielen Zusammen-
setzungen vor: Ambohimena (roter Ort), Ambohipotsy (weißer Ort), Ambohibary (Ort des Reisbaus), Ambohimasina (heiliger Ort) oder Ambohitratsimo
(Südort). Tanana bedeutet ebenfalls Siedlung allgemein und wird zu Tanambao
(neuer Ort), Tanandava (langgestreckter Ort) oder Maevatanana (schöner Ort)
erweitert. Tananarivo ist der Ort der Tausend (Krieger). Die arabischen Bezeichnungen für die Wochentage werden für Orte mit den entsprechenden Markttagen
verwendet, so Alarobia (Mittwoch) oder Alakamisy (Donnerstag).

   Weit verbreitete Lagebezeichnungen sind *ambodi* (am Fuß von, unter) sowie

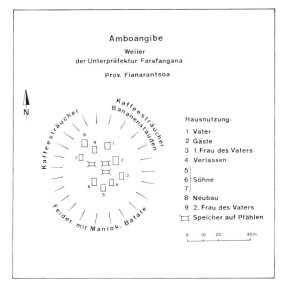

Abb. 22.

ambato (aus ›an‹ und ›vato‹ = am Felsen) mit zahllosen Verbindungen wie Amba-tofotsy (am weißen Fels), Ambatomanjaka (am beherrschenden Fels) oder Amba-tofinandrahana (am geschliffenen Fels). Auch die Grundworte *tany* (Erde) oder *tanety* (Anhöhe) sind sehr gebräuchlich. Ortsnamen mit *rano* nehmen auf das Wasser Bezug, so Maintirano (schwarzes Wasser) oder Ranomamy (süßes W.). Mit den Grundworten *hazo* oder *ala* wird der heute oft gerodete Wald der Umgebung angesprochen, so bei Analalava (am langen Wald) und Ankazobe (am großen Wald). Tiernamen werden z. B. bei Ampanihy (Fledermäuse) oder Marovoay (= viele Krokodile) herangezogen und lassen das heutige oder frühere Vorkommen der Tierarten erkennen.

Da viele Orte umbenannt oder verlegt worden sind und manche Namen (Ambohimena, Antanety, Tanandava) oft verwendet werden, haben die Karten nur unsicheren Quellenwert für die Ortsnamenkunde. Leider läßt der Mangel an schriftlichen Quellen und älteren großmaßstäbigen Karten auch keine Altersdatierung zu. Immerhin könnten weitere Untersuchungen Hinweise auf die Übertragung von Namen nach den Dialektunterschieden der Volksgruppen erbringen oder für manche Orte, wie z. B. die früheren Herrschersitze, einen Funktionswandel anhand der Bezeichnungen ermitteln.

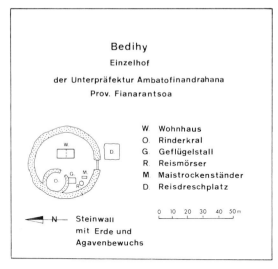

Abb. 23.

4.2.7. Funktionen

Die Funktionen der ländlichen Siedlungen Madagaskars sind wenig differenziert. In den meisten Orten überwiegt die Landwirtschaft, häufig ist sie die einzige Funktion. Nur die größeren Dörfer übernehmen zusätzlich Versorgungsaufgaben für ihr Umland und in geringerem Umfang auch spezielle Funktionen.

Die ländlichen Mittelpunktsiedlungen, d. h. die zentralen Orte der untersten Stufe, lassen sich nach der Verwaltungsfunktion klar erfassen. Die Hauptorte der 734 Landgemeinden (*Communales rurales,* weitgehend mit den 696 Kantonen identisch) haben ein Umland von sehr unterschiedlicher Größe. In den dünn besiedelten westlichen Landesteilen werden Flächen bis über 6000 qkm mit jedoch nur wenigen tausend Einwohnern erreicht, während im zentralen Hochland viele Kantone unter 100 qkm messen, aber Einwohnerzahlen bis über 20 000 aufweisen. Die Landgemeinden bzw. Kantone sind bei großer Siedlungsdichte weiter in ›Quartiere‹ und in die einzelnen Orte unterteilt. Künftig sollen 11 000 *fokontany* (Dorfgebiete) an die Stelle der Landgemeinden treten.

Viele Mittelpunktsiedlungen versorgen ihr Umland mit Gütern des täglichen Bedarfs, z. B. mit Textilien, Geräten für Haushalt und Landwirtschaft, Getränken und Petroleum. Umfang und Auswahl des Warenangebots sind dem Lebensstandard der Bevölkerung entsprechend meist gering. Die Gemischtwarengeschäfte sind im Westen häufig im Besitz von Indern, im Osten von Chinesen, die gleichzeitig Transport- und Geldgeschäfte besorgen.

In den größeren Orten werden in regelmäßigen Abständen Märkte abgehalten, die Lebensmittel und Haushaltwaren anbieten und dem Viehauftrieb dienen. (s. S. 168). In den Marktorten finden sich auch Handwerker, wie Schmiede, Schreiner und Schneider, die ihr Gewerbe meist neben der Landwirtschaft betreiben. Gaststätten und Hotels sind fast ganz auf die Städte beschränkt. Nur an den großen Durchgangsstraßen haben einige ländliche Siedlungen ein Gasthaus, deren Besitzer oft Inder oder Chinesen und nur noch selten Kolonialfranzosen sind. An den Strecken der Überlandbusse *(Taxis brousse)* bieten die *hotely malgasy* — mit Hotels kaum vergleichbar — sehr bescheidene billige Unterkünfte und Mahlzeiten an.

Die Mittelpunktorte übernehmen mit Elementarschulen und Kirchen auch kulturelle Funktionen. Die Schuldichte ist allerdings nur im zentralen Hochland und an der Ostküste befriedigend, während die dünn besiedelten Räume des Westens und Südens noch unzureichend versorgt sind. Bei den Merina und Betsileo, die zu mehr als 50 % christianisiert sind, besitzen alle größeren Orte Kirchen, die eifrig besucht werden. In den Küstengebieten überwiegen die einheimischen Religionen, und Kirchen sind nur in den Städten oder weit verstreut auf dem Land zu finden.

Die übrigen infrastrukturellen Einrichtungen, Krankenhäuser und Sanitätsposten, Banken, Post- und Polizeistationen, bilden in den ländlichen Bereichen ein meist sehr weitmaschiges Netz, das sich nur im Hochland und besonders um Tananarive stärker verdichtet. Die Hauptorte der Plantagen und Kolonisationsgebiete sind für den eigenen Bedarf gut mit Dienstleistungen ausgestattet (s. S. 122 f.).

Außer den Mittelpunktorten sind in Madagaskar nur wenige Funktionstypen ländlicher Siedlungen zu nennen. An den Durchgangsstraßen, Bahnlinien und Flußfähren übernehmen manche Orte Verkehrsfunktionen und dienen als Umlade-, Rast- und Verpflegungsstationen. Der Fremdenverkehr leidet unter mangelnder Infrastruktur und geringer Nachfrage; er beeinflußt nur in wenigen Orten die Sozialstruktur und das äußere Bild (s. S. 221).

Wenige Bergbauorte mit Unterkünften und Aufbereitungsanlagen sind an den Fundstellen von Lagerstätten entstanden, z. B. bei Andriamena für den Chromitabbau und im Süden der Insel für die Glimmergewinnung. Die Industrie ist fast ausschließlich auf die Städte und die großen Plantagen beschränkt.

Die Fischersiedlungen liegen vornehmlich an der Westküste, wo sich besonders die Volksgruppe der Vezo dem Fischfang widmet. Der Absatz ist lokal beschränkt, da die überregionale Versorgung durch die Küstenstädte erfolgt.

Arbeiterbauern- und Wohnsiedlungen haben sich bisher nur im Umkreis der größten Städte entwickelt und sollen deshalb im Kapitel über die zentralen Orte berücksichtigt werden (s. S. 181).

4.3. Die fremde und die einheimische Kolonisation
und die Binnenwanderungen

Landerschließung und Neuansiedlung der kolonialen und nachkolonialen Zeit haben nur kleine Teile der Insel erfaßt. Die gelenkte Kolonisation der letzten 80 Jahre bleibt nach Nutzfläche und Zahl der Betriebe weit hinter der traditionellen Agrarwirtschaft zurück. Sie hat aber durch neue Betriebs- und Anbauformen starke Impulse, besonders für die Markt- und Exportwirtschaft gebracht und umfangreiche Binnenwanderungen ausgelöst. Die Zielsetzung hat sich dabei gewandelt; früher standen die Interessen der französischen Kolonisten im Vordergrund, heute wird angestrebt, die einheimische Bevölkerung gleichmäßiger zu verteilen und die Ernährungsbasis zu vergrößern.

4.3.1. Französische Kolonisation

Die französische Kolonisation hatte mit der Ansiedlung von Pflanzern an der Ostküste und auf der Insel Nossi-Bé schon in der Mitte des 19. Jhs. begonnen. Unmittelbar nach der Unterwerfung setzte die Verleihung und spätere Übereignung von Konzessionen aus Staatsland an französische Kapitalgesellschaften und Kolonisten, aber auch an indische, chinesische oder andere ausländische Geschäftsleute ein. Die fremde Kolonisation fand im dicht besiedelten zentralen Hochland nur wenig Ansatzpunkte. Die große Mehrzahl der Konzessionen lag in den Randbereichen, die für tropische Exportkulturen klimatisch besser geeignet sind und im Westen dünner besiedelt waren als das Hochland. Es entstanden jedoch nirgends geschlossene Siedlungskolonien, wie z. B. in den White Highlands Kenias; der Fremdbesitz lag zerstreut zwischen dem Kulturland der einheimischen Bauern bzw. Dorfgemeinschaften. Große Teile der Konzessionen blieben unbewirtschaftet und behinderten als Sperrgebiete die einheimische Landerschließung.

Der ausländische Grundbesitz hatte vor dem Ersten Weltkrieg rasch zugenommen. In den beiden Kriegen stagnierte die Entwicklung. Nach der Rebellion von 1947 wurden viele französische Betriebe aufgegeben; der Rückgang verstärkte sich nach der Verselbständigung Madagaskars und der Abwendung von Frankreich durch den Umsturz von 1972. Um 1950 umfaßte der europäische (überwiegend französische) Grundbesitz noch etwa 1,4 Mio ha; bis 1964 war er auf 0,6 Mio ha zurückgegangen; davon lagen 0,2 Mio ha im Nordwesten, 0,1 Mio ha im Osten, der Rest war verstreut in den übrigen Landesteilen (F. Körner 1968). 1970 wurden in der amtlichen Statistik nur noch rd. 172 000 ha als Konzessionen ausgewiesen. Die aufgegebenen Flächen fallen brach oder werden von einheimischen Betrieben übernommen. Die Konzessionen der Inder und Chinesen sind erhalten geblieben.

Unter den europäischen Betrieben haben die großen *Plantagen* der Handelsgesellschaften (Typ der *grande colonisation*) mit ihren einheitlich bewirtschafteten Flächen durch die kapitalintensive und exportorientierte Verknüpfung von Produktion, Verarbeitung und Vermarktung große wirtschaftliche Bedeutung erlangt. Von den zahlreichen, in der frühen Kolonialzeit gegründeten Kapitalgesellschaften überlebten allerdings nur wenige. Andere Unternehmen wie die *Comp. Marseillaise* und *Comp. Lyonnaise de Madagascar* steigerten durch Angliederung von Tochtergesellschaften und Fusionen ihren Einfluß; sie wurden für den Außenhandel unentbehrlich. Die sozialistische Regierung hat die meisten Gesellschaften verstaatlicht bzw. die Kapitalmehrheit übernommen.

Zu den größten Betrieben des Landes gehören die Zuckerrohrpflanzungen im Nordwesten bei Ambilobe (7400 ha) am nördlichen, bei Namakia (2500 ha) am südlichen Mahavavyfluß und auf der Insel Nossi-Bé (2500 ha); ausreichende Niederschläge und fruchtbare Alluvialböden bieten hier günstige Voraussetzungen. Diese Betriebe beschäftigen in der Erntezeit zusammen 20—30 000 Arbeiter. Im trockenen Süden liegen am Unterlauf des Mandrare riesige Sisalplantagen (20 000 ha). Die zwischen 1920 und 1950 angelegten Großbetriebe zeigen inmitten der traditionellen gewachsenen Agrarlandschaft das für Madagaskar ungewöhnliche Bild der geometrischen, einheitlich bebauten Großblockflur, die in Betriebsparzellen von mehreren hundert Metern Breite und bis zu einigen Kilometern Länge unterteilt ist (Bild 32). Geringe Abweichungen vom schematischen Muster entstehen nur durch Geländegestalt und Verlauf der Flüsse.

Die Siedlungen der Plantagen sind ebenfalls regelmäßig angelegt und mit Verwaltungsgebäuden, Verarbeitungsbetrieben (z. B. Zuckerraffinerien), Lagern und Werkstätten ausgestattet. Die Wohnhäuser der höheren, z. T. europäischen Angestellten liegen inmitten von Gärten und lassen noch den gehobenen Lebensstil der Kolonialherren erkennen. Daneben verfügen die Plantagen über Arbeiterdörfer, die im Nordwesten zahlreiche Immigrantenfamilien aus dem Süden (besonders Antandroy) beherbergen. Die Arbeitersiedlungen der SOSUMAV (*Société sucrière de Mahavavy*) bei Ambilobe haben mit Schulen, Geschäften, Märkten und Kirchen bzw. Moscheen selbständige Versorgungsfunktionen. Fehlkonstruktionen sind die aus Aluminium und Zement erbauten Arbeiterhäuser der Zuckerfabrik Dzamandzar auf Nossi-Bé, die gegen Stürme schützen sollen, sich aber im feuchtwarmen Klima nicht bewährten, da sie schlecht durchlüftet sind. In den Sisalpflanzungen am Mandrare wurden die Arbeiterwohnhäuser im traditionellen Stil angelegt, sind jedoch für die kinderreichen Familien zu klein. Soziale Probleme entstehen durch die Fluktuation der Arbeiterschaft. Viele Immigranten verlassen die Siedlungen wieder nach einer kurzen Arbeitszeit, so daß eine integrierte Siedlungsgemeinschaft nicht entsteht.

Die großen Plantagen sind für den Staat als Devisenbringer, für die Bevölkerung, namentlich des Südens, als Arbeitgeber unentbehrlich. Seit 1976/77 sind die Zuckerrohrpflanzungen ganz oder mit Kapitalmehrheit in Staatshand übergegangen.

Neben den Plantagen sind Betriebe kleinerer französischer Kapitalgesellschaften, europäischer und asiatischer *Kolonisten* in vielen Landesteilen entstanden (Typ der *petite colonisation*). Dazu gehören im Nordwesten Kakao- und Bananenpflanzungen um Ambanja, Reis- und Viehzuchtbetriebe am unteren Betsibokafluß, Tabak- und Baumwollfarmen um Port Bergé und Mampikony. Auf der Insel Nossi-Bé ist neben einer Vielzahl anderer Kulturen (Kaffee, Gewürze) der Anbau von Parfümpflanzen (Ylang-ylang u. a.) stark verbreitet. Im Westen wurden um Miandrivazo Farmen mit Baumwolle und Tabak, um Tuléar mit Sisal, Kaperbsen und Baumwolle angelegt. In den Konzessionen des Ostens lag der Schwerpunkt hingegen auf Kaffee (besonders um Mananjary), auf Zuckerrohr und Bananen (um Tamatave-Brickaville) und, schon seit 1865, auf Vanille und Gewürznelken (um Antalaha, Sambava und Andapa). Im Hochland hatten nur die um 1935 gegründeten und heute weitgehend aufgegebenen Pflanzungen mit Tungölbäumen *(Aleurites Fordii)* um den Itasysee größere Exportbedeutung. Am Alaotrasee legten französische Kolonisten Reisbaubetriebe an.

Die Farmen betrieben meist gemischten Anbau und trugen mit kleinen Mengen zum Export bei. Eine Gesamtkonzeption für die Kolonisation bestand nicht. Die weite Streuung der Farmen und die mangelhafte Infrastruktur erschwerten den Transport der Produkte. Die Entwicklung der einzelnen Betriebe hing weitgehend von der Initiative und Anpassungsfähigkeit der Inhaber ab und viele Farmen wurden als nicht rentabel wieder aufgegeben.

Im Flurbild heben sich die Besitzblöcke der Farmen durch ihre Unregelmäßigkeit von den geometrischen Parzellen der großen Plantagen, durch ihre Größe von der engmaschigen Block- und Streifenflur der Einheimischen ab. Die Erschließung erfolgte von den Flußläufen und Verkehrslinien aus, wobei im Osten die Rodung senkrecht dazu in den Regenwald vordrang, während im Westen die flußparallelen Uferdämme bevorzugt wurden. Viele Betriebe überließen ihren einheimischen Arbeitern kleine randliche Parzellen zur Nutzung. Die Einzelsiedlungen der Kolonisten sind mit Wohnhäusern im Bungalowstil und Wirtschaftsgebäuden, in denen die Produkte gelagert und teilweise weiterverarbeitet werden, bescheidene Abbilder der Plantagen.

In den dichter von der ausländischen Kolonisation erfaßten Gebieten mischten sich die Parzellen von Kolonisten sehr verschiedener Herkunft auf engem Raum. Im Umland der Stadt Mananjary an der Ostküste lag nach Angaben von 1968 der Besitz von Farmern aus Frankreich und von der Insel Réunion, von chinesischen und indischen Geschäftsleuten, staatliches, kirchliches und städtisches Eigentum bunt gemischt; den größten Anteil hatten französische Handelsgesellschaften, während Einheimische nur mit kleinen Parzellen in Stadtnähe vertreten waren (Abb. 24).

Das Ende des europäischen Kolonistentums ist heute gekommen. Der Abzug der letzten Pflanzer erfolgt nicht nur aus politischen Gründen, sondern auch wegen des unsicheren Absatzes in abseitiger Weltverkehrslage, aus Mangel an Kapital

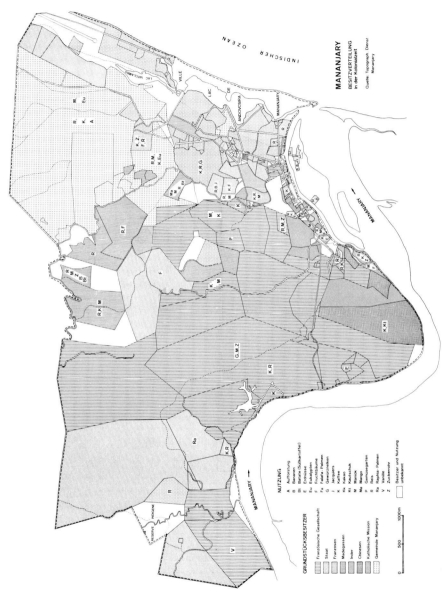

Abb. 24.

für Investitionen, in entlegenen Gebieten auch wegen fehlender Arbeitskräfte. Die Betriebe sind häufig vernachlässigt; ältere Kolonisten, die sich in Europa keine Existenz mehr aufbauen können, fristen als *pauvres blancs* noch dürftig ihre Existenz. Die jüngere Generation wird in Frankreich ausgebildet und verbleibt meist dort; die Kinder aus den häufigen Mischehen zwischen französischen Kolonisten und madagassischen Frauen werden hingegen rasch in die einheimische Gesellschaft integriert.

4.3.2. Moderne Binnenkolonisation

Die moderne Binnenkolonisation mit planmäßiger Landerschließung und Ansiedlung von Einheimischen setzte schon gegen Ende der Kolonialzeit ein. Frankreich ging damit zu einer Landpolitik über, die nicht nur die eigenen Kolonisten begünstigte und die Eingeborenen in den *Réserves indigènes* sich selbst überließ. Geeignete Gebiete sollten nun mit staatlicher Hilfe zur Aufnahme der Emigranten übervölkerter Räume infrastrukturell erschlossen werden. Dies geschah auch, um den wachsenden Unabhängigkeitstendenzen entgegenzuwirken. Nach 1960 gingen die Projekte in die Regie des madagassischen Staates über. Planung und Durchführung wurden zum Teil von Gesellschaften übernommen, an denen mehrheitlich der Staat, ferner Banken und in abnehmendem Maße Frankreich Kapitalanteil hatten; an der Finanzierung war die internationale Entwicklungshilfe stark beteiligt.

Als Schwerpunkte der Kolonisation wurden seit 1962 dreizehn Erschließungszonen (AMRV = *Aires de Mise en Valeur Rurale*) ausgewiesen. In ihnen gelten besondere bodenrechtliche Vorschriften. Die private Aneignung ist untersagt, Landzuteilung und Bodennutzung richten sich nach dem Gesamtplan der Projekte. Die Kolonisten haben teils nur Nutzungsrechte (AMVR Mangoky), teils können sie das Land abzahlen und als Eigentum erwerben (AMVR Sakay, Lac Alaotra). Wenn die zugeteilte Fläche nicht effektiv und dauernd genutzt wird, fällt sie an den Staat bzw. an die Gesellschaft zurück. Das Land kann im öffentlichen Interesse mit Entschädigung enteignet oder umverteilt werden, es darf nicht verkauft oder an mehrere Erben verteilt werden. Damit will man die Grundstückszersplitterung und -spekulation verhindern. Die Weitervergabe durch Naturalpacht (Métayage) ist verboten.

Als Beispiele für Formen und Probleme der Binnenkolonisation sollen die drei größten Vorhaben am Alaotrasee im Nordosten, im Gebiet Sakay westlich von Tananarive und am Mangokyfluß im Südwesten vorgestellt werden.

Am *Alaotrasee* saßen schon vor dem Ersten Weltkrieg Reis anbauende französische Kolonisten auf Landkonzessionen. Seit 1919 wurden vom Staat Erschließungsarbeiten zur Wasserregulierung im Verlandungsgebiet durchgeführt. Der Bahnbau im Jahre 1922 erleichterte den Reisexport. Seit 1961 führt die Gesellschaft SOMALAC *(Société malgache d'aménagement du Lac Alaotra)* eine umfassende Neulandgewinnung mit Talsperren, Be- und Entwässerungskanälen und Planieren der Anbaufläche durch und sucht durch Versuchsstationen, Verarbeitungsbetriebe und Organisation der Vermarktung den Reisanbau zu fördern. Die schon vordem starke Immigration der Merina und Betsileo, die sich als Pächter ansiedelten, wurde nun durch planmäßige Landzuteilung gefördert. Bis 1970 waren rd. 17000 ha für den Reisanbau erschlossen und 3200 Familien zugeteilt worden, die sich in den älteren Dörfern am Rande des Verlandungsgebietes und in einem neugegründeten Ort (Anony) niederließen. Die Bevölkerung des Raumes stieg zwischen 1900 und 1970 von 30 000 auf 165 000 an! Ältere Nutzflächen wurden umverteilt, indem man ehemalige Konzessionen aufkaufte, parzelliertes Land durch Flurbereinigung zusammenlegte und auswärtigen Streubesitz gegen Entschädigung enteignete.

Die Kolonistenbetriebe umfassen je nach Größe der Familie 1—5 ha Reisfelder neben den unbewässerten Parzellen auf den umgebenden Höhen. Die Reiserträge konnten von 1,5 t/ha auf 3 t/ha im Mittel, in manchen Betrieben auf 5—6 t/ha gesteigert werden; damit ist der Verkauf von mehreren Tonnen/ha möglich. Andererseits traten neue Probleme auf. Die ansässigen Bauern leisteten Widerstand gegen die Flurbereinigung und gegen das Verbot der Métayage, die in verschleierter Form noch weiterbesteht. Viele Kolonisten empfinden die für die Erschließung und Nutzung vorgeschriebenen Ernteabgaben an die Gesellschaft als neue Form der Métayage, widmen sich vornehmlich dem Regenfeldbau und unterverpachten ihre Reisfelder heimlich. Auf der anderen Seite haben dynamische Betriebe Produktionsmittel, z. B. Traktoren, erworben; sie können damit ungenügend ausgestatteten Kolonisten gegen Zahlung Hilfe leisten und eine neue Abhängigkeit aufzwingen. Anstelle des geplanten Besitzausgleichs vollzieht sich so z. T. ein Übergang von der traditionellen Grundrente zum modernen Agrarkapitalismus durch den Besitz von Produktionsmitteln (J. CHARMES 1973).

Das Kolonisationsgebiet *Sakay* liegt in dem früher fast unbesiedelten Grenzsaum der Merina westlich von Tananarive. Seit 1952 wurden hier französische Auswanderer der übervölkerten Insel Réunion angesiedelt, nach 1960 auch Merina, Betsileo und Antandroy. Die Kolonisten von Réunion erhielten genormte Einzelhofbetriebe mit Wohnhäusern, Ställen und Schuppen zugeteilt. Die Anwesen liegen am Rand der Hochfläche über den Talanfängen; zu Hunderten verstreut, bieten sie das für Madagaskar ungewöhnliche Bild eines reinen Einzelhofgebietes. Die arrondierte Nutzfläche umfaßt je Betrieb etwa 30 ha Weide auf der Hochfläche und 20 ha gemischten Anbaus mit Mais, Maniok, Bergreis und Erdnüssen auf den Hängen der Riedel; die Kolluvialböden der Talniederungen dienen dem Gartenbau. Naßreisanbau wird wegen des Wassermangels nicht betrieben. Das Schwergewicht liegt auf der Viehhaltung, insbesondere auf der Schweinezucht. Die neue Asphaltstraße nach Tananarive erleichtert den Absatz. Die starken Erosions- und Windschäden auf den ferrallitischen, mit vulkanischen Aschen gemischten Böden werden mit Konturterrassen, die von Grasstreifen und Wassergräben begrenzt sind, und mit Eukalyptusanpflanzungen bekämpft (Bild 30). Die madagassischen Kolonisten erhielten Betriebe mit 5—15 ha Fläche und kleine Gruppensiedlungen, da sie die Vereinzelung ablehnen. Der neue Ort Babetville verfügt mit Geschäften, Kirche, Schule, Markt, Krankenstation, Werkstätten und Verarbeitungsbetrieben über Einrichtungen eines ländlichen Zentrums, ergänzt durch kleinere Stützpunkte zwischen den Höfen. Auf einer Gesamtfläche von 33 000 ha ist so innerhalb von 20 Jahren eine neue, vorgeplante Kulturlandschaft entstanden. Probleme und Mißerfolge blieben jedoch auch hier nicht aus. Schon bei der Erschließung ergaben sich Konflikte, da die Weidenutzung der umliegenden älteren Orte eingeschränkt wurde. Die Siedler von Réunion waren mittellos und für eine Kolonisation nicht vorgebildet; ganz ungeeignet als Pionierbauern waren Arbeitslose, die man in Tananarive anwarb, als der erwartete Zuzug bäuerlicher Interessenten ausblieb. Die Siedler blieben auf hohe Subventionen und Kredite angewiesen, die häufig ohne wirtschaftlichen Erfolg verbraucht wurden und zu starker Verschuldung führten. Dazu kamen der Mangel an Arbeitskräften und technischer Ausstattung und die ungenügende Infrastruktur der weitgestreuten Kolonisation. Manche Betriebe haben zwar mit eigener Initiative eine neue Lebensgrundlage und Anschluß an die Marktwirtschaft gefunden, viele Kolonisten leben aber bis heute am Rande des Existenzminimums.

Die Ansiedlung madagassischer Immigranten brachte gesellschaftliche Gegensätze zwischen den Kolonistengruppen. Die Madagassen übernahmen nur ungern die marktorientierte Wirtschaftsform mit Schweinezucht anstelle der traditionellen Kombination von Naßreisanbau und Rinderhaltung. So ist die volle Integration nicht gelungen. Insgesamt hat das Projekt zwar Teilerfolge erzielt, kann jedoch im ganzen nicht mehr als Musterbeispiel einer Kolonisation dienen.

Die dritte großflächige Landerschließung erfolgte am Unterlauf des *Mangokyflusses* (Abb. 25) im Südwesten. Nach längeren Vorstudien noch unter französischer Regie begann 1961 die Ansiedlung von Kolonisten auf einer durch Bewässerungskanäle und Planierung erschlossenen *Unité pilote*. 1968 waren bereits 1100 Siedler installiert, 1971 2700 ha erschlossen. Die Kolonisten sind überwiegend einheimische Masikoro, aber auch Emigranten aus dem Süden und Südosten, weniger aus dem Hochland.

Das erschlossene Land ist in große, von Kanälen und Wegen gesäumte Streifen unterteilt, die wiederum in 20—30 Betriebsparzellen zu je 0,5—1 ha gegliedert sind. Diese werden den Kolonisten nur zur Nutznießung überlassen; das Land bleibt Eigentum der Erschließungsgesellschaft SAMANGOKY *(Société pour l'Aménagement de la Vallée du Mangoky)*. Der Anbau konzentriert sich auf Baumwolle für den Inlandbedarf sowie auf Naßreis und Futterpflanzen für die Selbstversorgung, ergänzt durch Gemüse- und Regenfeldkulturen außerhalb des

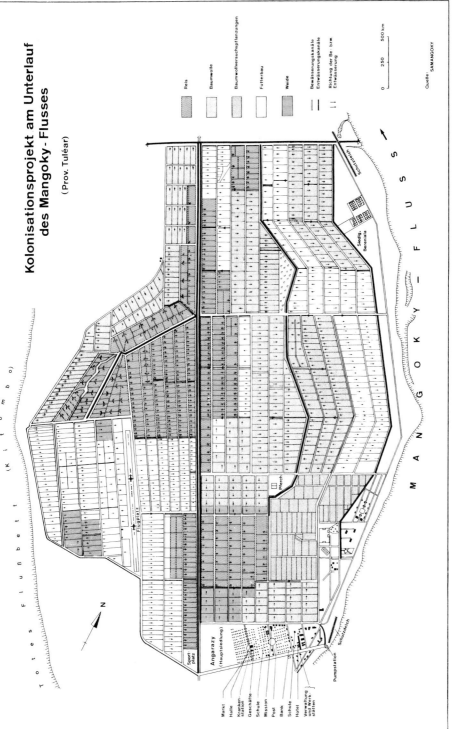

Kolonisationsprojekt am Unterlauf des Mangoky-Flusses

(Prov. Tuléar)

Reis
Baumwolle
Baumwollversuchspflanzungen
Futterbau
Weide
Bewässerungskanäle
Entwässerungskanäle
Richtung der Be- bzw. Entwässerung

0   250   500 km

Quelle: SAMANGOKY

(K i t o m b o)

T o t e s   F l u ß b e t t

N

Sportplatz

Flugplatz

Angarazy (Hauptsiedlung)

Markt
Halle
Krankenstation
Geschäfte
Schule
Mission
Post
Bank
Schule
Hotel
Verwaltung und Werkstätten

Pferch

Pumpstation
Schutzdeich

Schutzdeich

Siedlg. Beremiela

M A N G O K Y - F L U S S

Abb. 25.

Projektes. Die Reisfelder auf Lehmboden verbleiben den Kolonisten zur dauernden Nutzung, während die auf sandigeren Böden liegenden Parzellen für den Baumwoll- und Futteranbau jährlich neu verteilt werden. Die Gesellschaft besorgt die großflächige Bestellung der Felder und die Vermarktung, die Kolonisten führen Pflanzen, Jäten und Ernten selbständig auf den Betriebsparzellen durch. Für Landnutzung und Feldarbeiten müssen an die Gesellschaft die Hälfte des Reis- und zwei Drittel des Baumwollertrages abgeführt werden. Als zentraler Ort entstand neben dem alten Dorf Tanandava eine neue Plansiedlung, die außer der Verwaltung alle wesentlichen Dienstleistungseinrichtungen und die aus Zement-Hohlblocksteinen errichteten Wohnhäuser der Siedler umfaßt (Abb. 25). Weitere Gruppensiedlungen wurden am Rand des Projektes errichtet, um die Wege zu den Feldern zu verkürzen.

Das mit internationaler technischer und finanzieller Hilfe gestartete große Unternehmen schien mit der raschen Ansiedlung und Produktion zunächst ein voller Erfolg zu sein, der die hohen Investitionen lohnte. Negative Erfahrungen der letzten zehn Jahre haben inzwischen den früheren Enthusiasmus gedämpft. In der Regenzeit 1969/70 richteten Zyklone und Überschwemmungen schwere Schäden an, da man die Hochwässer unterschätzt und die Deiche zu niedrig gebaut hatte. Die Fluktuation der Kolonisten war unerwartet hoch; viele kehrten nach einigen Jahren in die Heimat zurück oder vernachlässigten die Arbeit in der Erschließungszone zugunsten des Regenfeldbaus, der zumal der Bevölkerung des Südens mehr vertraut ist. Die Unterverpachtung wurde wie am Alaotrasee heimlich weiterbetrieben. Durch das Pachtverhältnis zur Gesellschaft mit hohen Abgaben, die z. T. wechselnde Parzellennutzung und die geringe Entscheidungsfreiheit fühlten sich die Kolonisten wenig mit dem Projekt verbunden. Die Rentabilität des Baumwollanbaus war geringer als erwartet; die Produktion auf dem natürlichen Überschwemmungsgelände der Baibohoterrassen erwies sich als kostengünstiger. In den letzten Jahren wurden die hydrotechnischen Anlagen verbessert, und man sucht heute durch eine stärkere Mitbestimmung der Kolonisten die Integration zu fördern, so daß die künftige Entwicklung wieder positiver gesehen werden kann. Die hohen Kosten erfordern jedoch weiterhin internationale Hilfe.

Andere Erschließungszonen entstanden z. B. am Betsibokafluß mit Moorkultivierungen und bei Ambila an der Ostküste für Ölpalmenpflanzungen. Im Entwicklungsgebiet von *Morondava* an der Westküste wurden mit Hilfe französischer, deutscher und italienischer Hydrotechniker und deutscher Entwicklungshelfer beachtliche Fortschritte durch verbesserte Bewässerungsanlagen, rationelle Reisanbaumethoden und Flurzusammenlegungen erzielt. Der Anbau von Erdnüssen und Kaperbsen sowie Orangenpflanzungen dienen der Vermarktung. In der *Ifanjaniederung* nordöstlich des Itasysees erfolgte neben der spontanen, ungelenkten Immigration eine planmäßige Ansiedlung von Merina- und Betsileofamilien mit neu zugeteilten Reisfeldern im entwässerten Sumpfland. Für den Ausbau wurden 1976 Techniker aus Nordkorea herangezogen.

Große Hoffnungen setzte man früher auf die Erschließung des *Ankaizinabek-kens* um Bealanana südwestlich des Tsaratanana-Massivs. Neben den von Osten eingewanderten Tsimihety siedelten sich französische Pflanzer und Emigranten der Betsileo und Merina an. Höhenlage und Klima begünstigten hier den Anbau von *Coffea arabica*. Die isolierte Lage des Beckens mit ungenügender Verkehrsverbindung zum Vorland und die schwierige Drainage des Sumpfgebietes behinderten jedoch die Kolonisierung. Die wenigen Kaffeepflanzungen sind heute verfallen, neben dem traditionellen Reisanbau herrscht weiterhin die extensive Viehhaltung in diesem einsamen, landschaftlich reizvollen Gebiet.

Seit etwa 1970 bahnt sich eine *Neuorientierung* der Binnenkolonisation an, die sich nicht mehr nur auf die zwar repräsentativen, aber aufwendigen und räumlich beschränkten Entwicklungsprojekte konzentriert. Die negativen Erfahrungen aus diesen Unternehmen, aber auch die fundierten Untersuchungen französischer Soziologen, Agrarwissenschaftler und Geographen zeigten, daß die technisch rationell geplante Kolonisation die einheimische Agrarstruktur zu wenig berücksichtigt hatte und deshalb von der Bevölkerung als fremd und aufoktroyiert empfunden wurde.

Für die Erschließung des mittleren Westens, Kolonisationsgebiet des angrenzenden übervölkerten Hochlandes, sucht man nun unter der Regie der ODEMO *(Opération du Dévelopment du Moyen-Ouest)* nach neuen Wegen. So soll die Ansiedlung nur auf bisher ungenutzten Flächen erfolgen, um Grundbesitzstreit zu vermeiden. Die Kolonisation soll nicht mehr nach starren Maßstäben organisiert, sondern durch eine behutsame Steuerung der spontanen Immigration ersetzt werden. Dazu gehört die Förderung der traditionellen Agrarstruktur, d. h. des Naßreisanbaus, soweit die ökologischen Voraussetzungen dazu gegeben sind, und der Viehhaltung mit verbesserten Weiden. Vor allem aber soll im mittleren Westen der Regenfeldbau verstärkt werden, der den klimatischen Bedingungen dieser Region am besten entspricht und die Selbstversorgung ergänzend zum Reisanbau sichert. Um hohe Kredite und Subventionen zu vermeiden, wird die langsame Entwicklung einer raschen Integration in die Marktwirtschaft vorgezogen. Die Förderung soll sich auf solche Siedler beschränken, die über genügend Kenntnisse in der Landwirtschaft verfügen. Mit diesen Maßnahmen sucht man eine stabile Pionierzone zu schaffen mit Betrieben, die aus eigener Kraft lebensfähig sind. Um eine Überlastung der Kolonisationsräume zu verhindern, soll gleichzeitig die Bodennutzung in den altbesiedelten Gebieten intensiviert und damit die Auswanderung verringert werden.

Das Becken von Andapa im Nordosten ist ein Beispiel dafür, daß die Produktion auch auf der Grundlage der gewachsenen Agrarstruktur verstärkt werden kann. Mit einem Bruchteil der im Mangokygebiet investierten Mittel wurde hier unter aktiver Mitarbeit der Bevölkerung der diversifizierte Anbau von Reis, Kartoffeln, Bohnen, Erdnüssen, von Kaffee und Vanille zur Selbst- und Marktversorgung gesteigert. Mit dem Übergang zum intensiven Gartenbau scheint es möglich zu sein, die für Madagaskar außerordentlich hohe Bevölkerungsdichte von fast 200 Einw./qkm zu halten, ohne Neuland zu erschließen.

Die konzentrierte Förderung einzelner, für die Neulanderschließung besonders geeigneter Gebiete ist auch künftig berechtigt, wenn die Bevölkerung stärker als bisher integriert wird. Darüber hinaus muß sich die Planung aber auch auf die großräumige, extensive und mit traditionellen Methoden arbeitende Erschließung erstrecken und die Agrarstruktur in den älter besiedelten Räumen mit einbeziehen. Es fehlt noch an einem Gesamtplan, der die Projekte koordiniert und Fehlinvestitionen vermeidet.

4.3.3. Bevölkerungswanderungen

Eine der wichtigsten Folgen der fremden und einheimischen Kolonisation ist die Wanderung großer Bevölkerungsteile in Madagaskar (Abb. 1). Man schätzt, daß etwa ein Fünftel der Madagassen heute außerhalb ihrer ursprünglichen Stammesgebiete wohnt. In manchen Landesteilen ist ein ethnischer Pluralismus mit erheblichen sozialen und wirtschaftlichen Konsequenzen entstanden. Die Fluktuation der Bevölkerung hat viele, meist kombinierte Ursachen sowohl in den Quell- als in den Zielgebieten.

Die geschlossene Wanderung von Volksgruppen gehört der Vergangenheit an. Im 18. Jh. breiteten sich die Sakalava in ihrem heutigen Wohngebiet aus, im 19. Jh. expandierten die Tsimihety nach Westen und zog ein großer Teil der Antanosy von der Südostküste nach Südwesten an den Onilahyfluß. Auch der Sklavenhandel brachte zwangsläufig Wanderungen mit sich; die Sklaven wurden z. T. bis auf die Maskarenen-Inseln verschickt. Die Expansion der Merina führte Funktionäre und Händler in die unterworfenen Gebiete, namentlich in die zentralen Orte, andererseits flohen Einheimische, um dem Zwang der neuen Herren zu entgehen.

Mit der Kolonialisierung nahmen die Migrationen rasch zu und erfaßten nun, obwohl sie sich in kleinen Gruppen oder durch Einzelwanderung vollzog, insgesamt große Teile fast aller Volksgruppen. Durch die Befriedung der Insel und den Ausbau der Verkehrslinien konnten nun rasch weite Entfernungen überwunden werden. Vor der Einrichtung des Autobusnetzes waren die Emigranten oft wochen- und monatelang auf der Wanderschaft. Heute erreichen sie ihr Ziel in den meist überfüllten Kleinbussen (*Taxis brousse*) in wenigen Tagen.

Diese jüngeren Wanderungen sind in der Hauptsache Ausgleichsströme zwischen Räumen mit ungleicher Bevölkerungsdichte und Naturausstattung. So weisen die mit über 50 Einw./qkm am dichtesten besiedelten Teile des Hochlands und der Südostküste die stärkste Emigration auf. Die rasche Volkszunahme, verbunden mit Landmangel, Erbteilung und nachlassendem Bodenertrag, zwingt bis heute viele Merina, Betsileo, Tsimihety, Antaisaka und Antanosy zur Suche nach Land und Arbeit in anderen Regionen. Die ebenfalls beträchtliche Abwanderung aus dem weniger dicht bewohnten Süden ist hingegen die Folge seiner ökologischen Ungunst. Langdauernde Trockenheit mit Hungersnöten, das Viehsterben nach der Vernichtung der Opuntien durch die Koschenille-Laus und fehlende Arbeitsplätze außerhalb der Landwirtschaft trieben seit dem Ersten Weltkrieg Antandroy und Mahafaly, die bis dahin kaum Kontakte zu anderen Landesteilen hatten, in die Emigration.

Ein weiteres Motiv war die Flucht vor der Steuerzahlung und anderen Maßnahmen der Verwaltung, die z. B. die Brandrodung verbot. Manche entfliehen den sozialen Verpflichtungen in der Familie und Dorfgemeinschaft, dem Zwang der traditionellen Verbote, oder der Strafverfolgung. Ein großer Anreiz ist der Bedarf an Bargeld für den Kauf von Vieh und Land, für die aufwendigen Grabmäler und Feste. Not, Aufstiegsstreben und Freiheitsbedürfnis zugleich brachten so den Strom in Gang.

Der Nordwesten und Westen der Insel nimmt bis heute den größten Teil der Auswanderer auf. Seit Beginn der Kolonialzeit waren hier in den Plantagen und Konzessionen der Ausländer zahlreiche neue Arbeitsplätze entstanden. Die Betriebe litten unter Arbeitskräftemangel und führten Werbeaktionen im ganzen Land durch. Die Zuckerrohrplantagen beschäftigen noch heute eine große Zahl von Arbeitern aus dem Süden und Südosten; ihre im Vergleich zu anderen Landesteilen hohen Löhne haben eine starke Anziehungskraft. Im Süden sind die Sisalplantagen, im Osten in geringerem Maß die Vanille- und Kaffeepflanzungen Ziel der Auswanderung.

Der Westen bot sich auch durch seine Landreserven als Auffangraum an. So fand die Bevölkerungsexplosion der Tsimihety ein Ventil in der spontanen Kolonisierung des angrenzenden Vorlandes, wo die Sakalava verdrängt wurden. In den jungen Erschließungszonen an der Westküste mischen sich die Volksgruppen auf engem Raum. Um Morondava wohnen heute neben den einheimischen Sakalava die Betsileo, Bara, Antaisaka und Antandroy, am unteren Mangokyfluß die Mahafaly, Antanosy, Merina, Tanala und Antaifasy neben den einheimischen Masikoro und Vezo.

Die Zielrichtungen der einzelnen Volksgruppen sind unterschiedlich. Die Auswanderer der Merina und Betsileo konzentrieren sich auf den ihrer Heimat näheren Nordwesten und mittleren Westen, die Tsimihety entsprechend auf den Nordwesten und Nordosten. Die Antandroy, Bara und Mahafaly wandern bis in den äußersten Nordwesten. Die Volksgruppen des Südostens sind am weitesten, d. h. über alle periphere Landesteile verstreut. Die Emigranten des Südens und Südostens sind weniger Kolonisten als Arbeiter, die für einige Jahre Beschäftigung suchen und dann mit dem Ersparten in die Heimat zurückkehren. Die Fluktuation ist bei ihnen viel stärker als bei den Kolonisten, die sich meist für dauernd niederlassen.

Während im Nordwesten und Teilen des Westens heute die Zahl der Eingewanderten die der Einheimischen übersteigt, üben der Osten und Süden des Landes keine Anziehungskraft aus. Im Süden schreckt die ökologische Ungunst des
abgelegenen Trockenraumes ab, im Osten wirken das für Immigranten unge-
wohnte feuchtwarme Klima und die Übervölkerung abweisend. Andererseits
wandern die Betsimisaraka der Ostseite ungern in die übrigen, naturräumlich andersartigen Landesteile aus. Auch das dicht bevölkerte Hochland ist kein Einwan-
dererziel, doch vollziehen sich hier interne Migrationen in die weniger stark genutzten Teilgebiete und insbesondere in die Städte. Die größeren zentralen Orte
sind heute allgemein zu Anziehungspunkten für ihr weiteres Umland geworden
(s. S. 190).

Die Folgen der Migrationen sind sowohl in den Ziel- wie in den Ausgangsge-
bieten tiefgreifend (vgl. u. a. R. WUEST 1974). In den Zielräumen, besonders im
Nordwesten, umfassen die Einwanderer eine breite Berufs- und Sozialspanne von
den saisonalen oder temporären Arbeitern in den Plantagen und Pflanzungen über
die bodenverbundenen Pächter und Landeigentümer bis zu den Dienstleistungen
in Handel und Verwaltung der Städte. Dabei entwickelte sich eine Arbeitsteilung
und soziale Differenzierung zwischen den Volksgruppen. Die Emigranten des
Hochlandes, besonders die Merina, übernehmen infolge ihres höheren Bildungs-
standes häufig gehobene Posten in Verwaltung, Wirtschaft, Erziehung und Technik; sie bilden, insbesondere in den Städten, eine bürgerliche Oberschicht mit
französischem Kultureinschlag. Dazu gehören auch die wohlhabenden indischen
Unternehmer. Zum Mittelstand sind neben den indischen, chinesischen und vereinzelten griechischen Kleinhändlern und Handwerkern viele Tsimihety, Sakalava
oder Antakarana mit Fachausbildung zu rechnen. Sie nehmen untere oder mittlere
Stellungen im öffentlichen Dienst ein und sind als Handwerker, Facharbeiter oder
Techniker beschäftigt. Der Unterschicht gehören, dem geringeren Bildungsstand
entsprechend, die Antandroy, Mahafaly, Bara und Antaisaka an, die als Arbeiter
in den Pflanzungen und in den Städten tätig sind, ferner die mit unteren Dienstleistungen beschäftigten Komorianer. Bei den bäuerlichen Kolonisten nehmen die
Landeigentümer, zu denen namentlich die Betsileo und Tsimihety zählen, eine
gehobene Stellung gegenüber den Pächtern ein.

Spannungen sind bei diesem ethnischen Pluralismus unvermeidlich. Sie ent-
zünden sich an der Konkurrenz um den Arbeitsplatz und am Streit um Grundbesitzrechte. Aber auch die Unterschiede der Lebensweise, der Dialekte, der Bildung und Religion mit abweichenden Gebräuchen, z. B. bei Festen und Tabuvor-
schriften, geben Anlaß zu Reibungen. Die Integration in die einheimische Bevölkerung vollzieht sich nur langsam. Sie hängt von der Zahl der Zugewanderten und
der Dauer der Ansässigkeit ab; oft wird sie erst in der folgenden Generation erreicht. Als Ehepartner werden die Angehörigen der eigenen Volksgruppe bevorzugt, die Bindungen an Sippe und Dorf im Heimatgebiet sind meist noch eng, und
viele Emigranten lassen sich im fernen Familiengrab bestatten. Der interethnische

Kulturaustausch ist gering, zumal in den Siedlungen, die überwiegend von einer Immigrantengruppe bewohnt werden. Bei den ursprünglichen Volksgruppen lockern sich die internen sozialen Bindungen, wenn die Dorfgemeinschaft von Zugewanderten durchsetzt wird.

Die alten politischen Gegensätze wirken sich ebenfalls in Spannungen zwischen den Volksgruppen aus. Es bildeten sich radikale Gruppen in der Arbeiterschaft der Plantagen, die gegen die sozialen Unterschiede und vor dem Umsturz 1972 gegen die Regierung opponierten. Die Aufgabe der Verwaltungsfunktionäre ist schwierig, da sie sowohl den traditionellen Gemeinschaften wie den zugewanderten Gruppen und damit sehr verschiedenen Interessen gegenüberstehen.

Die wirtschaftlichen Folgen sind z. T. positiv, da die Einwanderung neue Impulse für Landwirtschaft, Gewerbe und Handel mit sich bringt. Auf dem Agrarsektor haben sich verbesserte Methoden des Naßreisanbaus und der Bewässerung, der Einsatz von Pflug, Spannvieh und vereinzelt von Traktoren durch die Immigration aus dem Hochland ausgebreitet. Die Einheimischen übernehmen, wenn auch zunächst widerwillig, die neuen Nutzungsformen, um konkurrenzfähig zu bleiben. Ohne die Einwanderung wäre die rasche Erschließung des Westens und Nordwestens nicht möglich gewesen. Der Bevölkerungszuwachs belebt gleichzeitig den Warenumsatz und beschleunigt den Übergang von der Subsistenz- zur Marktwirtschaft.

Andererseits verursacht der starke Zuzug Landmangel und beschleunigte Bodenerschöpfung in den dichter besiedelten Zielgebieten. Das vermehrte Angebot an Arbeitskräften führt, namentlich in den Städten, zu Unterbeschäftigung und Arbeitslosigkeit.

Auf die Ursprungsräume wirkt die Emigration zunächst günstig, da sie die Übervölkerung vermindert und Nutzflächen für die verbleibenden Bewohner freimacht. Die Rückkehrer können mit den ersparten Geldbeträgen den Lebensstandard ihrer Familien verbessern und sind in Notlagen oft die letzte Rettung. Die Rückwanderer genießen erhöhtes soziales Ansehen und bringen Anregungen aus anderen Landesteilen mit. Doch dienen die Ersparnisse oft weniger den produktiven Investitionen, d. h. der verbesserten und erweiterten Bodennutzung, als den ostentativen Bedürfnissen des Kultes und Prestiges. So werden große Summen für die Anlage von Grabmälern, für Feste und den Kauf von Rindern ausgegeben. Die längere oder endgültige Auswanderung bringt den Ursprungsgebieten erhebliche Nachteile durch den Verlust an Arbeitskräften, der zu wirtschaftlichem Rückgang und teilweisem Verfall der Orte führen kann. Oft gehen gerade die Bewohner verloren, die sich durch besondere Fähigkeiten, durch Dynamik und Unternehmungslust auszeichnen. Wenn auch die Kontakte zur Heimat noch weiter gepflegt werden, lockern sich doch die Beziehungen auf lange Sicht und auch innerhalb der Dorfgemeinschaft schwächt die Auswanderung die Geschlossenheit der Familien und die gewachsenen sozialen Strukturen. Spätere Rückkehrer werden oft nicht mehr integriert und wandern in die Städte ab.

Langfristig gesehen werden die Wanderungen zur Verschmelzung der Volksgruppen in den Auffanggebieten führen. Die Migration fördert den Ausgleich
zwischen den Regionen, sie belastet das Land aber noch mit vielen Problemen. Die
Folgen der natur- und wirtschaftsräumlichen Differenzierung Madagaskars
werden an ihr besonders deutlich.

4.4. Die Methoden und Produkte der Primärwirtschaft

4.4.1. Ackerbau und Baumkulturen

4.4.1.1. Gesamtverteilung

Ein Querschnitt durch die Insel, der von der Ostseite mit ihrem engmaschigen
Gefüge warmtropischer Tieflandkulturen über den Regenwald zum Hochland mit
seinem Naßreisanbau in den Niederungen und dem Regenfeldbau an den Hängen
bis zu den dürftigen Weiden des Westens und Südens führt, zeigt eindringlich die
Vielfalt und unterschiedliche Intensität der Nutzung. Nur 5 % der Gesamtfläche
sind Kulturland mit Feldbau oder Baumpflanzungen; der Rest wird nicht oder nur
sehr extensiv genutzt, wie die Schätzung der Gesamtverteilung (Tab. 2) zeigt.

Tab. 2: Gesamtverteilung der Bodennutzung
(1971/74 n. Statistiques agricoles)

	qkm	%
Kulturland	29 500	5,0
Wiesen, Weiden	340 000	57,9
Wälder	124 700	21,3
kultivierbar	48 800	8,3
nicht kultivierbar	38 540	6,6
Flüsse, Seen	5 500	0,9
Gesamtfläche	587 040	100,0

Zu den Wäldern werden die kaum genutzten Bestände des östlichen Regen-
und westlichen Trockenwaldes und des Dornbusches im Süden gerechnet; einschließlich der degradierten Wälder erhöht sich ihr Anteil auf etwa 30 %. Als nicht
kultiviert, aber noch nutzbar gelten große Teile des mittleren Westens, die für den
Regenfeldbau, und der Flußniederungen im westlichen Tiefland, die für Bewässe-
rungskulturen in Wert gesetzt werden können. Beträchtlich ist der Anteil des
Landes, dessen Boden durch Entwaldung und Buschfeuer so stark erodiert und
degradiert wurde, daß keine Nutzung mehr möglich ist.
Das verbleibende Kulturland von 2,95 Mio ha ist wesentlich kleiner als das der

Bundesrepublik Deutschland (1974: 14,4 Mio ha). Die Bevölkerungsdichte, die insgesamt 15 Einw./qkm beträgt (1977), steigt, bezogen auf die kultivierte Fläche, auf 299 an! Dabei ist zu berücksichtigen, daß etwa 40 % dieser Fläche durch Brache zeitweilig für den produktiven Anbau ausfallen.

Der Nutzungsgrad ist in den Landesteilen sehr unterschiedlich. Der Anteil des Kulturlandes liegt im zentralen Hochland, im Nordwesten und im östlichen Küstenvorland über dem Durchschnitt (Abb. 26) und erreicht um Tananarive, Tamatave und auf den Inseln Nossi-Bé und Ste. Marie höchste Werte. Das Klima begünstigt hier mit ausreichenden Niederschlägen den Anbau und damit eine höhere Bevölkerungsdichte, die ihrerseits wiederum die Intensität der Bewirtschaftung steigert. Die gleiche Wechselwirkung zeigt sich im Westen und Südwesten; hier ist das überwiegend aride Klima mit geringer Bevölkerungsdichte, extensiver Weidewirtschaft und niedrigem Anteil des Kulturlandes (z. T. unter 2 %) verknüpft.

4.4.1.2. Methoden der Erschließung und Nutzung

Innerhalb des Kulturlandes ist die Intensität der Bestellung entsprechend den klima- und bodenbedingten Methoden der Erschließung und Nutzung sehr unterschiedlich. Regen- und Bewässerungsfeldbau sind dabei die wichtigsten Formen in Madagaskar.

Der *Regenfeldbau* erfolgt ohne künstliche Bewässerung, d. h. nur aufgrund der Niederschläge. Die Linie von acht ariden Monaten, die im allgemeinen als Grenze des Regenfeldbaus in den Tropen gilt, wird im Südwesten Madagaskars überschritten, doch sind die Erträge hier gering.

In den Waldgebieten wird das Feldland durch die *Brandrodung (tavy)* erschlossen, die am Ende der Trockenzeit (Oktober, November) erfolgt und im Osten noch weit verbreitet ist. Sie wird zwar durch die Behörden bekämpft, da sie die natürliche Vegetation zerstört; sie ist jedoch nicht nur schwer kontrollierbar, sondern auch unvermeidlich, solange die rasch nachlassende Bodenfruchtbarkeit nicht durch Düngung ausgeglichen werden kann und zu weiterer Landerschließung zwingt. Die Brandrodung mobilisiert zwar einen Teil der unter Wald gespeicherten Pflanzennährstoffe in Form der Asche, so daß die im Hackbau eingebrachten Nutzpflanzen zunächst relativ hohe Erträge bringen. Auch im zweiten und dritten Anbaujahr werden aus dem Untergrund noch Nährstoffe nachgeliefert, doch sinken die Erträge nun rasch ab. Andererseits nehmen Strukturzerfall und Bearbeitungswiderstand des Bodens, Erosion und Unkrautwuchs zu, d. h. das Ertrags-Aufwandverhältnis wird ungünstig.

Deshalb ist die *Landwechselwirtschaft*, bei der die Felder nach drei- bis fünfjährigem Anbau verlassen und oft erst nach jahrzehntelanger Regeneration des Bodens unter Sekundärvegetation wieder bestellt werden, noch in allen Landesteilen üblich. Sie wird besonders auf den ortsfernen Nutzflächen und zur Selbstversorgung betrieben. In Ortsnähe wird der Anbau, unterstützt durch Düngung und Fruchtwechsel, ohne Landwechsel durchgeführt. Der *Wanderfeldbau*, bei dem nicht nur die Nutzflächen, sondern auch die Siedlungen verlegt werden, ist selten und erst nach endgültiger Bodenerschöpfung notwendig.

Der *Überschwemmungsfeldbau* ist eine Übergangsform zur künstlichen Bewässerung. Er beruht auf der Speicherung des Wassers im Boden nach den Überschwemmungen der Regenzeit und ermöglicht den Anbau von einjährigen Kulturen in der Trockenzeit ohne weitere Wasserzufuhr. Die Überschwemmungen verbessern außerdem durch ihre Ablagerungen die Bodenfruchtbarkeit. Besonders begünstigt sind die vom Hochwasser der Flüsse erreichten Terrassen und Uferdämme mit ihren sandig-tonigen Böden, genutzt durch eine Vielzahl von Feld-, Strauch- und Baumkulturen. Die tieferen, schlechter drainierten Niederungen mit schweren, tonigen Böden bleiben überwiegend dem Reisanbau vorbehalten.

Der *Bewässerungsfeldbau* ermöglicht durch künstliche Wasserzufuhr den Anbau in der Trockenzeit und reguliert den Wasserstand während des ganzen Jahres. Er umfaßt über ein Fünftel des Kulturlandes und fehlt nur im Südwesten aus Mangel an Wasserreserven.

Im immerfeuchten Osten muß nur für die geregelte Wasserzu- und -abfuhr beim Naßreisanbau gesorgt werden; Speicheranlagen sind hier nicht erforderlich. Im wechselfeuchten Hochland muß das Wasser für die Trockenzeit gespeichert werden, soweit die Flüsse nicht ausreichend Wasser führen. Zahllose kleine Stauwehre sind in den Tälern durch die Dorfgemeinschaften oder die einzelnen Bauern errichtet worden. Die Verteilung des Wassers erfolgt über ein engmaschiges System von Haupt- und Nebenkanälen, in hängigem Gelände über zahlreiche kleine Terrassen, die besonders kunstvoll durch die Betsileo angelegt werden. In den Niederungen regulieren Dämme und Kanäle mit Schleusen den Wasserstand auf den während der Trockenzeit künstlich, während der Regenzeit natürlich überschwemmten Reisfeldern.

Im Westen konzentrieren sich die Bewässerungsanlagen in den Alluvialniederungen am Unterlauf der großen Flüsse, denen auch in der Trockenzeit genügend Wasser entnommen werden kann. Durch den Bau von Talsperren, der z. B. bei Morondava geplant ist, könnte die Nutzung noch erheblich erweitert werden. Die Bewässerung dient im Westen außer dem Reisanbau auch anderen Kulturen, insbesondere der Baumwolle und dem Zuckerrohr, bei denen die Furchenbewässerung angewandt wird. Während im Hochland Bau und Unterhalt der Anlagen überwiegend durch die Bauern erfolgt, werden die großen Unternehmen im Westen durch Erschließungsgesellschaften mit staatlicher und internationaler Hilfe oder durch die Zuckerplantagen geplant, finanziert und durchgeführt.

Insgesamt werden in Madagaskar schätzungsweise 700 000 ha künstlich bewässert bzw. wasserbautechnisch reguliert. Die Bewässerung erfolgt auf 85 % der Fläche aus fließenden oder gestauten Gewässern. Nur bei knapp 14 % dienen dazu Sammelanlagen für Regenwasser, die vor allem in den größeren Betrieben des

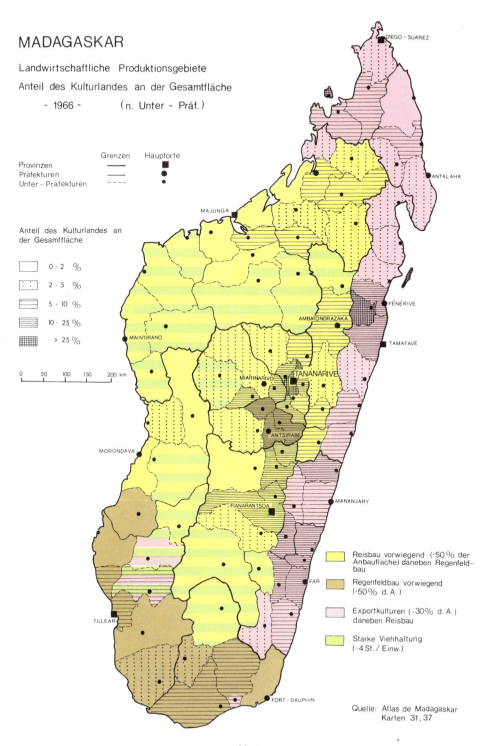

MADAGASKAR

Landwirtschaftliche Produktionsgebiete

Anteil des Kulturlandes an der Gesamtfläche

- 1966 -   (n. Unter - Präf.)

	Grenzen	Hauptorte
Provinzen	——	■
Präfekturen	——	●
Unter - Präfekturen	- - -	●

Anteil des Kulturlandes an
der Gesamtfläche

0 - 2 %
2 - 5 %
5 - 10 %
10 - 25 %
> 25 %

0   50   100   150   200 km

DIEGO - SUAREZ

ANTALAHA

MAJUNGA

FÉNÉRIVE

AMBATONDRAZAKA

TAMATAVE

MAINTIRANO

MIARINARIVO   TANANARIVE

ANTSIRABE

MORONDAVA

FIANARANTSOA

MANANJARY

FAR

TULEAR

FORT - DAUPHIN

Reisbau vorwiegend (›50 % der
Anbaufläche) daneben Regenfeldbau

Regenfeldbau vorwiegend
(›50 % d. A.)

Exportkulturen (›30 % d. A.)
daneben Reisbau

Starke Viehhaltung
(›4 St. / Einw.)

Quelle: Atlas de Madagaskar
Karten 31, 37

Abb. 26.

Nordens und Nordwestens verbreitet sind und künftig auch im Süden eingerichtet werden sollen, um die geringen Niederschläge soweit wie möglich zu nutzen. Pumpanlagen, die z. B. im Kolonisationsgebiet am Mangokyfluß erstellt wurden, sind selten, ebenso Beregnungsanlagen, die in den Agrumenpflanzungen bei Morondava zu finden sind. Vielleicht kann in Zukunft Grundwasser aus artesischen Quellen erschlossen werden; größere Vorräte werden im Untergrund des Westens und Südens vermutet.

Die Bewässerungsfläche des Landes dient zum größten Teil (93 %) dem Naßreisanbau; der Rest entfällt auf Baumwolle (1,5 %), Zuckerrohr (1,0 %) und sonstige Kulturen (4,5 %).

Unter Einschluß der nichtbewässerten Baumkulturen ergeben sich für die Hauptnutzungsformen folgende Anteile an der gesamten Anbaufläche:

Regenfeldbau	28,4 %
Baumkulturen	10,0 %
Bewässerungskulturen	22,1 %
Brache	39,5 %

4.4.1.3. Nutzpflanzen

Die zahlreichen Nutzpflanzen Madagaskars zeigen große Unterschiede in ihrer Verbreitung und Bedeutung für die Subsistenz-, Markt- und Exportwirtschaft (Tab. 21).

Der *Reis* ist das wichtigste Produkt der madagassischen Agrarwirtschaft. Er nimmt etwa ein Drittel der gesamten Anbaufläche ein und ist die traditionelle Grundnahrung der Bevölkerung. Für den madagassischen Bauern hat der Reis nicht nur wirtschaftliche, sondern wie die Rinderhaltung kultische Bedeutung. Er wird als göttliche Gabe verehrt und in vielen Gedichten und Erzählungen gefeiert. Die Reisfelder sind der bestumsorgte Teil der Bauernbetriebe, der neben den Rindern am meisten erstrebte und gehütete Kern des Familienbesitzes. Etwa 70 % der Bauern betreiben Reisanbau; nur im Süden spielt er aus klimatischen Gründen eine untergeordnete Rolle.

Vielleicht wurde in den ersten Jahrhunderten nach der Besiedlung der Insel nur Berg-(Trocken-)reis im Regenfeldbau auf den durch Brandrodung erschlossenen Hängen gepflanzt. Noch heute umfaßt der Bergreis etwa 100 000 ha; er ist vor allem in den östlichen Waldgebieten verbreitet und zur Selbstversorgung unentbehrlich, wenn feuchte Niederungen für den Naßreisanbau fehlen. Er ist arbeitsextensiver und unempfindlicher, aber ertragsärmer als der Naßreis. Bei der Erschließung des mittleren Westens soll der Bergreis wieder verstärkt gepflanzt werden.

Über den Beginn des Naßreisanbaus in Madagaskar weiß man bisher nur wenig. So ist unsicher, ob er bereits mit der ersten oder erst mit einer späteren Einwanderungswelle die Insel erreicht hat, wobei vermutlich der Kontakt mit Indien eine Rolle spielte. In den feuchten Küstenregionen des Nordwestens und Nordostens wurde der Naßreisanbau wahrscheinlich schon sehr früh betrieben; nach den ältesten Berichten war er im 16. Jahrhundert bereits weit verbreitet. Zunächst wurde der Reis in Sümpfen gepflanzt; dieser Sumpfreisanbau *(horaka)* wird noch heute z. B. bei den Antaisaka im Südosten betrieben. Die Erträge hängen dabei von Grundwasserstand und Niederschlagsmenge ab, da der Wasserhaushalt nicht reguliert wird.

Der höher entwickelte Naßreisanbau, bei dem Be- und Entwässerung durch Deiche und Kanäle geregelt werden und die Anbaufläche planiert und terrassiert wird, hat sich wohl erst später durchgesetzt. Jedenfalls ist er von den Küstengebieten in das Hochland vorgedrungen und hat sich dort seit dem 17. Jahrhundert, gefördert durch die Merinakönige, rasch ausgebreitet. Erst seit dieser Zeit soll sich das Schwergewicht der Bodennutzung vom Regenfeldbau auf den Höhen zum Naßreisanbau in den Niederungen verlagert haben (n. J. P. RAISON). Das Reisbauerntum des Hochlandes hat sich somit erst in den letzten Jahrhunderten voll entwickelt. Die Ernährung wurde zunehmend abhängig vom Reis. Die Erschließung der großen Niederungen überforderte jedoch die Kräfte und technischen Möglichkeiten der vorkolonialen Zeit. In der Ebene von Tananarive sind häufige Überschwemmungen bis heute die Folge mangelnder Drainage. Die Kolonialverwaltung hat den Reisanbau weiter gefördert, um den Export zu steigern, doch wurde zum Teil ebenfalls versäumt, den Wasserhaushalt ausreichend zu regulieren. (Zur Geschichte des Reises vgl. J. P. RAISON 1972, F. LE BOURDIEC 1977)

In Madagaskar werden zwei bis drei Ernten im Jahr eingebracht, jedoch meist auf getrennten, zu verschiedenen Jahreszeiten bestellten Feldern. Nur auf 5—10 % der Fläche wird mehrfach geerntet.

Der Reisanbau erfolgt sowohl während der Trockenzeit wie in der Regenzeit. Ein Teil der Felder wird in der Trockenzeit mit Hilfe der künstlichen Bewässerung genutzt (Reis der 1. Saison); die Saat findet zu Beginn der trockenen Monate, die Ernte in der Regenzeit statt. Die übrigen Reisfelder werden in der Regenzeit bestellt (Reis der 2. Saison), deren hohe Niederschläge die künstliche Bewässerung entbehrlich machen, nicht jedoch die sorgfältige Wasserregulierung während des Wachstums der Pflanzen. Die Saat erfolgt hierbei vor dem Beginn, die Ernte nach dem Ende der Regenzeit. Der Reis der 1. Saison wird bevorzugt, weil der Wasserhaushalt besser reguliert werden kann als während der Überschwemmungen der Regenzeit und zudem die längere Sonneneinstrahlung der Trockenzeit höhere Erträge bringt. Manchmal erfolgt auf weiteren Parzellen eine zwischengeschaltete dritte Ernte.

Kleine Beete am Rande der Felder, die durch das dunkle Grün der dichtstehenden Pflanzen auffallen, dienen der Aussaat der angekeimten Körner und der Aufzucht der Reisschößlinge, die nach einigen Monaten durch Frauen in die Felder umgepflanzt werden. Die Männer bereiten die Felder vor; mit Schlägen und lauten Rufen werden Ochsen umhergetrieben und damit der Schlamm umgewendet. Trockenliegende Felder bestellt man mit dem Grabspaten *(angady)* oder häufig schon mit dem Pflug. Das Verpflanzen erfolgt zunehmend ›in

Linie‹, d. h. mit regelmäßigen Abständen zwischen den Reihen (25—30 cm) und Pflanzen (10—18 cm); damit werden höhere Erträge als bei der ungeregelten Form erzielt. Die direkte Aussaat ohne Saatbeete erhöht den Ernteausfall und wird immer mehr zugunsten des Verpflanzens aufgegeben.

Der verbesserte Reisanbau mit Umpflanzen, Pflügen, Jäten und Düngen hat sich vom Hochland in die Randgebiete ausgebreitet. Innovationsträger waren dabei die Emigranten und die staatliche Organisation zur Förderung des Reisanbaus (O.P.R., *Opération de Productivité Rizicole*).

Die Erträge sind dadurch zwar gestiegen, liegen aber mit durchschnittlich 1,7 t/ha noch weit unter denen südostasiatischer und europäischer Länder mit 5 und mehr t/ha. Der regenzeitliche Anbau erbringt im Mittel nur 1 t/ha. Bei den Betsileo, die den sorgfältigsten Anbau betreiben, und am Alaotrasee werden 3 t/ha, maximal 5—6 t/ha erzielt, doch sind dies noch Ausnahmen.

Die Verbreitung des Reisanbaus spiegelt deutlich das naturräumliche Potential wider. Hauptanbaugebiete sind das zentrale Hochland (Merina-, Betsileogebiet) mit wenigen großen und vielen zerstreuten kleinen Anbauflächen, das Umland des Alaotrasees (81 000 ha) und der Nordwesten mit Schwerpunkt am Betsibokafluß (18 000 ha) um Marovoay. In diesen Räumen werden Erträge erzielt, die den eigenen Bedarf decken und mit Überschüssen die Mangelgebiete versorgen können. Zuschußräume sind der niederschlagsarme Westen mit Ausnahme der großen Stromniederungen und der Süden, aber auch die Ostseite, wo der Reisanbau hinter den exportorientierten Baumkulturen zurücktritt und deshalb den Bedarf nicht deckt, obwohl dies dem Klima nach möglich wäre.

Insgesamt dient nur ein Viertel bis ein Sechstel der gesamten Reisproduktion der Versorgung der Mangelgebiete und der Städte, vor allem von Tananarive. Über drei Viertel werden für die lokale Selbstversorgung verbraucht. Früher wurden Überschüsse für den Auslandsexport (1967 ca. 3 % der Prod.) mit hochwertigen Sorten (Ali Combo, Makalioka, Vary Lava) im Alaotra- und Betsibokagebiet erzielt. Seit dem Umsturz von 1972 sind jedoch die Produktion und durch die Umorganisation der Vermarktung (s. S. 169) auch der Binnenhandel stark zurückgegangen, so daß in den letzten Jahren große Mengen von Reis aus der Volksrepublik China auf Kredit eingeführt werden mußten, um die Versorgung namentlich der Städte zu sichern.

Auf den unbewässerten Feldern im Umkreis der Siedlungen wird, überwiegend zur Selbstversorgung, eine Reihe von Nutzpflanzen gebaut, die meist erst seit dem 16. Jh. eingeführt worden sind. Die weiteste Verbreitung hat der aus Südamerika stammende *Maniok*; er wird in allen Landesteilen und bis in Höhen von 1500 m gepflanzt. Er ergänzt den Reisanbau und wird zur Grundnahrung in den reisarmen Trockengebieten oder dann, wenn der Reis durch geringe Erträge und vorzeitigen Verkauf der Ernte zur ganzjährigen Versorgung nicht mehr ausreicht. Auf der Grundlage des Maniokanbaus sind Stärkefabriken im Sambirano- und Alaotragebiet entstanden. Auch der *Mais* ist allgemein vertreten, besonders im

Hochland, Westen und Südwesten. Er wird sowohl in trockenen Hanglagen als auch in den Flußniederungen angebaut und dient der menschlichen und tierischen Ernährung. Im Tiefland können zwei Ernten im Jahr eingebracht werden. Die *Hirse* (Sorghum) ist fast nur bei den Antandroy im trockenen Süden anzutreffen. Zu den auf der ganzen Insel verbreiteten Regenfeldkulturen gehören ferner die *Süßkartoffel* (Batate) mit zahlreichen Sorten, die vielleicht schon mit der ersten Einwanderung eingeführte Knollenpflanze *Taro (saonjo)* sowie *Bohnen* und andere, vor allem im Süden vertretene Leguminosenarten (z. B. *Antaka; Dolichos lablab*). Die *Kartoffel* wurde erst im 19. Jh. eingeführt. Als tropisches Hochlandgewächs ist sie auf Höhen zwischen 1000 und 1800 m beschränkt und wird fast nur im Ankaratragebirge angebaut, dort aber auf größeren Flächen, da sich der Verbrauch in den Städten des Hochlandes eingebürgert hat. Von den genannten Pflanzen hat nur der Maniok durch die Ausfuhr von Stärkemehl (Tapioka) nennenswerte Exportbedeutung; im Inland dienen alle nur der lokalen Vermarktung.

Auf den fruchtbaren vulkanischen Böden von Betafo wird mit Erfolg *Weizen* gepflanzt, doch hat sich der Anbau nicht weiter ausgebreitet, obwohl jährlich etwa 10 000 t Mehl eingeführt werden müssen, um den seit der Kolonialzeit gestiegenen Bedarf der Städte an Weißbrot zu decken.

Madagaskar besitzt eine große Zahl von *Markt- und Exportkulturen*; als Nutzpflanzen der warmen Tropen sind sie überwiegend in den tiefgelegenen Randgebieten der Insel vertreten (Abb. 27).

An der Spitze steht der *Kaffee* als wichtigstes Exportprodukt (1974: 65 000 t, 27 % des Ausfuhrwertes); in der Anbaufläche (rd. 200 000 ha) wird er nur von Reis und Maniok übertroffen. Beheimatet in Äthiopien, wurde der Kaffee erst im 19. Jh. an der Ostküste angepflanzt, wo er bis heute am stärksten verbreitet ist. Hier findet die Kaffeeart *Canephora* (mit den Varietäten *Robusta* und *Kouilou*), die bei Jahresniederschlägen von 1600 bis 2000 mm und Mitteltemperaturen von 23—25° am besten gedeiht, günstige Voraussetzungen. Die Hauptanbaugebiete liegen im Hinterland von Mananjary, Tamatave und Antalaha. Die Pflanzungen sind zum größten Teil im Besitz einheimischer Kleinbetriebe, die neben anderen Kulturen den Kaffeeanbau auf 40—60 a mit 300—400 Sträuchern betreiben. Nur 15 % der Produktion und 10 % der Anbaufläche gehören zu größeren Betrieben mit über 5 Arbeitern; die meisten der früher zahlreichen französischen Pflanzungen wurden aufgegeben. Die Erträge sind mit rd. 3 kg/ha relativ niedrig, werden doch in anderen Kaffeeländern 5 kg/ha und mehr erzielt. Die Bestände sind häufig schlecht gepflegt und überaltert, weshalb man heute eine Konzentration auf günstige Lagen mit verbesserten Anbaumethoden anstrebt.

Der Kaffeeanbau hat sich auch im Nordwesten im Sambiranogebiet und auf Nossi-Bé ausgebreitet. Die feuchten Böden der Flußniederungen gleichen hier die im Vergleich zur Ostküste geringeren Niederschläge aus.

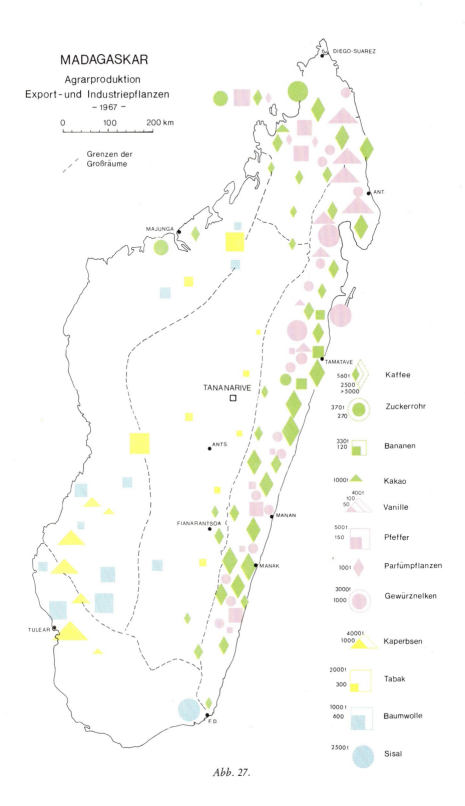

MADAGASKAR

Agrarproduktion
Export- und Industriepflanzen
– 1967 –

0   100   200 km

Grenzen der
Großräume

DIEGO-SUAREZ

ANT.

MAJUNGA

TAMATAVE

TANANARIVE

ANTS.

FIANARANTSOA

MANAN

MANAK

TULEAR

F.D.

560 t	Kaffee
2500	
>5000	
370 t	Zuckerrohr
270	
330 t	Bananen
120	
1000 t	Kakao
400 t	Vanille
100	
50	
500 t	Pfeffer
150	
100 t	Parfümpflanzen
3000 t	Gewürznelken
1000	
4000 t	Kaperbsen
1000	
2000 t	Tabak
300	
1000 t	Baumwolle
600	
2500 t	Sisal

Abb. 27.

Bei etwa 700 m Höhe erreicht der Canephorakaffee seine obere Anbaugrenze. Er wird hier vom *Arabica*kaffee abgelöst, der niedrigere Temperaturen und geringere Niederschläge bevorzugt und deshalb vor allem im Hochland verbreitet ist. Der früher ausgedehnte Anbau dieser wertvolleren Kaffeeart an der Ostküste mußte aus klimatischen Gründen aufgegeben werden und umfaßt nur noch 5 % der Anbaufläche. Exportpflanzungen liegen im Hochland um Ambositra, Ambohimahasoa und am Alaotrasee; kleine Bestände für den lokalen Bedarf säumen viele Siedlungen bis zur Obergrenze des Kaffeeanbaus bei 1200 m, d. h. in der Höhe von Tananarive.

Nachdem der von der Kolonialverwaltung stark propagierte Anbau zunächst nur zögernd von den Einheimischen übernommen worden war, ist er heute zur wichtigsten Einnahmequelle vieler kleiner Pflanzer an der Küste geworden. Der Inlandverbrauch ist gering, der größte Teil der Produktion (ca. 75 %) geht in den Export. Der getrocknete und geschälte Kaffee wird von Händlern, häufig Chinesen, eingesammelt und zu den zahlreichen Exporthäfen, deren wichtigste Manakara und Tamatave sind, verfrachtet. Mit nur 2 % der Welternte und der Konzentration auf den geringerwertigen Canephorakaffee steht Madagaskar in harter Konkurrenz zu den anderen Exportländern (besonders Brasilien und Kolumbien), konnte jedoch bisher die im Rahmen der internationalen Kaffeekonvention zugebilligte Ausfuhrquote ausfüllen. Einen Rückschlag brachten die Sturmschäden im Februar 1977.

Der *Kakao* findet in den feuchtwarmen Küstengebieten zwar ebenfalls gute Voraussetzungen, doch blieb sein Anbau wegen der starken Konkurrenz anderer Exportländer auf den Nordwesten (Sambirano) und kleine Gebiete im Nordosten beschränkt. Die Kulturen (mit den Varietäten Criollo und Forastero) sind im Besitz weniger europäischer und etwa 2000 kleiner einheimischer Pflanzer. Der Kakao bestreitet nur ca. 0,6 % des Exportwertes, doch soll er künftig an der klimatisch günstigen Ostseite stärker angepflanzt werden.

Das *Zuckerrohr* war bereits im 17. Jh. in Madagaskar verbreitet. In den niederschlagsreichen Landesteilen und auf feuchten Standorten wird es auf kleinen Parzellen für den örtlichen Verbrauch bis in 1200 m Höhe gepflanzt. Der großflächige Anbau in Monokultur mit industrieller Verarbeitung begann erst nach dem Ersten Weltkrieg durch die Gründung der Plantagen bei Ambilobe, Namakia und auf Nossi-Bé im Nordwesten, bei Brickaville an der Ostküste. Die feuchten tiefgründigen Böden begünstigen den Anbau dieser Sumpfpflanze. Im Nordwesten erfordern die geringeren Niederschläge zwar zusätzliche Bewässerung, doch ist die Trockenzeit vorteilhaft für den Zuckergehalt des Rohres. Die vier Plantagen verarbeiten mit großen Raffinerien neben der eigenen Produktion die Zulieferung von Pächtern oder kleinen benachbarten Eigentumsbetrieben. Während die Raffinerien von Namakia und Brickaville den Inlandmarkt versorgen, produzieren die beiden anderen überwiegend für den Export, der größtenteils über den eigens dafür angelegten Hafen St. Louis bei Ambilobe erfolgt. Der Absatz ist starken

Schwankungen unterworfen, steht doch das Land der starken Konkurrenz der benachbarten Zuckerinseln Réunion und Mauritius und der Antillen gegenüber. 1974 lag der Zuckerexport mit 3,0 % des Ausfuhrwertes erst an 9. Stelle. Im Inland wird raffinierter Zucker nur im Bereich von Tananarive in größeren Mengen (über 10 kg/Einw./Jahr) verbraucht. Im übrigen verarbeitet man die Produktion der Kleinpflanzungen zu Rohzucker und zu dem oft überreichlich genossenen Alkohol *(betsa-betsa)*. Durch die Ausweitung der Fruchtkonservenindustrie wäre es möglich, den Export zu steigern und die Raffinerien besser auszulasten.

Die *Bananen* sind wie das Zuckerrohr seit Jahrhunderten Begleitkultur in vielen Kleinbetrieben bis in 1200 m Höhe. Erst seit 1961 sind die Bananen durch die rasche Anbausteigerung in 2000—3000 Kleinbetrieben an der Ostküste zwischen Fénérive und Brickaville in die Reihe der Exportprodukte aufgestiegen. Dieser Raum ist mit seinen hohen Niederschlägen (über 3000 mm/J.) und Mitteltemperaturen von 23—24° besonders geeignet; bevorzugte Standorte sind die Terrassen der vielen küstennahen Täler. Entscheidend war hier aber auch die relativ gute Verkehrserschließung durch Bahn und Straßen, die den raschen Abtransport der verderblichen Frucht ermöglichen. Der ausschließlich über den Hafen von Tamatave laufende Export umfaßt bisher nur 0,4 % des Gesamtexportwertes. Die mangelhafte Infrastruktur der meisten Küstengebiete behindert den weiteren Anbau. Außerdem leidet der Absatz durch die noch unbefriedigende Qualität und den langen Transportweg.

Eine führende Stellung auf dem Weltmarkt hat Madagaskar im Anbau von Vanille und Gewürznelken errungen. Für die *Vanille* ist die Insel zum ersten Weltproduzenten aufgestiegen, seitdem diese Nutzpflanze um 1860 von Réunion aus an der Nordostküste eingebürgert wurde. Um Antalaha, Sambava, Vohémar und im Becken von Andapa findet sie im feuchtwarmen Klima mit kurzer Trockenzeit während der Blüte und auf leichten, humusreichen und gut drainierten Böden ausgezeichnete Bedingungen bis in 500 m Höhe. In geringem Umfang wird Vanille auch im Nordwesten (Sambirano, Nossi-Bé) gepflanzt. Der Anbau verteilt sich auf etwa 40 000 kleine einheimische Pflanzer neben wenigen größeren Plantagen. Obwohl sie meist mit anderen Kulturen gemischt ist, hüllt die Vanille mit ihrem unverkennbaren schweren, süßen Duft nach der Fermentierung weite Gebiete im Nordosten ein. Ihr Anbau ist sehr arbeitsaufwendig und verlangt viel Erfahrung. Als epiphytische Liane aus der Orchideenfamilie benötigt sie eine Stützpflanze (häufig Albizziabäume). Sie wird künstlich befruchtet, muß rechtzeitig geerntet und in einem komplizierten Prozeß getrocknet und fermentiert werden. Eine Versuchsstation in Andapa dient der Weiterentwicklung der Kultur. Die Vanille bestritt 1974 immerhin 7,6 % des gesamten Exportwertes. Sie trug erheblich dazu bei, daß im Becken von Andapa die Dichte der Bevölkerung und die Einnahmen rasch anstiegen. Doch ist der Absatz, der überwiegend in die USA geht, durch Preisschwankungen und das synthetische Vannilin ernstlich bedroht. Mit staatlichen Garantien und durch Abkommen mit den konkurrierenden Produzenten (Komoren und Réunion) sucht man diese für Madagaskar nächst Kaffee und Gewürznelken wichtigste Exportkultur zu stützen.

Für die *Gewürznelken*, die 1827 auf der Insel Ste. Marie und seit 1895 an der gesamten Ostküste, vor allem im Hügelland um Fénérive und Vavatenina angepflanzt wurden, ist Madagaskar nach Sansibar der zweitgröße Weltproduzent. Der Gewürznelkenbaum bringt jahrzehntelange Erträge und gedeiht auch auf mäßig fruchtbaren Ferrallitböden bis in 500 m Höhe. Andererseits erfordern Ernte und Aufbereitung, bei der z. T. Öl durch Destillieren gewonnen wird, viele Arbeitskräfte, die gleichzeitig für den Reisanbau und andere Kulturen benötigt werden. So konzentriert sich der Anbau auf die kleinen Pflanzungen im weiteren Umland von Tamatave, wo die Bevölkerungsdichte hoch ist und Verkehrslinien den raschen Abtransport ermöglichen. Die zyklisch schwankenden Erträge und die harte Konkurrenz von Sansibar, des stärksten Weltproduzenten, beeinträchtigen den Export. Man strebt die verstärkte Ausfuhr von Nelkenöl an, das preis- und absatzgünstiger ist als die Nelken. Im Export stehen Nelken und Öl an der zweiten Stelle der Agrarprodukte (1974: 10 % des Gesamtwertes).

Der *Pfeffer (Piper nigrum)*, ebenfalls um 1900 eingeführt, ist meist mit dem Kaffeebaum assoziiert, da er ähnliche ökologische Bedingungen stellt und als Liane Stüztpflanzen benötigt, die gleichzeitig den Kaffeesträuchern als Schattenspender dienen. Die Albizziabäume werden sowohl für Pfeffer wie für Vanille häufig als Stütze benutzt. Kombinierte Pfeffer- und Kaffeekulturen liegen vor allem an der Ostküste mit Schwerpunkt um Mananjary und im Nordwesten auf der Insel Nossi-Bé. Exportiert wird überwiegend der schwarze, unreif geerntete und getrocknete Pfeffer, während der teurere weiße Pfeffer, der reif geerntet und durch Fermentation in Kalklösung gewonnen wird, nur beschränkten Absatz findet. Eine Pilzkrankheit, Schäden durch Vögel und rasche Preisschwankungen beeinträchtigen den Anbau. Die Ausfuhr ist im Vergleich zu Vanille und Gewürznelken infolge starker Konkurrenz anderer Länder gering.

Hingegen ist Madagaskar durch seine *Parfümpflanzen* in Verbindung mit der französischen Parfümindustrie führend im Export von Essenzen. Neben anderen Gewächsen (Lemongras, Basilicum, Citronelle, Jasmin) dient vor allem der *Ylang-ylang*-Baum *(Cananga odorata)* der Essenzgewinnung. Er wird in spezialisierten kleinen Pflanzungen im Sambiranodelta und besonders auf Nossi-Bé gezogen, wo ihn Regenreichtum, Windarmut und vulkanische Böden begünstigen. Um Pflege und Ernte zu erleichtern, werden die Bäume auf Mannshöhe beschnitten; sie haben mit ihren nach abwärts gebogenen Ästen ein merkwürdig verkrüppeltes Aussehen. Der Ertrag geht nach zehn Jahren rasch zurück, so daß häufig nachgepflanzt werden muß. Die Blüten werden am Morgen durch viele Frauen gepflückt und sofort in kleinen Destillerien zu Essenz weiterverarbeitet, die über den Hafen von Helle-Ville nach Frankreich ausgeführt wird. Im Gesamtexport fallen die geringen Mengen allerdings kaum ins Gewicht.

Unter den fett- und ölhaltigen Pflanzen sind die *Erdnüsse* am weitesten in Madagaskar verbreitet. Sie fehlen nur an der zu feuchten Ostseite, im zu trockenen Süden und über 1500 m Höhe. Erdnüsse werden in zahllosen Betrieben vor allem im niederschlagsärmeren Westen angebaut, auf den Märkten verkauft oder in kleinen Ölmühlen weiterverarbeitet und zum Teil exportiert. Die Qualität des Öles ist für die Ausfuhr noch unzureichend. Durch erweiterten Anbau und verbesserte Verarbeitung könnte der Export gesteigert, zunächst aber der noch hohe Einfuhrbedarf an pflanzlichen Fetten verringert werden. Die *Kokospalme* ist auf die nördlichen Küstengebiete beschränkt und dient nur der lokalen Versorgung; neue Kokospflanzungen sind an der Nordostküste vorgesehen, *Ölpalmen*kulturen entstanden im Südosten bei Ambila. Nach dem Ersten Weltkrieg wurden im Hochland um Antsirabe und am Itasysee auf vulkanischen Böden *Aleurit*bäume *(Aleurites Fordii)* angepflanzt, aus deren Früchten Tungöl für die Farbherstellung gewonnen wird. Die Plantagen nahmen zunächst einen raschen Aufschwung, sind heute wegen fehlendem Absatz aber fast ganz aufgegeben worden und verwildern. Die fetthaltigen Früchte von Rizinus und Affenbrotbaum werden überwiegend für den örtlichen Bedarf von den Einheimischen gesammelt.

Die aus Südafrika stammenden, auf Madagaskar seit Jahrhunderten bekannten *Kaperbsen (Phaseolus lunatus)* werden im Westen zwischen Morondava und Tuléar in vielen Kleinbetrieben angebaut und seit etwa 70 Jahren vor allem nach Großbritannien exportiert. Die Vermarktung, bisher ein Monopol indischer Händler, wird von den einheimischen Genossenschaften nur unzureichend besorgt. Die Kaperbsen finden auf den zeitweilig überschwemmten Flußterrassen und bei längerer Trockenzeit günstige Anbaubedingungen; z. T. werden sie künstlich bewässert.

Auch die *Baumwolle* benötigt eine etwa achtmonatige Trockenzeit für Reife und Ernte und ist deshalb nur im Westen und Südwesten der Insel vertreten. Sie wurde um 1900 eingeführt, hat sich aber erst seit 1950 mit dem steigenden Bedarf der einheimischen Textilindustrie rasch ausgebreitet. Der Anbau erfolgt überwiegend auf den regenzeitlich überschwemmten Terrassen während der Trockenzeit (Saat im April/Mai, Ernte im Oktober/November), in höherem Gelände auch in der Regenzeit (Saat im Dezember, Ernte im Mai). In den Erschließungszonen des Südwestens, besonders am Mangokyfluß, wird künstlich bewässert, da die Niederschläge unsicher und mit unter 500 mm im Jahr unzureichend sind. Die Bewässerungskultur bringt etwas höhere Erträge (2,0—2,5 t/ha) als der Anbau auf Überschwemmungsland, der aber weniger aufwendig ist und deshalb ebenfalls gefördert werden soll; der Regenzeitbau ist am ertragsärmsten (ca. 1,2 t/ha). Die vorwiegenden Anbausorten sind Acala und Stoneville. Die Hauptanbaugebiete liegen im Nordwesten zwischen Port-Bergé und Ambato-Boéni, im Südwesten zwischen Morondava und Tuléar, von wo aus die Fasern zu den großen Textilfabriken von Antsirabe und Majunga, die Samen in verschiedene Ölfabriken transportiert werden. Die Exportaussichten sind gering, doch rechtfertigt der hohe Inlandbedarf, der bisher nur durch Importe gedeckt werden konnte, den verstärkten Anbau. Es fehlt jedoch an Arbeitskräften im dünn besiedelten Westen und an ausreichenden Verkehrsverbindungen zwischen den Orten des Anbaus und der Weiterverarbeitung.

Die aus Mexiko stammende *Sisalagave (Agave rigida sisalana)* wurde nach dem Ersten Weltkrieg zunächst im Westen, nach dem Zweiten Weltkrieg vor allem in den großen Plantagen im Süden am Mandrarefluß kultiviert. Der früher blühende Export leidet heute unter der Konkurrenz synthetischer Propylenfasern; seit 1965 sind staatliche Stützaktionen und Anbaubeschränkungen erforderlich. Zudem haben Trockenperioden die Kulturen geschädigt. Wieweit die geplante Verarbeitung zu Papiermasse und Fertigwaren (Matten, Säcke) den Faserexport ersetzen kann, ist unsicher. Mit der Anlage der Plantagen waren der Bau einer neuen Straße und der rasche Aufstieg der Stadt Amboasary und des Hafens von Fort-Dauphin verbunden. Die Pflanzungen bieten etwa 6000 Arbeitsplätze für die Bevölkerung des Umlandes. Es ist geplant, den Anbau durch Reis, Baumwolle u. a. zu erweitern und mit Bewässerung zu intensivieren.

Die einheimische *Raphiapalme,* die in den feuchten Niederungen des Nordwestens und Ostens wächst und in kleinen Pflanzungen kultiviert wird, liefert Bast zur handwerklichen Verarbeitung im Inland, aber auch für einen beträchtlichen Export, der z. T. in die Ostblockländer geht. Die ebenfalls im Nordwesten wachsende *Paka* deckt als Juteersatz den einheimischen Bedarf an Sackleinwand, die in Majunga hergestellt wird. Die Textilfasern des *Kapok*baumes und der *Piassave*palme werden aus den Wildbeständen für den Lokalverbrauch gewonnen. Die vermehrte Anpflanzung der genannten Textilpflanzen für den Inlandverbrauch erscheint aussichtsreich.

Der *Tabak* ist in Madagaskar seit vorkolonialer Zeit verbreitet. Im Hochland erfolgt der Anbau in Familienbetrieben auf kleinen Parzellen, z. B. auf den Vulkanböden im Itasygebiet, für den Lokalbedarf. Seit 1920 entstanden zahlreiche französische Tabakpflanzungen von 20—400 ha im Nordwesten um Mampikony und Port-Bergé, im Westen in der Betsiriryniederung um Miandrivazo. Die leichten Böden der Überschwemmungsterrassen, Regenfälle während des Wachstums und Trockenheit für Reife und Schnitt bieten hier gute Grundlagen. Der Arbeitskräftemangel führte zur teilweisen Verpachtung der Pflanzungen im Métayagesystem an Einheimische, die das Land heute weiterbewirtschaften, nachdem fast alle französischen Pflanzer abgezogen sind. Die schweren Tabake dienen der Herstellung von Kautabak *(paraky)* für den Inlandverbrauch. Die leichten Sorten werden exportiert oder in den Fabriken von Antsirabe und Tananarive zu Zigaretten verarbeitet. Um den zusätzlichen Import anderer Sorten zu verringern, pflanzt man seit 1960 neben Maryland- auch Virginia-, Burley- und Brasiltabake. Die Tabakausfuhr überschreitet heute die Einfuhr etwa um das Dreifache, umfaßt aber nur 1 % des Gesamtexportwertes. Preisschwankungen und starke Konkurrenz auf dem Weltmarkt haben zum Rückgang des Anbaus geführt; viele frühere Tabakfelder werden heute mit der rentableren Baumwolle bepflanzt.

Die bunte Palette der Nutzpflanzen Madagaskars wird durch zahlreiche *Fruchtbäume* erweitert, die aus verschiedenen Klimazonen stammen und nur der Inlandversorgung dienen. Auf Höhen unter 1400 m beschränkt bleiben tropische Tieflandpflanzen wie Mango, Anacardia (eine Mandelart), Advokatenbirne, Letchi und Ananas. Bis 1600 m reichen die subtropischen Agrumen; Orangenpflanzungen wurden im Hochland bei Antsirabe, im Osten bei Brickaville, im Westen mit Bewässerung bei Tuléar und Morondava angelegt. Die Früchte der gemäßigten Zone sind nur im Hochland über 1000 m und vor allem um die Verbraucherzentren Tananarive, Antsirabe und Fianarantsoa anzutreffen. Auf den Markt kommen Äpfel, Birnen, Pflaumen, Aprikosen und Pfirsiche, ferner Weintrauben, die auch zu annehmbaren Weinen (z. B. *Côte d'Isandra*) verarbeitet werden.

Der kleinbäuerliche, absatzorientierte *Gemüsebau* konzentriert sich ringförmig um die größeren Städte. Besonders deutlich ist dieser Gürtel kleinparzellierter Intensivkulturen um Tananarive ausgebildet, wo etwa 7000 Produzenten im Bewässerungs- und Regenfeldbau den Markt mit der ganzen Fülle europäischer Gemüsearten beliefern, die von der gehobenen Käuferschicht der Stadt abgenommen wird. Der Gemüsebau wurde Ende des 19. Jh. durch die Europäer eingeführt und hat sich nach dem Zweiten Weltkrieg mit der Zunahme städtischer Konsumenten und dem Ausbau des Verkehrsnetzes auf etwa 700 ha Fläche im Umkreis von 30—50 km ausgedehnt. Bevorzugt genutzt werden die Alluvialböden der Niederungen, z. T. im Wechsel mit Reis, und die Kolluvialböden der unteren Hänge. Der Anbau erfolgt sehr sorgfältig mit Düngung auf 6—10 a je Betrieb, meist ohne fremde Arbeitskräfte. Die Ware wird durch die Produzenten oder Händler auf eigenen und öffentlichen Verkehrsmitteln zur Stadt transportiert und dort im Großhandel oder direkt auf dem Markt verkauft (G. DONQUE 1962). Das nächtliche Anrollen der Karren und das Verhandeln zwischen Produzenten und Verkäufern vor Tagesbeginn gehören ebenso zum lebhaften Bild des Marktes von Tananarive wie das Gedränge des Detailverkaufs mit einer bunten Vielzahl von Früchten unter hunderten weißer Schirme. Die Verarbeitung von Gemüse und Früchten zu Konserven und Fruchtsäften ist noch wenig entwickelt. Als Beispiel sei die Konservierung von Tomaten in Ambato-Boéni (bei Majunga) genannt.

4.4.1.4. Produktionsgebiete

Im Überblick werden drei Typen von Produktionsgebieten erkennbar, die sich durch die Kombinationen und Schwerpunkte ihres Anbaus unterscheiden (Abb. 26 und 27).

Die *Reisanbaugebiete,* in denen der Reis mehr als die Hälfte der kultivierten Fläche umfaßt, haben ihre Schwerpunkte im zentralen und nördlichen Hochland, wo der traditionelle Naßreisanbau durch die Merina, Betsileo und Tsimihety betrieben wird. Randlich gehören dazu die Gebiete am Alaotrasee, am unteren

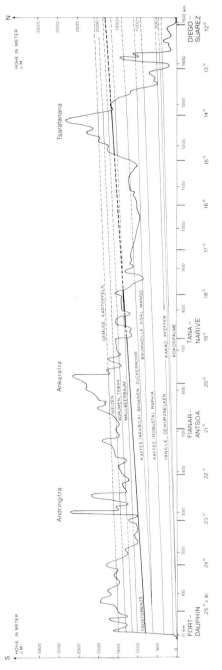

Abb. 28: Höhengrenzen wichtiger Nutzpflanzen im Süd-Nord-Profil (Quelle: Inv. socio-écon. de Mad. 1960–1965).

Betsibokafluß und in den westlichen Flußniederungen, die erst in jüngerer Zeit erschlossen wurden. Diese Räume sind Überschuß- und Exportgebiete für Reis; andere Marktkulturen sind gering vertreten, der Regenfeldbau wird ergänzend für die Selbstversorgung betrieben.

Die Gebiete der *Exportpflanzungen* liegen an der Ostküste und im Nordwesten (Sambiranodelta, Nossi-Bé). Das warmfeuchte tropische Klima, verfügbare Arbeitskräfte, die Küsten- und Hafennähe und die frühe Anlage europäischer Pflanzungen, deren Anbau von den einheimischen Kleinbetrieben übernommen wurde, hat hier die Verbreitung zahlreicher eingeführter Nutzpflanzen (Kaffee, Kakao, Zuckerrohr, Bananen, Vanille, Gewürznelken, Pfeffer, Parfümpflanzen) begünstigt. Reis- und Regenfeldbau werden nur zur Selbstversorgung betrieben. Die Gebiete sind bereits stark in die Geld- und Marktwirtschaft integriert. Der Baumwoll- und Kaperbsenanbau im Südwesten und der Sisalanbau im Süden bilden abgelegene Bereiche der Marktkulturen.

Im übrigen Südwesten und Süden herrscht der *Regenfeldbau* vor, der in allen Landesteilen als Ergänzung, hier aber zusammen mit der Viehhaltung als Grundlage der Ernährung dient, weil das Klima den Naßreisanbau behindert.

4.4.1.5. Höhengrenzen

Eine Gliederung nach den Höhengrenzen läßt sich nur im groben Überblick durchführen, da detaillierte Beobachtungen fehlen. Nach den Obergrenzen der wichtigsten Nutzpflanzen sind drei Stufen zu erkennen, die sich mit der Gliederung in den südamerikanischen Anden parallelisieren lassen. Die klimabedingten Höhengrenzen sinken mit zunehmender Breitenlage um mehrere hundert Meter ab. Die Frostgrenze liegt zwischen 1800 m im Norden und 800 m im Süden und trennt die obere von der mittleren Stufe. Die temperaturempfindlichen warmtropischen Pflanzen der unteren Stufe bleiben unter 1000 m im Norden und 500 m im Süden (Tab. 3, Abb. 28).

4.4.1.6. Flurformen

Die Anbau- und Betriebsstruktur spiegelt sich auch in den Flurformen wider. Nach der Stichprobenbefragung von 1961/62 betrug die Durchschnittsgröße der Besitzparzellen für das ganze Land nur 30 a. In der dicht besiedelten Provinz Tananarive sinkt dieser Wert auf 14 a, während er in den Randbereichen wesentlich höher liegt (Prov. Majunga 54 a, Diégo-Suarez 61 a). Die Parzellengrößen differieren aber auch nach ihrer Betriebslage, d. h. sie nehmen vom Zentrum zur Peripherie hin zu. Für das ganze Land wurden als Mittelwerte für betriebsnahe Parzellen (unter 100 m Entfernung zum Hof) 18 a, für betriebsferne Grundstücke

Tab. 3: Höhengrenzen ausgewählter Nutzpflanzen

(z. T. n. Inv. Socio-Économique 1965)

	Norden (m)		Süden (m)
Obere Stufe (Tierra fria)	2100	Kartoffeln, Gemüse, Reis (in warmer Jahreszeit)	1500
Frostgrenze	1800		800
	1400	Kaffee (Arabica), Bananen, Zuckerrohr	600
Mittlere Stufe (Tierra templada)	1100	Baumwolle, Sisal	600
	900	Kaffee (Canephora)	300
Untere Stufe (Tierra caliente)	500	Vanille, Gewürznelken	100
	400	Kakao, Pfeffer	0

(über 5 km Entfernung) 74 a ermittelt. In den peripheren Gemarkungsteilen und in dünn besiedelten Gebieten treten Grundstücke mit mehreren Hektar Größe auf.

Der Grad der Parzellierung wird aus der Zahl der Grundstücke je Betrieb deutlich. Im Landesdurchschnitt entfallen 3,5 Parzellen auf jeden Betrieb. Das zentrale Hochland nimmt auch hier wieder eine Sonderstellung ein. Das rasche Bevölkerungswachstum und die starke Grundstücksmobilität erhöhen in der Provinz Tananarive die Parzellenzahl auf sechs je Betrieb, während sie in allen Randprovinzen unter drei liegt. Regionale Untersuchungen ergaben in manchen Dörfern des Hochlandes bis über 50 Betriebsparzellen, die einzeln oder gruppenweise über die ganze Gemarkung verstreut sind, so daß zuweilen das Flurbild der altbesiedelten mitteleuropäischen Agrarlandschaft gleicht (Bild 29).

Die starke Besitzzersplitterung vieler Betriebe erschwert die Bewirtschaftung. Gemengelage und Parzellierung sind verständlicherweise in den dicht bevölkerten Landesteilen und bei großen Gruppensiedlungen besonders stark. Sie hängen aber auch von der ökologischen Differenzierung ab. So liegen die Parzellen für den Reisanbau in den Niederungen, für den Überschwemmungsfeldbau auf den Terrassen und der Regenfeldbau auf den Hängen getrennt voneinander.

In vielen Gemarkungen ist heute eine Flurbereinigung erforderlich. Sie wurde jedoch bisher nur selten, so z. B. am Alaotrasee oder bei Morondava, im Zuge der Erschließungsmaßnahmen durchgeführt. Die Kosten, aber auch die Abneigung der Bauern, das ererbte Land gegen neues mit unsicherer Qualität einzutauschen, erschweren hier wie in Europa die Bereinigung.

Die Katasteraufnahmen in verschiedenen Landesteilen geben einen guten Einblick in das Flurformengefüge. Doch ist dabei eine regionale Differenzierung nicht zu erkennen. Allgemein herrscht, abgesehen von den großen Plantagen, die unre-

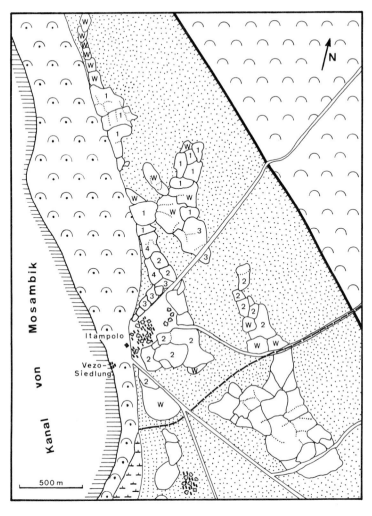

Kanal von Mosambik

Itampolo

Vezo-
Siedlung

500 m

⬭⬭	Vala - Parzellen
⋯⋯⋯	Untergliederung der Vala
⊢⊣⊢	Gemarkungsgrenze
⌢⌢⌢	Dünen (flandr. Transgression)
⠿⠿	Degradierte Buschvegetation
⊥⊥⊥	Depression (Salzboden)
⌢⌢⌢	Kalkplateau mit Wald
⊥⊥⊥	Plateaurandstufe
1 - 4	Besitz der Sippen 1 - 4
W	Verlassene Vala (Flurwüstungen)

Abb. 29: Flurstruktur in Südmadagaskar (Beispiel Itampolo, Mahafalygebiet) (n. R. Battistini 1964).

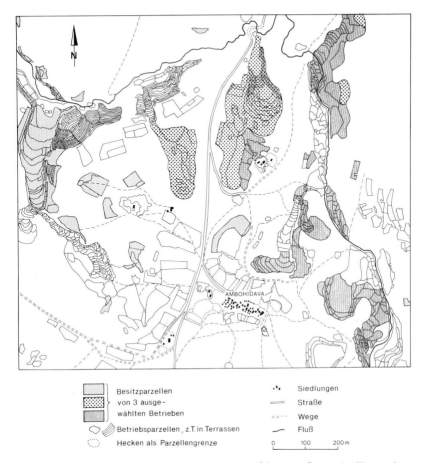

Abb. 30: Gemarkung Antanety-Ambohidava (Unterpräfektur Betafo, Provinz Tananarive): Parzellen und Besitzverteilung (Ausschnitt) (Quelle : J. Y. Marchal, O.R.S.T.O.M. Tananarive).

gelmäßige Kleinblockflur vor, die meist rechteckig, bei den umhegten Feldern der Mahafaly im Süden auch kreisförmig ist (Abb. 29).

Streifenfluren können durch die Teilung von Blockfluren oder durch die Geländeform an den Hängen entstehen, insbesondere bei der Terrassierung von Reisfeldern (Abb. 30), die im Gebiet der Betsileo häufig ist. Ein Sonderfall ist die auffällig regelmäßige, geschlossene Streifenflur in der Betsimitatatra-Ebene bei Tananarive. Sie geht auf die Landzuteilung des Königs ANDRIANAMPOINIMERINA Ende des 18. Jh. zurück, bei der jede Familie eine Nutzfläche von 75 a erhielt und dafür Steuern in Form von Reis zu entrichten hatte. Diese Planflur wurde durch

Erbteilung und Verkäufe später stark zersplittert und gleicht heute einer mitteleuropäischen Gewannflur (Abb. 11).

Im übrigen treten Planfluren in Madagaskar nur in jünger erschlossenen Gebieten, d. h. in den ausländischen Konzessionen und Plantagen und in den Räumen der Binnenkolonisation, z. B. am Alaotrasee, in der Sakay und am Mangokyfluß auf (s. S. 122 f. und Abb. 25).

4.4.1.7. Bodennutzungssysteme

Die Bodennutzungssysteme Madagaskars sind in ihrer Vielzahl schwer zu erfassen und zu typisieren. Sie sollen hier nur mit Beispielen genannt werden, um die Variationen des Anbaus zu charakterisieren.

Betriebe mit *Monokulturen* sind selten; hierzu gehören außer den Zuckerrohr- und Sisalplantagen einige spezialisierte Versuchsfarmen. Die madagassischen Bauern betreiben *Polykultur*; meist wird Reisanbau mit den Produkten des Regenfeldbaus kombiniert, um die Selbstversorgung zu sichern, in den peripheren Gebieten auch mit Exportkulturen für zusätzliche Einnahmen. Häufig werden mehrere Kulturen auf einer Parzelle gemischt, um die kleine Betriebsfläche möglichst vielfältig zu nutzen. Die Stichprobenuntersuchung von 1961/62 ergab fast 200 verschiedene Kombinationen; schätzungsweise ist etwa ein Viertel der nicht durch Reis genutzten Fläche mit *Mischkulturen* bestanden. Besonders weit verbreitet ist die Verbindung von Maniok mit Mais oder mit Bohnen, Erdnüssen und Batate; zuweilen werden drei verschiedene Kulturen auf einer Parzelle gepflanzt. Im östlichen Tiefland ist die Kombination von Kaffee mit Bananen, Gewürznelken und Vanille besonders häufig, wobei auch hier dreifache Belegung auftreten kann. Neben der reinen marktorientierten Kombination (z. B. Kaffee + Gewürznelken + Vanille) wird manchmal der Maniok zur Selbstversorgung mit einbezogen (Kaffee + Maniok + Bananen). Diese bunte Mischung kennzeichnet vor allem die ortsnahen Parzellen. Dem Vorteil der vielfältigen und raschen Nutzbarkeit steht der Nachteil der beschleunigten Bodenerschöpfung bei zu dichtem Stand und meist fehlender Düngung gegenüber.

Bei den *Fruchtwechselsystemen*, d. h. der zeitlichen Nutzungsfolge auf einer Parzelle, gibt es ebenfalls zahllose Variationen. Häufig allerdings wird kein System eingehalten und nach mehrjährigem Anbau einer Frucht eine lange Brache eingeschoben oder das Land gewechselt. Beispiele für den geregelten Fruchtwechsel können aus verschiedenen Landesteilen genannt werden:

Mais mit Bohnen — Erdnüsse — Tabak	(Itasygebiet)
Maniok — Batate — Kaffee	(Ostküste bei Farafangana)
Bohnen — Mais — Maniok — Batate	(Süden bei Betioky)
Mais mit Nachsaat Kaperbsen — Baumwolle	(Südwesten am Fiherenana)

Im Kolonisationsgebiet der Sakay wendet man eine siebenjährige Rotation mit eingeschalteter Brache oder Weide an: Mais mit Düngung — Brache — 2 Jahre Maniok mit Düngung — 3 Jahre Brache oder Weide mit Grasansaat.

Auf den Überschwemmungsterrassen wird ohne Fruchtwechsel angebaut, da die regenzeitliche Überflutung den Boden hinreichend regeneriert. Die fruchtbaren Vulkanböden sind ebenfalls längere Zeit ohne Rotation nutzbar, während sich die Ferrallitböden ohne zusätzliche Düngung rasch erschöpfen.

Düngemittel werden nur ganz unzureichend verwendet. Nach der Erhebung von 1961/62 wurden schätzungsweise 15 % der gesamten Nutzfläche mit Dünger versorgt. Während in den Reisanbaugebieten des Hochlandes bereits der Großteil der Felder gedüngt wird, ist dies im vieharmen Osten und in den extensiv bewirtschafteten westlichen und südlichen Landesteilen noch kaum der Fall. Der in den Kralen gesammelte tierische Dung wird häufig nicht mit dem Boden verarbeitet, so daß er nutzlos auf den Feldern vertrocknet. Künstliche Düngung ist aus Unkenntnis und Mißtrauen, aber auch wegen der Kosten sehr wenig verbreitet. 1976 wurden nur 5900 t, überwiegend stickstoffhaltiger Handelsdünger, verwendet, d. h. im Durchschnitt etwa 6 kg je Betrieb. Auch Pflanzenschutzmittel werden fast nur in größeren Betrieben angewandt.

Die Ausstattung mit *Geräten* ist sehr bescheiden und umfaßt in den meisten Kleinbetrieben nur den vielseitig verwendbaren Grabspaten *(angady)*, Sicheln und Kornschwingen für die Ernte, Mörser zum Entschälen des Reises, Schaufeln und Hacken. Pflüge, Eggen und Karren mit Rindern als Spannvieh sind erst in der Kolonialzeit eingeführt worden. Noch heute besitzt nur etwa jeder zehnte Betrieb diese fahrbaren Geräte. Der Besatz mit Maschinen ist noch schlechter; so entfällt z. B. ein Schlepper auf 435, ein Mähdrescher auf 1000 Betriebe! Die Verteilung ist dabei sehr unterschiedlich; am besten ausgestattet sind stadtnahe Teile des zentralen Hochlandes und die jungen Kolonisationsgebiete, z. B. am Alaotrasee. Die europäischen Betriebe fallen zahlenmäßig dabei kaum mehr ins Gewicht.

4.4.2. Viehhaltung
(Tab. 22)

Die Viehhaltung ist in Madagaskar ein weitgehend eigenständiger, noch unvollständig in die Agrarwirtschaft integrierter Produktionszweig. Im ganzen gesehen, ist ihre regionale Verbreitung und Bedeutung gegensätzlich zu der des Ackerbaus und der Exportkulturen.

Die überragende Rolle spielt dabei die *Rinderhaltung,* deren kultische und ostentative Funktion noch immer stärker ist als die wirtschaftliche. Das Rind ist neben dem Reisfeld das Symbol des Besitzes und der bodenverbundenen Tradition. Die Schätzungen über die Zahl der Rinder (1976: 9,8 Mio) sind unsicher und wohl zu tief gegriffen; sie beweisen jedenfalls, daß Madagaskar mit etwa einem Rind je Einw. zu den viehreichsten Ländern der Erde gehört. Die wirtschaftliche Bedeutung entspricht dem jedoch nicht; nur etwa 10 % des Bruttoinlandsproduktes wird von der Viehwirtschaft bestritten.

Die Verbreitung zeigt ein klares, ökologisch bedingtes Gefälle zwischen dem westlichen und östlichen Landesteil, das aus der Umrechnung auf die Einwohnerzahl noch deutlicher wird als aus den absoluten Zahlen. Die Gebiete an der Ostküste und im östlichen Hochland zwischen Tananarive und Fianarantsoa, die infolge ihres feuchten Klimas überwiegend dem Reisanbau und den Baumkulturen dienen, bleiben in ihrer Viehzahl unter der Einwohnerzahl. Im niederschlagsärmeren Westen und Süden steigt die Relation hingegen bis auf 4 Rinder je Einw. an (Abb. 26). Hier liegen die großflächigen, in die Trockensavanne hineingerodeten Weidegebiete und leben die traditionell viehhaltenden Volksgruppen der Sakalava, Bara, Mahafaly und Antandroy. Daraus ergibt sich die Funktionsteilung zwischen dem dünn bevölkerten Überschußgebiet des Westens und dem dicht bevölkerten Zuschußgebiet des Ostens.

Auf den Westen und Süden entfällt der größte Teil der Weidefläche des Landes mit monotonen, ungepflegten Beständen tropischer Grasarten (*Hyparrhenia, Heteropogon, Panicum* etc.). Sie liefern in den feuchten Talgründen gute Weiden, ermöglichen aber im ganzen infolge der mehr als halbjährigen Trockenzeit nur eine geringe Viehdichte; im Mittel sind 4—6 ha je Stück erforderlich. Der Arbeitsaufwand beschränkt sich im wesentlichen auf die Überwachung, um Viehdiebstählen vorzubeugen, auf gelegentliche Zählung und das Anlegen von Weidebränden am Ende der Trockenzeit. Viehdiebstähle dienen nicht nur der Bereicherung, sondern sollen Mut und Geschicklichkeit beweisen und werden immer wieder vergeblich durch Staat und Dorfgemeinschaften bekämpft.

Die schädlichen Folgen der Weidebrände, die den Grasbestand in der Regenzeit rasch erneuern sollen, wurden schon genannt. Durch Einsaat hochwertiger Gräser mit Düngung, teilweiser Mahd und Einsilierung und durch planmäßigen Weidewechsel soll die Weidewirtschaft verbessert werden. Die geringen Niederschläge, hohe Kosten, aber auch die Verhaftung der Bevölkerung in der traditionellen Wirtschaftsweise setzen diesen Plänen jedoch Grenzen. Durch Kontrolle und mehrjährige Abstände könnten die Schäden der Weidebrände, die aus Futtermangel noch unumgänglich sind, eingeschränkt werden. Versuche mit der Leguminosenart *Stylosanthes gracilis*, die sowohl für Weiden wie für die Rotation mit Feldfrüchten geeignet und klimaangepaßt ist, zeigen vielleicht, wie die Erträge langfristig gesteigert werden können (P. GRANIER 1970).

Der Westen ist trotz der Extensität seiner Weidewirtschaft und des hohen eigenen Fleischverbrauchs (30 kg/Einw./Jahr gegenüber 12 kg im Hochland und 4,6 kg im Osten) Aufzucht- und Liefergebiet für die übrigen Landesteile. Im östlichen Hochland und an der Ostküste findet kaum Aufzucht für den Verkauf statt; die Rinder werden hier fast nur für den Eigenbedarf, namentlich zur Schlachtung bei den Festen und für die Arbeit auf den Reisfeldern gehalten. Die Milchviehhaltung hat nur im Umkreis der Städte, vornehmlich um Tananarive, kommerzielle Bedeutung. Die große Siedlungsdichte und der hohe Anteil des Feldlandes schränken die Weidefläche ein. Häufig wird zwischen der Beweidung der Hochflächen in der Regenzeit und der feuchten Niederungen oder der Stoppelfelder in der Trockenzeit gewechselt.

Zwischen den Aufzucht- und Absatzgebieten vermitteln großräumige und umfangreiche Viehbewegungen (vgl. J. P. Raison 1968). Das Vieh wird aufgekauft, in großen Herden gesammelt und von den Weiden des Westens und Nordwestens zu den Märkten getrieben, die sich im Übergangssaum zu den Verbrauchergebieten häufen. Orte wie Ambalavao, Mandoto und insbesondere Tsiroanomandidy westlich von Tananarive spielen eine überragende Rolle im Viehhandel. Da die weiten Triebwege hohe Gewichtsverluste verursachen, wird das Vieh vor dem Weiterverkauf häufig noch aufgefüttert. Nach dem Aufkauf durch Zwischenhändler folgt der Trieb in die Schlachthäuser der Verbraucherzentren. Der größte Viehstrom bewegt sich von Morafenobe und anderen Orten des Nordwestens über Tsiroanomandidy nach Tananarive (etwa 80 000 Stück/Jahr), kleinere Ströme versorgen die Schlachthäuser in Tamatave, Diégo-Suarez und Tuléar aus dem jeweiligen Hinterland. So wird das ganze Land von einem Netz vorwiegend westöstlicher Wanderwege durchzogen. Neue große Schlachthäuser sind im Westen in Majunga und Morondava geplant bzw. in Betrieb, doch ist fraglich, ob ihre Kapazität ausgelastet werden kann.

Durch Emigranten, die Vieh im Nordwesten aufkaufen und in ihre südlichen Heimatgebiete treiben, haben sich auch nordsüdliche Wanderströme entwickelt.

Der großen Quantität steht die noch niedrige Qualität der Viehbestände gegenüber, verursacht durch geringe Weidepflege und häufigen Futtermangel, aber auch durch die ertragsarme Rasse. Das Zeburind, robust und anpassungsfähig, aber spätreif (nach 7—8 Jahren) und ertragsschwach, ist allgemein verbreitet. Im Mittel kann nur mit 115 kg Fleisch je Vieh und 100—200 l Milch/Jahr je Kuh gerechnet werden. Der Eigenverbrauch umfaßt etwa 75 %. In den Städten treten, namentlich in der Regenzeit, Versorgungslücken auf. Die Ausfuhr von Fleisch und Fleischkonserven bestreitet zwar 7,0 % des Gesamtexportwertes (1974), doch muß ein Viertel der dabei erzielten Einnahmen wieder für den Import von Milch und Milchprodukten ausgegeben werden. Der Export von Häuten und Leder (1 % des Gesamtwertes) leidet unter der oft schlechten Qualität der Ware.

Um die Ausfuhr zu steigern, vor allem aber um die Inlandversorgung zu verbessern und den Proteinmangel in der Ernährung zu vermindern, strebt man die Einfuhr und Zucht anderer Viehrassen an, z. B. durch die Kreuzung von Zebu mit Brahman-, Sahival- oder Holsteinvieh. Versuchsgüter, wie die 5000 ha große Farm von Kianjasoa in der Sakay, erproben diese Kreuzungen und die Ansaat von Kunstweiden (z. B. mit Elefanten- oder Guatemalagras), befassen sich mit Krankheitsbekämpfung und künstlicher Besamung.

Die anderen Haustierarten haben geringere und z. T. nur regionale Bedeutung. *Schweine* (1976: 0,68 Mio) werden überwiegend im Hochland gehalten und dienen weitgehend der Versorgung der Städte, in erster Linie von Tananarive. Die wichtigsten Aufzuchtgebiete liegen im Westen der beiden Hochlandprovinzen mit Schwerpunkt in der Sakay. Die heutigen Bestände sind aus der Mischung iberischer, ostasiatischer und europäischer Rassen hervorgegangen. Sie werden in einfachen Verschlägen gehalten; der Ernährung dienen neben Abfällen Reiskleie, Mais und Maniok. Mit dem verstärkten Absatz hat die verbesserte Stallhaltung und die Zucht höherwertiger Rassen (z. B. Large White) zugenommen. Im Süden und bei der islamisierten Bevölkerung des Nordwestens ist die Schweinehaltung tabu.

Schafe (1976: 0,72 Mio) und *Ziegen* (1976: 1,10 Mio) sind fast ganz auf die dürftigen Weideflächen des Südwestens beschränkt. Im Hochland werden Schafe im Ankaratragebirge gehalten und tragen zur Woll- und Fleischversorgung der Hauptstadt bei. Die Ziegen ergänzen bei den Mahafaly und Antandroy mit großen Herden die Rinderhaltung; sie dienen weniger zur Milch- als zur Fleischgewinnung. Marktwirtschaftlich wurde die Einfuhr von Angoraziegen am Anfang des 19. Jh. wichtig, da auf ihr die genossenschaftliche Wollverarbeitung in Ampanihy mit der Herstellung von Mohairteppichen, die auch exportiert werden, beruht. Durch den Viehverbiß entstehen allerdings schwere Schäden in der natürlichen Vegetation des Südens.

Die Geflügelhaltung ist mit Hühnern, Gänsen, Enten und Truthühnern im ganzen Land zur Selbst- und Marktversorgung verbreitet. Pferde werden fast nur für den Reitsport der Oberschicht in den Städten gehalten.

4.4.3. Forstwirtschaft

Die Forstwirtschaft ist in Madagaskar wenig entwickelt, obwohl die Wälder immerhin noch über ein Fünftel der Landesfläche bedecken (Tab. 4).

Die Nutzung wird im Regenwald durch die weite Streuung verwertbarer Hölzer und durch das Steilrelief behindert. In allen Waldgebieten fehlt ein ausreichendes Verkehrsnetz. 1967 wurden nur 50 000 ha wirtschaftlich genutzt; in der Zwischenzeit dürfte sich die Fläche kaum vergrößert haben. Der Hauptteil des Einschlags dient als Brennholz (1975: 4,9 Mio cbm), der Rest (1,5 Mio cbm) wird für handwerkliche und industrielle Zwecke verwendet. Etwa 50 meist kleine Sägewerke besorgen in rohstoffnahen Standorten den Zuschnitt. Sie liegen größtenteils im Osten am Rande des Regenwaldes. Die Holzindustrie ist außer in Tananarive im Waldgebiet östlich der Hauptstadt um Moramanga konzentriert.

Die Industrie stützt sich zum Teil bereits auf jüngere *Aufforstungen*. Die Notwendigkeit, den Wald zu schützen und zu erneuern, wurde schon im Merinareich erkannt. König ANDRIANAMPOINIMERINA erklärte: „Der Wald ist heilig, die Göt-

Tab. 4: Verteilung der Waldarten

(n. Inv. Socio-Économique 1965)

Waldarten	wenig oder nicht degradiert (in ha)	degradiert (in ha)
Feuchttropischer Regenwald	6 132 000	3 585 000
Tropischer Trockenwald	2 052 000	539 000
Dornsavanne (Busch)	2 924 000	81 000
Übergang Feucht-Trockenwald	195 000	114 000
Wald auf Kalksubstrat	591 000	—
Galeriewälder	264 000	—
Raphiabestände	97 000	—
Mangrovebestände	218 000	—
Gesamtfläche	12 473 000	4 319 000
Anteil an Landesfläche	= 21,2 %	= 7,4 %

ter strafen den, der ihn zerstört." Der Codex der 305 Artikel von 1881 und ein Dekret der Kolonialverwaltung von 1930 suchten später die Waldnutzung zu regeln. Der wachsende Bedarf für Brandrodung und Landwechselwirtschaft, die Eingriffe durch Weide und Buschfeuer vernichteten aber weiterhin große Waldbestände (s. S. 65 f.).

Durch die französische und madagassische Forstverwaltung sind erhebliche Flächen (bis 1968: 230 000 ha) wiederaufgeforstet worden; sie können aber nur einen kleinen Teil der Verluste ersetzen. Die neuangelegten Wälder befinden sich fast ausschließlich im Hochland mit Schwerpunkten östlich von Fianarantsoa (Haute-Matsiatra), bei Antsirabe und im Ankaratragebirge, östlich von Tananarive bei Moramanga und auf den Tampoketsahochflächen nordwestlich der Hauptstadt. Diese Forste fallen durch ihre uniformen Bestände auf, die sich von der sonstigen Vielfalt der tropischen Vegetation abheben. Zur Aufforstung werden fast nur Eukalypten und Kiefern herangezogen. Die Eukalypten nehmen allein fast 200 000 ha ein; unter Hunderten von Arten werden vier als raschwüchsig und krankheitsresistent besonders bevorzugt (*E. rostrata, robusta, citriodora* und *grandis*). Sie finden sich auch in vielen kleinen Privatwaldungen. Die Kiefern werden in Höhen über 900 m gepflanzt. Die wichtigsten Arten sind *Pinus patula* aus Mexiko und *P. kashya* aus Indochina, wobei die erste wegen ihrer rasch und gerade wachsenden Stämme, ihrer Windresistenz und des für die Papierherstellung geeigneten Holzes besonders geschätzt wird. Größere Bestände bedecken heute das Ankaratragebirge. Weitere Aufforstungen wurden mit Mimosenarten (Akazien) und Pappeln durchgeführt. Etwa 30 Forststationen sorgen für die Pflege und

Neuanlage der Wälder, wobei der Schutz gegen Brände eine der wichtigsten Aufgaben ist.

Die Forste können die natürlichen Ökotope nicht ersetzen und sind in ihrer Einseitigkeit für die langfristige Bodenentwicklung nicht unproblematisch. Für die wirtschaftliche Nutzung und vor allem als Schutz gegen die Bodenerosion sind sie aber unentbehrlich und müssen weiter gefördert werden. Außerdem versucht man, degradierte Wälder wieder mit einheimischen Arten anzureichern und Schutzwaldstreifen gegen die Erosion mit rasch aussamenden Pflanzen (z. B. *Acacia, Grevillea, Leucena*) anzulegen. Die Hauptaufgabe der Forstverwaltung ist jedoch, die restlichen natürlichen Waldbestände zu erhalten, da sie nicht nur dem wirtschaftlichen Gewinn dienen, sondern vor allem das ökologische Gleichgewicht erhalten.

4.4.4. Fischerei

Als Insel mit etwa 5600 km langer Küste an einem fischreichen Meer bietet Madagaskar dem Fischfang günstige Voraussetzungen, die vom Fischervolk der Vezo und von den Sakalava seit jeher genutzt wurden. Die Fangerträge sind allerdings infolge der geringen technischen Entwicklung der traditionellen Küstenfischerei noch niedrig. Die Ausstattung beschränkt sich auf Auslegerboote mit Segeln und kleine motorisierte Schiffe, die Fischer arbeiten einzeln oder in kleinen örtlichen Gruppen ohne überregionale Absatzorganisation. Der größte Teil des Fanges entfällt auf die Westküste, die besser vor Stürmen und Brandung geschützt ist als die Ostküste, zudem einen breiten fischreichen Kontinentalsockel und im Nordwesten geschützte Buchten besitzt.

Erst seit 1963 beginnt sich eine moderne Seefischerei unter Beteiligung fremden, besonders japanischen Kapitals zu entwickeln. Es wurden vier Gesellschaften mit Sitz in Majunga, im Hafen St. Louis und auf Nossi-Bé gegründet, von denen die japanisch-französisch-madagassische *Société Malgache de Pêche* (SOMA-PECHE) die bedeutendste ist. Diese Gesellschaften verfügen über etwa 40 Schiffseinheiten, die mit Gefriereinrichtungen ausgestattet sind. Der Fang konzentriert sich auf Garnelen (1971: 4000 t) für den Export, der überwiegend nach Japan und den USA geht. Um die Bestände zu schonen, sollen Fangbeschränkungen eingeführt werden. In den letzten Jahren wurden zwei Fischereigenossenschaften in Morondava und auf Nossi-Bé und ein Fischereizentrum im Süden (Faux Cap) gegründet.

Der traditionelle Fang erbringt im Raum von Majunga Garnelen neben Krabben für den einheimischen Bedarf. Im übrigen überwiegt an der Westküste der Fang von Seefischen weitaus den der Krustentiere. Am stärksten sind Thunfisch, Makrelen (Bonito) und Sardinen vertreten. Im Norden um Diégo-Suarez und im Osten um Tananarive hält sich die Anlandung von Seefischen und Garnelen etwa die Waage. Fort-Dauphin ist auf den Fang von Langusten spe-

zialisiert. Insgesamt betrug die Fangmenge der madagassischen Seefischerei 1975
14,5 Mio t.

Der Handel konzentriert sich auf wenige Häfen. Bedeutend sind nur Tuléar,
Majunga und Morondava im Westen, Diégo-Suarez im Norden, Tamatave,
Fort-Dauphin und Manakara im Osten. Der Export erfolgt vorwiegend über die
Häfen von Majunga, Diégo-Suarez und Tamatave; 1974 bestritt er mit 14 500 t
(darunter 10 600 t Seefische und 3200 t Krustentiere) 6 % des Gesamtexportwer-
tes. Majunga soll mit Vorrang zum modernen Fischereihafen ausgebaut werden.

Der größte Teil des Fanges wird im Lande selbst verbraucht. Der Fischkonsum
ist naturgemäß in den westlichen Küstenprovinzen am höchsten (Prov. Tuléar
4,3 kg, Prov. Diégo-Suarez 3 kg/Einw./Jahr), im Hochland jedoch noch sehr gering, da es an Transportmitteln mit Kühleinrichtungen fehlt. Nur Tananarive
wird, z. T. auf dem Luftweg, besser versorgt. Der Inlandmarkt könnte wesentlich
größere Mengen aufnehmen und der Export durch Erweiterung der Konserven-
industrie verstärkt werden, so daß ein Ausbau der Seefischerei aussichtsreich erscheint, wenn gleichzeitig Infrastruktur und Absatzorganisation verbessert werden.

Beträchtliche Erträge (1975: 56 Mio t) bringt die *Binnenfischerei* für die Selbst-
und Marktversorgung. Dazu werden die Flüsse und Seen, besonders der Alaotrasee, genutzt, aber auch künstliche Teiche angelegt. Die am häufigsten gefangenen
Fischarten sind Tilapia, Karpfen, Forellen und Aale. Der Fang wird nur neben-
beruflich betrieben und der Ertrag auf den städtischen Märkten verkauft. An den
Seen ist der Eigenverbrauch sehr hoch und übersteigt im Gebiet des Alaotrasees
sogar den Fischkonsum der Küstengebiete. Eine interessante Form ist die Reis-
Fischkultur um Manjakandriana und Betafo im Hochland, bei der die Fische in
den überschwemmten Feldern ausgesetzt und beim Ablassen des Wassers gefan-
gen werden. Diese Art der Fischhaltung bringt einen erheblichen Zusatzverdienst
und begünstigt zudem die Reiskultur, da sie schädliche Insekten und Algen
bekämpft. Die erweiterte Reis-Fischkultur würde auch dazu beitragen, den
Proteinmangel in der Ernährung zu beseitigen.

4.5. Die Agrarlandschaftstypen

Die regionalen Unterschiede in der Entwicklung, Struktur und Funktion der
Agrarwirtschaft Madagaskars beruhen in erster Linie auf der Anpassung an die naturräumliche Differenzierung. Neue Formen der Nutzung, des Bodenrechts und
der Siedlungen verbreiteten sich, seitdem durch die Merinaexpansion, die Kolonialherrschaft, die Binnenkolonisation und die Migrationen die Isolierung der Regionen verringert wurde. So entstanden in den Landesteilen raumtypische Muster
der Bodennutzung, die ökologischen und ökonomischen Kriterien folgen und mit
den Intensitätszonen im klassischen Modell v. Thünens verglichen werden
können.

Im mittleren *Hochland,* wo die traditionelle Agrarwirtschaft am weitesten fortgeschritten ist, wechselt die Nutzung mit der Höhengliederung und mit der Entfernung zu den Siedlungen. Es lassen sich ringförmige Nutzungszonen mit nach außen abnehmender Intensität erkennen.

Im Zentrum der Wirtschaftsfläche liegen die Reisfelder. Sie nehmen die Sohlen der Becken und Täler und die terrassierten Hänge ein. Künstliche Bewässerung in der Trockenzeit und Regulierung des Wasserstandes in der Regenzeit ermöglichen 2—3 Ernten im Jahr. Die kleinparzellierten block- und streifenförmigen Felder heben sich als geschlossener Komplex innerhalb der Gemarkungen deutlich vom Umland ab.

Ein zweiter Bereich flächenintensiver Nutzung liegt am Rand der Niederungen und auf dem unteren Teil der Hänge; er dient den nicht bewässerten Kulturen. Der Anbau wird hier durch die Anschwemmungen aus höheren Gebieten begünstigt; die Böden sind feinerdig, reich an Basen und organischem Material, wasserhaltend und doch gut drainert. Die regenzeitlich überschwemmten Flußterrassen haben ähnlich günstige Böden. Zu der Vielzahl der oft eng vermischten Kulturen gehört der Gemüseanbau mit Kohl, Zwiebeln, Salaten, Erbsen, Karotten und Tomaten; seine Vielfalt und Ausdehnung wächst mit der Nähe zu den Verkehrslinien und zentralen Orten. Außerdem werden hier Bananen, Kaffee, Agrumen und in Höhen bis 1800 m Obstbäume der gemäßigten Zone gepflanzt. Alle genannten Kulturen finden sich auch im Umkreis der Siedlungen, wo sie rasch für Pflege und Ernte erreichbar sind.

Der dritte, extensiver bestellte Teil der Wirtschaftsfläche nimmt die oberen Hangteile und die Hochflächen *(tanety)* ein. Er dient mit Maniok, Süßkartoffeln (Batate), Mais, Bohnen, Taro und Erdnüssen überwiegend der Selbstversorgung. Die roten ferrallitischen Böden sind nach der Entwaldung häufig erodiert und verarmt, wobei der humushaltige Oberboden einem rasch austrocknenden, durch Eisen- und Aluminiumkonkretionen verhärteten Horizont gewichen ist. Soweit nicht gedüngt wird, ist eine Brachezeit von 4—5 Jahren oder Landwechsel erforderlich. Die meist blockförmigen Parzellen bilden nur in Ortsnähe geschlossene Komplexe; in peripheren Gemarkungsteilen liegen sie verstreut und verschieben sich mit dem Landwechsel. Fruchtwechsel und künstliche Düngung sind noch selten. Die Intensität der Bewirtschaftung verringert sich vom ortsnahen, dauernd genutzten Besitz der Familien zum ortsfernen, nur zeitweilig bestellten Kollektivland.

Der periphere Gemarkungsbereich umfaßt das nicht parzellierte Weideland. Meist sind es extensive Naturweiden auf Hartgräsern; künstliche Einsaat ist selten. Die großen Flächen sind Eigentum der Dorfgemeinschaft und dienen der Fleischviehhaltung, während Milchvieh und Arbeitsochsen in Nähe der Siedlungen verbleiben und nachts in Pferche eingetrieben werden. Die Herden weiden in der Regenzeit auf den Höhen, in der Trockenzeit auf den abgeernteten Feldern der Niederungen.

Auch im immerfeuchten *östlichen Küstenvorland* zeigt der Anbau eine von Boden und Wasserhaushalt abhängige Höhenabfolge. Der Naßreisanbau nimmt naturgemäß die tiefsten, flußnahen Alluvialböden ein. Infolge der hohen Niederschläge sind zwei Ernten auf gleicher Fläche möglich, doch muß für ausreichende Drainage gesorgt werden. Ausgedehnte Reisflächen finden sich nur an den küstennahen Flußunterläufen; im Hinterland liegen die Felder verstreut zwischen den Hügeln.

Auf den Flußterrassen und unteren Hängen erreicht die Bodennutzung ihre größte Dichte und Vielfalt. Die durch Anschwemmungen regenerierten Böden leiden hier weder unter der Erosion der höheren noch unter der mangelnden Drainage tieferer Geländeteile. Die jährlich überschwemmten Terrassen dienen mit einjährigen Kulturen (Batate, Maniok, Taro, Mais und Erdnüsse) der Selbstversorgung, die höheren Terrassen werden für Kaffee und Bananen genutzt. Im Umkreis der Siedlungen finden sich kleine Gärten mit Gemüse und zahlreiche Fruchtbäume (Agrumen, Papaya, Avogado, Mango, Letchis u. a.).

Die höheren Hangteile wurden durch Brandrodung erschlossen und dienen auf größeren Blockparzellen dem Anbau von Bergreis, Batate, Maniok, Taro und Mais. Der ein- bis dreijährigen Nutzung folgt eine vier- bis fünfjährige Brache mit Sekundärvegetation. Manchmal findet Fruchtwechsel zwischen Bergreis, Maniok und Batate statt. Die Brandrodungsflächen werden auch für Kaffee, Gewürznelken, Vanille und Pfeffer herangezogen, wobei die Dichte der Bestände mit der Ortsnähe zunimmt.

Die Jagd und das Einsammeln von Honig, Wachs, Raphiafasern und Früchten im Wald ergänzen den Feldbau, während die Viehhaltung in dem feuchtwarmen Klima nur beschränkt möglich ist.

Ein ganz anderes Anbaugefüge zeigt der *Westen,* wo die Zahl der ariden Monate bis auf acht ansteigt und die Feuchtsavanne in die Trockensavanne übergeht. Hier überwiegt die extensive Viehhaltung mit weiten Wanderwegen zwischen den regenzeitlichen Höhen- und trockenzeitlichen Talweiden. Das Grasland ist Eigentum der Dorfgemeinschaft und beherrscht mit wechselnden Farben — grün in der Regenzeit, braun-gelb in der Trockenzeit und schwarz nach den Weidebränden — das Landschaftsbild. Der Feldbau ist untergeordnet und auf kleine Flächen verstreut; er dient überwiegend der Selbstversorgung. Neben dem Regenfeldbau auf den Höhen bleibt der Naßreisanbau auf die schmalen, ganzjährig wasserführenden Täler beschränkt.

Nur am Unterlauf der großen Flüsse haben sich Zonen intensiven Anbaus entwickelt. Hier werden die fruchtbaren Flußablagerungen ganzjährig mit Hilfe der regenzeitlichen Überschwemmungen und der trockenzeitlichen Bewässerung genutzt. Der Anbau paßt sich dabei eng an die ökologischen Zonen an.

Der Naßreisanbau nutzt auch hier die tiefsten Geländeteile, d. h. die Flußauen und Senken. Wie im Hochland werden zwei Ernten im Jahr eingebracht, wobei in der Trockenzeit künstlich aus den Flüssen bewässert, in der Regenzeit die natürliche Überschwemmung reguliert wird. Wichtig ist die ausreichende Drainage, um die Bodenversalzung zu verhindern. Zum Teil erzielt man zwei Ernten auf einer Parzelle oder dienen Kaperbsen als Zwischenfrucht.

Auf den Terrassen und Dammufern der Flüsse *(baiboho)* ist die Nutzung besonders ertragsreich und vielseitig, da sie aus fruchtbaren, sandig-lehmigen Ablagerungen bestehen, die durch Überschwemmungen häufig erneuert werden.

Dies gilt insbesondere für die tieferen Baiboho (Niederterrassen), die alljährlich überschwemmt werden. Sie speichern genügend Wasser, so daß einjährige Kulturen während der Trockenzeit angebaut werden können. Mais, Maniok, Batate und Taro dienen der Selbstversorgung; für die Marktwirtschaft haben die Baiboho durch den Anbau von Baumwolle, Tabak und Kaperbsen besonderen Wert erlangt.

Die höheren Baiboho (Hochterrassen) werden selten oder nicht mehr überschwemmt. Der ursprüngliche Trockenwald wurde durch Brandrodung beseitigt. Der Boden speichert hier nicht mehr genügend Wasser für die Trockenzeit, die Nutzung muß während der Regenzeit erfolgen. Auf den Hochterrassen gedeihen neben den für die Niederterrasse genannten Nutzpflanzen mehrjährige Kulturen mit Bananen, Mango und anderen Fruchtbäumen, im Nordwesten Kakao und Kaffee, im Mangokydelta Baumwolle mit künstlicher Bewässerung.

Die Ertragfähigkeit der Baiboho ermöglicht eine dauernde Nutzung ohne Landwechsel und Brache; meist fehlt auch der Fruchtwechsel. Besonders im Umkreis der Siedlungen sind die Bestände dicht gemischt.

Das über den Flußauen und Terrassen liegende höhere Gelände wird meist nur extensiv, d. h. mit Brandrodung und Landwechsel auf verstreuten Parzellen für die Selbstversorgung genutzt. In größerem Abstand von den Siedlungen tritt an die Stelle des Feldbaus die Weide; ihre Futterqualität ist gering, die Quantität reicht in der Regenzeit aus, in der Trockenzeit müssen die Herden die abgeernteten Felder der Baiboho aufsuchen.

Die Bodennutzung folgt somit einer deutlichen Höhenstufung, die vom bewässerten Reisanbau der Niederungen über den Trockenzeitfeldbau der unteren und den Regenzeitfeldbau der höheren Terrassen bis zur Landwechsel- und Weidewirtschaft des umgebenden Geländes führt und dort in die natürliche Vegetation übergeht. Die besitzrechtlichen Verhältnisse spiegeln die unterschiedliche Bewertung dieser Zonen wider. Während sich die Reisfelder und das durch seine Marktkulturen wertvolle Baiboholand im festen Besitz der Familien befinden, werden in den peripheren Gebieten der Landwechsel- und Weidewirtschaft die kollektiven Eigentumsrechte der Dorfgemeinschaft noch gewahrt.

Die Siedlungen reihen sich am Rande der Hochterrasse zwischen hochwasserfreiem und überschwemmtem Gelände. Auf den tieferen Terrassen werden in der Trockenzeit Saisonsiedlungen für die Feldbestellung errichtet; in ihnen lebt während der Ernte ein großer Teil der Bevölkerung.

Als Beispiel für das Nutzungsgefüge des semiariden *Südens* können die Siedlungen der Mahafaly dienen. Die von Hecken umgebenen Hausgruppen und die ebenfalls oft umhegten runden oder unregelmäßig blockförmigen Parzellen der Familien und Sippen bilden den zellenartig gegliederten Kern der Wirtschaftsfläche. Die Bodennutzung dient überwiegend der Selbstversorgung und beschränkt sich auf extensive Viehhaltung und Regenfeldbau; zu Maniok, Batate und Mais tritt hier die Hirse. Der Naßreisanbau fehlt wegen der geringen Niederschläge fast ganz.

Die räumliche Anordnung zeigt wie in den anderen Landesteilen eine nach außen abnehmende Intensität der Bewirtschaftung. In Ortsnähe liegen die dauernd genutzten, zum Teil gedüngten und oft umhegten Parzellen in geschlossenen Verbänden. Ortsferner folgen nicht umhegte, verstreute Felder, die ihre Lage durch die Landwechselwirtschaft häufig verändern. Das Umland dient den großen Rinderherden als Weide, verbunden mit weiten Herdenwanderungen, die z. B. von der Südwestküste auf die niederschlagsreicheren Verebnungsflächen im Landesinneren führen. Das Sammeln von Baobabfrüchten, Wurzeln und Knollen, von Honig und Insekten, die Jagd auf Vögel und Wildschweine ergänzen die unsicheren Felderträge.

4.6. Die Agrargesellschaft im Übergang von der Subsistenz- zur Marktwirtschaft

Der Übergang von der Selbstversorgung zur Markt- und Geldwirtschaft und von der traditionellen zur technisch modernen Landwirtschaft hat in Madagaskar wie in den meisten Entwicklungsländern weitreichende ökonomische und soziale Folgen. Dieser Prozeß, über den das Werk von J. C. Rouveyran (1972) eingehend unterrichtet, ist entscheidend für die weitere Entwicklung des Landes.

Subsistenzwirtschaft im strengen Sinne, mit absoluter Selbstgenügsamkeit und ohne wirtschaftliche Kontakte nach außen, gibt es heute in Madagaskar nicht mehr. Doch schätzt man, daß immerhin noch 90—95 % der Betriebe zu 70—80 % für die Selbstversorgung produzieren, d. h. nur wenig am Marktgeschehen teilnehmen. Bei nur 3—6 % der Betriebe beschränkt sich die Produktion für die Eigenversorgung auf 40—70 %; sie liegen verkehrsgünstig oder stadtnah und sind technisch weiterentwickelt.

Die wichtigste Ursache der geringen Marktüberschüsse ist der kleine Umfang der meisten Betriebe, der oft nur die eigene Existenz sichert. Für die zusätzliche Erschließung fehlt es in den dicht bevölkerten Gebieten an Land, in den dünn bevölkerten an Arbeitskräften. Der Mangel an Überschüssen führt wiederum zu einem Mangel an Kapital und damit an Investitionen zur Verbesserung der Produktion durch Bodenpflege, Geräteausstattung usw. Die ungenügende Nutzung der Produktionsmöglichkeiten hat quantitativ und qualitativ geringe Erträge und damit ungünstige Absatzbedingungen zur Folge. Es ist der bekannte „Teufelskreis" zwischen Kapital- und Produktionsmangel vieler Betriebe in den Entwicklungsländern. Ein Produktionszuwachs wird zudem großenteils durch die rasch wachsende ländliche Bevölkerung aufgezehrt.

Neben fehlenden Überschüssen sind aber auch infrastrukturelle Gründe, d. h. die Isolierung großer Gebiete, die ohne ausreichende Verkehrswege und erreichbare Märkte sind, maßgeblich für das Verharren in der Subsistenzwirtschaft.

Sehr wesentlich für den nur zögernden Übergang in die Marktwirtschaft sind in Madagaskar nicht zuletzt psychologische Faktoren. Die traditionelle wirtschaftlich abgeschlossene Gemeinschaft erfordert zwar Unterwerfung, sie gibt aber Hilfe und Sicherheit; die Geld- und Marktwirtschaft verspricht Gewinn, sie ist aber mit nicht überschaubaren Risiken verbunden. Man fürchtet den Irrtum *(tsiny)* und die Konflikte in der Familien- und Dorfgemeinschaft, weil Gewinn und Verlust und die Übernahme neuer Anbaumethoden die traditonelle Sozialstruktur erschüttern können. Man ahnt die Gefahren des Schrittes in eine neue Abhängigkeit, die nicht mehr durch den Schutz in der Gemeinschaft kompensiert wird.

Die moderne Markt- und Geldwirtschaft ist ein fremdes, wider Willen aufgepflanztes System. In vorkolonialer Zeit dienten Überschüsse dem lokalen Tauschhandel, der nicht nur wirtschaftliche, sondern auch soziale Motive hatte; er vermied Profit und störte das soziale Gleichgewicht der Partner nicht. Zuweilen hatte er nur symbolischen Charakter, z. B. anläßlich von Festen. Die Versorgung der Zentren vollzog sich über die Abgaben an die Stammeshäupter. Der Austauschbedarf benachbarter Regionen war durch die weithin homogene Produktion nur gering.

Der Übergang zur modernen Marktwirtschaft setzte Ende des 19. Jh. mit dem Kontakt zu den Kolonialmächten ein. Frühere Einflüsse durch den arabischen Seehandel blieben vorübergehend und auf enge Küstenbereiche beschränkt. Nunmehr wurde aber auch das Hinterland in den überregionalen Handel einbezogen. Die Marktkulturen der Ost- und Nordwestseite wurden mit dem Ziel des Exports und Gewinns eingeführt und von den Einheimischen übernommen. Neue Anbautechniken erhöhten Erträge und Überschüsse. Importe brachten Industrieprodukte und weckten bisher unbekannte Bedürfnisse. Über die Sicherung der Existenz hinaus wurde zusätzlicher Besitz erstrebenswert, wofür heute neben der europäischen Bekleidung Fahrrad und Transistorgerät typische Beispiele sind. Der Gelderwerb eröffnete die Möglichkeit, das Ansehen zu steigern und die Feste aufwendiger zu gestalten, Lohnarbeiter zu beschäftigen und damit unabhängig von der nachbarschaftlichen Hilfe zu werden. Als direkter Zwang wirkte die auferlegte Kopfsteuer, die von der Kolonialmacht eingeführt und von der unabhängigen Regierung bis 1972 beibehalten wurde; sie oktroyierte den Gelderwerb gesetzlich auf.

Damit entstand der bis heute anhaltende Zwiespalt zwischen dem Zwang oder dem Bestreben zum Gelderwerb einerseits und der Furcht vor dem Bruch mit der traditionellen Wirtschafts- und Sozialstruktur andererseits. An die Stelle von Tausch und Abgaben trat zunehmend der gewinnorientierte Handel und Verkauf. Mit der Integration in die Marktwirtschaft wurde der einzelne Betrieb, der bisher nur ein Teil der kollektiven Wirtschaftseinheit war, zum selbständigen Unternehmen mit eigener Gewinn- und Verlustrechnung.

Nach einer Erhebung von 1962 (P. François 1969), die in den Relationen auch heute noch zutrifft, betrug das durchschnittliche Gesamteinkommen der Haushalte in Orten unter 2000 Einw., d. h. für damals 86 % der Bevölkerung, rund 61 000 madagassische Francs (FMG) im Jahr, d. h. etwa DM 1000,—. Dabei ist zu berücksichtigen, daß 75 % der Haushalte unter diesem Mittelwert blieben. Die Aufgliederung nach der Art des Einkommens ergab für monetäre Einkünfte rd. 32 000 FMG, für nichtmonetäre rd. 29 000 FMG. Auch hierbei ist die sehr ungleiche Verteilung charakteristisch: 50 % der monetären Einkünfte entfielen auf nur 14 % der Haushalte; meist gehörten sie zu Händlern, Handwerkern und Angestellten. Dies bedeutet, daß der größte Teil der bäuerlichen Betriebe über ein nur sehr geringes Bargeldeinkommen verfügte und überwiegend für die Selbstversorgung produzierte. Doch sind dabei auch die großen regionalen Unterschiede zu beachten; während die Geldeinkünfte in den „armen" Gebieten des Südwestens nahezu auf den Nullwert absinken, können sie in den „reichen" Gebieten der Marktkulturen, z. B. im Nordwesten oder am Alaotrasee, auf das Vielfache des Mittelwertes ansteigen.

Die Einkünfte der bäuerlichen Betriebe beruhen auf dem Verkauf von Exportprodukten im Osten und Nordwesten, von Tabak, Baumwolle und Kaperbsen im Westen, von Reis insbesondere im Hochland, im Betsiboka- und Alaotragebiet, und von Vieh vornehmlich im mittleren Westen und Süden. Dazu kommen zeitweilig Einnahmen aus der Lohnarbeit in anderen Betrieben oder aus nichtlandwirtschaftlichem Nebenerwerb im Handwerk, Handel und in den zentralen Orten.

Die Ausgaben umfassen den zusätzlichen Bedarf an Nahrungsmitteln, vor allem an Reis, wenn die Ernte zu gering war oder rasch verkauft werden mußte. Der Zukauf von Reis vor der neuen Ernte zu überhöhten Preisen führt häufig zur Verschuldung. Weitere Ausgabeposten sind Salz, Zucker, Petroleum, Geräte, Kleidung, Stoffe und der Lohn für Arbeitskräfte, namentlich während der Ernte. Größere Geldbeträge werden für Vieh oder Felder, mit Vorrang für den Reisanbau, angelegt. Es wird damit eine quantitative Verstärkung der Produktionsmittel angestrebt; langfristige Investitionen zur qualitativen Verbesserung der Produktion und Geldrücklagen sind jedoch selten. Höhere Einnahmen dienen der Weiterbildung der Kinder oder dem Bau von Backsteinhäusern mit Wellblechdach als Zeichen des Wohlstandes.

Für den Madagassen hat neben diesen Ausgaben der „unproduktive" Aufwand für Feste, z. B. die Totenumbettungen oder für den Bau von Familiengräbern, mindestens gleichrangige Bedeutung. Sie verleihen nicht nur Prestige, sie bewahren auch den Rückhalt in der Dorfgemeinschaft und die Gunst der Ahnen.

Die finanziellen Einkünfte der bäuerlichen Betriebe dienen also mit Vorrang den kurzfristigen Bedürfnissen und der Erfüllung sozialer Pflichten. Die Scheu vor langfristigen Kalkulationen und Investitionen, der Mangel an vorausschauender Planung kennzeichnen auch das Marktverhalten des Bauern, der darauf vertraut, daß Gott für ihn und die kommenden Generationen so wie vordem für seine Ahnen sorgen wird. Er reagiert unreflektiert auf Veränderungen des Marktes, indem er bei steigenden Preisen den Anbau steigert und rasch verkauft, ohne Rücksicht darauf, daß dadurch die Preise wieder sinken. Bei Verlusten ist er eher bereit, sich auf die Selbstversorgung zurückzuziehen, als durch ein elastisches Anbauprogramm die Marktentwicklung aktiv zu beeinflussen.

Die Vermarktung wird aber auch durch äußere Faktoren erschwert, die der Bauer nicht beeinflussen kann. Hohe Transportkosten durch weite Wege und schlechte Verkehrsverbindungen, große Zwischenhandelsspannen reduzieren die Rentabilität. So ist der Anbau von Exportprodukten auf die Nähe von Verkehrswegen und Häfen angewiesen, der Gemüseanbau auf den Umkreis der Städte beschränkt. Milch wird nur aus dem unmittelbaren Umland der Verbraucherzentren angeliefert, in größerer Entfernung muß sie für den Absatz weiterverarbeitet werden. Durch klimatische Einflüsse, verminderte oder verzögerte Regenfälle und Zyklone können die Erträge erheblich schwanken. Bei den Exportprodukten kommt die meist scharfe Konkurrenz anderer Erzeugerländer hinzu. Dem variablen Angebot steht die relativ konstante und beschränkte Nachfrage in den Abnehmerländern gegenüber; daraus folgen Preisfluktuationen auf dem Weltmarkt, die nicht vorherzusehen sind. Alle diese Risiken werden weniger für den Handel als für den kleinen Produzenten spürbar.

Der Absatz der Produkte erfolgt über lokale Märkte oder Zwischenhändler. Die meist wöchentlich in den ländlichen Zentren abgehaltenen Märkte dienen sowohl dem Absatz der Agrarerzeugnisse wie dem Erwerb der städtisch-industriellen Produkte für den kurz- und mittelfristigen Bedarf. Der ländliche Markt hat gleichzeitig soziale Funktionen; hier werden Kontakte geknüpft und gepflegt, Informationen ausgetauscht und hier unterbrechen bescheidene Vergnügungen den Alltag. Der Markt ist zum integrierten Bestandteil der Agrargesellschaft geworden.

Die Händler nehmen als Vermittler der Agrarproduktion zum städtischen Markt und zum Export eine wirtschaftliche und soziale Zwischenstellung ein. Sie verfügen über Kapital, Transportmittel und Lagereinrichtungen und können damit ihre oft monopolartige Stellung im lokalen Zwischenhandel nutzen, um die Preise zu manipulieren. Durch den Geldverleih zu hohen Zinsen sind viele kleinbäuerliche Betriebe von den Händlern abhängig geworden. Der Händler ist dem Bauern überlegen, da er besser über die Marktentwicklung informiert ist, langfristig kalkuliert und größeres Geschick im Verhandeln besitzt. Der Bauer erkennt seine Unterlegenheit und Abhängigkeit, er akzeptiert aber den Händler, auf den er angewiesen ist. Die Sonderstellung der Händlerschicht wird durch die ethnischen Unterschiede unterstrichen; die Madagassen, im Handel meist weniger gewandt, treten gegenüber den Asiaten (Inder, Chinesen, Araber) zurück.

Die Versuche, das Monopol des privaten Handels durch gemeinnützige genossenschaftliche Organisationen zu verdrängen, waren bisher wenig befriedigend. Anknüpfend an die Dorfgemeinschaften wurden bereits in der Kolonialzeit und verstärkt unter der unabhängigen Regierung örtliche Kollektive gegründet, die eine Zusammenarbeit der Dorfgenossen nicht nur in der Agrarproduktion, sondern auch in der Vermarktung zum Ziele hatten. Seit 1960 entstanden in zahlreichen Orten kooperative Organisationen, die mit eigenem Budget den Aufkauf und Transport der Agrarprodukte und den Verkauf von Saatgut, Düngemitteln, Geräten und von Waren des täglichen Bedarfs übernehmen sollten. Nach einzelnen Anfangserfolgen versagten sie jedoch aus verschiedenen Gründen. Sie sind, ungenügend mit Kapital und Material versorgt, nicht in der Lage, Transport, Lagerung und Vermarktung sachgerecht zu organisieren und können dem bäuerlichen Kunden keine Preisvorteile bieten. Aus Mangel an Bargeld gibt man für die angelieferten Waren häufig nur Gutscheine aus, die nicht oder mit großer Verzögerung eingelöst werden, so daß die Bauern zur Geldleihe und Verschuldung gezwungen sind. Die verkauften Waren können meist in Qualität, Auswahl und Preis nicht mit dem Angebot der etablierten Händler konkurrieren. Das Personal ist häufig ungenügend ausgebildet und an einem hohen, mit Arbeit verbundenen Umsatz desinteressiert. Viele Funktionäre haben sich durch Manipulationen auf Kosten der Kunden bereichert und mußten wiederholt ausgewechselt werden. Die Dorfgenossen wurden an der Verwaltung nicht mitbeteiligt.

So haben diese Institutionen kein Vertrauen in der Bevölkerung gefunden. Man empfindet sie als eine fremde, vom Staat aufgedrängte Einrichtung, deren Geschäftsgebaren nicht durchschaubar ist und die keine Vorteile bietet. Sie sind keine ernsthafte Konkurrenz für die Händler, die als Geschäftspartner weiterhin vom Bauern bevorzugt werden. Der Händler sichert prompte Bezahlung und raschen Abtransport der Produkte, er ist ein vertrauter Verhandlungspartner und kann durch seine Markterfahrung und rationelle Organisation annehmbare Preise bieten, auch wenn er dabei den Bauern übervorteilt.

Die revolutionäre Regierung versucht, die Kooperative durch Mitbeteiligung und -verantwortung der Bevölkerung stärker in die Dorfgemeinschaft zu integrieren und die Macht der Händler zu verringern. Es ist jedoch noch zweifelhaft, wieweit diese auf Selbstversorgung und Wahrung alter Sozialstrukturen ausgerichteten Gemeinschaften in der Lage sind, marktwirtschaftliche Aufgaben zu übernehmen.

Vorläufig hat die Agrargesellschaft die Marktwirtschaft nicht aktiv mitgestaltet; sie erfährt vielmehr durch diese eine soziale Umschichtung. In den stärker von der Marktwirtschaft berührten Gebieten zeichnet sich die Auflösung der bisherigen Struktur ab, die auf der Herrschaft der älteren Generation *(rey aman-dreny)* und der größeren Bauern beruht. Diese verfügen im hergebrachten patriarchalischen System über den Großteil des Bodens als Produktionsmittel und kraft ihrer Autorität über die Arbeitskraft der jüngeren Generation. Durch die Métayage beziehen sie Grundrente aus dem verpachteten Besitz. Sie haben bestimmendes Gewicht in der Dorfversammlung (Fokonolona).

Durch den Einfluß der Markt- und Geldwirtschaft beginnt sich eine neue Schicht zu bilden, deren Stellung nicht primär auf Autorität und ererbtem Grundbesitz, sondern auf einer — wenn auch bescheidenen — Kapitalbildung beruht. Sie ist in der Lage, unabhängig von der bisherigen Oberschicht, Produktionsmittel zu erwerben und Lohnarbeiter zu beschäftigen. Der Übergang von der gegenseitigen, kostenlosen Hilfe *(Entr'aide, fanampiana)* zur bezahlten Arbeit ist bezeichnend für diese Umschichtung. Die Entr'aide hat eine wichtige soziale Funktion, da sie in den Stoßzeiten der Feldarbeit und in Notfällen einspringt und gemeinschaftliche Aufgaben (z. B. Bewässerung und Wegebau) übernimmt. Sie läßt die herkömmliche Sozialstruktur unangetastet, während die Lohnarbeit zur Konkurrenz zwischen den Arbeitgebern und zur Abhängigkeit der Arbeitnehmer führt. Die neue dynamische Schicht verstärkt ihr Gewicht gegenüber der früheren Oberschicht durch Landerwerb und neue Produktionsmethoden. In der Sicht der revolutionären Regierung bildet sich damit neben der traditionellen eine agrarkapitalistische Bourgeoisie, die für die geplante Kollektivierung hinderlich ist.

Der Unterschicht gehören die landarmen bzw. landlosen Pächter, Kleinbauern und Lohnarbeiter sowie die von den Alten abhängige jüngere Generation an. Aus dieser Schicht erwächst die Opposition gegen die traditionelle Sozialstruktur. Sie strebt entweder den Aufstieg innerhalb der ländlichen Gesellschaft in die oben genannte neue Schicht an, oder aber sie löst sich durch Abwanderung in die Städte und Emigration in andere Landesteile.

Diese Umschichtungen vollziehen sich in regional verschiedenem Ausmaß. Sie sind in Stadtnähe und Bereichen der Marktproduktion weit fortgeschritten, in abgelegenen Gebieten mit überwiegender Selbstversorgung hingegen noch kaum entwickelt.

Die wirtschaftlichen und sozialen Probleme dieser Agrargesellschaft im Übergang stellen Staat und Entwicklungshilfe vor schwierige Aufgaben. Seit der spätkolonialen Zeit wurde versucht, die Agrarstruktur mit unterschiedlichen Methoden zu fördern. Unter der Kolonialverwaltung, aber auch in den ersten Jahren der Unabhängigkeit war dabei der staatliche Dirigismus beherrschend. Die Versuche, durch Verordnungen eine örtliche kollektive Zusammenarbeit zu organisieren, führten von den *Collectivités rurales autochthones modernisées* (C.R.A.M.) der fünfziger Jahre bis zu den Kooperativen und Syndikaten der sechziger Jahre. Durch die Aktion der *Animation rurale* sollte die bäuerliche Bevölkerung mit

Hilfe rasch ausgebildeter einheimischer Berater, die in ihrer Aufgabe überfordert waren, mit modernen Wirtschaftsmethoden vertraut gemacht werden. Es gelang allen diesen Bemühungen nicht, kurzfristig einen Übergang zwischen traditioneller und moderner Agrarstruktur zu schaffen und die Bauern in die neuen Organisationen zu integrieren, d. h. sie zu dauernder Mitarbeit zu aktivieren. Man überschätzte die Möglichkeit, in wenigen Jahren technische Neuerungen (z. B. Traktoren und andere Maschinen) einzuführen, die nicht verstanden und rationell angewendet werden konnten. Vor allem aber wurde das Mißtrauen gegen behördliche Maßnahmen, die man als Zwang empfand, nicht überwunden. Man stimmte ihnen aus Höflichkeit, Furcht und dem Gefühl der Unterlegenheit zu, umging sie aber meist, da man dahinter fremde Interessen vermutete und das Risiko der Neuerungen scheute.

Erfolgreicher als diese pauschalen Maßnahmen waren die Aktionen, die sich im Rahmen der bestehenden Agrarstruktur in geduldiger Detailarbeit um langsame Verbesserungen auf Teilgebieten bemühten. Dazu gehört die Organisation zur Förderung des Reisanbaus (*Opération de productivité rizicole*, O.P.R.), der es gelang, bei einer großen Zahl von Betrieben verbesserte Anbaumethoden mit Sortenwahl, Verpflanzen in Linie, Düngung u. a. einzuführen und damit höhere Erträge zu erzielen. Dies geschah allerdings auf Kosten des ebenfalls förderungswürdigen Regenfeldbaus.

Aussichtsreich sind auch manche Projekte der Landwirtschaftsorganisation (FAO) der Vereinten Nationen, die dem örtlichen Milieu angepaßt wurden. Entwicklungshelfer, darunter zahlreiche Deutsche, bemühen sich durch Beratung und eigene Mitarbeit in den einheimischen Betrieben, den Reis-, aber auch den Regenfeldbau zu verbessern. In kleinen Handwerksbetrieben werden außerdem mit geringen Kosten Geräte wie Pflüge oder Eggen und einfache Möbel hergestellt. Mit relativ niedrigem Aufwand wurde erreicht, daß die Bevölkerung die neuen Produktionsmethoden übernahm, selbständig weiterführte und höhere Einkünfte erzielte. Allerdings konnten von diesen Projekten bisher nur sehr kleine Bereiche erfaßt werden, und es bleibt abzuwarten, wieweit die Erfolge anhalten oder sich ausbreiten; fast alle Projekte sind in letzter Zeit in einheimische Regie übergegangen.

Die sozialistische Regierung glaubt, die Kooperation der Bauern und das Endziel der Kollektivierung ohne staatlichen Dirigismus erreichen zu können, indem sie an die vorkoloniale Dorfgemeinschaft anknüpft. Dabei bleibt die Frage offen, wie die soziale Schichtung und die Eigentinteressen, die bereits in der traditionellen Gemeinschaft vorhanden waren und durch die Marktwirtschaft verstärkt, aber nicht neu erzeugt wurden, überwunden werden können. Das Problem, die Agrarstruktur zu verbessern, um die Produktivität zu erhöhen, bleibt weiterhin bestehen, weil die Bevölkerung wächst und die Beteiligung am Weltmarkt für das Land lebensnotwendig ist. Die Maßnahmen dürfen dabei aber weder westliche noch östliche fremde Maßstäbe im Auge haben, sondern müssen primär den Möglichkeiten des Landes angepaßt sein. Dies ist aber nicht nur ein technisches, sondern auch ein psychologisch-soziologisches Problem.

Zu den Aufgaben der Zukunft gehört eine verbesserte Koordination zwischen den Zweigen der Primärwirtschaft. Exportkulturen, Reisanbau, Regenfeldbau und Viehhaltung sollen, angepaßt an die ökologischen Grundlagen der Landesteile und an die Marktlage mit Schwerpunkten, aber nicht einseitig gefördert werden. Im Hochland ist z. B. die Verstärkung des Regenfeldbaus neben dem Naßreisanbau notwendig und möglich. Seit einigen Jahren bemüht sich die *Action tanety* (t. = Höhenland) darum, den Anbau auf unbewässerten Flächen für die Selbst- und Marktversorgung zu intensivieren. Dies ist mit Düngung und Fruchtwechsel, variiert nach naturräumlichen Grundlagen, bei einer Reihe von Kulturen möglich (Bergreis, Kartoffeln, Tabak, Erdnüsse, Agrumen und andere Fruchtbäume, Kaffee). Maßnahmen gegen die Erosion müssen den Anbau begleiten. Die Erschließung für den Regenfeldbau hat in den Kolonisationsgebieten des Mittleren Westens besondere Bedeutung.

Vordringlich ist ferner die verbesserte Koordination zwischen Feldbau und Viehhaltung. Der ständige Widerstreit im Flächen- und Arbeitsaufwand der beiden Zweige drückt die ›Schizophrenie des Madagassen zwischen Ackerbauern und Viehzüchter‹ (P. GRANIER) aus. An die Stelle der Konkurrenz könnte die Koordination treten, wenn das Vieh verstärkt zum Feldbau herangezogen wird (als Spannvieh und zur Düngung), andererseits der Feldbau mit Futterpflanzen vermehrt der Viehhaltung dient.

Ein ungelöstes Problem ist auch die Koordination zwischen Land- und Forstwirtschaft. Aufforstungen werden häufig noch bekämpft, weil sie die Nutzfläche einschränken; ihre Schutzfunktion für Klima, Boden und Wasserhaushalt und ihre wirtschaftliche Bedeutung werden jedoch nicht erkannt.

Diese Probleme erfordern auch in Zukunft eine fachliche Unterstützung und Beratung, weil sie von der bäuerlichen Bevölkerung allein noch nicht übersehen und gelöst werden können. Diese Hilfe sollte aber weder durch Technokratie und Bürokratie noch durch Ideologie belastet sein. Das Mißtrauen gegen Veränderungen kann nur abgebaut und die Mitwirkung der Bauern erst gewonnen werden, wenn sich die Beratung an ihrem Erfahrungsbereich und an ihrer Denkweise orientiert. Innovationen können nicht angeordnet, sie müssen unter den Augen des Bauern erprobt werden. Er ist bereit, sie zu übernehmen, wenn ihr Nutzen bei möglichst geringem Mehraufwand an Kosten und Arbeit erwiesen ist. Der Nutzen wird nicht nur an der Ertragssteigerung gemessen, sondern auch am Zeitgewinn für Muße und soziale Kontakte. Die Vorteile der Marktwirtschaft, die den Lebensstandard verbessern kann, werden vom Bauern sehr wohl erkannt, aber auch ihre Gefahren. Er möchte sich daneben den Rückhalt und die Sicherheit der Selbstversorgung bewahren und so Nutzen aus beiden Wirtschaftssystemen ziehen.

Die weitere Integration in die Marktwirtschaft ist unvermeidlich und notwen-

dig. Diese muß aber mehr als bisher von der bäuerlichen Bevölkerung aktiv mitge-
tragen werden und darf die sozialen Unterschiede nicht verschärfen. Die weitere
Entwicklung muß ohne Bruch traditionelle und moderne Wirtschaftsformen verknüpfen; doch bedarf sie dazu einer langen Zeit, was von der Entwicklungshilfe
bisher oft übersehen worden ist.

5. DIE STÄDTISCHEN ZENTRALEN ORTE
(Abb. 31)

5.1. DIE ENTWICKLUNG

Städte, d. h. zentrale Orte, die gegenüber den ländlichen Siedlungen eine höhere Einwohnerzahl besitzen, vor allem aber Versorgungsfunktionen für ein weiteres Umland wahrnehmen, haben sich in Madagaskar erst seit dem 19. Jh. in größerer Zahl entwickelt. Zu Beginn der Kolonialzeit (1895) besaß das Land nur zwei Orte mit über 5000 Einw. (Tananarive und Tamatave). Fünf Sechstel der städtischen Bevölkerung entfielen allein auf die Hauptstadt; Tamatave, Majunga und Fianarantsoa folgten in weitem Abstand. Der Grad der Verstädterung ist auch heute noch gering (1973: 15,0 % der Bevölkerung in Orten über 5000 Einw.). Doch nimmt die funktionale Bedeutung der Städte und damit ihre Anziehungskraft auf das flache Land rasch zu. Städtische Lebensformen entwickeln sich auch außerhalb von Tananarive, wobei Einheimisches sich mit fremden, vornehmlich westlichen Einflüssen mischt. Madagaskar ist ein Entwicklungsland im frühen Stadium der Urbanisierung, deren wirtschaftliche und soziale Probleme über die Hauptstadt hinaus auch in den sekundären Zentren spürbar werden.

In der vorkolonialen Zeit waren die von arabischen und indischen Seefahrern an den Küsten im Nordwesten und Nordosten angelegten Handelsstützpunkte erste Vorläufer städtischer Siedlungen. Funde und bauliche Reste künden, z. B. in Vohémar, noch von der ehemaligen Bedeutung mancher dieser Orte. Seit dem 17. Jh. wurden durch die Europäer Stützpunkte am Meer für Handel und Kolonisation gegründet; dazu gehören Fort-Dauphin, Tamatave und Diégo-Suarez. Der Handel mit Sklaven, z. B. auf die Maskarenen, seit dem 19. Jh. mit Kaffee und anderen Exportprodukten, konzentrierte sich auf diese Sammel- und Umschlagsplätze. Die Funktionen blieben jedoch auf den kommerziellen und militärischen Bereich und auf ein enges Hinterland begrenzt. Räumlich isoliert und wechselnd in ihrer Bedeutung, bildeten diese Stützpunkte kein Netz zentraler Orte. Sie waren aber infolge der Standortgunst an der Küste häufig die Ausgangsbasis für die Entwicklung heutiger Städte.

Im Binnenland hatten die Hauptorte der Stämme und Volksgruppen räumlich beschränkte und oft nur vorübergehende zentrale politische Funktion. Beispiele dafür sind Fanjakana, auf hohem Felsen nordwestlich von Fianarantsoa gelegen, als Zentrum des Königreichs Isandra der Betsileo, oder Mahabo im Königreich Menabe der Sakalava. Eine überragende Rolle spielte im 18. Jh. Majunga, das schon vordem reger Handels- und Hafenort war, mit 6000 arabischen und indi-

schen Händlern und Handwerkern; es war Hauptort des Sakalavareiches von
Boina.

Tananarive war seit Beginn des 17. Jh. Zentrum des Merinagebietes, hatte aber
im 18. Jh. nach der Teilung des Reiches nur Bedeutung für ein kleines Umland.
Sein Aufstieg begann erst unter dem überragenden König ANDRIANAMPOINIME-
RINA, der das Reich einigte, und seinem Sohn RADAMA I. als Ausgangsbasis für die
Eroberung eines Großteils der Insel. Tananarive wurde zum politischen, wirtschaftlichen und kulturellen Mittelpunkt des ersten, zentralisierten modernen
Staates von Madagaskar. Bereits Anfang des 19. Jh. soll es 10 000 Einw. gezählt
haben. Sekundäre Zentren mit periodischen Märkten hatten sich im Merinagebiet
schon im 18. Jh. gebildet. Es ist der einzige Raum der Insel, wo sich schon in vorkolonialer Zeit stadtartige Siedlungen verdichteten.

Die Expansion der Merina im 19. Jh. förderte durch Stützpunkte, die mit Soldaten, Funktionären und Händlern besiedelt wurden, in den unterworfenen Gebieten die Entwicklung zentraler Orte; Beispiele sind Moramanga, Fianarantsoa,
Ambalavoa, Ihosy und Fort-Dauphin. Diese Orte waren allerdings nur wenig in
die ländliche Umgebung integriert. Die Herrschaft der Merina war zu kurzfristig
und zu wenig gesichert, um das Territorium durch zentrale Siedlungen zu organisieren. In den peripheren Gebieten blieb es bei isolierten Militärstützpunkten
ohne Hinterland.

Die französische Kolonialmacht knüpfte häufig an diese Stützpunkte an und
vermehrte sie durch ihre eigenen Militär- und Verwaltungsposten. Die Befriedung
des Landes, die Organisation von Verwaltungsbezirken, die zunehmende Markt-
und Exportwirtschaft mit Sammelstellen und Handelszentren, aber auch Mis-
sionsstationen und Schulen brachten vielen Siedlungen einen Funktionszuwachs
und verdichteten den Besatz an zentralen Orten. Entscheidend trug dazu der Ausbau des Verkehrsnetzes mit Straßen und Bahnen bei. Die zentralisierte Verwaltung schuf eine Hierarchie der Orte mit gestuften administrativen, wirtschaftlichen und kulturellen Funktionen. Die Bevölkerung der Zentren wuchs durch den
Zuzug französischer Funktionäre, chinesischer und indischer Händler, aber auch
von Einheimischen, die Arbeitsplätze in Dienstleistungsberufen fanden. Neue
Gebäude aus Backstein und Zement für Verwaltung und Handel, Kirchen, Schulen und kleine Residenzviertel der Franzosen veränderten das äußere Bild der
Orte.

Die Zunahme zentraler Funktionen kam vor allem Tananarive und den Provinzhauptstädten zugute. Die Konzentration aller Spitzenfunktionen in der
Hauptstadt führte zu raschem Wachstum. Die umgebende Niederung wurde
durch neue Straßenzüge erschlossen und Vororte im Westen und Norden einbezogen. Neben der Altstadt entwickelten sich Viertel mit Handels- und Industriefunktionen und mit einer aus dem Umland zugezogenen sozialen Unterschicht.
Die Bevölkerungszahl wuchs zwischen 1900 und 1960 von 43 000 auf 232 000 an.
Franzosen und andere Ausländer bevorzugten zwar die zentralen und östlichen

Wohngebiete, doch kam es zu keiner ghettoartigen Volks- und Rassentrennung wie in anderen Kolonialstädten.

Fianarantsoa erfuhr als zweites Verwaltungszentrum im Hochland einen bescheideneren Ausbau. An den Küsten konzentrierte sich der Funktionszuwachs auf die wenigen Provinzhauptorte, die zugleich die größten Häfen waren. Tamatave, 1927 nach Zyklonenschäden neu erbaut, wurde zum führenden Außenhandelszentrum an der Ostküste. Majunga entwickelte sich mit dem Zuzug indischer und französischer Kaufleute und von Komorianern zum wirtschaftlichen Mittelpunkt im Nordwesten, obwohl viele Araber nach der Aufhebung der Sklaverei abwanderten. Tuléar wuchs sehr rasch als einziges Zentrum im Südwesten, Diégo-Suarez gewann zusätzliche Funktionen als Marinestützpunkt.

Neben diesen Verwaltungs- und Wirtschaftszentren hatten nur wenige Orte eine überregionale Bedeutung. Antsirabe wurde erst Ende des 19. Jh. gegründet und gewann eine Sonderstellung durch Industriebetriebe und als Badeort mit Fremdenverkehr. Fort-Dauphin und Morondava waren vor der Gründung der späteren Provinzen Sitz eigener Verwaltungsregionen. Einige Küstenorte ragten durch spezielle Aufgaben im Export heraus, so Antalaha für den Vanille- und Manakara für den Kaffeehandel. Im Binnenland erhielten kleinere Orte einen Funktionszuwachs als Umladestellen an Flüssen (Marovoay, Maevatanana, Ambato-Boéni) oder als Mittelpunkte von Kolonisationsgebieten mit ausländischen Konzessionen (Hell-Ville auf Nossi-Bé, Port Bergé, Miandrivazo). Manche Orte wurden als Verwaltungssitz neben der alten Siedlung neu gegründet (Bealanana) oder von der Höhe in die Niederung verlegt (Ihosy), andere verloren ihre frühere Bedeutung, wie Fanjakana, das alte Zentrum der Betsileo oder Behara, das mit der Anlage der Sisalpflanzungen seine Funktionen an das küstennähere Amboasary abgeben mußte.

Die Kolonialzeit verdichtete und verstärkte zwar die zentralörtlichen Funktionen, doch überspannte das Städtenetz nicht die ganze Insel mit seinen Einflußbereichen. Nach Tananarive, dem überlasteten Zentrum, folgten mit Abstand wenige größere Mittelpunkte und schließlich die Masse der kleinen Verwaltungs- und Marktorte, die sich nur wenig von ihrer ländlichen Umgebung unterschieden. Dicht mit Städten besetzt war nur das zentrale Hochland zwischen Tananarive und Fianarantsoa, eine lückenhafte Reihe säumte die Ostküste, in den übrigen Landesteilen lagen die zentralen Orte isoliert und konnten den Raum nicht mit funktionalen Beziehungen füllen. Große Gebiete behielten ihre rein ländliche Struktur mit nur gelegentlichen Kontakten zu den oft weit entfernten Markt- und Behördenorten. Die Integration der ganzen Insel in ein geschlossenes zentralörtliches System wurde ebensowenig wie die Assimilierung der Volksgruppen erreicht.

Diese Situation hat sich in der kurzen Zeit der Unabhängigkeit noch nicht grundsätzlich geändert. Die Zahl der Orte mit über 5000 Einw. ist jedoch erheblich gestiegen, vor allem durch Zuzug vom Land (Tab. 5). Seit 1970 beträgt der

Tab. 5: Entwicklung der Orte über 5000 Einwohner

(n. Etude sur la Population de Mad. 1974)

Jahr	Zahl d. Orte über 5000 Einw.	Einw. in den Orten über 5000 Summe	in % der Ges.bev.	Tananarive: Einw. in % d. Ges.bev.
1900	2	50 000	2,8	2,0
1940	12	272 000	6,8	2,8
1965	31	760 000	12,3	5,2
1971	41	1 012 000	13,3	4,6

jährliche Zuwachs in den Städten 5 %. Dieser Durchschnittswert wird bei den Kleinstädten mit unter 20 000 Einw. oft erheblich überschritten; sie sind am stärksten gewachsen.

Die zunehmende Bevölkerungszahl und der verstärkte Verkehr steigerten allgemein die Bedeutung der zentralen Orte und dehnten ihren Bereich besonders im Markt- und Schülereinzug aus. Die Verwaltungshierarchie wurde aus der Kolonialzeit übernommen; die gegenwärtige Umorganisation auf der Basis der Fokonolona läßt sich in ihrer Auswirkung auf das zentralörtliche System noch nicht übersehen.

5.2. Die regionale Verteilung

Der hohe Anteil der landwirtschaftlichen Bevölkerung selbst in größeren Orten und die spärlichen statistischen Angaben über die zentralörtlichen Funktionen machen es in Madagaskar schwierig, die städtischen Siedlungen gegenüber den ländlichen abzugrenzen und ihre Verteilung zu erfassen.

Politisch gab es 1972 nur 46 Stadtgemeinden auf der Insel. Darüber hinaus können aber auch alle Siedlungen mit mittlerer Verwaltungsfunktion (Unterpräfekturen) zu den städtischen zentralen Orten gerechnet werden, weil sie sich von den ländlichen Mittelpunkten durch einen größeren Einflußbereich unterscheiden. Sie besitzen außer den Behörden Märkte und zahlreiche Geschäfte, Krankenstationen oder Krankenhäuser und meistens eine oder mehrere weiterführende Schulen; sie liegen an wichtigen Durchgangslinien und werden fast alle regelmäßig durch den Flugverkehr bedient.

In diesen Rahmen fallen etwa hundert Siedlungen, die in ihrer sehr ungleichen Verteilung die naturräumlichen Gegensätze und die unterschiedlichen Bevölkerungs-, Wirtschafts- und Verkehrsverhältnisse des Landes widerspiegeln.

Das zentrale *Hochland* hat auf kleinem Raum die weitaus höchste Städtedichte. Neben Tananarive finden sich mehrere größere Orte, die von zahlreichen kleinen ländlichen Zentren umgeben sind. Die Grundlagen hierfür sind die frühe politische Entwicklung, die hohe Dichte der Landbevölkerung (über 30 Einw./qkm), die intensive landwirtschaftliche Erschließung und das engmaschige Verkehrsnetz. Leitlinien der Stadtentwicklung sind die großen Becken und Talungen und die von Tananarive ausstrahlenden Verkehrslinien, die zum großen Teil diesen Niederungen folgen. Die meisten Städte des Hochlandes reihen sich an der zentralen Verkehrsachse des Landes zwischen Tananarive und Fianarantsoa auf.

In den nördlichen, westlichen und südlichen Randgebieten des Hochlandes nimmt die Zahl der Städte mit der Bevölkerungsdichte rasch ab. Auf den extensiv bewirtschafteten Tampoketsaflächen liegen nur ganz vereinzelt größere Orte (Tsiroanomandidy und Ihosy), aber auch die kleinen Zentren sind nur im Norden etwas zahlreicher.

Eine hohe Städtedichte weist wiederum die *Ostseite* auf, doch sind die zentralen Orte hier nicht flächenhaft wie im zentralen Hochland, sondern linienhaft angeordnet. Eine Reihe von etwa 20 Städten säumt zwischen Sambava und Fort-Dauphin die Ostküste. Die Lage an der Küste, vornehmlich an Flußmündungen, und der Anbau tropischer Exportkulturen im Hinterland begünstigen die Hafen- und Handelsfunktion. Eine zweite, weniger dichte Reihe kleiner Zentren liegt im Binnenland am Fuß des Anstiegs zum Hochland und im verkehrsleitenden Mangoro-Alaotragraben; Moramanga und Ambatondrazaka sind hier die größten Orte.

Im *Norden* und *Nordwesten* ist die Dichte der Städte geringer als im zentralen Hochland und an der Ostküste. Sie reihen sich bevorzugt an der buchtenreichen Nordwestküste und, weniger zahlreich, in der peripheren Randniederung vor dem Grundgebirgssockel auf. Ausgehend vom führenden Zentrum Majunga folgen einige Städte landeinwärts dem Betsibokafluß und der Hauptstraße nach Tananarive. Diégo-Suarez liegt als Hafenort isoliert im äußersten Norden.

Der *Westen* ist städtearm. Die überwiegend extensive Bewirtschaftung, die entsprechend geringe ländliche Bevölkerungsdichte (unter 10 Einw./qkm) und weitmaschige Verkehrserschließung beschränken die Ausbildung zentraler Orte. Größere Städte, voran Morondava, säumen in weiten Abständen die Westküste, wo sie sich als Häfen und Mittelpunkte der Flußmündungsbereiche entwickeln konnten. Einige kleinere Städte liegen im küstennahen Hinterland und in der Niederung vor dem Hochlandrand.

Sehr arm an Städten sind die Trockengebiete des *Südwestens* und *Südens.* Mit Ausnahme des überragenden Zentrums Tuléar finden sich nur wenige kleine Mittelpunkte im Landesinneren, während die hafenfeindliche Küste städtelos ist.

Im Überblick heben sich das zentrale Hochland, der Osten und der Nordwesten als polarisierte Regionen mit höherer Städtedichte deutlich von den mit isolierten Zentren nur lückenhaft besetzten Regionen des peripheren Hochlandes, des Westens und Südens deutlich ab. Von den 46 politischen Stadtgemeinden des Landes (1972) liegen 39 östlich der Linie Majunga–Fort-Dauphin! Im Südwesten ist Tuléar die einzige Stadt mit über 20 000 Einw.

Dieses Ungleichgewicht der Stadtverteilung zeigt sich auch im Anteil der städtischen Bevölkerung an der Einwohnerzahl der Provinzen (Tab. 6).

Tab. 6: *Anteil der Stadtbevölkerung an der Gesamtbevölkerung 1971*

(n. Étude sur la Population de Mad. 1974)

Provinz	Anteil d. städt. Bev. an d. Gesamtbev. (in %)	Anteil d. Hauptstadt an d. städt. Bev. (in %)
Tananarive	24,1	78
Diégo-Suarez	17,9	38
Majunga	12,7	49
Tamatave	9,6	50
Fianarantsoa	7,2	39
Tuléar	6,6	48

Auffällig ist ferner die starke Konzentration der Stadtbevölkerung auf die Provinzhauptorte. Nur in den Provinzen Diégo-Suarez und Fianarantsoa ist die Verteilung ausgeglichener, in den übrigen wohnen die Hälfte bis drei Viertel der Städter im Hauptort. Besonders deutlich zeigt sich das Übergewicht von Tananarive. Bezogen auf das ganze Land hat sein Anteil an der Stadtbevölkerung zwar von 86 % im Jahre 1900 auf 34,6 % (1971) abgenommen, doch ist damit die Konzentration auf die Metropole auf Kosten peripherer Landesteile noch immer übermäßig groß.

Mit der Verteilung der Städte und der Wirtschaftsstruktur hängt der Anteil der Stadtbevölkerung bei den einzelnen Volksgruppen zusammen. Während 23 % der Merina und immerhin noch 11 % der Sakalava in Städten wohnen, zählt nur je 1 % der vorwiegend Ackerbau treibenden Tsimihety, der viehhaltenden Bara und der Tanala im östlichen Waldgebiet zu den Städtern (1964). Tananarive ist mit 94 % Merinabevölkerung ethnisch homogener als fast alle anderen Zentren. Die Städte des nordwestlichen Immigrationsgebietes, vor allem Diégo-Suarez, zeigen hingegen einen starken ethnischen Pluralismus.

5.3. Die innere Differenzierung und der Umlandeinfluss

Die meisten Städte Madagaskars zählen unter 20 000 Einw. und weisen deshalb noch keine ausgeprägte Gliederung in Stadtteile unterschiedlicher Funktion und Physiognomie auf. In den größeren Zentren sind jedoch vom Kern zum Rand hin Veränderungen im Stadtbild zu beobachten, die neben der Bauentwicklung eine funktionale und soziale Differenzierung erkennen lassen.

Alte, noch aus vorkolonialer Zeit stammende Stadtkerne sind in Tananarive und Fianarantsoa zu finden. Sie gruppieren sich auf den Anhöhen um die früher befestigten Residenzen *(rova)* und sind unregelmäßig eng verbaut. Die ehemaligen Holzbauten sind verschwunden; noch beherrschen die Backsteinhäuser des 19. und beginnenden 20. Jh. das Bild, doch werden sie häufig schon durch moderne Zementbauten ersetzt. Auf den gekrümmten und abschüssigen gepflasterten Straßen ist der motorisierte Verkehr behindert. Der lebhafte Fußgängerbetrieb füllt auch die engen Nebengassen und steilen Treppen. Die Funktion der Altstädte ist gemischt; neben den Wohnhäusern, vorwiegend der Mittelschicht, liegen Schulen, Verwaltungsgebäude, Kirchen und verstreute Geschäfte.

Das wirtschaftliche Zentrum der größeren Städte hat sich in den jüngeren, während der Kolonialzeit angelegten Stadtteilen entwickelt, die im Hochland das flache Gelände am Fuß der Höhen einnehmen. Sie sind durch das regelmäßige Gitternetz breiter Straßen gekennzeichnet, das heute in allen Provinzhauptstädten (mit Ausnahme des hügeligen Fianarantsoa) und in vielen kleineren Zentren vorherrscht, das rasche Wachstum in diesem Jahrhundert widerspiegelnd. Bauten aus Ziegel und Zement, oft mit überdeckten Durchgängen, vereinzelt auch mehrstöckige Gebäude, säumen die teils asphaltierten Straßen, die von dem raschen, in Tananarive schon beängstigend dichten Verkehr durchflossen werden.

In diesen jüngeren Stadtteilen konzentriert sich das Geschäftsleben, im Hochland im Anschluß an die höhergelegenen alten Stadtkerne, an den Küsten im Umkreis der Häfen. Die Geschäfte, oft im Besitz von Indern und Chinesen, bilden geschlossene Fronten und zeigen eine städtische Spezialisierung des Angebotes. Warenhäuser und Einkaufszentren mit Selbstbedienung, Schaufenster mit hochwertigen Waren sind allerdings nur in den größeren Städten zu finden. Büros der staatlichen und privaten Verwaltung, Gaststätten und Hotels liegen neben und über den Geschäften. Wohnungen sind noch immer stark vertreten; viele Berufstätige wohnen jedoch in den Randgebieten, so daß die Tagesbevölkerung der Stadtzentren wesentlich größer als ihre Nachtbevölkerung ist. Die Citybildung ist im Geschäftszentrum von Tananarive zwischen Markt und Bahnhof am deutlichsten erkennbar.

Die Randgebiete der Stadtzentren haben, abgesehen von Handwerksbetrieben und Geschäften, die den Ausfallstraßen folgen, überwiegend Wohnfunktion. Eine scharfe Trennung nach Volksgruppen besteht meist nicht; nur in den Städten des Nordwestens mit einer Vielzahl von Ethnien ist die Segregation deutlich. In Tananarive haben sich Stadtviertel mit speziellen Funktionen gebildet; an der Ausfallstraße im Nordwesten konzentrieren sich Gewerbe- und Industriebetriebe, im Südwesten entstand am Anosysee ein Verwaltungsviertel mit großen Regierungsgebäuden.

Die Stadtrandgebiete gehen meist ohne scharfe Grenze in die ländliche Umgebung über. Hier mischen sich ältere Vororte mit noch zahlreicher bäuerlicher Bevölkerung und Wohnsiedlungen, die in jüngster Zeit durch die Städte angelegt worden sind. Größere planmäßig erschlossene Neubauviertel entstanden in Tananarive, Majunga, Diégo-Suarez und Tamatave; ihre infrastrukturelle Ausstattung ist oft noch unzureichend. Problemgebiete der Städte sind aber vor allem die spontanen Ansiedlungen der Zuwanderer aus dem Umland. Sie wachsen rasch und ungeregelt mit niedrigen, aus Lehm, Holz oder Blech errichteten Häusern. Hier wohnt eine von Gelegenheitsarbeit lebende oder beschäftigungslose Marginalbevölkerung. Diese Unterschicht fluktuiert stark; sie hat zum großen Teil den sozialen Rückhalt ihres ländlichen Ursprungs verloren und ist noch nicht in die Städte integriert. Hohe Wohndichte (Isotry in Tananarive: 2,75 qm/Einw.), unzureichende Versorgung und Kriminalität stellen die großen Städte vor schwere Aufgaben.

In Tananarive versucht man, dieses Problem durch großzügig geplante Neubauviertel zu bewältigen. Im Westen der Stadt entstand auf Reisfeldern die ›Zone der 67 Hektar‹ mit 2700 Wohnungen, 200 Läden, 50 Handwerkern, Krankenhaus und Schulen, durchzogen von einem gitterförmigen Straßennetz. Dieses Viertel soll die ungeregelten Stadtrandsiedlungen ersetzen und die übervölkerten älteren Stadtteile entlasten. Mit ausreichender Infrastruktur und billigen Mieten will man hier namentlich für die Unterschicht einen vollwertigen Lebensbereich schaffen. Die hohen Bodenpreise, zwischen Peripherie und Zentrum von DM 40,— auf DM 150,—/qm ansteigend, erlauben die private Bautätigkeit nur der dünnen Schicht mit höherem Einkommen. Das Wachstum der Hauptstadt hat vor allem auf die nordwestlichen Vororte übergegriffen und dort neue Wohnviertel entstehen lassen. Allein in Ivato, das neben dem internationalen Flugplatz liegt, ist die Bevölkerung zwischen 1957 und 1967 auf das Dreifache angestiegen.

Mit den Stadtrandsiedlungen ist bei den größten Städten, namentlich bei Tananarive, der marktorientierte kleinparzellierte Gemüse- und Obstanbau verflochten, der in die umgebende Agrarlandschaft überleitet.

Die kleineren Zentren haben eine geringe innere Differenzierung. Doch hebt sich auch bei ihnen das Zentrum, meist im Umkreis des Hauptplatzes, durch die Konzentration von Geschäften und Behörden mit Steinbauten und durch den Markt mit lebhaftem Verkehr heraus. Geschäfte und städtischer Baustil finden sich auch an den Hauptstraßen, während in den randlichen Stadtteilen die ländlichen Hausformen mit Lehmbauten im Hochland, Holzhäusern im Tiefland überwiegen. Bescheidene Neubauviertel mit regelmäßigen Straßen bezeugen auch hier das junge Wachstum. In manchen Küstenorten hat sich ein kleines Hafenviertel entwickelt, am Knotenpunkt Moramanga ist eine neue Siedlung um den Bahnhof entstanden.

Der *Umlandeinfluß* der Städte ist bisher nur an wenigen Beispielen näher untersucht worden, so von J. WURTZ (1970) für Tananarive und von M. PORTAIS (1974) für Ambalavao.

Tananarive hatte schon im 19. Jh. als rasch wachsende Hauptstadt Marktbeziehungen zu einem weiten Umland, das als Liefergebiet für Agrarprodukte diente. Mit dem Ausbau der Verkehrslinien seit der Jahrhundertwende wurden diese Beziehungen verstärkt. Der städtische Einfluß führte zu einer nach außen abnehmenden sozialökonomischen Differenzierung der Umlandbevölkerung.

Im inneren Ring mit etwa 15 km Radius um die Hauptstadt steigt die Bevölkerungsdichte auf etwa 400 Einw./qkm; die großen Dörfer sind durch Zuzug aus der Provinz rasch angewachsen. Nur noch 60 % der Familien sind Inhaber von Agrarbetrieben meist kleinen Umfanges. Der nichtlandwirtschaftliche Haupt- und Nebenerwerb, häufig verbunden mit Einpendeln in die Stadt, aber auch die Arbeitslosigkeit haben stark zugenommen. Die sozialen Unterschiede, bei denen noch die alte Kastengliederung mitwirkt, sind erheblich. Die Oberschicht (*andriana* und *hova*) wanderte zum Teil in die Stadt ab, doch behielt sie ihren Landbesitz meist bei. Der landarmen Unterschicht der Pächter und Landarbeiter gehören häufig die Nachkommen der früheren Sklaven (*andevo*) an.

Im äußeren Ring mit etwa 30 km Radius ist die Sozialstruktur ausgeglichener. Die Dichte der überwiegend landwirtschaftlichen Bevölkerung sinkt auf 150 Einw./qkm ab, die Agrarbetriebe sind größer als in Stadtnähe. Sowohl die Zuwanderung aus dem weiteren Umland als auch die Abwanderung in die Stadt sind gering. Durch den Landerwerb der Andevo haben sich die Standesunterschiede zu den Andriana und Hova vermindert. Nach der Sklavenbefreiung verlor die Oberschicht ihre billigen Arbeitskräfte und war hier häufig zum Landverkauf gezwungen. In Stadtnähe konnte sie hingegen den gehobenen Status, den sie im Merinareich innehatte, besser bewahren, da sie an Verwaltung und Handel der Hauptstadt stark beteiligt ist und über Kapital verfügt.

Ambalavao ist Sitz einer Unterpräfektur im südlichen Betsileogebiet mit etwa 7000 Einw. Der Einfluß des Ortes auf das Umland beginnt mit der Erhebung zum Verwaltungszentrum am Beginn dieses Jahrhunderts. Heute unterscheiden sich die stadtnahen Siedlungen in ihrer Wirtschafts- und Sozialstruktur deutlich von den entfernter gelegenen Orten. In Stadtnähe wurde die Marktproduktion gesteigert und durch den Anbau von Erdnüssen, Tabak, Gemüse und Obst vielfältiger, die Anbaumethoden wurden mit Pflügen und Spannvieh verbessert. Anlaß für diese Umstellung waren der steigende Bedarf der Stadt an Agrarprodukten, aber auch der Landbewohner an Geld zum Erwerb von Fertigwaren. Mit den erhöhten Einnahmen verbesserte sich die bauliche Ausstattung dieser Orte, städtische Hausformen nahmen zu und es wurde Wert auf ein gesichertes Eigentum durch Grundbucheintrag der Parzellen gelegt. Die Abwanderung in die Stadt und der Schülereinzug für höhere Schulen erfassen überwiegend das nähere Umland. Nach ihrer Ausbildung verbleiben die jungen Leute meist in der Stadt oder sie suchen Arbeit in den höheren Zentren Fianarantsoa oder Tananarive und gehen damit ihren Heimatgebieten verloren. Beispielhaft zeigt sich hier, wie die zentralen Orte auf ihr Umland positiv durch die Intensivierung der marktorientierten Agrarwirtschaft, negativ durch den Abzug der Führungskräfte wirken.

5.4. Die funktionalen Stadttypen
(Abb. 31)

Wenn auch die Urbanisierung in Madagaskar noch nicht weit fortgeschritten ist, so lassen sich doch bereits deutliche funktionale Unterschiede der Städte erkennen. Eine weite Spanne trennt die kleinen Zentren mit überwiegend landwirtschaftlicher Bevölkerung, die sich nur wenig von ihrer ländlichen Umgebung abheben, von den verkehrsreichen großen Städten, die mit allen wichtigen Dienstleistungen und gewerblichen Funktionen ausgestattet sind. Eine alle Städte erfassende Typisierung läßt sich noch nicht durchführen, da hierzu die Daten fehlen. Immerhin erlaubt die 1965/66 in 25 Zentren durchgeführte Erhebung der berufstätigen Bevölkerung und ihres Anteils an den Wirtschaftssektoren (Landwirtschaft, Handwerk und Industrie, Dienstleistungen) einen ersten Überblick.

Die Durchschnittswerte dieser 25 Orte zeigen die großen Unterschiede zu den Städten hochentwickelter Länder. Der primäre Sektor (Landwirtschaft, Fischerei) ist mit 29 % noch sehr stark vertreten, der sekundäre Sektor (Handwerk und Industrie) mit 20 % hingegen bisher schwach entwickelt. Nur der tertiäre Sektor (Dienstleistungen mit Verwaltung, Handel, Verkehr u. a.) entspricht mit 51 % etwa den bei zentralen Orten üblichen Werten.

Die einzelnen Städte weichen von diesen Durchschnittsdaten allerdings oft stark ab. So schwankt der Anteil der landwirtschaftlichen Erwerbstätigen zwischen 2,5 % in Fort-Dauphin, wo der Handel eine große Rolle spielt und der Stadtbezirk wenig ländliches Umland erfaßt, und 73 % in Marovoay bei Majunga im Reisanbaugebiet am Betsiboka. In Tamatave (4 %) und Tananarive (8 %) ist der primäre Sektor nur schwach vertreten. Die gewerbliche Bevölkerung umfaßt in Antalaha, dem Zentrum der Exportpflanzungen an der Nordostküste, nur 9 %, in Diégo-Suarez hingegen bereits 32,3 %. Viele Städte zählen zwar 20—30 % gewerbliche Bevölkerung, doch hat dabei das Handwerk noch hohen Anteil, während die Industrie nur in bescheidenen Ansätzen vorhanden ist. Den Dienstleistungen gehören im Agrarzentrum Marovoay nur 16,5 % der Erwerbstätigen an, in Tananarive jedoch 71 %, in den Handelszentren Manakara und Fort-Dauphin sogar 78 bzw. 83 %. In den meisten Städten, besonders in den großen Zentren, hat der Dienstleistungssektor einen gegenüber der gewerblichen Produktion übermäßig hohen Anteil.

Die untersuchten 25 Städte lassen sich nach den Anteilen der Erwerbsbevölkerung an den Wirtschaftssektoren in fünf Gruppen ordnen, die einen Einblick in die breite Streuung der Funktionen madagassischer Städte, besonders im primären und tertiären Bereich, geben (Tab. 7 n. F. le Bourdiec in Atlas de Mad., Karte 26).

Typ 1 umfaßt die ländlichen Zentren mit außerordentlich hohem, die anderen Wirtschaftsbereiche überragenden Anteil an landwirtschaftlich Erwerbstätigen. Die Agrarstruktur bestimmt das äußere Bild dieser Städte, deren Bewohner ihren

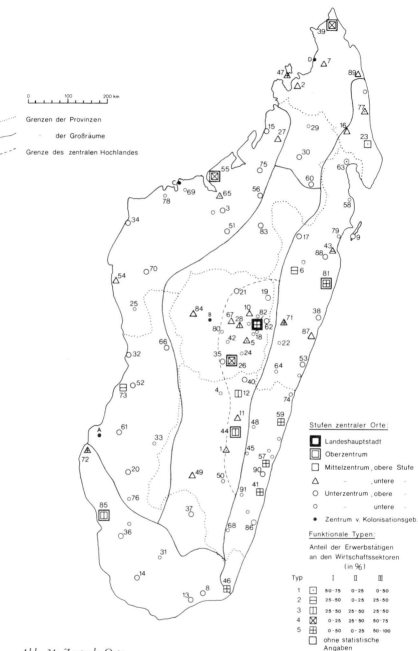

Abb. 31: Zentrale Orte.

Verwaltungszentren (L Landeshauptstadt; Pv Provinzhauptstadt; P Präfekturhauptstadt; die übrigen Orte sind Unterpräfekturhauptstädte):

1 Ambalavao	32 Belo-sur-Tsiribihina	63 Maroantsetra
2 Ambanja	33 Beroroha	64 Marolambo
3 Ambato-Boéni	34 Besalampy	65 Marovoay
4 Ambatofinandrahana	35 Betafo	66 Miandrivazo
5 Ambatolampy	36 Betioky	67 Miarinarivo (P)
6 Ambatondrazaka (P)	37 Betroka	68 Midongy-Sud
7 Ambilobe	38 Brickaville	69 Mitsinjo
8 Amboasary	39 DIEGO-SUAREZ (Pv, P)	70 Morafenobe
9 Ambodifototra	40 Fandriana	71 Moramanga
10 Ambohidratrimo	41 Farafangana (P)	72 Morombe
11 Ambohimahasoa	42 Faratsiho	73 Morondava (P)
12 Ambositra	43 Fénérive (P)	74 Nosy Varika
13 Ambovombe	44 FIANARANTSOA (Pv, P)	75 Port-Bergé
14 Ampanihy	45 Fort-Carnot	76 Sakaraha
15 Analalava	46 Fort-Dauphin (P)	77 Sambava
16 Andapa	47 Hell-Ville	78 Soalala
17 Andilamena	48 Ifanadiana	79 Soanierana-Ivongo
18 Andramasina	49 Ihosy	80 Soavinandriana
19 Anjozorobe	50 Ivohibe	81 TAMATAVE (Pv, P)
20 Ankazoabo	51 Maevatanana	82 TANANARIVE (L, Pv, P)
21 Ankazobe	52 Mahabo	83 Tsaratanana
22 Anosibe	53 Mahanoro	84 Tsiroanomandidy
23 Antalaha (P)	54 Maintirano (P)	85 TULEAR (Pv, P)
24 Antanifotsy	55 MAJUNGA (Pv, P)	86 Vangaindrano
25 Antsalova	56 Mampikony	87 Vatomandry
26 Antsirabe (P)	57 Manakara	88 Vavatenina
27 Antsohihy (P)	58 Mananara	89 Vohémar
28 Arivonimamo	59 Mananjary (P)	90 Vohipeno
29 Bealanana	60 Mandritsara	91 Vondrozo
30 Befandriana-Nord	61 Manja	
31 Bekily	62 Manjakandriana	

Zentren von Kolonisationsgebieten und Plantagen: A Angarazy; B Babetville; C Namakia; D Sosumav.

Tab. 7: Funktionale Typisierung der Städte nach dem Anteil der Erwerbsbevölkerung
an den Wirtschaftssektoren

(n. Recensements urbains 1965 f.)

Typ	Anteil der Erwerbspersonen in %			Städte
	Primärer Sektor	Sekundärer Sektor	Tertiärer Sektor	
1	50—100	0—25	0— 50	Ambalavao, Ambatolampy, Antalaha, Maroantsetra, Marovoay, Sambava
2	25— 50	0—25	25— 50	Ambatondrazaka, Fénérive, Morondava
3	25— 50	25—50	25— 50	Ambositra, Arivonimamo, Fianarantsoa, Tuléar
4	0— 25	25—50	50— 75	Antsirabe, Diégo-Suarez, Majunga
5	0— 50	0—25	50—100	Farafangana, Fort-Dauphin, Hell-Ville, Manakara, Mananjary, Moramanga, Morombe, Tamatave, *Tananarive*

Landbesitz im Umland selbst bewirtschaften oder verpachten. So kann man
Marovoay, Ambatolampy und Ambalavao, die inmitten von Reisanbaugebieten
liegen, als Ackerbürgerstädte bezeichnen. Antalaha und Sambava an der Nordostküste sind Wohnsitz zahlreicher Kaffee- und Vanillepflanzer; durch den Export-
handel ist bei ihnen auch der tertiäre Sektor (mit etwa einem Drittel der Erwerbstätigen) stark entwickelt. Das produzierende Gewerbe, fast nur durch das Handwerk vertreten, spielt eine untergeordnete Rolle. Diesem Typ gehören über die
genannten Städte hinaus die meisten ländlichen Zentren Madagaskars, darunter
viele untere Verwaltungsmittelpunkte, an.

Typ 2 zeigt eine breitere funktionale Streuung. Das Gewerbe ist wie bei Typ 1
gering vertreten. Die Landwirtschaft umfaßt weniger als die Hälfte der Erwerbstätigen, der Dienstleistungssektor gewinnt andererseits an Bedeutung. Die zugehörigen Städte sind Zentren wichtiger Agrargebiete an der Westküste (Morondava),
am Alaotrasee (Ambatondrazaka) und an der Ostküste (Fénérive), zugleich aber
Mittelpunkte des Handels und größerer Verwaltungseinheiten (Präfekturen).

Typ 3 ist mit Anteilen von jeweils 25—50 % an den Wirtschaftssektoren funk-
tional ausgeglichen. Innerhalb dieser Städtegruppe nähern sich die ländlichen
Zentren Arivonimamo und Ambositra noch den Ackerbürgerstädten (Typ 1),
doch haben sie größere gewerbliche Bedeutung als diese, da das Handwerk stark

vertreten ist. Dem Typ 3 gehören auch die Provinzhauptstädte Fianarantsoa und Tuléar an, deren Erwerbstätige fast zur Hälfte in den Dienstleistungen beschäftigt sind. Jeweils ein Viertel entfällt auf das Gewerbe mit stärker entwickelter Industrie, aber auch noch auf die Landwirtschaft mit städtischem Besitz im Umland. Seit dem Zensus dürfte sich der Anteil des tertiären Sektors auf Kosten des primären erheblich verstärkt haben.

Typ 4 hat den geringsten Anteil an landwirtschaftlicher Bevölkerung (bei allen Städten unter 10 %). Dafür gewinnt der sekundäre Sektor an Gewicht mit Spitzenwerten (um 30 %) in den relativ stark industrialisierten Städten Diégo-Suarez und Antsirabe. Am stärksten sind jedoch die Dienstleistungen (Handel, Verwaltung, Verkehr) vertreten, da diese Städte als Provinz- und Präfekturhauptorte höhere Verwaltungs- und Handelszentren sind. Mit ihren großen Anteilen am tertiären und sekundären Sektor kommen die Städte des Typs 4, Diégo-Suarez, Majunga und Antsirabe, der funktionalen Rolle mitteleuropäischer Städte am nächsten.

Typ 5 umfaßt die am stärksten durch Dienstleistungsfunktionen geprägten Zentren. Diesem Typ gehört die größte Gruppe der untersuchten Städte an, darunter Tananarive und Tamatave. Allein sieben der neun Städte liegen an der Küste, wo sie als Häfen und Sammelpunkte für Exportprodukte Arbeitsplätze in Handel und Verkehr bieten. Vier der Küstenorte sind zudem höhere Verwaltungszentren. Im Binnenland haben Tananarive als Hauptstadt und Moramanga als Verkehrsknoten einen hohen Anteil der Dienstleistungen. Industrie und Handwerk sind bei Typ 5 untergeordnet; Tananarive und Tamatave sind zwar industrielle Zentren, doch überwiegt der tertiäre Sektor weitaus. Die Landwirtschaft umfaßt mit Ausnahme des Pflanzungszentrums Mananjary allgemein unter 25 % der Beschäftigten.

Die Typisierung zeigt, daß eine größere Gruppe von Städten, die sich durch viele nicht untersuchte Fälle erweitern ließe, den ländlichen Zentren mit überwiegender Agrarbevölkerung und untergeordneten Handels- und Verwaltungsfunktionen angehört (Typ 1). Auf die Mischtypen (2 und 3) mit etwa gleichgewichtigen primären und tertiären Funktionen und teilweise stärkerem Gewerbe (Typ 3) entfallen nur wenige Städte. Auch Typ 4 mit Dienstleistungs- und Industriefunktionen ist nur schwach vertreten. Die größte Gruppe gehört den Dienstleistungszentren (Typ 5) an. Die jüngste Entwicklung hat die Gewichte noch mehr zum tertiären Sektor, geringfügig wohl auch zum sekundären hin verschoben. Doch spielt die Landwirtschaft in den meisten Städten weiterhin eine für zentrale Orte außergewöhnlich große, für die Entwicklungsländer aber typische Rolle.

Eine weitere Differenzierung der Städte nach speziellen Funktionen innerhalb der drei Wirtschaftsbereiche muß aus Mangel an Daten unvollständig bleiben und kann hier nur anhand von Beispielen erfolgen. So spielt in manchen Städten der Anbau und Handel mit Reis (z. B. in Ambatondrazaka, Marovoay) oder mit Exportprodukten des Tieflandes (Antalaha, Manakara und andere Ostküstenstädte) eine hervorragende Rolle. Im sekundären Bereich stehen handwerklich orientierte Städte (z. B. Ambositra) neben den wenigen Industriezentren (Diégo-Suarez, Antsirabe). In den tertiären Funktionen lassen sich die Städte stärker differenzieren. So übernehmen die Häfen und der Bahnknoten Moramanga in verstärktem Maße Handels- und Verkehrsaufgaben; Antsirabe und Hell-Ville haben eine, wenn auch bescheidene, Sonderfunktion im Fremdenverkehr. Manche Orte üben spezielle Aufgaben in der Vermarktung aus, so die großen Viehmärkte Tsiroanomandidy oder Morafenobe. In den Zentren größerer Verwaltungseinheiten konzentriert sich neben Behörden, Handel und Verkehr auch das kulturelle Leben mit höheren Schulen, Bistumssitzen und anderen Einrichtungen. Diese Städte sind multifunktional und können keinen speziellen Dienstleistungstypen zugeordnet werden.

5.5. Die Hierarchie der zentralen Orte
(Abb. 31)

Die lückenhaften statistischen Unterlagen erschweren die exakte Einstufung der zentralen Orte. Sie ist nur für die Verwaltungsfunktion eindeutig, die nach Provinzen, Präfekturen und Unterpräfekturen klar abgegrenzt ist und das ganze Land überdeckt. Im übrigen muß versucht werden, die Gliederung nach dem Grad der Ausstattung mit Dienstleistungen vorzunehmen, soweit er ermittelt werden kann. Die umfassende Untersuchung von P. le Bourdiec über die Städte Madagaskars (1977) konnte noch nicht eingesehen werden, doch lassen Vorberichte erkennen, daß sich die Einstufung der Städte nicht wesentlich von der hier vorgelegten unterscheidet.

Demnach können etwa 60 Orte zu den *Unterzentren* gerechnet werden. Ihre Ausstattung mit zentralen Diensten ist nur bescheiden und umfaßt neben unteren Verwaltungsbehörden mehrere Geschäfte, die häufig im Besitz von Asiaten sind, Post- und Polizeistation, ein medizinisches Zentrum mit Arzt und meistens eine weiterführende Schule. Auf den Hauptplätzen finden Märkte statt und konzentriert sich der Verkehr, der mit Lastwagen und Kleinbussen die Transporte zu den oft weit entfernten höheren Zentren bewältigt. Viele dieser Orte sind in der Regenzeit nur schwer erreichbar. Gasthäuser sind selten, Hotels fast nirgends anzutreffen. Die Auswahl an Waren ist gering und Güter höherer Qualität müssen in größeren Städten erworben werden. Die Zentralität der Orte, die fast immer weniger als 10 000 Einw. zählen, beruht vor allem auf der Funktion als Amtssitz einer Unterpräfektur. Ihnen sind auch einzelne größere und besser ausgestattete Gemeindehauptorte zuzurechnen, so z. B. Ambodifototra auf der Insel Ste. Marie mit Fremdenverkehrsfunktion. Die Kolonistensiedlungen Babetville in der Sakay, Angarazy am Mangokyfluß und das Plantagenzentrum Sosumav haben zwar keine Verwaltungsfunktion, jedoch durch ihre Märkte und Geschäfte einen größeren Einflußbereich als die ländlichen Siedlungen.

Zur unteren Stufe der *Mittelzentren* zählen 22 Städte mit 10—20 000 Einw. Es sind Hauptorte von Präfekturen oder großen Unterpräfekturen. Sie liegen an Verkehrsknotenpunkten und besitzen fast alle einen Flugplatz. Durch ihre Ausstattung mit spezialisierten, größeren Geschäften und Märkten, mit Krankenhäusern und durchweg mit höheren Schulen heben sie sich von den Unterzentren ab.

Die obere Stufe der Mittelzentren umfaßt sechs größere Hauptstädte von Präfekturen, außerdem Manakara und Ambositra. Sie zählen fast alle über 20 000 Einw., ihre Ausstattung mit Dienstleistungen ist quantitativ und qualitativ höher als die der unteren Stufe; Banken, Hotels und größere gewerbliche Betriebe treten hinzu. Allein fünf dieser Orte liegen an der Ostküste; im Binnenland zählen nur die Gewerbestadt Ambositra und das Reisanbauzentrum Ambatondrazaka am Alaotrasee zu dieser Gruppe, an der Westküste gehört allein das Kolonisationszentrum Morondava dazu.

Zu den *Oberzentren* rechnen alle Provinzhauptstädte und die industrialisierte Stadt Antsirabe. Mit durchweg über 30 000 Einw. besitzen sie neben den oberen Verwaltungsbehörden ein hochqualifiziertes Angebot an Waren, Kultureinrichtungen und Krankenhäusern; Außenhandelsvertretungen und Versicherungen unterstreichen die überregionale wirtschaftliche Bedeutung. Zu dieser Gruppe gehören die vier wichtigsten Seehäfen.

Tananarive bildet schließlich mit weitem Abstand die Spitze der zentralörtlichen Hierarchie, da sich hier alle Spitzenfunktionen von Verwaltung, Wirtschaft, Verkehr und Kultur konzentrieren.

In der *räumlichen Anordnung* der Zentralitätsstufen sind entsprechend der Bevölkerungsdichte und wirtschaftlichen Entwicklung der Landesteile große Unterschiede festzustellen (Abb. 31). Nur im Umkreis der Hauptstadt hat sich ein System gebildet, in dem die zentralen Orte ringförmig angeordnet sind und sich in ihren Stufen ergänzen. Hier nähert sich die Verteilung der Städte dem Idealmodell von W. CHRISTALLER an: Die Metropole ist von einigen größeren Mittelzentren (Ambohidratrimo, Arivonimamo, Ambatolampy und Miarinarivo) und mehreren Unterzentren umgeben. Sie liegen im Sog der nahen Hauptstadt, haben aber auch eigene Funktionen. Ihre Einflußbereiche überdecken lückenlos den zentralen Teil des Hochlandes. Auf tieferer Stufe bildet Antsirabe im Süden den Mittelpunkt einer Gruppe von Unterzentren (Betafo, Faratsiho und Antanifotsy).

Im südlichen Hochland sind die Städte linear an der Hauptverkehrsachse angeordnet. Sie zeigen hier eine regelhafte Abfolge höherer und niederer Zentren. Zwischen den Oberzentren Antsirabe und Fianarantsoa liegt das Mittelzentrum Ambositra, zwischen diesem und Fianarantsoa das Unterzentrum Ambohimahasoa.

Westlich und östlich von Tananarive gehören die Mittelzentren Tsiroanomandidy und Moramanga noch zum weiteren Umkreis der Hauptstadt. An der Verkehrsachse nach Majunga liegen im bevölkerungsarmen nordwestlichen

Hochland nur wenige Unterzentren; erst um Majunga setzt mit dem Mittelzentrum Marovoay wieder eine bescheidene Verdichtung ein.

Auch in der Städtereihe der Ostküste folgen die Stufen der Zentralität einer
gewissen Ordnung. Zwischen dem Oberzentrum Tamatave und den Mittelzentren Antalaha, Mananjary, Farafangana und Fort-Dauphin liegen jeweils mehrere
Unterzentren. Die Einzugsbereiche dieser oft isolierten Küstenorte sind allerdings
weniger deutlich abgrenzbar als im zentralen Hochland, und ein Netz hat sich
auch im Umkreis von Tamatave nicht entwickelt. Erst in weitem Abstand folgt im
Hinterland die Städtereihe am Gebirgsrand, die mit Ausnahme der verkehrsgünstig gelegenen Orte Moramanga und Ambatondrazaka nur aus isolierten Unterzentren im Regenwaldgebiet besteht.

Der weitgestreuten Reihe an der West- und Nordküste gehören die Oberzentren Diégo-Suarez, Majunga und Tuléar an. Zwischen ihnen liegen neben Morondava nur wenige Mittelzentren (Amilobe, Ambanja, Antsohihy im Norden,
Maintirano und Morombe im Westen) und kleine Unterzentren, deren Einzugsbereiche eng begrenzt sind.

Die bevölkerungs- und städtearmen Gebiete im mittleren Westen und Süden
besitzen fast nur Unterzentren, weit gestreut und mit geringer Bedeutung. Neben
dem Viehgroßmarkt Tsiroanomandidy können hier nur der Verkehrsknoten Ihosy, im Süden vielleicht Ambovombe und Ampanihy als Mittelzentren gelten. Von
der administrativen Zuordnung abgesehen sind die Beziehungen zu den höheren
Zentren im Hochland und an der Küste nur schwach ausgebildet.

In weiten Teilen Madagaskars fehlen somit noch raumfüllende Umlandbezie-
hungen mit städtischen Einflußbereichen, die sich gegenseitig berühren oder kon-
kurrierend überschneiden. Die koordinierte Aufgabenteilung zwischen den verschiedenen Stufen der Städte ist noch unvollständig. Bei vielen Städten beruht die
funktionale Bedeutung weniger auf der führenden Rolle inmitten untergeordneter
Zentren als vielmehr auf der lokalen wirtschaftlichen Entwicklung, insbesondere
bei den Hafenstädten. Durch die weiten Entfernungen und die oft unzureichende
Verkehrsdichte sind nicht nur viele ländliche, sondern auch städtische Siedlungen
noch weitgehend auf ein isoliertes Hinterland beschränkt.

Die stadtgeographische Regionalisierung von P. le Bourdiec (1977) unterscheidet dementsprechend zwischen den zentralörtlich nicht organisierten Räumen im Westen und Süden, den Gebieten im Osten und Norden, in denen sich
Systeme herauszubilden beginnen, und dem Hochland mit seinem bereits organisierten Städtenetz.

5.6. Probleme der Stadtplanung

Die Verstädterung Madagaskars ist zwar bis heute gering, doch ist zu erwarten, daß sich der starke Zuzug in die Zentren beschleunigt fortsetzen wird. Von
1900 bis 1971 nahmen die Zahl der Orte mit über 5000 Einw. und ihre Bevölke-

rung um das Zwanzigfache zu, während die Gesamtbevölkerung des Landes nur um das Dreieinhalbfache (von 2,1 auf 7,6 Mio) anstieg. Der Stadtplanung stehen damit in Zukunft schwierige Aufgaben bevor, namentlich in den großen Zentren, auf die sich die Zuwanderung konzentriert.

In Tananarive und den Hauptorten der Provinzen ist die Sanierung von Teilen der Stadtkerne und der älteren Wohnviertel vordringlich. Die Bevölkerung wuchs hier seit der Jahrhundertwende, besonders nach dem Zweiten Weltkrieg, sehr rasch, doch wurden gleichzeitig nicht genügend Neubaugebiete erschlossen. Die Überbelegung der eng verbauten Stadtteile führte zu sozialen Mißständen in den meist kinderreichen und einkommensschwachen Familien. Der Stadtteil Isotry in Tananarive ist mit dem dichten Gedränge der Bevölkerung dafür ein bestürzendes Beispiel.

Der Verkehr mit Kraftfahrzeugen hat in den großen Zentren rasch zugenommen und überlastet dort zeitweilig die Innenstadt, wo sich die Dienstleistungen konzentrieren, aber auch eine starke Wohnbevölkerung verblieben ist. Verkehrsstauungen sind namentlich in Tananarive häufig. Die großen Höhenunterschiede mit gekrümmten und winkeligen Straßen behindern in der Hauptstadt und in Fianarantsoa den Verkehrsfluß. Die Stadtkerne haben infolge fehlender oder ungenügend ausgebauter Umgehungsstraßen neben dem Ziel- auch den Durchgangsverkehr zu bewältigen. In der Unterstadt von Tananarive ist an den Tagen des Hauptmarktes, bei Geschäftsschluß und Ankunft der Züge die Grenze der Belastbarkeit erreicht. Während des ganzen Tages rollen die Autobusse, die das Zentrum mit den Stadtrandgebieten verbinden, und die Taxis in dichter Folge.

Die Planung der Hauptstadt erwägt deshalb, Teile des Marktes und den Bahnhof an den Stadtrand zu verlegen und größere Gewerbebetriebe auszulagern. Die Tunnels unter den Höhen sollen vermehrt und die Umgehungsstraßen ausgebaut werden.

Die Neuerschließung von Stadtrandgebieten mit detaillierten Flächennutzungsplänen ist heute in allen größeren Zentren erforderlich. In Tananarive müssen dem neuen Wohnbaugebiet im Westen weitere im Norden, aber auch im Osten, wo bisher der private Wohnungsbau vorherrschte, folgen, um den Zuwachs von etwa 15 000 Menschen im Jahr zu bewältigen. Auch die Provinzstädte weisen zusätzliche Wohnflächen aus, um die älteren Stadtteile zu entlasten und die Zuwanderer aufzunehmen. Die zugehörige Infrastruktur, d. h. die Ausstattung mit Schulen, Geschäften, Märkten und Krankenhäusern soll dabei mit eingeplant werden. Das Ziel ist, nicht nur ›Schlafstädte‹ zu schaffen, sondern vollwertige Lebensräume, in denen die Bevölkerung trotz verschiedener Herkunft und sozialer Schichtung neue Gemeinschaften bilden kann.

In den am stärksten industrialisierten Städten (Tananarive, Diégo-Suarez, Majunga, Antsirabe und Tamatave) müssen darüber hinaus neue Flächen am Stadtrand für Gewerbebetriebe ausgewiesen werden. In der Hauptstadt sind dafür die nordwestlichen und südwestlichen Randgebiete vorgesehen, wo an ältere Industriebetriebe angeknüpft werden kann. In Majunga kommen die östlich, in Diégo-Suarez die südlich der Stadt liegenden freien Flächen dafür in Frage. In Tananarive müssen auch die größeren Handelsniederlassungen aus dem beengten Stadtkern verlagert werden. Für die wichtigsten Hafenstädte, Tamatave und Majunga, gehört der Ausbau der Hafenanlagen zu den Aufgaben der Planung.

Die rasch steigende Bevölkerungszahl der großen Städte erfordert Maßnahmen zur ausreichenden Wasser- und Energieversorgung. Schwierigkeiten bereitet z. B. die Wasserzufuhr für Tuléar im semiariden Südwesten. Andererseits muß für den Schutz vor Überschwemmungen in der Regenzeit gesorgt werden. So werden die tiefliegenden Stadtteile von Tananarive, aber auch Morondava und andere Küstenstädte häufig von Hochwässern bedroht, namentlich während der heftigen Regenfälle beim Einbruch von Zyklonen.

Die Durchführung dieser umfangreichen Aufgaben stößt vor allem auf finanzielle Schwierigkeiten. In Tananarive sind zwar, mitfinanziert durch die Entwicklungshilfe, beachtliche Fortschritte erzielt worden, doch sind sie im Hinblick auf die Überbevölkerung der Stadt noch zu langsam. In den meisten anderen Städten sind die Maßnahmen aus Mangel an Mitteln noch unzureichender und die Ausdehnung erfolgt weiterhin ohne Planung und Kontrolle.

Die künftige Planung hat die Städte nicht nur einzeln zu fördern, sondern besser zu koordinieren. Um das Übergewicht der Hauptstadt, in der noch immer ein Drittel der städtischen Bevölkerung des Landes lebt, zu verringern, müssen die regionalen Zentren ausgebaut werden. Es ist vorgesehen, die Selbstverwaltung der mittleren und unteren Stufe zu verstärken und gewerbliche Betriebe auch in kleineren Städten anzusiedeln. Die Provinzhauptorte haben Teile der Universität von Tananarive erhalten und sind damit kulturell aufgewertet worden.

Es genügt jedoch nicht, den Städten neue Funktionen von oben her zuzuteilen, es muß auch die wirtschaftliche Struktur ihres Hinterlandes als Grundlage der Zentralität gestärkt werden. In den peripheren Gebieten, vornehmlich im Westen und Süden, kann sich ein zentralörtliches Netz anstelle der isolierten Städte erst entwickeln, wenn diese Regionen mehr als bisher in die Gesamtwirtschaft des Landes einbezogen und durch eine bessere Infrastruktur erschlossen sind. Der Ausgleich zwischen Zentrum und Peripherie setzt eine integrale Planung voraus, die alle Landesteile gleichmäßig berücksichtigt.

6. BERGBAU UND INDUSTRIE —
UNTERENTWICKELTE WIRTSCHAFTSZWEIGE
(Abb. 32)

Der sekundäre Wirtschaftssektor (Industrie, Bergbau und Handwerk) hat in Madagaskar wie in den meisten Entwicklungsländern eine untergeordnete Bedeutung; 1970 beschäftigte er nur 6,5 % der Erwerbstätigen und erbrachte 1974 18,8 % des Bruttoinlandsproduktes. Der Mangel an Erzen und Kraftstoffen, fehlendes Kapital und der noch wenig aufnahmefähige Markt sind neben der ungenügenden Infrastruktur die wichtigsten Ursachen für die geringe Industrialisierung des Landes. Doch bieten die vorhandenen Gewerbezweige, manche noch wenig genützte Rohstoffe und das große Potential an Arbeitskräften gute Grundlagen, um die Industrie zu verstärken, die Bevölkerung vermehrt mit eigenen Produkten zu versorgen und die Importe zu verringern.

6.1. Bergbau und Energieversorgung
(Tab. 24)

Mit knapp 4 % der Beschäftigten und 1 % des Produktionswertes (1974) nimmt der Bergbau innerhalb des industriellen Sektors eine sehr bescheidene Stellung ein. Dies ist insofern erstaunlich, als der geologische Aufbau der Insel mit der Vielfalt kristalliner Gesteine im Grundgebirgssockel einen großen Reichtum an Bodenschätzen erwarten läßt. Tatsächlich ist Madagaskar nicht zuletzt durch seine vielen Edel- und Halbedelsteine (Jaspis, Granat, Turmalin, Amethyst, Beryll, Opal u. a.) bekannt geworden. Diese bunte Kollektion wird indes weder industriell verwertet noch spielt sie im Export eine nennenswerte Rolle. Die verstreuten und meist kleinen Vorkommen lohnen keine größeren Investitionen.

Dies gilt auch für die meisten anderen Bodenschätze. Madagaskar ist reich an Metallen und Mineralen, doch sind die Lager für den Abbau oft unrentabel und schwer zugänglich, manche wegen ihrer Abgelegenheit wohl auch noch nicht erkundet. Nur wenige, nämlich Chromit, Graphit, Glimmer, Quarz und Uranthorianit wurden für den Außenhandel bedeutungsvoll.

Unter den Erzen nahm das hochwertige *Chromit* (37—42 % CrO) aus dem basischen Peridotgestein bei Andriamena westlich des Alaotrasees in den letzten Jahren die Spitzenstellung im Export von Bergbauprodukten ein (1974: 180 000 t). Die großen Reserven von etwa 6 Mio t rechtfertigen den Bau einer 90 km langen Asphaltstraße im bergigen Gelände am Westrand des Alaotragrabens. Chromit wird über Tamatave nach Frankreich und Japan exportiert und dort weiterverarbeitet. Diese ergiebige Einnahmequelle, die einer französischen Gesellschaft gehörte, wurde 1976 verstaatlicht.

Für die Gewinnung von *Aluminium* liegen riesige Reserven, auf über 100 Mio t und 40 % Al veranschlagt, in den bauxithaltigen Verwitterungskrusten auf Leptinit- und Rhyolithgestein bei Manantenina nahe der Südostküste und in den Lateritkrusten auf Basalt im Nordwesten (Ankaizina). Ähnlich umfangreich sind die Reserven an *Eisen* im Magnetit des Kristallins mit bis zu 60 % Fe und in den Verwitterungskrusten auf Tonen und eisenhaltigem Sandstein. Die Lager bei Betioky sind wegen der Nähe zu den Steinkohlenvorkommen östlich von Tuléar (Sakoa) besonders interessant. Fast 1 Mio t *Nickel*erz ruhen in den Laterittonen auf Peridotgestein bei Moramanga, verbunden mit Aluminiumvorkommen. Keines dieser weitgestreuten und z. T. entlegenen Erzlager ist bisher in Angriff genommen worden.

Große Hoffnungen setzte man auf die *Gold*vorkommen im Kristallin und in den Flußanschwemmungen des Hochlandes; sie lösten um 1900 einen Rush mit hartem Kampf um Konzessionen aus. Doch blieb die Ausbeute sehr gering und erbrachte in kleinen Familienbetrieben insgesamt nur wenige Kilo im Jahr. Die zahlreichen, aber unrentablen Lager sind heute bedeutungslos.

Unter den industriell verwertbaren Mineralien steht in der Förderung und im Export der *Graphit* an der Spitze. Dieser fast reine Kohlenstoff, der für Schmelztiegel in der Metallurgie und für Elektroden verwendet wird, tritt im Glimmerschiefer, Gneis und Migmatit des zentralen und südwestlichen Hochlandes auf; nach ihm ist eine Gesteinsserie des Grundgebirges benannt. Die zahlreichen Vorkommen mit hohen Reserven lohnen den Abbau nur an wenigen Stellen, besonders bei Périnet, wo ihm die Nähe der Bahnlinie nach Tamatave zugute kommt. Der Graphit wird durch Schwemmen und Raffinieren gewonnen. Der Abbau begann kurz nach der Jahrhundertwende und erreichte während der beiden Weltkriege durch die erhöhte Nachfrage Spitzenwerte. Die Ausfuhr wird heute durch Preisschwankungen und die Konkurrenz des synthetischen Graphits bedroht, hält sich jedoch seit 1960 ziemlich konstant (14 000—18 000 t) und beliefert zahlreiche Länder, besonders Großbritannien, die Bundesrepublik, Frankreich und die USA. Madagaskar hat hier eine führende Stellung auf dem Weltmarkt.

Dies gilt auch für den Phlogopit-*Glimmer (Mica)*, der im Süden zwischen Fort-Dauphin und Ihosy dem Pyroxenit (Augit) in Taschen und Adern eingelagert ist. Die Glimmerplatten werden wegen ihrer Widerstandskraft gegen hohe Temperaturen als Isolierungsmaterial, für feuerfeste Scheiben und Brillen verwendet. Der Abbau unter Tage und die Aufbereitung sind kostspielig und arbeitsaufwendig, so daß sie auf wenige Stellen konzentriert sind. Trotz der Konkurrenz anderer Länder sind Förderung und Export beständig angestiegen, sie bleiben aber im Wert hinter Chromit und Graphit zurück.

Für die Gewinnung von Kernenergie wurde seit 1953 *Uranthorianit* (Thorium-Uraniumoxyd) aus dem Pyroxenit des Mandrareschildes westlich von Fort-Dauphin gefördert und nach Frankreich exportiert. Uranthorianit stand um 1960 an der Spitze der Bergbauexporte, doch scheinen die Lager erschöpft zu sein, und die Förderung wurde 1967 eingestellt.

Im Sandstrand der Ostküste werden bei Fénérive und Fort-Dauphin die für Stahllegierungen wertvollen Minerale *Ilmenit, Monazit* und *Zirkon* gefunden. Der Export erreichte 1965 rd. 8000 t, wurde aber seitdem eingestellt, da die Frachtkosten zu hoch sind. *Quarze* werden als Schmucksteine oder wegen ihrer industriell verwertbaren piezoelektrischen Eigenschaft an der Ostküste bei Mananara und westlich von Antsirabe gesammelt, doch beschränkt die Konkurrenz von synthetischem Quarz den Export.

Der Mangel an *mineralischen Brennstoffen* zwingt Madagaskar, jährlich etwa ein Fünftel (1974) seiner Importausgaben für den Bezug von Erdöl und seiner Produkte zu verwenden. Die Insel besitzt zwar sehr große Reserven an *Steinkohle* (ca. 560 Mio t) in der Karrooformation südöstlich von Tuléar (Sakoa-Sakamena) mit Flözen bis zu 9 m Mächtigkeit in weniger als 400 mm Tiefe, doch werden sie nur in kleinen Mengen für den örtlichen Bedarf abgebaut. Da die Kohle aschereich (17—32 %) und nicht verkokbar ist, zudem weitab von den industriellen Zentren liegt, sind frühere Förderpläne, die hohe Investitionen erfordert hätten, wieder aufgegeben worden. Auch die Kohleausfuhr über die nahe Küste hat gegenüber der südafrikanischen Konkurrenz keine Chance. Große Mengen von *Bitumen* (über 1 Mrd. t) enthält der Isalosandstein im Westen bei Morafenobe, Lignit und bituminöse Schiefer treten in den Seesedimenten des zentralen Hochlandes (bei Sambaina) auf. Der Abbau erfordert jedoch hohe Investitionen, um Kraftstoff zu konkurrenzfähigen Preisen herzustellen.

Seit langem hofft man deshalb, *Erdöllager* im westlichen Sedimentgebiet der Insel zu finden. Nach 1960 wurden Lizenzen an acht amerikanische, französische, israelische und italienische Gesellschaften erteilt, um große Bereiche im Westen und auf dem Schelf vor der West-, Süd- und Ostküste auszubeuten. Die Förderung würde nicht nur die Energielücke des Landes verringern, sondern auch den wirtschaftlich schwächsten Regionen entscheidenden Auftrieb geben. Die riesigen Investitionen mit geologischen und geophysikalischen Erkundungen haben bisher jedoch noch kein verwertbares Ergebnis erbracht.

Für den örtlichen Bedarf können schließlich in vielen Landesteilen *Steine und Erden* genutzt werden, so quarzhaltige Sande bei Tamatave zur Glasherstellung, Kalke und Mergel der Deckschichten im Westen zur Zementfabrikation und hartes vulkanisches Gestein für den Straßenbau. Verwitterungstone bergen, z. B. im Süden bei Ampanihy, nutzbare Kaolinlager.

Die *Energieversorgung* kann sich zwar noch nicht auf eigene mineralische Rohstoffe stützen, sie ist aber auch nicht nur auf Erdölimporte angewiesen, sondern kann auf die reichlich vorhandenen Wasserkräfte zurückgreifen. Man schätzt, daß aus den wasser- und gefällsreichen Flüssen der Ostseite jährlich 50 Mrd. kWh Elektrizität durch hydraulische Werke gewonnen werden können. Die größten Städte, Tananarive und Tamatave, beziehen ihren Strom bereits überwiegend aus Wasserkraftwerken, doch kann die hohe Potenz durch die bescheidene Industrie nur zu einem kleinen Bruchteil genutzt werden. Andererseits können die verstreuten städtischen und industriellen Zentren in den niederschlags- und reliefärmeren Landesteilen nicht durch Wasserkraft oder über Verbundleitungen versorgt werden, so daß zusätzlich thermische Werke erforderlich sind.

Die Elektrifizierung begann 1910 in Tananarive und erfaßte bis 1930 alle Städte mit über 10 000 Einw. Heute sind alle über 5000 Bewohner zählenden Orte, die großen Plantagen, Industrie- und Bergbaubetriebe mit Strom versorgt. 1974 wurden 328 Mio kWh Strom erzeugt, davon 240 Mio kWh in Werken für die öffentliche Versorgung und 157 Mio kWh in Wasserkraftwerken. Industrie und Bergbau nutzen etwa 60 % des Stromes.

Die Elektrizitätsversorgung erfolgt durch 70—80 getrennte Werke sehr unterschiedlicher Größe bis zu einer Leistung von 18 000 kW (Zentrale Mandraka bei Tananarive). Neben der öffentlichen Versorgung der Städte, die überwiegend durch zwei große staatliche Gesellschaften erfolgt, hat die Privatwirtschaft mit etwa 30 % großen Anteil an der Stromproduktion. Vor allem besitzen die Zuckerrohr-, Sisalplantagen und Bergbaubetriebe eigene Werke, die an Leistung die Anlagen kleiner Städte übertreffen. Der geplante Bau eines Wasserkraftwerkes mit einer Kapazität von 50 000 kW in Rogez am Osthang würde die Produktion von Roheisen und Nickel, von Eisen- und Chromlegierungen in Moramanga ermöglichen.

Ein Verbundnetz zwischen den Verbraucherzentren fehlt. Hochspannungsleitungen mit bis zu 63 000 V bei Tananarive, bis zu 20 000 V bei kleineren Städten stellen nur die kurze Verbindung zu den Werken her. Obwohl der Stromverbrauch von 1960 bis 1974 um das Vierfache gestiegen ist, bleiben fast alle ländlichen Gebiete, d. h. 80—90 % der Bevölkerung, immer noch ohne elektrische Energie.

Die Versorgung der thermischen Kraftwerke, der Industrie und der Kraftfahrzeuge mit flüssigen Brennstoffen beruht ausschließlich auf Import. Seit 1966 wird das vom Persischen Golf (Quatar, Saudi-Arabien und Irak) eingeführte Rohöl in der halbstaatlichen Raffinerie von Tamatave (Kapazität 540 000 t) verarbeitet. Von hier aus wird ein Teil der Erdölprodukte weiterexportiert, vorwiegend nach Réunion und auf die Komoren, im übrigen mit Schiff oder Bahn zu den 26 im Lande verteilten Tanklagern verfrachtet. Von dort werden, z. T. auf beschwerlichen Wegen, die einzelnen Tankstellen versorgt. Ein Drittel davon liegt in und um Tananarive, der Rest meist an den Hauptstraßen und in den Provinzzentren, während im Westen und Süden das Versorgungsnetz sehr weitmaschig ist. Ausreichende Vorräte bei Überlandfahrten sind deshalb ratsam. Die neue Raffinerie hat die Versorgung des Landes verbessert, doch bleibt die Abhängigkeit von den erdölproduzierenden Ländern, den Importgesellschaften und den Ölvorräten eine schwere, die Industrialisierung hemmende Last für die Zukunft. Die Erdöl-Vertriebsgesellschaften wurden 1976 nationalisiert.

6.2. HANDWERK

Die Geschichte des madagassischen Handwerks reicht weit in die vorkoloniale Zeit zurück. Die europäischen Reisenden berichten bereits im 18. Jh. über Eisenverarbeitung im östlichen Waldland, die vielleicht auf indonesischer Tradition beruht; das Eisen wurde aus Lateritkrusten gewonnen und mit Hilfe von Holzkohle geschmolzen. Holzverarbeitung, Töpferei, Baumwoll- und Seidenweberei waren im Hochland weitverbreitete Gewerbe, die im Merinareich um 1810 eigene Handwerkerorganisationen hatten. Im 19. Jh. führten englische und französische Missionare und Handwerker neue Geräte und technische Methoden ein. Jean Laborde, der Berater der Königin, schuf mit Handwerksbetrieben und einem Hochofen in Mantasoa die ersten Ansätze der Industrie.

Mit der Einfuhr europäischer Industriewaren verloren die rohstoffverarbeitenden Handwerkszweige an Bedeutung; zum Teil stellten sie sich darauf um, importierte Halbfabrikate (Garne, Stoffe, Metalle) weiter zu bearbeiten und Reparaturen an Fertigwaren durchzuführen. Andererseits stieg der Bedarf an spezialisierten Handwerkern, namentlich im Baugewerbe, in der Nahrungsmittelherstellung und in vielen technischen Bereichen, als die zentralen Orte anwuchsen und die Arbeitsteilung zunahm.

Im Jahr 1969 wurden in Madagaskar 14 891 Handwerksbetriebe gezählt, die neben dem Inhaber 2123 Angestellte und 2230 mithelfende Familienangehörige beschäftigten; es waren somit überwiegend sehr kleine Unternehmen, häufig Einmannbetriebe. Der wichtigste Zweig dieser sicher unvollständigen Zählung war das Bekleidungshandwerk mit Textil- und Lederverarbeitung, d. h. Schneiderei, Weberei, Stickerei und Schuhwerkstätten. Obwohl Textilgewebe heute überwiegend industriell hergestellt werden, kommen doch die traditionellen Baumwoll- und Seidenumhänge *(lamba)*, insbesondere die Seidentücher *(lambamena)*, mit denen die Toten eingehüllt werden, zum Teil noch aus einheimischen Handwerksstätten. Die Seidenweberei ist besonders bei den Betsileo verbreitet, wo die wilde Seidenraupe auf den Tapiabäumen den Rohstoff liefert. Traditioneller, vornehmlich ländlicher Handwerkszweig ist die Flechterei, die aus Palmfasern (Raphia), Paka und Binsen Matten, Körbe *(sobika)* und Hüte fertigt.

Mit dem Übergang vom Holz- zum Ziegel- und Steinbau im Hochland entwickelte sich das Bauhandwerk als selbständiger Zweig. Ziegler, die den roten Ferrallitton verwerten, und Maurer arbeiten in den Städten und größeren ländlichen Siedlungen. Die Holzverarbeitung umfaßt neben dem Zimmerhandwerk die Bau- und Möbelschreinerei, den Bau von Karren und Booten und die Kunsttischlerei, die in Ambositra konzentriert ist. Die Reihe der Metallhandwerker reicht von den Dorfschmieden über die Vielzahl der städtischen Metallgewerbe, z. B. Spengler und Klempner, die oft nur noch Reparaturen durchführen, bis zur Verarbeitung von Edelmetallen. Das Schmuckhandwerk ist häufig in indischen Händen. Mit der Motorisierung sind in den Städten zahlreiche Werkstätten für Kraftfahrzeuge entstanden. Schließlich sind die Nahrungsmittelgewerbe, Bäcker, Metzger, Konditoren u. a. zu nennen, die sich seit der Kolonialzeit in den Städten entwickelt und spezialisiert haben.

Allen diesen weder nach Zahl noch Differenzierung genau faßbaren Handwerkszweigen ist gemeinsam, daß sie aus kleinen Familienbetrieben mit geringen Investitionen und enger Verbindung zum örtlichen Markt bestehen. Beruflich ungenügend organisiert, in Finanz- und Rechtsfragen wenig erfahren, häufig unzureichend mit Produktionsmitteln versorgt, sind die Handwerker nicht nur stark von der Marktentwicklung abhängig, sondern auch von den Rohstofflieferanten und Zwischenhändlern. Die Waren werden meist nur in kleinsten Mengen produziert und rasch verkauft. Häufig wird das Handwerk nur als Nebenerwerb betrieben, besonders in den Dörfern, wo die Landwirtschaft Grundlage der Existenz bleibt.

Das Handwerk muß verstärkt gefördert werden, weil es bei der geringen Industrialisierung des Landes für die Versorgung der Bevölkerung mit gewerblichen Produkten namentlich in den entlegenen Gebieten unentbehrlich ist. Die Fähigkeit, zu improvisieren, mit bescheidensten Mitteln zu produzieren und zu reparieren, ist hier besonders nützlich. Mit Recht wird von einheimischen Sachkennern betont, daß die verbesserte Ausbildung und staatliche Förderung der Handwerker sehr wirkungsvoll dazu beiträgt, Landflucht und Arbeitslosigkeit zu bekämpfen. Bewährte traditionelle Fertigkeiten und moderne Arbeitsmethoden können dabei verknüpft werden. Eine zu enge Spezialisierung ist zu vermeiden, da sie den Bedürfnissen des Landes nicht gerecht wird. Im dörflichen Bereich müssen handwerkliche und landwirtschaftliche Ausbildung kombiniert werden.

Handwerkerschulen bestehen in Ambositra, wo Holzarbeiten, und in Tananarive, wo auch Flecht-, Steinschleifer- und Töpferarbeiten hergestellt werden, außerdem in den Entwicklungszentren der FAO für Agrargeräte. Es sind gute Beispiele dafür, wie mit einer gründlichen Ausbildung der Handwerkerstand auch in Zukunft konkurrenz- und lebensfähig bleiben kann.

6.3. INDUSTRIE
(Abb. 32, Tab. 23)

Bereits vor dem Ersten Weltkrieg entstanden in Madagaskar einzelne Unternehmen, die sich durch Mechanisierung, höheren Kapitaleinsatz, größere Produktion und Belegschaft als Industriebetriebe vom Handwerk abhoben. Diese Fabriken waren in französischem Besitz und konservierten Fleisch, verarbeiteten Reis und produzierten Stärke aus Maniok. Weitere Werke wurden während der beiden Weltkriege gegründet, als die Versorgung der Insel mit Importprodukten erschwert war. Doch hat hier wie in anderen Kolonialländern das Monopolstreben der europäischen Industrie verhindert, daß sich eine Konkurrenz zum ›Mutterland‹ entwickelte. Als nach dem Verlust von Indochina Kapital nach Madagaskar übertragen wurde, entstanden gegen Ende der Kolonialzeit einige neue Betriebe, so die Textilfabrik in Antsirabe. Im unabhängigen Staat wurde die Industrialisierung, unterstützt durch die Entwicklungshilfe, verstärkt gefördert, doch fehlen dazu genaue Zahlenangaben. Der bisher einzige umfassende Industriezensus von 1970 registrierte 375 Betriebe mit 41 688 Beschäftigten, einer Lohnausschüttung von rd. 7 Mrd. FMG (= ca. 120 Mio DM) und einem Umsatz von rd. 48 Mrd. FMG (= ca. 820 Mio DM).

Trotz beachtlicher Fortschritte in den letzten Jahrzehnten steckt die Industrialisierung noch immer in den Anfängen; 1974 bestritt die Industrie (einschl. Energie- und Bauwirtschaft) nur 17,7 % des Bruttoinlandproduktes. Die zögernde Entwicklung hat eine Reihe von Ursachen. Auf den Mangel an einheimischen Rohstoffen, die geringe Kaufkraft der Bevölkerung und den unzureichenden Einsatz von inländischem Kapital wurde bereits hingewiesen. Der Code des Investissements von 1975 suchte zwar Anreize, z. B. durch Steuererleichterungen für fremde Investitionen, zu schaffen; sie erfolgen aber infolge der politischen Unsicherheit der letzten Jahre nur zögernd. Das Verkehrsnetz reicht noch nicht aus, um die Betriebe regelmäßig mit Rohstoffen zu versorgen und entlegene Gebiete für den Absatz zu erschließen.

Zu diesen äußeren Faktoren kommen innere Strukturprobleme der Industrie. Infolge der isolierten und meist kleinen Industriestandorte ist die horizontale und vertikale Integration, d. h. die Koordination zwischen Industriezweigen und Verarbeitungsstufen, ungenügend. Hohe Rohstoff- und Transportkosten, veraltete Ausstattung vieler Betriebe und z. T. ungenügende Auslastung steigern die Herstellungskosten und senken die Rentabilität. Das Angebot an Arbeitskräften ist zwar in den Städten groß, doch fehlen Facharbeiter und Ausbildungsstätten für moderne Produktionsmethoden. Durch die geringe Spezialisierung und die hohen Preise ihrer Produkte sind die meisten Industriezweige im Export nicht konkurrenzfähig gegenüber den Industrieländern, die mit ihrem Massenangebot billiger Importwaren den madagassischen Markt noch weithin beherrschen.

In der ungleichmäßigen und weit gestreuten *Verteilung* der Industrie zeigt sich wieder das Leitmotiv der geographischen Struktur Madagaskars, der Unterschied zwischen dem zentralen und nordöstlichen Landesteil einerseits, dem südwestlichen andererseits. Alle bedeutenden Industriestandorte, mit Ausnahme von Tuléar, liegen in der begünstigten Hälfte der Insel östlich der Linie Majunga–Fort-Dauphin. Aber auch hier sind sie isoliert und durch weite industrieleere ländliche Räume voneinander getrennt.

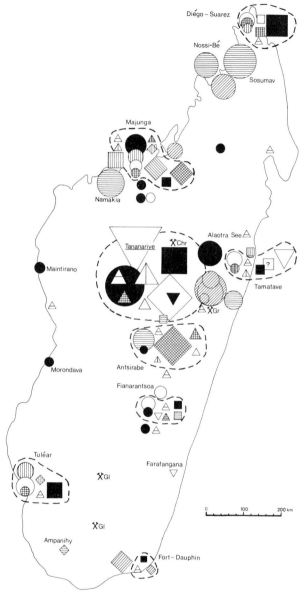

Abb. 32: Industrie und Bergbau (1967) (Quelle: Atlas von Madagaskar, Karte 43).

1. Grundstoff - Industrie

□ Chemische Industrie

▥ Zement- und Kalk-Industrie

▤ Ziegeleien

■ Metall- und Elektro-Industrie

▦ Salzgewinnung

2. Konsumgüter - Industrie

a) Nahrungsmittel - Industrie

● Reismühlen

⊜ Zuckerraffinerien

○ Konserven - Fabriken

◍ Ölmühlen

◌ Stärkefabriken

⊕ Sonstige Nahrungsmittelindustrie

b) Textil -, Lederindustrie

▨ Baumwollindustrie

◖ Baumwoll - Entkörnung

◹ Sisalverarbeitung

◪ Pakaverarbeitung

◇ Bekleidungs -, Lederindustrie

⬘ Mohair - Industrie

c) Sonstige Konsumgüter - Industrie

△ Holz - Industrie

⚠ Papier -, Druck - Industrie

△ Pharmazeutische Industrie

🜊 Tabak - Industrie

3. Bau -, Montage - Industrie

▽ Baugewerbe

▼ KFZ - Montage

Bergbau : ⚒

Chr Chromit

Gr Graphit

Gl Phlogopit - Glimmer

Zahl der Arbeitskräfte :

1200
800
400
100

1000
400
200
100

1000
400
100

1200
600
400
200
100

Kleinstes Zeichen:
100 und weniger AK

Städtische
Industriebereiche

Für die einzelnen Standorte sind die maßgeblichen *Entwicklungsfaktoren* deutlich zu erkennen. Der stärkste Impuls für die Industrialisierung ist die Verdichtung der *Bevölkerung* in den Städten, wo ein im Vergleich zum flachen Land großer Bedarf an Waren aller Produktionszweige und eine relativ starke Kaufkraft vorhanden sind. So konzentriert sich der größte Teil der Industrie auf die acht einwohnerreichsten Städte der Insel, wobei Tananarive mit Abstand an der Spitze steht, die fünf Provinzhauptstädte folgen und daneben noch Antsirabe eine starke, Fort-Dauphin eine untergeordnete Rolle spielen. Nur in diesen Zentren ist die Industriestruktur vielseitig und können durch die Kombination der Zweige Fühlungsvorteile genutzt werden. Hier wirkt sich auch ein weiterer Standortvorteil aus, die reichlich verfügbaren Arbeitskräfte der Städte und ihres Umlandes.

Die großen Zentren sind zudem die wichtigsten Knotenpunkte des *Verkehrs,* der den Antransport der Rohstoffe und die Verteilung der Fertigwaren ermöglicht. Die acht Städte liegen alle an Hauptstraßen, vier haben Bahnanschluß (Tananarive, Tamatave, Antsirabe, Fianarantsoa). Fünf dieser Zentren (Tamatave, Majunga, Diégo-Suarez, Tuléar und Fort-Dauphin) verfügen über die bedeutendsten Häfen des Landes und können damit transportkostengünstig sowohl importierte Rohstoffe nutzen als auch für den allerdings bescheidenen Export produzieren. In Tamatave spielt die neue Raffinerie, d. h. die Kraftstoffbasis, eine verstärkende Rolle.

Die Hauptverkehrslinien begünstigten aber auch kleinere Standorte, insbesondere die Achsen von Tamatave über Tananarive bis Fianarantsoa, an denen Industriebetriebe z. B. in Moramanga, Ambatolampy und Ambositra entstanden.

Die Nähe von *Rohstoffquellen* ist vor allem für die Betriebe lagebestimmend, die Agrarprodukte verarbeiten, d. h. für Reismühlen, Zuckerraffinerien, Stärkemehlfabriken und Werke zur Aufbereitung von Baumwolle und Sisal. Sie finden sich abseits der Städte in den jeweiligen Hauptanbaugebieten. Bergbauliche Bodenschätze haben neben den Förderbetrieben für Chromit, Graphit und Glimmer nur zur Anlage von Zementfabriken geführt, z. B. bei Majunga, wo auch der nahe Absatz fördernd wirkt. Rohstofforientiert ist schließlich die Holzverarbeitung, deren Standorte sich am Rand des Regenwaldes, d. h. im Osten des Hochlandes und an der Ostküste reihen.

Nach dem Gewicht dieser lagebestimmenden Faktoren richtet sich die unterschiedliche Industriestruktur der einzelnen *Standorte*, d. h. die örtliche Kombination und Bedeutung der Industriezweige. Die Binnen- und Hafenstädte heben sich dabei durch ihre gemischte Struktur von den monoindustriellen ländlichen Standorten ab.

Unter den Binnenstädten hat Tananarive als führendes Zentrum nicht nur die nach Produktion und Arbeiterzahl stärkste, sondern auch die vielseitigste Industrie. Der große Bedarf, der auch Investitions- und Luxusgüter umfaßt, die zentrale Lage im Verkehrsnetz, die Fühlungsvorteile zwischen den Industriezweigen, zu Handelsfirmen oder staatlichen Institutionen und das Potential an Arbeitskräften wirken hier verstärkend zusammen. Führende Zweige sind die Bauindustrie, die Nahrungsmittel-, Bekleidungs- und Metallindustrie. Die hohe Kaufkraft und die spezialisierten Bedürfnisse der Hauptstadt führten dazu, daß in ihr die wichtigsten Standorte der Druck- und Papierindustrie, der Kraftfahrzeugmontage und der chemischen Industrie liegen. Auch die Holz- und Tabakindustrie ist hier am stärksten vertreten. Auf Tananarive konzentrieren sich etwa ein Viertel aller Betriebe des Landes und ein Drittel der Arbeiterschaft. Die Klein- und Mittelbetriebe überwiegen; 1967 beschäftigten sie im Durchschnitt etwa 100 Arbeiter, nur bei drei Werken überschritt die Belegschaft 250. Viele, namentlich die kleinen Betriebe, arbeiten wenig rentabel und leiden unter dem reichen Angebot konkurrierender europäischer Waren. Um sich dem Markt anzupassen, sind sie zu einer breitgefächerten Produktion, oft auf Kosten der Qualität, gezwungen. Die rasch gewachsene Industrie stellt die Stadt vor große Probleme, da die Versorgung den Verkehr belastet und große Flächen neu erschlossen werden müssen. Die Planung strebt heute an, die Industrie zu dezentralisieren, um die Hauptstadt zu entlasten und andere Landesteile zu fördern; wie in den meisten Industriegebieten wird es aber auch hier schwierig sein, Betriebe aus dem gewohnten Standort in Gebiete mit neuen Risiken zu verlagern.

Antsirabe ist nach dem letzten Krieg das zweite Industriezentrum des Hochlandes geworden. Die Stadt liegt verkehrsgünstig an Bahn und Straße, sie verfügt über zahlreiche Arbeitskräfte aus dem Umland, eine eigene Stromversorgung und über großes, im Vergleich zur Hauptstadt billiges Baugelände. So haben sich hier mehrere Betriebe mit 400 bis 1500 Arbeitern niedergelassen, die größte Textilfabrik des Landes, die aus dem Mangokygebiet mit Baumwolle versorgt wird, eine Zigarettenfabrik, die importierte und einheimische Tabake verarbeitet, und eine Brauerei. Die Produkte dieser Betriebe werden im ganzen Land und in großen Mengen abgesetzt. — Fianarantsoa hat demgegenüber eine vielseitigere, im ganzen aber weniger bedeutende Industrie; der Schwerpunkt liegt in der Verarbeitung von Rohstoffen aus der Umgebung, d. h. von Fleisch (mit Konservierung), Reis und Holz.

Die großen Hafenstädte versorgen mit ihrer vielseitigen Industrie nicht nur die eigene Bevölkerung, sondern auch das weite Hinterland der zugehörigen Provinz, in der sie eine Monopolstellung haben. In der Verteilung der Industriezweige zeigen die Städte einige Unterschiede. Tamatave hebt sich durch seine Raffinerie und die starke Bauindustrie, die mit dem raschen Wachsen der Stadt verknüpft ist, von den anderen Hafenorten ab. Majunga hat Schwerpunkte in der Reis-, Baumwoll- und Pakaverarbeitung, die ihre Rohstoffe aus der Umgebung bezieht. In Diégo-Suarez sind Salinen zur Salzgewinnung aus dem Meer und die Metallindustrie besonders stark vertreten; letztere beruht vor allem auf Schiffbau und -reparatur, die allerdings zurückgehen, nachdem der französische Flottenstützpunkt aufgegeben worden ist. Die Industrie von Tuléar stellt, angepaßt an die Agrarproduktion des Umlandes, Fleischkonserven und Pflanzenöle her; zudem ist es der einzige Standort der Metallindustrie in der Südwestprovinz, die u. a. mit landwirtschaftlichen Geräten versorgt wird. Spezielle Industriezweige von Fort-Dauphin sind die Verarbeitung von Holz und von Sisalfasern aus den nahen Plantagen.

Die Industrie der kleinen Städte und wenigen Landgemeinden konzentriert sich auf die Aufbereitung von Agrarprodukten. Oft beherrscht ein einziger Produktionszweig den Standort, so die Raffinerien der vier Zuckerrohrplantagen (Sosumav, Namakia, Nossi-Bé und Maromamy), die Reismühlen am Alaotrasee und in Marovoay bei Majunga, die Stärkefabriken bei Ambanja und Moramanga und die Sisalbetriebe am Mandrarefluß. Ambositra, Fénérive und Moramanga sind Zentren der Holzverarbeitung in der Nähe primärer oder sekundär aufgeforsteter Wälder; in Moramanga entstand eine Zündholzfabrik, doch erwies sich das verwendete Holz als wenig geeignet.

Weit abgelegen im Süden produziert Ampanihy Teppiche aus den Haaren der Mohairziegen. Der Betrieb arbeitet teilweise für den Export, ist aber mit seinen wenigen Arbeitskräften eher dem Handwerk zuzurechnen als der Industrie.

Reiht man die einzelnen *Industriezweige* nach ihrer Gesamtbedeutung, dann steht die *Nahrungsmittelindustrie* sowohl nach der Höhe des Umsatzes und der ausgeschütteten Lohnsumme als nach der Zahl der Betriebe und Beschäftigten mit weitem Abstand an der Spitze (Tab. 23). Das entspricht der beherrschenden Stellung der Landwirtschaft, deren Produkte sowohl für den Inlandbedarf wie für den Export, wo sie den ersten Platz einnehmen, verarbeitet werden. Innerhalb der Nahrungsmittelindustrie entfielen fast die Hälfte der Betriebe und 42 % des Umsatzes 1970 auf die im ganzen Land verstreuten 70—80 Reismühlen. Sie haben, abgesehen von den großen, z. T. für den Export arbeitenden Werken bei Majunga und am Alaotrasee, meist nur einen beschränkten Einzugs- und Absatzbereich. An zweiter Stelle folgen mit 33 % des Umsatzes die heute verstaatlichten Zuckerraffinerien; sie gehören zu den modernsten Betrieben des Landes mit den höchsten Investitionen. Die Konservenfabriken (12 % d. Prod.) haben ihren Standort meist in den Provinzhauptorten und verarbeiten Fleisch, Früchte und Gemüse, teilweise für den Export. Die Versorgung ist unregelmäßig, so daß die Kapazitäten oft nicht ausgelastet sind. Weitere, weniger bedeutende Zweige der Nahrungsmittelindustrie befassen sich mit der Produktion von Mehl, Brot und Teigwaren, mit der Verarbeitung von Kakao und Kaffee und der Herstellung von Milchprodukten und Viehfutter für den Inlandbedarf.

Die Gruppe der *Textil- und Bekleidungsindustrien* nimmt mit ihrer Betriebs- und Beschäftigtenzahl und ihrer Umsatzhöhe den zweiten Rang ein. Sie arbeitet fast ausschließlich für den einheimischen Markt. Die Produktion wurde seit 1960 beträchtlich gesteigert und wuchs in der Textilindustrie allein zwischen 1970 und 1974 um 62 %; damit konnte ein großer Teil des Inlandbedarfes gedeckt und der Import stark verringert werden. Dies war möglich, weil der Baumwollanbau sehr zugenommen hat und große neue Textilfabriken in Antsirabe und bei Majunga gegründet wurden. Sie stellen z. B. die beliebten, mit Bildern aus dem einheimischen Leben und Sprüchen bedruckten bunten Baumwollumhänge in Massen her. Im übrigen ist die Industriegruppe auf viele Standorte mit kleinen Betrieben verteilt und hat einen breiten Aufgabenbereich (Verarbeitung von Baumwolle, Sisal und Paka; Spinnereien, Webereien, Herstellung von Schuhen, Konfektionskleidung, Wirkwaren, Hüten und Decken). In diesen arbeitsintensiven Produktionszweigen ist ein Viertel aller Industriearbeiter beschäftigt; darunter sind viele Frauen. Die Textilindustrie ist weiterhin expansionsfähig, weil die Einfuhr durch Verarbeitung einheimischer Rohstoffe noch gedrückt werden kann.

Die bisher genannten Zweige der Konsumgüterindustrie, die den vordringlichen Bedürfnissen der Bevölkerung dienen, machen über die Hälfte des Industriepotentials Madagaskars aus. Die übrigen Zweige bleiben alle unter 10 % der Beschäftigten und des Umsatzes der Gesamtindustrie. Die größte Bedeutung hat dabei die *Chemische Industrie* mit 7,5 % des Umsatzes. Sie umfaßt zahlreiche meist kleine Betriebe, die Waren für den täglichen Bedarf (Seifen, Öle, Farben, Lacke, Kerzen, pharmazeutische und Drogerieartikel) und Düngelmittel herstellen. Es folgt die *Metallverarbeitung* mit der Produktion von einfachen Agrargeräten, Haushaltwaren, Kanistern usw. aus Eisen und Blechen. Der *Fahrzeugbau* befaßt sich in erster Linie mit der Montage und Reparatur von Kraftfahrzeugen; in Tananarive befinden sich Betriebe der Firmen Renault und Citroën. Die *Tabakindustrie* verarbeitet, vor allem in Tananarive und Antsirabe, eigene und importierte Tabake; Produktion und Absatz sind beträchtlich angestiegen. Für den Bedarf an *Getränken* arbeitet eine Brauerei; ferner wird Mineralwasser aus den Quellen von Antsirabe abgefüllt und Wein aus den Trauben des Betsileogebietes gekeltert. Die *Papier- und Druckindustrie* ist fast ganz auf Tananarive konzentriert und hatte 1970—1974 den stärksten Produktionsanstieg (69 %) zu verzeichnen; sie kann damit einen Teil des Bedarfs decken, der durch Zeitungen und Schriften in madagassischer Sprache rasch anwächst.

Die *Baustoffindustrie* stellt vor allem Ziegel, Zement und Glas her und ist entweder in den Verbraucherzentren oder an den Rohstoffquellen (z. B. Zementwerk von Amboanio bei Majunga) stationiert; für den Transport der schweren Baustoffe wirkt sich das ungenügend ausgebaute Verkehrsnetz besonders nachteilig aus. Die *Holzindustrie* verfügt über zahlreiche, meist kleine Betriebe und hat mit rd. 2 % (1974) nur einen sehr geringen Anteil am Gesamtumsatz. Sie bereitet Holz in etwa 50 Sägewerken auf und stellt Baumaterial, Möbel, Kisten u. a. her, wobei häufig die Produktionsstufen in einem Betrieb integriert sind. Die Unternehmen liegen rohstofforientiert in Nähe der Wälder oder absatzorientiert in den Städten. Die Grenze zum Handwerk ist fließend; es wird geschätzt, daß noch 95 % des Holzes von Hand gesägt wird.

Mit einem Umsatzanteil von höchstens 1 % und wenigen Betrieben stehen die Maschinenindustrie, die vorwiegend Elektrogeräte herstellt, und die Erzeugung von Leder, Pelzwaren, Plastik und Kautschuk am Ende der Rangliste.

Diese Reihenfolge zeigt, daß in der Industriestruktur Madagaskars, wie bei den meisten Entwicklungsländern, die Grundstoff- und Investitionsgüterproduktion hinter der Konsumindustrie weit zurückstehen. Die *Energieversorgung* (Elektrizitäts- und Wasserwerke, Erdölraffinerie; s. S. 195) ist immerhin mit rd. 10% des Umsatzes und 7% der Beschäftigten beteiligt. Es fehlen jedoch alle Zweige der Schwerindustrie, der Fahrzeugherstellung und der Schwerchemie, deren Produkte gänzlich importiert werden müssen.

Zu den seit 1970 neu entstandenen Betrieben gehört ein Montagewerk für Lastkraftwagen und Busse, eine Papier- und eine Schuhfabrik und Werke für Metallwaren.

Der durchschnittlich *Jahresumsatz* der Industriebetriebe betrug 1970 nur 127 Mio FMG (= 2,1 Mio DM; Baden-Württemberg 1970: 8,4 Mio DM). Davon wurden 18,6 Mio FMG (= 0,3 Mio DM) je Betrieb für Löhne ausgeschüttet. Für den Vergleich der Industriezweige und ihrer Produktivität ist das Verhältnis von Umsatz- zu Beschäftigtenzahlen aufschlußreich. Danach lagen die Holz- und Baustoffindustrie 1970 mit umgerechnet 8312 bzw. 12 497 DM Umsatz je Beschäftigtem weit unter dem Mittelwert von 19 049 DM für die Gesamtindustrie (Baden-Württemberg: 55 330 DM). In diesen Zweigen spielt die Handarbeit noch eine große Rolle. Dem Mittelwert nahe lagen die Nahrungsmittel-, Bekleidungs- und Druckindustrie. Weit darüber hinaus gingen die Metall- und Papierindustrie mit 31 237 bzw. 32 145 DM und vor allem die Erdölraffinerie mit 73 237 DM Umsatz je Beschäftigtem, da hier die Betriebe hochwertige Produkte herstellen oder bereits stark automatisiert sind.

Durch ihre im Vergleich zum durchschnittlichen Lebensstandard hohen *Löhne* üben heute viele Industriezweige eine starke Anziehungskraft aus. Bezogen auf die gesamte Industrie, erhielt ein Arbeitnehmer 1970 durchschnittlich 167 000 FMG (= 2787 DM) Lohn im *Jahr*. In diesem Mittelwert sind allerdings die hohen Löhne der Ausländer, die 7 % der Beschäftigten umfaßten und meist leitende Funktionen ausüben, mit DM 11 985/Jahr enthalten. Der Verdienst der madagassischen Industriearbeiter lag nur bei DM 2116/Jahr und damit weit unter den Löhnen der Industrieländer. Andererseits überstieg er das Durchschnittseinkommen der Landbevölkerung von etwa DM 1000,— (s. S. 167) noch um das Doppelte. Doch sind dabei die Unterschiede zwischen den Industriezweigen beträchtlich. In der Baustoff- und Nahrungsmittelindustrie blieben die Jahreslöhne mit DM 1300,— bzw. DM 1533 weit unter dem Durchschnitt und nicht sehr weit vom Einkommen der Landbevölkerung entfernt. Auf der anderen Seite zahlten Industriezweige mit spezialisierten Facharbeitern, die Elektrizitätswerke, Druckereien und Papierfabriken, hohe Löhne, im Mittel 3666 bis 4600 DM. Mit weitem Abstand lag wieder die Erdölraffinerie an der Spitze, die mit DM 8383 der Lohnhöhe europäischer Industriearbeiter (1970) nahekam.

Eine weite Spanne trennt somit jene Zweige, die wie die Erdöl- und Papierindustrie sowohl nach Umsatz wie nach Lohn über dem Durchschnitt liegen, von den Branchen mit niedrigen Umsätzen und Löhnen, zu denen die Baustoff-, Holz- und Nahrungsmittelindustrie rechnen. Dieser benachteiligten Gruppe gehören 57 % aller Betriebe und 65 % aller Beschäftigten der madagassischen Industrie an.

Die *Planung* befaßt sich seit dem Umsturz von 1972 verstärkt mit dem Problem, die noch unbefriedigende Struktur der Industrie zu verbessern. Die Ziele wurden im Nationalen Entwicklungsplan von 1974 und in der Charta der sozialistischen Revolution von 1975, die die Industrie als „Motor der Wirtschaft" bezeichnet, festgelegt. Leitgedanke ist dabei, die Abhängigkeit vom Ausland zu verringern, d. h. die Einfuhr von Industrieprodukten zu vermindern — nach realistischer Schätzung ist dies zu mindestens einem Drittel möglich — und die Industrie möglichst mit eigener Kraft auszubauen. Hohe Importzölle, die den eigenen Konsum beschränken, können dabei nur eine Hilfsmaßnahme sein. Mit Recht wird gefordert, anstelle der kapitalintensiven Schwerindustrie zunächst die arbeitsintensive, kapitalsparende Agrar- und Leichtindustrie als Basis der weiteren Entwicklung zu fördern. Damit könnten die Bedürfnisse der Bevölkerung an Fertigwaren verstärkt gedeckt und mehr Produktionsmittel für die Landwirtschaft erzeugt werden.

Um diese Ziele zu erreichen, kann eine Reihe von einheimischen Rohstoffen vermehrt der industriellen Verwertung zugeführt werden. Dazu gehört die Verarbeitung von Früchten, Baumwolle, Milch und Zucker zu Produkten, die bisher zum Teil noch eingeführt werden müssen. Gleichzeitig muß aber auch die Agrarproduktion gesteigert werden, der wiederum die verbilligte Erzeugung von landwirtschaftlichen Geräten im Lande zugute käme. Mit Vorrang ist der noch unterversorgte ländliche Bereich industriell zu erschließen, d. h. daß neben den größeren Unternehmen in den Städten die Ansiedlung kleiner Betriebe in abgelegenen Gebieten gefördert werden muß. Zwischen den Industriezweigen soll die horizontale und vertikale Integration mit Absprache der Produktionsprogramme verstärkt werden. Die Zusammenarbeit zwischen den Industriestandorten und -zweigen setzt aber wiederum voraus, daß die Verkehrsstruktur wesentlich verbessert wird.

Um den Einfluß des Staates zu verstärken, will die sozialistische Regierung vor allem die Zweige der Basisindustrie nationalisieren. Außer den Zuckerfabriken, der öffentlichen Energieversorgung und der Erdölraffinerie von Tamatave sind seit 1975 auch die Textilfabrik in Antsirabe und die Chromgewinnung ganz oder mehrheitlich verstaatlicht worden. Der eigene Kapitalmangel zwingt aber dazu, auch weiterhin fremde Investitionen in Anspruch zu nehmen und zu fördern. So erfolgten in den letzten Jahren Firmengründungen vor allem durch amerikanische, westeuropäische und japanische Gesellschaften.

In der Personalstruktur soll die Malgaschisierung beschleunigt vorangetrieben werden. Im Jahre 1970 standen nur 74 von insgesamt 375 Industriebetrieben, d. h.

knapp 20 %, unter madagassischer Leitung; ihr Anteil am Gesamtumsatz betrug sogar nur 10 %. Von den industriellen Arbeitnehmern waren zwar 93 % Madagassen, die aber nur 71 % der Lohnsumme bezogen. Um die fremden durch einheimische Arbeitskräfte zu ersetzen, muß jedoch in weit stärkerem Maß als bisher die Ausbildung, besonders der Facharbeiter und leitenden Angestellten, gefördert werden.

Um die bisher in wenigen Städten konzentrierte Industrie zu dezentralisieren, ist geplant, neue Betriebe in verschiedenen Landesteilen, angepaßt an die Rohstoffgrundlage, zu errichten. Dazu gehören nach den Plänen von 1975 eine Fabrik für Kaffeepulver in Mananjary, Werke für landwirtschaftliche Geräte in Farafangana und Maintirano, ein Betrieb zur Orangenverarbeitung und ein Schlachthaus in Morondava, sowie eine Zellulosefabrik bei Fianarantsoa, welche die Aufforstungen am oberen Matsiatrafluß nutzen soll. Diese Projekte würden besonders diejenigen küstennahen Regionen fördern, die bisher noch kaum industrialisiert sind. Unberücksichtigt bleiben noch die weiten Gebiete im Mittleren Westen und Süden, wo die Industrialisierung keinerlei Ansatzpunkte findet.

Diese Pläne, denen in den wesentlichen Punkten zugestimmt werden kann, sind mit der eigenen Kraft des Landes nicht zu realisieren. Finanzielle und technische Unterstützung durch die Entwicklungshilfe und privates Auslandskapital, das allerdings nur beschränkte Investitionsanreize findet, müssen hinzutreten. Da die Industrie auf absehbare Zeit in erster Linie an die Agrarproduktion gebunden bleibt, müssen beide Wirtschaftszweige koordiniert gefördert werden. Die Industrialisierung ist nicht rasch und mit repräsentativen Projekten zu verwirklichen, sondern nur in kleinen Schritten, angepaßt an die eigenen Ressourcen und die allgemeine wirtschaftliche Entwicklung des Landes.

7. DER VERKEHR —
SCHLÜSSEL ZUR INTEGRATION DER LANDESTEILE
(Abb. 33)

Die großen politischen und wirtschaftlichen Probleme Madagaskars — zahlreiche Volksgruppen, die nur langsam zur nationalen Einheit finden, unterschiedlich ausgestattete und entwickelte Regionen, die noch mangelhaft koordiniert sind — beruhen nicht zuletzt auf seiner ungenügenden Verkehrsstruktur. Das weitmaschige, oft durch Natureinflüsse unterbrochene Netz der Verkehrsadern läßt den Strom von Gütern, aber auch wirtschaftliche, kulturelle und politische Veränderungen nur stockend zu den entlegenen Gebieten des Landes gelangen. Die Regionen sind noch stark auf isolierte Zentren polarisiert, es fehlt ein geschlossenes Netz gleichwertiger Verbindungslinien.

Dieser Rückstand läßt sich zum Teil aus der Landesnatur erklären. Die großen Entfernungen gewinnen an Gewicht durch das starke Relief des Hochlands, das die peripheren Gebiete voneinander trennt. Das Klima mit ganzjährig oder jahreszeitlich hohen Niederschlägen und Wirbelstürmen, Bodenabschwemmung und zeitweilig reißende Flüsse erschweren die Anlage und Erhaltung von Verkehrslinien. Die Bevölkerungs- und Produktionsarmut vieler Gebiete sind nicht nur Folge, sondern auch Ursache der geringen Verkehrsdichte. Obwohl die Schlüsselfunktion des Verkehrs für die ausgeglichene Entwicklung der Landesteile schon bei der Kolonialisierung erkannt worden ist, erlauben die beschränkten Mittel bis heute nur langsam den Ausbau eines Netzes.

Unter diesen Umständen sind die Fortschritte der letzten achtzig Jahre beachtlich. Vor der Jahrhundertwende wickelte sich der Verkehr nur auf schmalen, oft steilen, von Flüssen unterbrochenen Pfaden ab. Einzige Transportmittel waren der Mensch, in beschränktem Umfang die Rinder; das Rad war unbekannt. Der Trägerverkehr, der Transport von Funktionären des Königreichs oder der Kolonialzeit im schwankenden Tragstuhl *(filanzana)* auf den Schultern ächzender Träger *(mpilanja)* war in abgelegenen Gebieten noch bis um 1930 üblich. Nur auf wochenlangen beschwerlichen Reisen war die Durchquerung des Landes möglich.

Das Zeitalter des modernen Verkehrs begann in Madagaskar um 1900. Für die Truppen und Güter der Kolonialmacht waren befahrbare Verbindungen von den Nachschubbasen an der Küste zur Hauptstadt und von dort in die noch unbefriedeten Randgebiete unentbehrlich. Kurz nach der Eroberung wurde unter Gouverneur GALLIÉNI mit der Planung und Anlage der ersten Straßen und Bahnen begonnen, die das Land im Interesse der Kolonialherrschaft sichern und wirtschaft-

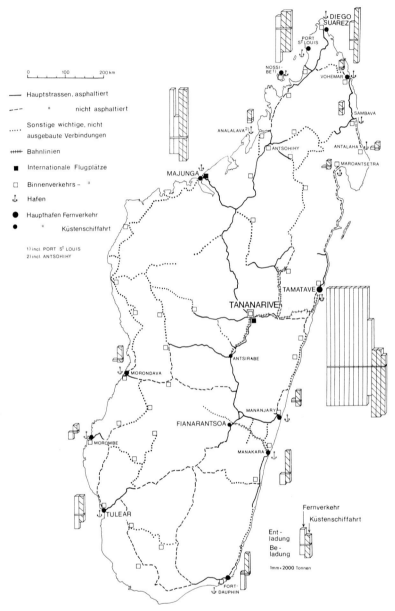

Abb. 33: Verkehrsstruktur 1974.

lich erschließen sollten. Bei den Einheimischen verbreiteten sich langsam die neuen Räderkarren.

7.1. BAHNVERKEHR

Die Unterwerfung Madagaskars fiel in die Zeit des weltweit aufstrebenden Bahnverkehrs, damals noch das einzige moderne Verkehrsmittel, um Kolonialgebiete zu erschließen. In Madagaskar wurden seit 1897 Strecken geplant, die das Hochland als Zentrum der Kolonialmacht mit den Küstengebieten verbinden und den teuren Trägerverkehr ersetzen sollten. Der Widerstreit zwischen den Projekten von Majunga oder von Tamatave nach Tananarive wurde zugunsten von Tamatave entschieden. Majunga lag zwar dem Mutterland näher und ist leichter von Schiffen anzulaufen als Tamatave, zudem wäre hier die Strecke technisch einfacher gewesen als an der steilen Ostseite. Für Tamatave sprach aber letzthin, daß es der Hauptstadt näher liegt, den günstigeren Hafen besitzt, als Verbindung zur Insel Réunion diente und vor allem Zentrum der Anbaugebiete für Exportkulturen ist.

Die 371 km lange Strecke Tananarive–Côte Est (T.C.E.) wurde 1901—1913 unter Einsatz großer Mittel und tausender Arbeiter aus China, Indien und Somaliland gebaut. Dabei mußten die beiden Steilstufen westlich und östlich des Mangorograbens mit 1400 m Höhenunterschied überwunden und der Regenwald durchquert werden. Zahlreiche Kunstbauten — Brücken, Tunnels und Rampen für Kurven mit z. T. nur 50 m Radius — waren bei Steigungen bis zu 35 % zu errichten. Die Fahrt bis Tamatave dauert 11 Stunden — wenn sie nicht durch Streckenschäden unterbrochen ist — und gibt einen ausgezeichneten landschaftlichen Querschnitt vom Hochland zur Ostküste. Diese wirtschaftlich wichtigste Strecke des Landes bewältigte 1974 42 % des Personen- und 85 % des Güterverkehrs (nach Pers. u. t/km) aller Bahnen. Der Talverkehr bringt Obst und Gemüse vom Hochland, Reis vom Alaotrasee zur Küste; seit einigen Jahren wird er durch den Export von Chromit aus den Gruben von Andriamena erheblich verstärkt. Dennoch überwiegt der Bergverkehr mit zwei Dritteln des Transports, bewältigt er doch den größten Teil der Versorgung der Hauptstadt und des nördlichen Hochlandes mit Importgütern (Maschinen, Metalle, Brennstoffe, Industriefertigwaren) und Holz. Der Personenverkehr ist hingegen in beiden Richtungen gleich stark. Europäer sind heute seltene Fahrgäste geworden; sie bevorzugen den Flugverkehr. Die Wagen, besonders der 2. Klasse, sind durch die Einheimischen und ihr Gepäck meist stark überfüllt.

Die anderen Bahnstrecken haben untergeordnete Bedeutung. Nachdem die Linie T.C.E. fertiggestellt war, wurde alsbald mit dem Bau der Zweigstrecke von Moramanga zum Alaotrasee (168 km; 1914—1924) begonnen, um die Kolonisation des Reisanbaugebietes in der Seeniederung zu fördern. Neben Reis wird Chromit über die Hauptstrecke nach Tamatave befördert; eine eigene Trasse führt am Westrand des Seebeckens zu der neuen Asphaltstraße, die weiter zu den Gruben bei Andriamena leitet. Nördlich von Moramanga begleiten die Strecke monotone Eukalyptuswälder, die für die Feuerung der Lokomotiven gepflanzt worden waren.

Von Tananarive nach Süden führt die 158 km lange, 1913—1923 gebaute Anschlußstrecke über Höhen bis zu fast 1700 m nach Antsirabe. Sie sollte das zentrale Hochland besser erschließen und die Hauptstadt mit dem aufstrebenden Industrie- und Badeort verbinden. Der alte Plan, die Linie über Ambositra weiter nach Süden bis Fianarantsoa zu verlängern, wurde erst 1966 aufgegeben; sie wäre heute neben der Straße unrentabel.

So ist die vierte, 1927—1936 errichtete Strecke von Fianarantsoa zur Ostküste (163 km) isoliert geblieben. Sie verbindet das Betsileogebiet mit dem vom Fischerdorf aufgestiegenen Umschlaghafen Manakara und bewältigt nur einen bescheidenen Personen- und Güterverkehr. Über steile Hänge und tiefe Täler durch den Regenwald führend, gehört sie zu den eindrucksvollsten Bahnlinien der Tropen. Die Anlage überwindet 1000 m Höhe auf 90 km Länge und war technisch außerordentlich schwierig. Sie wurde mit zwangsverpflichteten Arbeitern durchgeführt, kostete einige Menschenleben und hat den Widerstand gegen den öffentlichen Arbeitsdienst sehr verschärft.

Um 1920 waren neben diesen Strecken noch zahlreiche kleine Linien im Umkreis der Hauptstadt, an der Ostküste und im Westen von den Häfen (Diégo-Suarez, Marovoay, Morondava, Tuléar) zu den Pflanzungs- und Bergbaugebieten des Hinterlandes vorgesehen. Sie sind alle durch den aufstrebenden Straßenverkehr überholt und aufgegeben worden. Die Entwicklung eines Netzes blieb so in den Anfängen stecken. Die fertiggestellten Linien bewältigen auch heute noch eine beachtliche Transportleistung. Der Güterverkehr hat nach dem Zweiten Weltkrieg stark zu-, in jüngster Zeit allerdings wieder etwas abgenommen (1974: 832 153 t, 218 Mio t.km). Der Personenverkehr ist, mit steigendem Anteil der Einheimischen, sehr stark gewachsen und umfaßte 1974 immerhin 3,75 Mio Reisende (254 Mio Pers.km). Für den Massentransport, wie den Export von Chromit und Reis und den Import von Industriegütern, ist die Bahn immer noch unentbehrlich, namentlich auf der Strecke nach Tamatave, wo die Konkurrenz der Straße allerdings künstlich gedrückt wird, da der Staat sie nicht für Schwertransporte ausbaut. Die Bahn ist außerdem mit über 4000 Angestellten einer der größten Arbeitgeber des Landes.

Im ganzen nimmt jedoch die wirtschaftliche Bedeutung gegenüber dem Straßenverkehr ab, da die Bahn modernen Transportansprüchen nicht mehr voll genügt. Die Schmalspurstrecken (1 m) verlaufen in reliefreichem Gelände, sind in der Regenzeit häufig unterbrochen und nur mit hohen Investitionen zu verstärken. Die geringe Tragfähigkeit (16 t/Achse) und das veraltete Material beschränken die Leistung. Große Unterhaltungskosten, ungleichmäßige Auslastung und neue Investitionen, z. B. für Kühl- und Erzwagen, verursachen hohe Defizite. Bis 1930 noch das einzige Mittel für Schwertransporte, hat die Bahn seit dem Zweiten Weltkrieg die führende Rolle an die Straße verloren.

7.2. Straßenverkehr

Der Straßenverkehr verfügt heute über ein Netz, das die ganze Insel über-spannt, aber große regionale Unterschiede in der Dichte und Leistungsfähigkeit aufweist. Der Straßenbau begann 1901 mit den Strecken von Tananarive nach Ma-junga und Tamatave und einer Ringstraße um die Hauptstadt. Bis 1920 wurde die Verbindung nach Süden bis Tuléar ausgebaut. Ein bescheidener Kraftfahrzeug-verkehr setzte zwar schon vor dem Ersten Weltkrieg ein, doch erst nach dem Zweiten Weltkrieg wurden die Schotterstraßen auf den Hauptstrecken asphaltiert und mit modernen Baumethoden neue Linien geschaffen. Das Straßennetz hat heute eine Länge von rd. 39 000 km; davon sind rd. 9000 km Nationalstraßen (auf 4100 km asphaltiert), die mit 25 t Tragfähigkeit 80 % des Transportes bewältigen. Die Provinzstraßen (17 600 km, bis 15 t) und Gemeindestraßen (12 000 km, bis 5 t) sind nicht asphaltiert und, wie ein Teil der Hauptstrecken, nur in der Trocken-zeit, d. h. von April bis Oktober oder November, voll benutzbar.

Basislinie des Netzes ist die Strecke von Tananarive nach Fianarantsoa. An sie knüpfen die Hauptverbindungen zur Küste nach Majunga, Tamatave und Tuléar an; der Anschluß nach Diégo-Suarez soll in absehbarer Zeit voll ausgebaut und damit endlich das nördliche Oberzentrum aus seiner Isolierung gelöst werden. Weitere wichtige Strecken führen zum Alaotrasee und von Tananarive über das Kolonisationsgebiet der Sakay bis Tsiroanomandidy. Die erst 1975 fertiggestellte asphaltierte Straße von Antsirabe bis Miandrivazo in der westlichen Randniede-rung mit Fortsetzung bis Morondava ist die einzige durchgehende Verbindung zur Westküste, abgesehen von der beschwerlichen Strecke von Ambositra nach Mo-rondava, auf der man auf 450 km etwa 30 Stunden unterwegs ist. Weiter im Süden führen Hauptlinien von Fianarantsoa zur Ostküste nach Mananjary und verbin-den, noch nicht asphaltiert, Ihosy und Tuléar mit Fort-Dauphin, das wie Diégo-Suarez noch unter seiner isolierten Lage leidet.

Dieses weitmaschige zentral-periphere Netz des Binnenlandes wird an den Küsten bisher nur durch kurze, in den wirtschaftlich wichtigsten Gebieten asphal-tierte Teilstrecken ergänzt. Sie liegen überwiegend an der Ostküste, d. h. im Hauptbereich der Exportkulturen, und verbinden Manakara über Farafangana mit Vangaindrano (Kaffee- und Pfefferanbau), Tamatave mit Fénerive (Kaffee- und Gewürznelken) und Vohémar mit Sambava (Kaffee und Vanille). Der Ausbau der Straße von Sambava in das Becken von Antalaha, Zentrum des Vanilleanbaus, hat die Abhängigkeit dieses Raumes vom Flugverkehr beseitigt. An der Südküste führt eine einzige, für den Sisalanbau angelegte Asphaltstraße von Fort-Dauphin nach Ambovombe. Für die gesamte Westküste sind nur die im Kolonisationsge-biet des Mangokyflusses asphaltierte Verbindung Tuléar–Morombe und kurze, von Morondava und Maintirano ausgehende Stichlinien zu nennen.

So ist trotz großer Fortschritte das Straßennetz Madagaskars bis heute noch ein auf Tananarive konzentrierter Torso, der zwar die bevölkerungsreichsten und wirtschaftlich aktivsten Landesteile hinreichend versorgt, aber große, kaum erschlossene Gebiete ausspart. Fernziele der Planung sind ein geschlossener Straßenring an der Küste und weitere Querspangen vom Zentrum zur Peripherie. Im Küstenring sind die großen Lücken an der Ostküste und der durch Pisten nur dürftig versorgte Abschnitt zwischen Morondava und Majunga an der Westküste zu schließen. Im Binnenland benötigt der verkehrsarme Norden eine Verbindung zwischen dem Alaotrasee und der Westküste bei Antsohihy und von dort über das isolierte Becken von Ankaizina zur Ostküste. Im Mittelteil der Insel sind weitere Strecken zur Ostküste anzustreben, so vom Alaotrasee nach Fénérive. Die Kolonisierung des Mittleren Westens erfordert zusätzliche Linien zur Westküste (Tsiroanomandidy–Maintirano; Fianarantsoa–Morondava). Im Süden ist der Ausbau der Straßen von Ihosy nach Fort-Dauphin und Farafangana vordringlich. Diese für das Jahr 2000 aufgestellten Planziele sind durch Nebenstraßen in vielen, heute noch für das Kraftfahrzeug ganz unzugänglichen Gebieten, besonders des Westens und Südens, zu erweitern. Gegenwärtig entfallen in Madagaskar, die Pisten eingerechnet, auf den Quadratkilometer nur 66 m Straßen gegenüber 1700 m in der Bundesrepublik!

Der Grad der Verkehrserschließung wird an der Dichte des Kraftfahrzeugbestandes deutlich, die 1965 nach Unterpräfekturen ermittelt wurde (Atlas de M., Karte 46) und in den Relationen auch heute zutrifft. Der Gesamtbestand (1975: 100 000 Kfz, d. h. 84 Einw./Kfz) verteilt sich sehr ungleich über das Land. Allein auf die Provinz Tananarive entfallen 60 %, auf die Hauptstadt selbst 40 % der Gesamtzahl. Es folgen in weitem Abstand die Provinzzentren und einige wenige, wirtschaftlich aktive Städte (Antsirabe, Fort-Dauphin, Ambatondrazaka am Alaotrasee, Antsohihy, Hell-Ville auf Nossi-Bé und Morondava) mit je 500 bis 3000 Kraftfahrzeugen. Während in Tananarive immerhin nur 9 Einw., in den genannten Städten und ihrem Umland bis zu 150 Einw. auf ein Kraftfahrzeug entfallen, sinkt die Dichte in den Distrikten kleinerer Hafenstädte und längs der Hauptstraßen bereits auf bis zu 300 ab. In den straßenarmen Teilen des Regenwaldes und Mittleren Nordens besitzt sogar nur noch jeder 1000.—5000. Einw. ein Fahrzeug. Der Bestand entlegener Distrikte zählt weniger als 100 Kfz, die überwiegend im Hauptort stationiert sind. Bei der geringen Fahrzeugdichte vieler Gebiete sind die Transportleistungen namentlich des öffentlichen Verkehrs erstaunlich. Ungezählte Fahrgäste benutzen die überfüllten, immer wieder geflickten Kleinbusse *(Taxis brousse)*, die sich über die staubigen und steinigen, in der Regenzeit überschwemmten Pisten quälen.

Aufschlußreich ist auch die 1967 durchgeführte Verkehrszählung an wichtigen Linien. Sie spiegelt den Straßenzustand, die Durchgängigkeit und die Verkehrsspannung zwischen den Zentren wider. Hohe Werte zeigt die zentrale Achse zwischen der Hauptstadt und Fianarantsoa mit 200—500 Kfz/24 Std. Tananarive ist mit seinem Straßenstern eine deutlich polarisierte Region, in der die Belastung durch den Fern- und Pendelverkehr am Stadtrand auf über 5000 Kfz im Tag ansteigt. Im übrigen Land haben nur noch der Südrand des Alaotrabeckens (Reistransporte zu den Mühlen) und das Hinterland der Provinzhauptstädte von Fort-Dauphin und Morondava eine Frequenz von über 200 Kfz/Tag. Sie nimmt in den stadtfernen Abschnitten selbst auf den Hauptstraßen rasch auf 50—100 Kfz ab und unterschreitet in den entlegenen Landesteilen 25 Kfz/Tag. Dabei müssen die starken jahreszeitlichen Schwankungen berücksichtigt werden; während der LKW-Transport mit Beginn der Regenzeit rasch zurückgeht, schwillt er in den Erntezeiten und in den Trockenmonaten deutlich an.

Die Probleme des madagassischen Straßenbaus bekommt jeder Benutzer der Überlandstrecken unliebsam zu spüren. Die Straßen sind in der Regenzeit häufig überflutet oder unterspült, durch Überlastung beschädigt und an brückenlosen Flüssen durch zeitraubende Fähren oder Furten unterbrochen. Wenn die Asphaltdecke fehlt, bildet sich durch Reibung auf dem plastischen Ferrallitboden trotz Einsatz von Straßenhobeln immer wieder die berüchtigte ›Waschbrettstruktur‹, die den Wagen hart beansprucht und nur mit beschleunigter Geschwindigkeit glimpflich überwunden werden kann. Auf versandeten Strecken, z. B. des Plateaus von Horombe, versinkt der Wagen leicht bis zur Achse, Gesteinsrippen wie im Itremogebirge versetzen ihm heftige Stöße. Benutzer der Überlandbusse müssen manchmal tagelang auf Anschlüsse oder Reparaturen warten. Der öffentliche Personenverkehr ist nach europäischen Maßstäben sehr billig, doch werden die Gütertransporte durch Entfernung und Straßenzustand stark verteuert. Für die Fahrt von der Nordspitze (Diégo-Suarez) zur Südostecke (Fort-Dauphin) benötigt man immer noch mindestens vier, von der West- zur Ostküste mindestens zwei Tage.

7.3. FLUGVERKEHR

Die Lücken des Landverkehrs werden heute zum Teil durch ein erstaunlich dichtes Flugnetz überbrückt. Der Flugverkehr begann bereits 1927 mit der Verbindung von Frankreich nach Madagaskar. Nach dem Zweiten Weltkrieg entwickelte sich sehr schnell der Binnenverkehr, mit dem nicht nur die großen Entfernungen zwischen den Städten rascher überwunden, sondern auch die im Landverkehr benachteiligten abgelegenen Räume ganzjährig besser versorgt werden konnten.

Madagaskar besitzt heute über 200 Flugplätze. Davon dienen 58 dem regelmäßigen Liniendienst, 46 speziellen Zwecken (Bergbau, Tourismus, Ausbildung u. a.); über 100 Plätze werden privat genutzt. Die Anlagen für den Liniendienst sind ziemlich gleichmäßig über die Insel verteilt und finden sich bei allen größeren Städten, aber auch im städte- und straßenarmen Westen, Süden und mittleren Norden. Die Kolonisationsgebiete am Alaotrasee und Mangokyfluß besitzen eigene Plätze. Sie fehlen nur im sehr bevölkerungsarmen Nordwesten (Ambongo) und im östlichen Regenwald. Auffallend gering ist die Dichte im Hochland südlich von Tananarive, da hier dem Landverkehr, der für die Versorgung ausreicht, keine Konkurrenz erwachsen soll. Die privaten Plätze häufen sich am Alaotrasee, in der westlichen Randniederung um Miandrivazo und Mampikony, wo sie für die Tabak- und Baumwollpflanzungen angelegt wurden, und bei den Sisalplantagen. Die Ausstattung der Plätze ist sehr unterschiedlich. Während die großen Anlagen befestigte Pisten bis über 3000 m Länge und Navigationseinrichtungen mit hoher Frequenz, auch für Nachtflüge, besitzen, haben die kleinen Plätze nur Pisten unter 1500 m auf Rasen oder freiem Boden; sie können bei sehr ungünstiger Wetterlage nicht benutzt werden, da die technischen Leiteinrichtungen fehlen. Im Gebirge erfordert das Befliegen der kleinen Landebahnen hohes Können der Piloten, bei denen die Franzosen zunehmend durch Madagassen abgelöst werden.

Der interne Flugverkehr wird von der nationalen Fluggesellschaft Air Madagascar durchgeführt, die über Maschinen vom Typ Boeing (707, 737) und Douglas (DC 4, 8, 9) sowie kleinere Propellermaschinen (Typ Piper, Twin Otter) für die Nebenstrecken verfügt. Den internationalen Verkehr übernehmen die Gesellschaften Air France, Air Madagascar und, seit 1968, Alitalia.

Die Plätze werden sehr unterschiedlich stark genutzt. In der Frequenz und Transportleistung der einzelnen Linien zeigt sich, daß der Bedarf und damit die wirtschaftliche Aktivität der Landesteile beträchtlich differieren. Das Schwergewicht des Flugverkehrs liegt, der Bevölkerungsverteilung und Exportproduktion entsprechend, im Norden und Osten. Hier werden die meisten Plätze täglich und auch mit größeren Maschinen beflogen, jährlich über 500 Flugvorgänge bewältigt und auf den größeren Linien über 2000 Personen transportiert. Im Westen und Süden überwiegen hingegen die Plätze, die nicht täglich und nur mit kleinen Flugzeugen beflogen werden, weniger als 500 Flugvorgänge aufweisen und unter 1000 Passagiere im Jahr abfertigen.

Tananarive ist der Ausgangspunkt für fast alle Fluglinien. Die Strecken nach Majunga und Tamatave werden am häufigsten beflogen und haben das weitaus höchste Transportaufkommen, obwohl hier auch der Landverkehr stark ist. Weitere Hauptlinien führen im Norden von Majunga über Antsohihy und Nossi-Bé nach Diégo-Suarez und von dort im Osten über Sambava nach Tamatave. Die Hauptlinie nach Südosten geht von der Hauptstadt über Mananjary und Farafangana nach Fort-Dauphin, im Südwesten verbindet die wichtigste Strecke Tananarive über Morondava mit Tuléar. Von diesen Hauptachsen zweigen zahlreiche Nebenlinien in die entlegenen Gebiete ab, wobei das Netz im bevölkerungsärmeren und produktionsschwächeren Süden und Westen weniger dicht ist als im Norden und Osten.

Im internationalen Flugverkehr ist Madagaskar über Ostafrika (Nairobi, Djibouti) mit Europa (Rom, Marseille, Paris) verbunden. Im übrigen führen direkte Linien nur über Maputo (Lourenço Marques) bis Johannesburg und zu den benachbarten Inseln Réunion, Mauritius und Komoren (Moroni). So liegt Madagaskar noch immer abseits an einer Sackgasse im Indischen Ozean.

Die Transportleistungen sind im Binnengüterverkehr (1974: 4871 t, 2,2 Mio t.km) seit 1964 gesunken, wohl infolge der Fortschritte im Straßenbau. Der Personenverkehr hat indessen erheblich zugenommen (1974: 171 249 Passagiere, 64,5 Mio Pers.km), da die Zahl der einheimischen Fluggäste sehr stark gewachsen ist. 63 % des internen Transportes entfielen allein auf den Flughafen Tananarive-Ivato. Die Auslastung der Flugzeuge ist mit 57 % des Frachtraumes und 50 % der Sitze noch unbefriedigend.

Im Auslandsverkehr ist der Personentransport von 1964 bis 1974 um 49 % angestiegen (1974: 89 034 Fluggäste), der Güterverkehr sogar um 82 % (1974: 5870 t). Der größte Teil der Auslandsreisenden benutzt heute das Flugzeug anstelle des zeitraubenden Schiffsweges. Der internationale Verkehr wird bei der Fracht zu 98 %, für die Personen zu 95 % in Tananarive-Ivato abgewickelt, im übrigen nur in Tamatave und Majunga.

Die Flugzeuge befördern ein vielschichtiges Publikum. Neben den wenigen Europäern, die für Handelsgesellschaften, Entwicklungsdienste oder kirchliche Missionen reisen, fliegen vor allem einheimische Funktionäre des Staates, Geschäftsleute und technisches Personal, aber auch die Landbevölkerung, d. h. Pflanzer, Viehhändler oder die Schüler der Internate in den Städten. Auf kleinen Plätzen ist die Ankunft einer Maschine noch immer ein bestauntes Ereignis, obwohl meist nur wenige Passagiere das Flugzeug verlassen. Für Krankentransporte und die Versorgung von Gebieten, die durch Überschwemmungen abgeschnitten oder durch Wirbelstürme geschädigt sind, und zur Überwachung von Buschbränden sind Flugzeug und Hubschrauber unentbehrlich.

Der Gütertransport umfaßt leichtverderbliche Waren, d. h. Fische, die von der Küste in das Hochland, Obst und Gemüse, die in Gegenrichtung befördert werden. Auch Baumwolle und Tabak erreichen zum Teil auf dem Flugweg die Verarbeitungsbetriebe. In der Regenzeit gewährleistet oft nur der Luftverkehr die Versorgung. Bei hochwertigen Importen, z. B. von Maschinen und Medikamenten, wird ebenfalls häufig das Flugzeug benutzt. Massengüter- und Viehtransporte spielen hingegen nur eine geringe Rolle.

7.4. Binnenschiffahrt

Der größte Teil des Gütertransports bleibt dem Landverkehr, an den Küsten dem Schiffsverkehr vorbehalten. Die Binnenschiffahrt ist in Madagaskar nur wenig verbreitet, da sie im Westen und Süden durch den jahreszeitlich stark schwankenden Wasserstand der Flüsse, im Hochland durch das Gefälle behindert oder unmöglich gemacht wird. Nur die Unterläufe der großen Ströme sind mit kleinen Schiffen befahrbar. Im Nordwesten können Seeschiffe mit den Gezeiten in die Buchten vordringen; sie sind früher in der Betsibokamündung bis Marovoay gefahren. Für den Osten plante man in der Kolonialzeit eine von Farafangana bis

Foulpointe durchgehende Wasserstraße, wobei die Lagunen und küstenparallelen Flußunterläufe durch Kanäle verbunden werden sollten (*Canal des Pangalanes* von madag. *ampalanana* = Portagen zwischen den Lagunen). Die Pläne wurden nur auf kurzen Strecken nördlich und südlich von Tamatave verwirklicht, im übrigen wegen der starken Anschwemmungen als unrentabel wieder aufgegeben. Diese küstennahen Gewässer haben heute nur einen bescheidenen Lokalverkehr mit flachen Booten. Im Binnenland dienen Bewässerungskanäle und der Alaotrasee dem örtlichen Transport, z. B. von Reis.

7.5. Seeverkehr

Der Seeverkehr (Abb. 33) ist für die Versorgung und den Export der Insel lebenswichtig. Die 5600 km langen Küsten waren von der indonesischen, afrikanischen und arabischen Einwanderung bis zu den Piraten und Kolonisatoren der Neuzeit immer wieder die Ausgangsbasen der geschichtlichen Entwicklung Madagaskars, obwohl sie großenteils ungünstig für Schiffahrt und Häfen sind. An der geradlinigen Ostseite wird der Seeverkehr durch die abweisende Ausgleichsküste, durch starke Passatwinde, Wirbelstürme und heftige Niederschläge erschwert; auch im Süden ist die buchtenarme und z. T. steile Küste hafenfeindlich. Im Westen stören die Strömungen im Kanal von Moçambique und die Anschwemmungen der Flußdeltas, doch ist diese Seite gegenüber der Ostküste begünstigt, da die Winde und Niederschläge weniger heftig sind. Die Nordwestküste bietet mit ihren Buchten und Trichtermündungen die größten Vorteile; hier faßten die arabischen Händler mit ihren Segelbooten (Dhaus), das französische Expeditionskorps und vielleicht auch die ersten indonesisch-afrikanischen Einwanderer Fuß. Dennoch liegt heute das Schwergewicht des Seeverkehrs an der Ostküste, die zwar ungünstiger für die Schiffahrt ist, aber ein dichter besiedeltes und wirtschaftlich aktiveres Hinterland hat.

Unter den zahllosen Häfen und Anlegestellen haben nur fünfzehn einen jährlichen Umschlag von mehr als 10 000 t. Die sechs größten Häfen bestreiten allein 91 % des Gesamtumschlags (1974). Dabei führt Tamatave mit 66 % in weitem Abstand vor Majunga, Port St. Louis und Hell-Ville (auf Nossi-Bé) im Nordwesten, Diégo-Suarez im Norden und Tuléar im Südwesten.

Tamatave ist mit rd. 1,7 Mio t Umschlag (1974) der wichtigste Import- und Exporthafen des Landes. Nahe der Hauptstadt und inmitten eines für den Export ertragreichen Umlandes gelegen, wurde Tamatave seit Beginn der Kolonialzeit gegenüber Majunga bevorzugt. An der sonst hafenfeindlichen Ostküste kommt ihm zudem die geschützte Lage hinter einem Riff und an einem Felsvorsprung (Pointe Hastie) mit angelagerter Sandzunge zugute. Der Hafen wurde 1927 nach einem verheerenden Wirbelsturm und erneut nach dem Zweiten Weltkrieg, als der Güterstrom rasch anstieg, ausgebaut. Er hat mit Tiefwasserbecken, Kais, Lagern, einer Raffinerie und Bahnanschluß die beste Ausstattung des Landes. Tamatave bewältigt 82 % des gesamten Hochseegüterumschlages mit 86 % der Import- und 74 % der Exportmenge (1974). Es hat damit fast eine Monopolstellung für die Handelsverbindungen der Insel mit der übrigen Welt. Die Einfuhr umfaßt neben einer Vielzahl von Industriewaren und -rohstoffen vor allem Rohöl und Reis. Die wichtigsten Ausfuhrposten sind Erdölprodukte der Raffinerie, Chromit, aus dem Agrarsektor Kaffee, Vanille, Bananen und Gewürznelken. Die Küstenschiffahrt, deren Umschlag zu 30 % in Tamatave erfolgt, sammelt die Exportprodukte aus dem Hinterland und verteilt die Importprodukte, vor allem Treibstoffe, auf die Häfen rund um die Insel.

Bei allen übrigen Häfen, mit Ausnahme von Tuléar und Fort-Dauphin, überwiegt die Küstenschiffahrt den Hochseeverkehr. Sie haben Sammel- und Verteilerfunktionen für ihr jeweiliges Hinterland. Majunga, mit 310 000 t Umschlag (1974) der zweite Hafen des Landes, ist gegenüber Tamatave benachteiligt, da es nicht nur der Hauptstadt ferner und in einem für den Export weniger ergiebigen Umland liegt, sondern auch unter den starken Anschwemmungen des Betsibokaflusses leidet. Der Plan eines Tiefwasserhafens ist deshalb wieder aufgegeben worden. So ankern hier überwiegend kleinere Hochsee- und Küstenschiffe; im Vergleich zu Tamatave hatte Majunga 1974 die dreifache Zahl an Schiffen, aber nur den elften Teil der Tonnage. Neben der bescheidenen Ein- und Ausfuhr über See (1974: 128 000 t; Export von Fischen, Tabak und Reis) überwiegt die Küstenschiffahrt (182 000 t), die u. a. Erdölprodukte von Tamatave und Zucker von den Plantagen bei Namakia zur weiteren Verteilung bringt. Der Hafen soll vor allem für die Fischerei ausgebaut werden.

Der Hafen von Diégo-Suarez (110 000 t) ist zwar durch die schützende Bucht, die ähnlich der von Lissabon die gesamte Welthandelsflotte aufnehmen könnte, sehr begünstigt, andererseits durch die extreme Randlage der Stadt mit kleinem Hinterland und dürftigen Verbindungen zu anderen Landesteilen stark benachteiligt. Der Hafen hatte früher dank der vorgeschobenen Lage als französische Marinebasis vor allem militärische Funktion. Nach der Aufgabe des Stützpunktes beschränkt sich der Hafen auf die Versorgung des Hinterlandes und einen geringen Export, z. B. von Fischen.

Zwischen Majunga und Diégo-Suarez liegen die beiden Häfen Hell-Ville auf Nossi-Bé und St. Louis; bei ihnen überwiegt der Export weitaus. Hell-Ville führt die vielseitigen Plantagenprodukte von Nossi-Bé (Zucker, Kaffee, Pfeffer, Parfümessenzen) aus, St. Louis ist ganz auf den Export der Zuckerrohrplantage der SOSUMAV spezialisiert.

Tuléar ist der einzige Hochseehafen mit Tiefwasserbecken im Südwesten. Er hat zwar ein weites Hinterland, das aber nur dünn bevölkert ist und wenig für die Ausfuhr produziert. Der Umschlag liegt mit 76 000 t (1974) weit unter dem der bisher genannten Häfen im Osten und Norden; er versorgt die Südprovinz mit Importgütern und dient dem Export besonders von Kaperbsen.

Von den kleineren Häfen hat Manakara an der Südostküste den höchsten Umschlag (1974: 62 000 t); es exportiert neben Tamatave die größte Menge an Kaffee und schlägt über die Bahn nach Fianarantsoa Importwaren in das südliche Hochland um. Fort-Dauphin folgt mit 51 000 t dicht auf. Peripher gelegen wie Diégo-Suarez, versorgt es nur ein kleines Hinterland, aus dem es aber Sisalfasern, Glimmer und Vieh für die umfangreiche Ausfuhr bezieht. Die übrigen Häfen haben weniger als 25 000 t Jahresumschlag; sie beliefern ihr räumlich beschränktes Umland und exportieren einzelne Agrarprodukte. Es sind im Westen Morondava und Morombe (Ausfuhr von Kaperbsen, Tabak, Fischen), im Südosten Mananjary (Kaffee, Pfeffer), im Nordosten Vohémar, Sambava, Antalaha und Maroantsetra (Vanille, Gewürznelken, Kaffee), im Nordwesten Analalava und Antsohihy.

Der Hafenverkehr Madagaskars hat im letzten Jahrzehnt sehr stark zugenommen; zwischen 1964 und 1974 ist er von 1,218 Mio t auf 2,569 Mio t (davon 0,803 Mio t Küstenschiffahrt) angestiegen. 75 % des Küstenverkehrs und 20 % der Hochseefahrt laufen heute unter madagassischer Flagge. Im Überseetransport bewältigen daneben die Schiffe Frankreichs, Liberias, Panamas, Griechenlands, Norwegens und Japans zwischen 50 000 und 360 000 t Umschlag. Viele Schiffe dieser Staaten fahren, z. T. steuerbegünstigt, im Auftrag der Reedereien anderer Länder; panamesische und norwegische Schiffe sind auch am Küstenverkehr beteiligt.

Trotz der Aufwärtsentwicklung steht die Schiffahrt Madagaskars weiterhin großen Problemen gegenüber (W. MARQUARDT 1974). Die naturräumliche Ungunst der meisten Küstenabschnitte ist nicht zu überwinden, doch läßt sich die Leistungsfähigkeit der Häfen noch wesentlich steigern. Die Kolonialmacht hatte wenig Interesse daran, die Häfen mit hohen Investitionen auszubauen, um die Transportkosten zu senken. Die Exporte bestanden z. T. aus hochwertigen Gütern mit relativ geringem Gewicht (Edelsteine, Gewürze). Sie blieben aber auch als Massengüter (Reis, Bergbauprodukte) trotz hoher Transportkosten konkurrenzfähig durch die billigen Arbeitskräfte. Bei den Importen hatte das französische Monopol ebenfalls keine Konkurrenz zu befürchten.

Für den unabhängigen Staat sind jedoch die hohen Transportkosten ein ernstes Problem. Die weit gestreuten Anbaugebiete für Exportprodukte erfordern weite Seetransporte für oft nur kleine Mengen. Zudem erhöhen die langen Liegezeiten und das Umladen in den technisch mangelhaft ausgestatteten Häfen die Kosten. Die hohen Frachtraten beruhen aber auch auf der Tarifpolitik der Transportgesellschaften, die zwar teilweise nationalisiert wurden, sich aber noch mehrheitlich in ausländischer Hand befinden.

Die Planung strebt eine stärkere Staffelung der Frachtraten zugunsten der kleineren Häfen an. Die Zahl der Häfen soll jedoch nicht steigen, der Überseeverkehr soll auf wenige Punkte konzentriert und die Küstenschiffahrt verstärkt werden. Weniger leistungsfähige Häfen wie Farafangana, Mahanoro und Fénérive wurden bereits aufgelassen. Die bestehenden Häfen müssen besser ausgebaut und organisiert werden, um den Umschlag zu beschleunigen und zu verbilligen. Berechnungen haben ergeben, daß sich die Investitionen in wenigen Jahren amortisieren würden. Für alle Häfen muß zudem das Verkehrsnetz im Hinterland verstärkt werden, damit sie ihre Sammel- und Verteilerfunktion wirkungsvoller ausüben können. Diese Ziele und die Vergrößerung der eigenen Handelsflotte lassen sich jedoch wegen der hohen Kosten nur langfristig erreichen.

7.6. Fremdenverkehr

Die Mängel der Verkehrsstruktur haben auch die Entwicklung des Tourismus gehemmt. Madagaskar ist durch seine Lage abseits der internationalen Durchgangslinien und mit seinem weitmaschigen, ungenügend ausgebauten Verkehrsnetz noch kaum für den Fremdenverkehr erschlossen. Die Kapazität der Beherbergungsbetriebe ist sehr beschränkt; das ganze Land verfügt nur über etwa 2000 Fremdenzimmer in Hotels, wovon mehr als 40 % auf die Hauptstadt und ihre nähere Umgebung entfallen. Das neue Hilton-Hotel in Tananarive ist wenig belegt und lohnt nicht die hohen Investitionen. Nur ein Drittel der Unterkünfte genügt internationalen touristischen Ansprüchen, die übrigen dienen dem bescheidenen beruflichen Durchreiseverkehr. Das Angebot ist nur im Hochland und an der Ostküste befriedigend und fast ausschließlich auf die Städte beschränkt. Die Hotels sind oft in chinesischer und indischer, z. T. noch in französischer Hand; nur zögernd entstehen einheimische Betriebe, da eine eigene Tradition im Hotelgewerbe fehlt und der Bedarf durch den Abzug vieler Ausländer stark nachgelassen hat. Der einheimische Tourismus ist noch kaum entwickelt und Privileg der dünnen Oberschicht, die vorwiegend aus der Hauptstadt kommt.

Die Ziele des Fremdenverkehrs sind im zentralen Hochland und an Teilen der Ostküste ausreichend erschlossen. Im Umkreis der Hauptstadt werden am Wochenende häufig die Seen von Mantasoa und Itasy oder das Ankaratragebirge aufgesucht. Antsirabe ist als Badeort immer noch ein bedeutendes Fremdenverkehrszentrum, obwohl die Hoffnungen, hier ein ›Vichy des Indischen Ozeans‹ zu entwickeln, getrogen haben. Auf der Straße nach Manakara ist Ranomafana mit seinen warmen Quellen ebenfalls leicht zu erreichen. An der Ostküste sind die Insel Ste. Marie, Foulpointe als Badeort und Fort-Dauphin wegen seiner herrlichen Lage am Übergang von der Feucht- zur Trockenvegetation lohnende Reiseziele. Im Nordwesten könnte die Insel Nossi-Bé, die mit ihren Stränden unter Kokospalmen, ihren Vulkanbergen und vielfältigen Kulturen eine Tropenwelt im kleinen ist, viel stärker zum Fremdenverkehrszentrum ausgebaut werden.

Im übrigen bietet das Land viele interessante Ziele, die aber weit gestreut, meist schlecht zugänglich sind und keine Unterkünfte haben. Nationalparke und Naturschutzgebiete, Wasserfälle, Grotten in den Kalkgebieten und Badestrände an den Küsten lohnen den Besuch ebenso wie die zahlreichen ethnographisch und historisch aufschlußreichen Punkte, die Grabstätten der verschiedenen Volksgruppen, alte Festungsanlagen oder die früheren Fürstensitze auf den Höhen *(rova)*. Der Besuch dieser Ziele bleibt der Initiative des einzelnen überlassen, der dafür lange und oft beschwerliche Reisen auf sich zu nehmen hat.

Für die weitere Förderung des Fremdenverkehrs genügt es nicht, allein die Verkehrsstruktur zu verbessern. Er muß von der allgemeinen wirtschaftlichen und sozialen Entwicklung getragen werden, die den Ausbau der Zielgebiete für den Tourismus erst ermöglicht und vor allem eine breitere Nachfrage aus der eigenen Bevölkerung mit sich bringt.

Für den Verkehr als ganzes hat die neue Regierung die wesentlichen Probleme erkannt. Sie plant, anstelle der Konzentration auf die Hauptstadt und einzelne Zentren, die peripheren Regionen zu fördern und untereinander zu verbinden, das bestehende Verkehrsnetz zu verstärken und den Transport wirkungsvoller zu koordinieren und zu organisieren. Nur unter diesen Voraussetzungen kann das Land seine wirtschaftlichen Kräfte voll nutzen, die Bevölkerung ausreichend versorgen und konkurrenzfähig am Weltmarkt teilnehmen.

8. DIE BEVÖLKERUNGSSTRUKTUR – ENTWICKLUNG UND DIFFERENZIERUNG

Die Bevölkerungs Madagaskars zeigt mit ihrer starken Zunahme und unterschiedlichen Verteilung, mit dem hohen Anteil der landwirtschaftlich Berufstätigen und den Problemen der Bildungs- und Sozialstruktur Merkmale, die für Entwicklungsländer typisch sind. Die heutige Bevölkerungsstruktur wird erst auf der Grundlage der Besiedlungsgeschichte, der natur- und wirtschaftsräumlichen Differenzierung voll verständlich, weshalb diese Faktoren vorweg behandelt worden sind.

8.1. ENTWICKLUNG

Über die Entwicklung der madagassischen Bevölkerung liegen erst seit der Jahrhundertwende statistische Daten vor, die aber meist auf Schätzungen oder Stichproben beruhen und namentlich bei der Sozialstruktur noch große Lücken aufweisen. Aus vorkolonialer Zeit gibt es zur Einwohnerzahl des Landes nur ungenaue und sich widersprechende Angaben von europäischen Reisenden. E. DE FLACOURT mag der Wahrheit nahekommen, wenn er für die Mitte des 17. Jh. etwa 800 000 Einw. annimmt. Die erste Zählung der Kolonialverwaltung ergab 1901 eine Gesamtbevölkerung von 2,242 Mio. Seitdem wuchs sie zunächst langsam, nach dem Zweiten Weltkrieg aber sprunghaft an (Tab. 8, Abb. 34).

Diese Zunahme wurde nur kurzfristig unterbrochen, so in den Jahren 1919/20, als Grippe, Pest und Meningitis viele Opfer forderten und ganze Orte aussterben ließen, und 1942—1948, als der Zweite Weltkrieg und der Aufstand von 1947 zahlreiche Menschenleben kosteten. Noch kurz vor dem Ersten Weltkrieg wurde ernsthafte Sorge um die ›Erhaltung der madagassischen Rasse‹ geäußert und gefordert: ›Repeupler en empêchant de mourir.‹ Seitdem ist die Bevölkerung nicht nur durch die hohe Fruchtbarkeit, sondern auch durch die gestiegene Lebenserwartung infolge der medizinischen Fortschritte gewachsen. Sie hat sich von 1950 bis 1977 mehr als verdoppelt und nahm damit viermal so rasch zu als in den fünfzig Jahren davor.

Im Jahr 1972 entfielen auf 1000 Einw. durchschnittlich 35 Lebendgeburten und 10 Todesfälle im Jahr, woraus sich eine Bevölkerungszunahme von 25 ⁰/oo ergibt (Bundesrepublik Deutschland 1975: 10 Geburten, 12 Sterbefälle je 1000 Einw.). Madagaskar steht damit anderen Entwicklungsländern mit über 30 ⁰/oo Zunahme immer noch nach.

Die durchschnittliche Reproduktivität ist mit 6,5 Geburten je Frau sehr hoch.

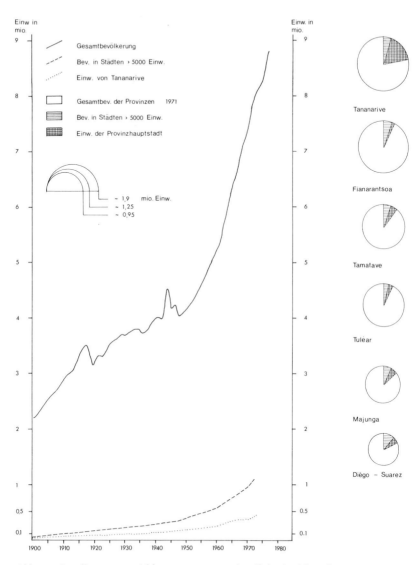

Abb. 34: Bevölkerungsentwicklung 1900—1977; Anteil der Stadtbevölkerung.

Tab. 8: Einwohnerzahl und -dichte 1901—1977 (1985)

(n. Étude sur la Population de Mad. 1974 u. a.)

Jahr	Gesamt-bevölk. (in Mio)	Dichte (Einw./qkm)
1901	2,242	3,8
1920	3,119	5,3
1940	4,016	6,9
1950	4,143	7,1
1960	5,183	8,8
1970	7,321	12,5
1972	7,929	13,5
1975	8,390	14,3
1977	8,815	15,0
(1985 geschätzt	11,860	20,2)

Doch ist auch die Sterblichkeit der Kinder im ersten Lebensjahr trotz der medizinischen Fortschritte mit rd. 5 % immer noch beträchtlich, wobei der Westen und der Süden die höchsten Werte aufweisen. Nach Schätzungen erreichen von 10 Kindern nur 6 das zwanzigste, 4 das vierzigste Lebensjahr. Die Lebenserwartung betrug 1972 bei den Männern nur 47, bei den Frauen 50 Jahre gegenüber mehr als 70 Jahren in den europäischen und nordamerikanischen Ländern. Sie liegt in den Provinzen Tuléar und Diégo-Suarez am niedrigsten, in der Provinz Tananarive am höchsten.

8.2. ALTERSAUFBAU

Der Altersaufbau der madagassischen Bevölkerung zeigt, wiederum typisch für ein Entwicklungsland, eine Pyramide mit sehr breiter Basis und nach oben rasch verschmälerter Spitze. 1972 waren 38,7 % der Bevölkerung unter 15 Jahre, (Bundesrepublik Deutschland 22 %), 58,1 % unter 20 Jahre alt, während nur etwa 4 % 65 und mehr Jahre zählten (Bundesrepublik Deutschland 14 %). Abermals treten dabei die Unterschiede der Provinzen zutage: der Anteil der unter 15jährigen liegt in den östlichen zwischen 39 und 42 %, in den westlichen hingegen zwischen 34 und 36 %. Der hohe Prozentsatz an Jugendlichen beschleunigt das weitere Wachstum der Bevölkerung, die für 1985 auf 11,860 Mio geschätzt wird, und läßt damit große Probleme für die Ernährung und Beschaffung von Arbeitsplätzen erwarten.

Angesichts dieser Entwicklung erhebt sich auch in Madagaskar die Frage nach einer Geburtenkontrolle, die aber durch die Regierung abgelehnt wird, da sie das madagassische Volk gegenüber anderen Ländern schwächen könnte. Die Beratung

über antikonzeptionelle Mittel ist zwar gestattet, doch hofft man auf die künstliche Geburtenbeschränkung verzichten und den Zuwachs durch wirtschaftliche
Förderung des Landes aufnehmen zu können. Es wird sogar angenommen, daß
sich der Geburtenrückgang mit der weiteren Entwicklung wie in den Industrieländern von selbst einstellt (D. ANDRIAMBOAHANGY 1975).

Nach Stichproben von 1966 sind 68 % der männlichen und 64 % der weib-
lichen Madagassen verheiratet. Die Polygamie spielt eine geringere Rolle als ge-
meinhin angenommen; nur 1,8 % der verheirateten Madagassen leben polygam,
vorwiegend bei den Antandroy, weniger bei den Bara, Antaisaka und Mahafaly.
Die hohen, meist mit Vieh bestrittenen Kosten für den Brautkauf schränken die
Polygamie ein. 90 % aller Ehen werden innerhalb der Volksgruppen geschlossen;
die Endogamie ist bei den Merina (96 %) am stärksten, aber auch bei den Betsimisaraka, Betsileo und Antaisaka überdurchschnittlich hoch, während bei den stark
von Emigranten durchsetzten Sakalava nur 79 % der Männer und 72 % der Frauen
innerhalb ihrer Volksgruppen heiraten. Die durchschnittliche Haushaltsgröße
beträgt im Landesdurchschnitt 5,25 Personen.

8.3. VERTEILUNG UND DICHTE
(Abb. 35)

Der enge Zusammenhang zwischen der ungleichen Bevölkerungsverteilung
bzw. -dichte einerseits, der Naturausstattung, wirtschaftlichen Erschließung und
Siedlungsverteilung andererseits wurde in den vorhergehenden Kapiteln deutlich.
Die Linie Majunga—Fort-Dauphin trennt zwei fast gleich große, aber sehr unterschiedlich besiedelte Landesteile; der nordöstliche wird von drei Vierteln, der
südwestliche nur von einem Viertel der Gesamtbevölkerung bewohnt. Dieses Ungleichgewicht zeigt auch die Verteilung über die sechs Provinzen (Tab. 19).

Beim Vergleich der unteren Verwaltungseinheiten werden die Gegensätze
noch schärfer. So erreichte Tananarive schon 1968 eine Dichte von 4412
Einw./qkm, das Umland der Hauptstadt von 162 Einw./qkm. Diesen Spitzenwerten stehen im Westen minimale Zahlen gegenüber; so haben im nordwestlichen Kalkplateau die Unterpräfektur Morafenobe 1,7 und die riesige Gemeinde
Kandreho sogar nur 0,8 Einw./qkm. Während in der südwestlichen Landeshälfte
fast alle Unterpräfekturen unter 10 Einw./qkm haben, liegt in der nordöstlichen
der Wert bei den meisten darüber.

Hinter dieser groben Zweiteilung darf die feinere Differenzierung mit bevöl-
kerungsschwächeren Gebieten auch im Nordosten und stellenweiser Verdichtung
im Südwesten nicht übersehen werden. Die Gliederung des Landes in dicht- und
altbesiedelte, in jünger erschlossene und in noch bevölkerungsarme Gebiete berücksichtigt mit den Volkswanderungen die Dynamik der Entwicklung (Abb. 35).

Zu den alt- und dichtbesiedelten Räumen mit anhaltendem Zuwachs gehören

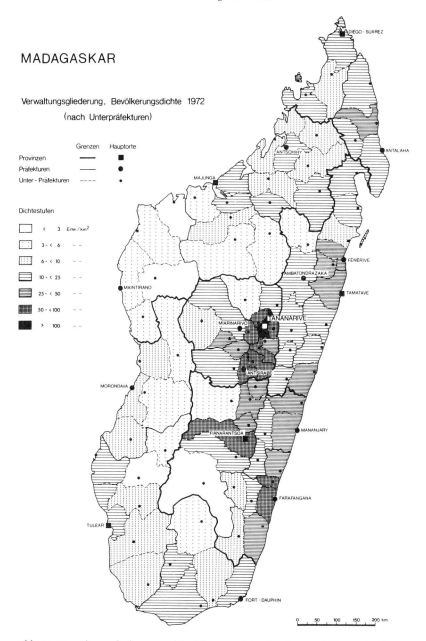

Abb. 35: Verwaltungsgliederung und Bevölkerungsdichte (für Lage und Namen der Hauptstädte der Unterpräfekturen vgl. Abb. 31).

im Hochland die Wohnbereiche der Merina und Betsileo mit ihrer intensiven Reiskultur und der stärksten Verdichtung in den zahlreichen Städten, im Osten der küstennahe Bereich, insbesondere der südliche Teil, mit seinen Exportkulturen. In diesen Räumen steigt die Dichte in den Gemeinden allgemein über 20, z. T. über 50 Einw./qkm an. Die Tragfähigkeit hat ihre Grenze erreicht, wodurch umfangreiche Abwanderungen in andere Landesteile ausgelöst wurden.

In der nordöstlichen Landeshälfte liegen aber auch Räume, die mit 5—20 Einw./qkm eine geringere Dichte aufweisen und infolge ihres Reliefs und ihrer Verkehrsungunst keinen Zuwachs mehr aufnehmen können. Dazu zählen der östliche, von Regenwald bedeckte Steilabfall und der gebirgige mittlere Norden. Um die vorhandene Bevölkerung zu ernähren, müssen ständig neue Flächen durch die Brandrodung *(tavy)* erschlossen werden.

Jünger besiedelte Kolonisationsgebiete mit starkem Bevölkerungszuwachs liegen in beiden Landesteilen. Sie heben sich mit Dichtewerten, die meist 20 bis über 50 Einw./qkm erreichen, scharf von ihrer Umgebung ab. Die gelenkte Kolonisation hat auf Nossi-Bé schon seit der Mitte des letzten Jahrhunderts zahlreiche Arbeiter zu den Plantagen geführt. Zwischen den Weltkriegen verdichtete sich die Bevölkerung durch die Anlage von Pflanzungen in der westlichen Randniederung und besonders am Alaotrasee durch die Erschließung für den Reisanbau. Seit dem Zweiten Weltkrieg sind im Westen und Nordwesten die Kolonisationszonen an den Flüssen Mahavavy-Nord (Zuckerplantagen), Sambirano, Morondava, Mangoky und Taheza mit einer lokalen Verdichtung hinzugetreten. Die spontane Kolonisation, z. B. im Hinterland von Belo-sur-Tsiribihina, Manja und Besalampy, hat hingegen die Einwohnerzahl nur geringfügig vermehrt. In Zukunft kann der an die dichtbesiedelten Hochlandgebiete anschließende Mittlere Westen, bisher nur mit 2—10 Einw./qkm bevölkert, für die gelenkte Kolonisation ebenfalls aufnahmefähig werden, wenn man ihn intensiver für Viehhaltung und Regenfeldbau nutzt.

Dünn besiedelt mit Dichtewerten unter 10, z. T. unter 2 Einw./qkm sind die niederschlagsarmen und z. T. verkarsteten Plateaus von Bemaraha, Kelifely und Mahafaly im Westen und Süden, sowie das Land der Bara geblieben; sie bieten auch künftig der Kolonisation kaum Möglichkeiten. Die Bevölkerung konzentriert sich hier nur in schmalen Streifen längs der Flüsse. Erst unmittelbar an der Südküste steigt ihre Dichte wieder auf über 20, z. T. sogar über 50 Einw./qkm an.

Die Wanderbewegungen zwischen den übervölkerten und den noch aufnahmefähigen Räumen haben die Gegensätze zwar gemildert, doch wird die unterschiedliche ökologische Ausstattung dem Ausgleich auch künftig Grenzen setzen.

8.4. BERUFSSTRUKTUR

Über die Berufsstruktur der madagassischen Bevölkerung liegen nur Schätzungen von 1970/71 und 1973 vor (Tab. 9, 10).

Tab. 9: Gliederung der Erwerbstätigen nach dem Arbeitsverhältnis 1970/71

(n. amtlichen Schätzungen)

	Anzahl (in 1000)	%
Lohn- und Gehaltsempfänger im privaten Sektor	237	7,2
Landwirtschaft	42	1,3
Produzierendes Gewerbe	46	1,4
Bauwesen	16	0,5
Handel und Banken	47	1,4
Häusliche Dienstleistungen	41	1,2
Verkehr u. a. Dienstleistungen	45	1,4
Öffentlicher Dienst	78	2,4
Unternehmer, selbständige Bauern und mithelfende Familienangehörige	2900	87,9
Übrige, einschl. Arbeitslose	85	2,5
Erwerbstätige	3300	100,0

Tab. 10: Gliederung der Erwerbstätigen nach Wirtschaftsbereichen 1973

(n. Plan de développement national 1974—77)

Wirtschaftsbereiche	Anzahl (in 1000)	%
Landwirtschaft	2657	79,0
Gewerbe	248	7,4
Industrie, Handwerk	195	5,8
Baugewerbe	53	1,6
Dienstleistungen	458	13,6
Verwaltung	99	2,9
Häusliche Dienstleistungen	52	1,6
Sonstige Dienstleistungen	307	9,1
Erwerbstätige	3363	100,0

Diese Schätzungen können nur mit Vorbehalt interpretiert und verglichen werden. Sie lassen jedoch den geringen Anteil der Lohn- und Gehaltsempfänger im privaten und öffentlichen Dienst und die hohe Zahl der Selbständigen, von denen die meisten in der Landwirtschaft tätig sind, erkennen. Die Zahl der Arbeitslosen ist zweifellos zu niedrig gegriffen; andere Schätzungen rechnen mit bis zu 14 % Erwerbslosen, ungeachtet der zahllosen Gelegenheits- und Teilzeitarbeiter.

Auch die Gliederung nach Wirtschaftsbereichen zeigt die überragende Rolle der Landwirtschaft (79 %) gegenüber dem produzierenden Gewerbe (rd. 7 %) und den Dienstleistungen (rd. 14 %). Relativ hoch ist der Anteil der Verwaltung an den Dienstleistungen infolge des großen Beamtenapparates. Nach der Aufgliederung der Erwerbstätigen in die Hauptwirtschaftsbereiche gehört Madagaskar zur Gruppe der fast reinen Agrarstaaten wie die meisten anderen Entwicklungsländer (z. B. Thailand 1969: 82 % + 4 % + 14 %). Der Gegensatz zu den Industriestaaten wird beim Vergleich mit der Bundesrepublik Deutschland (1974: 7 % + 47 % + 46 %) deutlich.

8.5. Sozialstruktur

Die Sozialstruktur der Bevölkerung kann nicht exakt ermittelt werden. Einen Anhaltswert gibt die Schätzung von 1970, nach der etwa 9 % der Arbeitnehmer im privaten Dienst Universitäts- und höhere Schulbildung hatten und 12 % der Arbeitnehmer im Öffentlichen Dienst den oberen Kadergruppen angehörten. Einschließlich der Selbständigen, von denen die Masse der Bauern nicht mitgerechnet werden kann, dürfte die gehobene Schicht aber nur etwa 50 000 Personen, d. h. 1—2 % der Erwerbstätigen umfaßt haben.

Die Höhe der *Löhne* weist große Spannen auf. Seit 1973 betragen die Mindestsätze der Stundenlöhne z. B. für einen Hilfsarbeiter 34 FMG (etwa DM 0,60), für einen Facharbeiter 60 FMG, für einen technischen Angestellten 142 FMG und einen Direktionssekretär 336 FMG (etwa DM 5,60). Diese Sätze gelten für die größten Städte und werden in der Provinz weit unterschritten.

Die Monatsverdienste der Arbeiter unterschieden sich nach älteren Schätzungen (1965) erheblich zwischen den Wirtschaftszweigen. So verdiente ein Arbeiter in der Industrie und im Baugewerbe etwa das Doppelte, in der Energiewirtschaft sogar das Vierfache im Vergleich zu einem Arbeiter in der Landwirtschaft. Die Kontraste zwischen den Berufsgruppen sind damit weitgehend identisch mit dem Gegensatz zwischen den städtischen Zentren und den ländlichen Räumen mit der Masse der bäuerlichen Bevölkerung. Weit stärker als die Löhne sind die Preise angestiegen. Die einheimische Lebenshaltung hat sich allein von 1971 bis 1975 um 52 % verteuert, wobei vor allem die Ernährung kostspieliger geworden ist. Die wachsenden Einzelhandelspreise beruhen großenteils auf erhöhten Importkosten und Zöllen. (Zur Sozialstruktur vgl. auch S. 88 f. und S. 165 f.)

8.6. Bildungsstruktur

Die Sozialstruktur hängt, wie die gesamte wirtschaftliche Entwicklung, eng mit der Bildungsstruktur des Landes zusammen. Das öffentliche Bildungswesen Madagaskars hat sich erst seit dem 19. Jh. entwickelt. Abgesehen von wenigen arabischen Koranschulen früherer Zeit entstanden die ersten Schulen unter König Radama I. durch europäische Missionare. Ihre Schüler wurden bevorzugt als Funktionäre am Königshof verwendet. Die Missionsschulen hielten sich auch unter der Regierung der fremdenfeindlichen Königin Ranavalona I. und vermehrten sich in der folgenden liberalen Epoche rasch durch die z. T. konkurrierende Arbeit der Missionen. In der Kolonialzeit wurde neben den religiösen und privaten Schulen ein staatliches Unterrichtssystem organisiert, das den größten Teil der Grundausbildung erfaßte und die ersten höheren Schulen einführte. Das Schulsystem folgte in Aufbau und Lehrinhalten dem französischen Muster und nahm in der Sprache und der stark theoretischen Ausrichtung wenig Rücksicht auf die Denkweise und die praktischen Bedürfnisse der Bevölkerung. Die Zahl der vollwertigen Schulabschlüsse war gering, die höhere Ausbildung erfolgte meist in Frankreich, wo ein Teil der Diplomierten verblieb. Obwohl die Zahl der Schulen, Schüler und Lehrer in der Kolonialzeit ständig stieg, wurde die breite, über schematisches Grundwissen hinausgehende Erziehung zu selbständig-kritischem Denken nicht erreicht und wohl auch bewußt behindert.

Im unabhängigen Staat wurde das Bildungswesen verstärkt gefördert, blieb aber unter Präsident Tsiranana zunächst noch stark an das französische Vorbild gebunden. Erst seit dem Umsturz von 1972 sucht man, mit der Malgaschisierung des Lehrpersonals auch die Lehrinhalte nach den nationalen Bedürfnissen auszurichten. Dazu muß an die eigene Umwelt angeknüpft werden; auf dem Land haben die praktischen Fragen der Agrarwirtschaft Vorrang. In den höheren Schulen muß eine sowohl fachlich gut vorbereitete wie verantwortungsbewußte Führungsschicht ausgebildet werden, die nicht auf eigene Privilegien bedacht, sondern bereit ist, in allen Landesteilen und nicht nur in den Städten zu wirken.

Die Zahl der Analphabeten zeigt, wie groß allein die Aufgaben der Grundausbildung sind. Im Jahre 1966 waren noch 61 % der madagassischen Bevölkerung Analphabeten (50 % der Männer, 71 % der Frauen), wobei der Prozentsatz mit der Schuldichte in den Provinzen erheblich differierte; für Tananarive betrug er nur 34 %, für Tuléar hingegen noch 80 %. In den folgenden Jahren ist das Schulwesen stark ausgebaut worden. Von 1966 bis 1976 ist die Zahl der Grundschüler um 68 %, die der höheren Schüler sogar um 120 % gestiegen; die Bevölkerung hat im gleichen Zeitraum ›nur‹ um 32 % zugenommen (Tab. 11).

Der Anteil der privaten, z. T. kirchlichen Schulträger war 1971/72 mit etwa einem Viertel der Grundschulen und vier Fünfteln der höheren Schulen noch beträchtlich. Sie können auch heute noch nicht entbehrt werden; die Regierung

Tab. 11: Zahl der Schulen, Lehrer und Schüler (Grundschulen und Höhere Schulen)
1971/72 bzw. 1976

(n. Inventaire des statistiques sociales)

Schulart	Schulen (1971/72)	Lehrer (1971/72)	Schüler (1971/72)	Schüler (1976)
Grundschulen (6 Jahre)	*6025*	*14 881*	*985 326*	*1 100 000*
staatlich	4448	9 195	724 600	
privat	1577	5 686	260 726	
Höhere Schulen (7 Jahre)	*535*	*5 181*	*107 781*	*115 000*
staatlich	106	1 583	34 986	
privat	429	3 598	72 795	
Technische Schulen	*ca. 90*	*531*	*5 498*	*7 000*
Lehrerbildungsschulen	*23*	*149*	*2 091*	
Medizin. Fachschulen	*4*	*97*	*552*	

möchte zwar den staatlichen Einfluß verstärken, verfügt aber nicht über ausreichende Mittel.

Trotz der großen Fortschritte im vergangenen Jahrzehnt können auch heute (1977) noch nur knapp 50 % der schulpflichtigen Kinder eingeschult werden. Dazu kommt, daß ein großer Teil der Schüler, besonders in ländlichen Gebieten, vorzeitig die Schule ohne abgeschlossene Ausbildung verläßt. Im Schuljahr 1971/72 besuchten, bezogen auf die Schülerzahl der ersten Grundschulklasse, nur noch 20 % die letzte Grundschulklasse, 9 % gingen auf höhere Schulen über und 0,8 % erreichten schließlich den Sekundarschulabschluß. Das Zahlenverhältnis zwischen Lehrern und Schülern war zwar in der höheren Schule mit 1 : 21 befriedigend, in der Grundschule mit 1 : 66 jedoch kaum erträglich. Um das Ziel, jede Dorfgemeinschaft mit einer Grundschule auszustatten, zu erreichen, benötigt das Land weitere 14 000 Lehrer. Es fehlt jedoch auch an Schulgebäuden und Lehrmitteln, insbesondere wieder in den entlegenen, wirtschaftlich schwachen Gebieten. Die schlechte Bezahlung der Lehrer, die in den Landgebieten DM 100,—/Monat kaum überschreitet und z. T. in Naturalien erfolgt, zwingt viele zu Nebenbeschäftigungen, worunter der Unterricht leidet. In den Regen- und Erntezeiten und in den Streusiedlungsgebieten kann oft nur ein kleiner Teil der Kinder die Schule besuchen.

Seit 1961 besitzt Madagaskar eine eigene Universität, die heute voll ausgebaut ist und von etwa 11 000 Studenten besucht wird. Die Studentenschaft besteht fast ganz aus Einheimischen und stammt überwiegend aus den zentralen und östlichen Provinzen, vornehmlich wieder aus Tananarive und seiner Umgebung, so daß sich das Ungleichgewicht zwischen den Landesteilen verstärkt. Derzeit wird die Dezentralisierung der Universität durchgeführt; einzelne Fakultäten sind in die Provinzhauptstädte verlegt worden, um die Peripherie aufzuwerten und in der Hauptstadt die Ballung der Studenten zu verringern, die in den letzten Jahren mehrfach zu politischen Unruhen geführt hat. In Tuléar ist sogar eine selbständige Universität gegründet worden. Die weltweite Demokratisierung der Universität mit stärkerer studentischer Mitbestimmung hat auch in Madagaskar eingesetzt. Neben den fünf Fakultäten sind der Universität zahlreiche Institute und Fachhochschulen (für Landwirtschaft, Sozialwesen, Technik und Verwaltung) angeschlossen. Wie in vielen Entwicklungsländern steht dem Mangel an Lehrern, Ärzten und Technikern die ›Überproduktion‹ an Juristen und Verwaltungsanwärtern gegenüber; die zahlreichen arbeitslosen Akademiker sind für das Land eine große soziale und politische Belastung. Viele Akademiker bevorzugen die Beschäftigung und sogar die Arbeitslosigkeit in den Städten gegenüber der mühsameren Arbeit auf dem Land, wo Ärzte und Lehrer am dringendsten gebraucht werden.

Der Lehrkörper an den Schulen und Hochschulen besteht heute überwiegend aus Madagassen. Die Zahl der französischen Lehrer und anderer Ausländer im Entwicklungsdienst hat seit dem Umsturz von 1972 rasch abgenommen und konnte noch nicht ausreichend durch einheimische Kräfte ersetzt werden. Ein Teil der Studenten bezieht noch immer Universitäten in Frankreich und anderen westeuropäischen Ländern. Daneben werden die Kontakte zu den Ostblockstaaten ausgebaut; so studieren gegenwärtig (1977) 200 Madagassen in Moskau.

8.7. Religionen

Die Vielzahl der Religionen, die an der Entwicklung des Bildungswesens maßgeblich beteiligt waren, bestätigt, daß Madagaskar ein Begegnungsfeld zwischen den Kontinenten ist. Die Glaubensformen überschichteten sich mit den verschiedenen Einwanderungswellen und leben heute in friedlicher Koexistenz und Toleranz nebeneinander. Der größte Teil der Bevölkerung gehört noch immer den traditionellen einheimischen Religionen an, die sich regional stark unterscheiden und sehr vielfältige Ursprünge und Formen haben, von denen der Ahnenkult nur ein Teil ist. In allen Unterpräfekturen, mit Ausnahme des Hochlandes um Tananarive und Fianarantsoa, überwiegen die Anhänger der traditionellen Religionen; in den peripheren Landesteilen zählen fast überall mehr als 75 % der Bevölkerung dazu. Der Kult wird in Volksgruppen und Dorfgemeinschaften getrennt ohne übergreifende Organisation ausgeübt und erfaßt mit den Zeremonien bei Geburt, Beschneidung, Heirat und insbesondere Todesfällen, mit zahlreichen Verboten (*fady*) und Geboten den ganzen Lebensrhythmus (s. auch S. 25).

Der Islam wurde durch die arabischen Seehändler und einwandernden arabisierten Volksgruppen an der Nordwest- und Ostküste verbreitet. Obwohl islamische Glaubenselemente auch in anderen Landesteilen übernommen wurden, ist der Islam heute als Religion mit eigenen Zentren, Koranschulen und Moscheen nur noch an der West- und Nordwestküste vertreten. Um Majunga und Diégo-Suarez sind über ein Viertel der Bevölkerung Mohammedaner; dem Islam gehören hier vor allem die zahlreichen Komorianer an, ferner ein Teil der madagassischen Volksgruppen (Antakarana und Sakalava) und der späteren Einwanderer aus Indien und Pakistan. Der Zahl nach unbedeutend sind die Anhänger des Hinduismus bei den Indern und des Konfuzianismus bei den eingewanderten Chinesen.

Das Christentum hat nach erfolglosen früheren Ansätzen 1818 mit der protestantischen *London Missionary Society* in Madagaskar Fuß gefaßt. Diese Missionsgesellschaft vollbrachte unter König RADAMA I. in wenigen Jahren eine große Leistung, als sie die madagassische Sprache grammatikalisch und schriftlich fixierte, die Bibel übersetzte und englisch-madagassische Wörterbücher herausgab. Nach der Christenverfolgung unter Königin RANAVALONA II. etablierten sich weitere protestantische Glaubensrichtungen (Adventisten, Lutheraner, Reformierte, Quäker und Presbyterianer), getragen von Missionaren aus England, Norwegen, der Schweiz und den Vereinigten Staaten. 1869 trat die Königin zum evangelischen Glauben über.

Seit 1861 ist auch der Katholizismus offizielle Religion. Er verbreitete sich sehr rasch im Hochland, umfaßte 1883 schon 80 000 Gläubige und wurde durch die französische Kolonialmacht weiter gefördert. Heute, hundert Jahre nachdem der erste Madagasse zum Priester geweiht worden war (1972), verfügt die katholische Kirche über eine umfassende Organisation mit 17 Bistümern und überwiegend einheimischen Bischöfen und Pfarrern. Die protestantischen Kirchen sind in einer eigenen Dachorganisation zusammengeschlossen.

Nach der Zählung von 1969 bekannten sich 2,712 Mio Madagassen, d. h. 36,5 % der Bevölkerung, zum Christentum, davon 1,440 Mio (19,4 %) zum Katholizismus, 1,272 Mio (17,1 %) zum Protestantismus. Nur im Hochland, dem Innovationszentrum, erreichen die Christen die Mehrheit – in manchen Gemeinden wie Tananarive über 80 %. In den Küstengebieten, besonders im Westen und Südwesten, fällt der Anteil auf unter 20 %, in einigen Gemeinden unter 5 % ab; nur die Städte und Bistumssitze sind hier stärker christianisiert.

Die Kirchen verfügen noch über eine große Zahl von Schulen, vor allem im Hochland. Die Pfarrer erfüllen auf den oft wochenlangen Rundgängen durch ihren Bezirk nicht nur seelsorgerische, sondern vielfältige soziale Aufgaben mit psychologischer und ärztlicher Hilfe. Viele Seelsorger haben es verstanden, wie im frühen Christentum, heidnische Bräuche, z. B. die Totenumbettung (*famadihana*), zu tolerieren oder traditionelle Glaubensvorstellungen, wie *Andriamanitra*, den Schöpfergott, mit dem Christentum zu verschmelzen und so eine fruchtbare Symbiose herbeizuführen. Die sozialistische Regierung steht den Kirchen mißtrauisch gegenüber, doch sind sie, zumindest durch die selbstlose soziale Betreuung in vielen Gemeinden, noch unersetzlich.

8.8. Gesundheitswesen

So wie im Bildungssektor konkurrieren und ergänzen sich auch im Gesundheitswesen staatliche, kirchliche und private Einrichtungen. Madagaskar besitzt für ein Entwicklungsland relativ zahlreiche Einrichtungen zur Gesundheitsfürsorge. 1970 bestanden 75 staatliche Krankenhäuser mit rd. 17 300 Betten. Über das ganze Land verteilt waren daneben etwa 75 mit einem Arzt besetzte medizinische Zentren und über 400 Sanitätsposten, Erste-Hilfe- und Entbindungsstationen, die von Helfern und Hebammen betreut werden. Dazu kamen 9 private Krankenhäuser mit rd. 2200 Betten und etwa 150 weitere private Versorgungsstationen. Die Belegungsdichte, durchschnittlich etwa 500 Einw. je Krankenbett, differiert weniger zwischen den Provinzen als zwischen den großen Städten einerseits, wo unter 100, und den Landgebieten andererseits, wo bis zu 3000 Einw. auf ein Krankenbett kommen (1967). Wenn auch das Netz der Krankenstationen, selbst in entlegenen Gebieten, hinreichend dicht erscheint, darf doch der Mangel an ausgebildetem Fachpersonal nicht übersehen werden. 1975 verfügte das staatliche Gesundheitswesen nur über rd. 4200 Fachkräfte, darunter 836 Ärzte und Zahnärzte. Auf einen Allgemeinarzt entfielen 11 300, auf einen Zahnarzt 101 000, auf eine Hebamme 8325 und eine Krankenpflegeperson 3760 Einwohner. Diese Zahlen sprechen für sich.

Bei den Krankheits- und Todesursachen steht die Tuberkulose weitaus an der Spitze, gefolgt von anderen Schäden der Atmungsorgane, von Grippe, Darm- und Magenkrankheiten. Während Lepra, Syphilis und Tuberkulose abgenommen haben, sind die Erkrankungen an Malaria, Ruhr, bösartigen Geschwüren und an Röteln angestiegen.

Die Krankheiten werden einerseits durch die scharfen klimatischen Unterschiede zwischen Regen- und Trockenzeit, andererseits durch unzureichende Hygiene und unausgeglichene Ernährung mitverursacht. Die Ernährung ist zwar, abgesehen vom Hunger in den Trockenjahren, der Kalorienzahl nach (ca. 2200 im Tag) im Mittel ausreichend, doch ist der Mangel an tierischem Eiweiß weit verbreitet. Bei den Vitaminen wird der Bedarf an A und C gedeckt, es fehlt jedoch an B_1 und besonders B_2 und an Calcium. Die Mangelerscheinungen häufen sich in der Trockenzeit, während in der Regenzeit, nach der Ernte und besonders bei den traditionellen Festen die Bedürfnisse besser und z. T. überreichlich gedeckt werden.

8.9. Ausländer

Die Ausländer spielen in Madagaskar der Zahl nach eine verschwindend geringe Rolle; 1972 umfaßten sie mit knapp 110 000 Personen nur 1,4 % der Gesamtbevölkerung. Nur vier Volksgruppen hatten einen größeren Umfang:

Zahl der Ausländer 1972	
Franzosen	30 786
Komorianer	43 540
Inder, Pakistaner	18 250
Chinesen	10 167
Andere	6 600
Summe	109 343

Nach dem Umsturz 1972 ist die Zahl der Franzosen rasch gesunken und dürfte heute (1977) 10 000 kaum überschreiten; damit ist der Anteil der Ausländer weiter auf unter 100 000, d. h. etwa 1 % der Landesbewohner geschrumpft. Die wirtschaftliche Bedeutung der Fremden ist indes immer noch wesentlich größer, als diese Zahlen vermuten lassen.

Die *Franzosen* sind heute nur noch vereinzelt und z. T. verarmt als Pflanzer in den küstennahen Gebieten ansässig. Allein die Umsiedler von der Insel Réunion bilden in der Sakay westlich von Tananarive noch eine größere geschlossene Kolonistengruppe. Im übrigen sind die Franzosen meist nur für wenige Jahre, als Vertreter von Handelsfirmen, als Lehrer und technische Berater vor allem in den größten Städten und in den Projekten der Landerschließung tätig. Sie werden jedoch immer mehr von Experten anderer Länder, nach dem politischen Kurswechsel auch der sozialistischen Staaten, und von Einheimischen abgelöst.

Die *Komorianer* sind erst im 19. und 20. Jh. von der übervölkerten benachbarten Inselgruppe eingewandert und stellen die größte Gruppe der Ausländer. Sie sind an der Nordwestküste, in Diégo-Suarez, Majunga und Tananarive verbreitet und überwiegend in unteren Dienstleistungsberufen und als Händler beschäftigt. Diese sehr eigenständige, mohammedanische und Suaheli sprechende Volksgruppe integriert sich nur langsam in die madagassische Bevölkerung.

Auf die Bedeutung der *Inder* und *Chinesen* für den Handel wurde bereits hingewiesen (s. S. 20).

Die übrigen Volksgruppen umfassen jeweils wenige hundert Personen, darunter die als Händler tätigen Griechen und Libanesen. Die deutsche Gruppe zählt nur noch etwa hundert Personen, d. h. neben dem Botschaftspersonal einige Firmenvertreter und wenige Entwicklungshelfer, deren Aufgaben immer mehr in einheimische Hände übergehen. Der Zahl nach nicht erfaßt sind die in jüngster Zeit eingereisten Fachkräfte aus der Volksrepublik China und Nordkorea, die für neue Entwicklungsprojekte eingesetzt werden.

In ihrer Gesamtverteilung sind die Ausländer weit überwiegend auf die großen Städte, die Zentren des Wirtschaftslebens, konzentriert, wobei wiederum auf Tananarive und die vier Provinzhauptstädte an der Küste der größte Anteil entfällt. In den ländlichen Gebieten des Hochlandes (mit Ausnahme der Sakay), des

Südens und mittleren Nordens ist die Anzahl der Ausländer verschwindend gering. Sie steigt in den markt- und exportwirtschaftlich ergiebigen Teilen der Randgebiete an, d. h. an der Ostküste, auf Nossi-Bé, im Bereich der Zuckerrohr- und Sisalplantagen und in den Kolonisationsgebieten am Alaotrasee und Mangokyfluß. In den Landgebieten stellen heute die Asiaten den größten Teil der Ausländer, während sich die wenigen Europäer zunehmend auf die Städte beschränken und meistens nur die kurze Zeit ihres Vertrages auf der Insel verbringen.

Das Land wird somit einschließlich der kleinen asiatischen und komorianischen Minderheiten fast nur noch von farbiger Bevölkerung bewohnt und ist mit fast 99 % Madagassen einer der homogensten Staaten der Erde, wenn man die Unterschiede der Volksgruppen nicht berücksichtigt. Das Ziel der Malgaschisierung ist in dieser Hinsicht fast erreicht, und es fragt sich, wieweit Ausländer im Rahmen der nationalen Entwicklung auch künftig noch eine berechtigte Aufgabe finden. Die asiatischen Minderheiten werden versuchen, ihren wirtschaftlichen Einfluß zu erhalten, jedoch zunehmend der Integration unterliegen, da der regenerierende Zuzug aus den Heimatländern fehlt. Die europäische Bevölkerung wird sich noch weiter vermindern, da die Regierung bestrebt ist, auch die restlichen Funktionen in Wirtschaft, Technik und Kultur an Einheimische zu übertragen. Dies kann jedoch nur in dem Maße geschehen, als genügend eigener Nachwuchs herangebildet wird. Ein gänzlicher Ausschluß der Fremden würde überdies den lebendigen kulturellen Austausch und das gegenseitige Verständnis verhindern und damit für das Land selbst nachteilig sein. Die wenigen Ausländer stellen heute keine kolonialistische Bedrohung mehr dar; die Selbständigkeit muß auf anderer, weltpolitischer und weltwirtschaftlicher Ebene und durch die innere Einheit gesichert werden.

9. DER STAAT MADAGASKAR — POLITISCHE UND WIRTSCHAFTLICHE STRUKTUREN UND ZIELE

Madagaskar steht heute an einem entscheidenden Wendepunkt seiner Geschichte. Es kämpft darum, die Abhängigkeit der kolonialen und nachkolonialen Epoche zu überwinden, möchte traditionelle Strukturen mit modernen, sozialistischen Zielen verbinden und sich zugleich politische und wirtschaftliche Beziehungen nach allen Seiten offenhalten (›Tous azimuts‹). Diese weitgespannten Ziele sind in der *Charta der sozialistischen Revolution* von 1975 durch den Präsidenten RATSIRAKA dargelegt worden und erfassen alle Bereiche des wirtschaftlichen und sozialen Lebens, der Innen- und Außenpolitik. Noch ist nicht abzusehen, wie dieses Programm verwirklicht werden soll; als richtungweisend ist es aber mit einzubeziehen, wenn im folgenden die heutige Struktur des Staates im Überblick besprochen wird.

9.1. INNENPOLITIK

Die Unabhängigkeit nach außen setzt die innere Einigung voraus. Deshalb versucht die neue Regierung, durch ihre Innenpolitik die Gegensätze zwischen den Volksgruppen und den sozialen Schichten, zwischen Verwaltung und Bevölkerung zu überwinden — Gegensätze, die z. T. seit vorkolonialer Zeit bestehen, während der Kolonialherrschaft verstärkt und auch im unabhängigen Staat nicht beseitigt wurden. Auf dem Weg zu einer neuen Gesellschaft soll die Dorfgemeinschaft mit dem Dorfrat *(fokonolona)* als Basis dienen.

Der bisherige Dualismus zwischen dieser traditionellen Institution und der staatlichen, von Frankreich übernommenen Verwaltungshierarchie soll aufgehoben werden, indem an die Stelle der Gemeinden und Kantone etwa 11 000 Fokonolona in Stadt und Land mit vom Volk gewählten Räten treten. Auch auf höherer Ebene sollen die Unterpräfekturen, Präfekturen und Provinzen durch entsprechende Organe *(firaisampokonolona, fivondronampokonolona, faritany)* mit zugehörigem Bereich *(fokontany)* ersetzt werden. Die Fokonolona sollen als Bindeglieder zwischen Bevölkerung und Regierung auch künftig vielseitige Aufgaben übernehmen: Erzeugung, Verarbeitung und Vermarktung von Agrarprodukten, Erziehung, Gesundheitswesen und Ausbau der Infrastruktur in ihrem Bereich. Der Staat soll damit dezentralisiert und von der Basis her demokratisiert werden. Entscheidungen sollen im freien Dialog gefällt und, soweit möglich, mit der eigenen Kraft der Fokonolona in die Tat umgesetzt werden, der Staat gibt nur die nötige finanzielle und technische Hilfe.

Die Richtlinien für diese vorläufig nur in Ansätzen vorhandene dezentralisierte, sozialistische Demokratie werden durch den Obersten Revolutionsrat bestimmt. Die Parlamentswahlen im März 1977 brachten der Partei des Staatschefs RATSIRAKA (AREMA, *Avant-garde de la Révolution Malgache*) einen eindeutigen Sieg in den Gemeinden und Provinzen. Daneben haben nur die sowjetfreundliche AKFM in der Hauptstadt und die extrem linke MONIMA im Süden eine beschränkte Bedeutung. Der Revolutionsrat, das Parlament und die neugebildete Regierung umfassen neben der AREMA auch einige Mitglieder der genannten Parteien und anderer, der Regierung nahestehender Gruppen. Damit wurde die demokratische Form gewahrt und eine Nationale Front gebildet, die früher oppositionelle Parteien einschließt.

Die Regierung möchte aber ihr Programm nicht von den Parteien, sondern von den ›fünf Pfeilern der Revolution‹ tragen und verwirklichen lassen: dem Revolutionsrat, den Bauern, Arbeitern und jungen Intellektuellen und der Volksarmee, also von der Masse der Bevölkerung, die durch das Programm gefördert werden soll, von der geistigen Elite und der militärischen Kraft. Von der passiven Zustimmung bis zum aktiven Einsatz, der über die Eigeninteressen dieser Gruppen hinausgeht, ist allerdings noch ein weiter Weg.

Sozialer Leitsatz des Programms ist, das Gefälle zwischen den sozialen Schichten durch die Verteilung der Produktionsmittel und gleiche Chancen in der Bildung auszugleichen. Das individuelle Kleineigentum und das Besitzstreben im Rahmen der persönlichen Bedürfnisse werden ausdrücklich anerkannt, eine extrem linke Enteignungspolitik wird abgelehnt. Der Mißbrauch des Eigentums zu Spekulation und Ausbeutung soll jedoch bekämpft und der Großbesitz von Gesellschaften oder Einzelpersonen verstaatlicht oder aufgeteilt werden. Um die Lohnunterschiede auszugleichen, will man die niedrigen Einkommen anheben, die höheren kürzen und hat tatsächlich damit bei den Gehältern der Regierungsmitglieder begonnen. Bei den weitaus vorherrschenden niedrigen Löhnen ist ein Ausgleich allerdings nur sehr beschränkt möglich. Grundsätzlich soll jeder nach seinen Fähigkeiten beschäftigt und nach der Qualität seiner Arbeit entlohnt werden.

Nicht zu Unrecht sieht man die Ursache des Tribalismus, der Gegensätze zwischen den Volksgruppen, nicht nur in den Unterschieden von Kultur und Brauchtum, sondern auch im wirtschaftlichen und sozialen Gefälle, z. B. zwischen dem Hochland und dem Süden. Der Ausgleich setzt voraus, daß in den benachteiligten Regionen die Produktionskraft, Bildung und Infrastruktur gefördert werden, auch wenn dies Opfer von den bevorzugten Landesteilen verlangt.

Abzuwarten bleibt, wie die großbürgerliche Schicht der Städte, die in Handel und Industrie Kapital und Produktionsmittel besitzt, in den neuen Staat integriert wird. Diese Bourgeoisie ist durch Bildung und wirtschaftliche Verflechtung zum Teil noch mit der ehemaligen Kolonialmacht verbunden. Die Charta unterscheidet zwischen dem nationalen Bürgertum, das für die sozialistische Bewegung gewon-

nen werden kann, und der ›Bourgeoisie compradore‹, die andere Bevölkerungsteile ausbeutet, durch ihren Luxuskonsum die Wirtschaft belastet und als ›Alliierte
des Imperialismus und Neokolonialismus‹ bekämpft werden muß.

Grundsätzlich legt die Charta fest, daß Eigentum, Rasse und Religion nicht
diskriminiert werden dürfen und zu schützen sind, allerdings nur soweit, als sie
den Zielen der Revolution nicht widersprechen. Hier sind die Grenzen der Freiheit jedoch noch unbestimmt und umstritten.

Die entscheidende Frage ist, ob dieses theoretische Programm so verwirklicht
werden kann, daß das soziale Niveau angehoben und ausgeglichen wird, ohne dabei auch die individuelle Initiative und Verantwortungsbereitschaft zu nivellieren.
Zudem muß die Gefahr gesehen werden, daß an die Stelle früherer Machtstruktu-
ren eine neue Oberschicht politischer Funktionäre tritt, die sich äußerlich zu den
Zielen der Reform bekennt, aber nach Einfluß, Macht und Privilegien strebt.

Im einzelnen behandelt die Charta eine Vielzahl von Maßnahmen im innenpo-
litischen und infrastrukturellen Bereich. Im Erziehungssektor soll vornehmlich
die Grundausbildung und der regionale Ausgleich gefördert und die Malgaschisierung beschleunigt werden. Private Schulen bleiben bestehen, unterliegen aber
staatlicher Kontrolle. Das Bildungsprogramm soll sich den nationalen Bedürfnissen anpassen. Die madagassische Sprache, die noch zu vereinheitlichen ist, hat
Vorrang vor Fremdsprachen; Französisch wird aber als unentbehrliches Mittel für
internationale Kontakte anerkannt. Eine große Sorge bleibt die Flucht der Intellektuellen in die Städte oder in das Ausland. Junge Akademiker sollen verpflichtet
werden, eine gewisse Zeit für geringes Entgelt als Lehrer, Ärzte oder Techniker
›im Busch‹ zu arbeiten, um dadurch im Dienst des Volkes ihren Dank für kostenlose Ausbildung abzustatten. Darüber hinaus werden die Jugendlichen in einem
umfassenden Zivildienst eingesetzt. Um die neuen sozialistischen Gedanken zu
verbreiten, werden ideologische Seminare in Stadt und Land abgehalten.

Im Rechtswesen ist vorgesehen, die Gesetze neu zu formulieren und zu vereinfachen, um sie allgemein verständlich zu machen. Im Verkehrs- und Gesundheitswesen stehen die infrastrukturellen Verbesserungen insbesondere in den benachteiligten Regionen an der Spitze. Im Handel soll die schlecht funktionierende
Vermarktung der staatlichen Monopolgesellschaften an die Fokonolona übertragen und die Nationalisierung von Seehandel und -schiffahrt vorangetrieben
werden.

Das Siedlungsprogramm sieht insbesondere vor, die Stadtplanung zu verbessern, die Slums an den Stadträndern zu beseitigen und durch neue Wohnviertel mit
billigen Mieten und ausreichender Infrastruktur zu ersetzen. Der Kampf gegen die
städtische Bodenspekulation ist dabei ein wichtiger Programmpunkt.

Bei den öffentlichen Arbeiten im Siedlungs- und Verkehrswesen sollen neben
den jungen Akademikern auch Teile der Volksarmee (Entwicklungshilfearmee)
zum Einsatz kommen und damit die Kosten verringern.

Die Gewichtung der Programmpunkte kommt im Haushaltsvoranschlag für

1976 zum Ausdruck, der z. B. dem Bildungs- und Gesundheitswesen und den Investitionen beachtliche Mittel zubilligt und dafür Defizite in Kauf nimmt (Tab. 12).

Tab. 12: Haushaltsvoranschlag 1976

Haushaltsposten	Betrag (in Mrd. FMG)	Ausgaben-anteil (in %)
Einnahmen	63,000	
Ausgaben	87,059	100,0
Gesundheitswesen	7,490	8,6
Bildungswesen	15,531	17,8
Ländliche Entwicklung	5,360	6,2
Inneres	4,316	5,0
Justiz	1,623	1,9
Öffentliche Arbeiten	3,124	3,6
Verteidigung	7,895	9,1
Außerordentl. Ausgaben (Investitionen)	24,697	28,4

Die Förderung der *Wirtschaft* ist für das Regierungsprogramm ein entscheidender Faktor, um die Unabhängigkeit zu stärken und den Lebensstandard zu heben. Die gegenwärtige Bedeutung der Wirtschaftssektoren wird durch ihren Anteil am Bruttoinlandsprodukt gekennzeichnet, der 1974 folgende Werte (in %) erreichte:

Land- und Forstwirtschaft	40,4
Handwerk, Industrie, Bergbau	18,8
Dienstleistungen	16,2
Übrige Bereiche	24,6
	100,0

Der Beitrag des primären Sektors zur gesamten Wertschöpfung ist zwar relativ hoch, er steht aber im Mißverhältnis zum Anteil der Landwirtschaft an der Gesamtbevölkerung. Der sekundäre Sektor steht noch weit zurück. 1976 betrug das gesamte Bruttoinlandsprodukt 1870 Mio US-$ (1974 nach Schätzung 1440 Mio $), d. h. 210 $ je Einw. Madagaskar gehört damit zwar noch nicht zu den ärmsten Ländern der Erde, aber doch zu dem Bereich der armen Staaten des zentralen Afrika und südlichen Asien mit unter 500 DM BIP pro Jahr und Kopf der Bevölkerung.

Die *Landwirtschaft* hatte schon im Nationalen Entwicklungsplan von 1974 und in allen früheren Programmen Vorrang; in der Charta von 1975 wird sie als Basis, die Industrie als Motor der Entwicklung bezeichnet. Um die Produktion zu steigern, sollen die Zusammenarbeit der Bauern verstärkt und die Ausstattung der Betriebe durch staatliche Kredite verbessert werden. Die vermehrte Produktion darf aber nicht nur dem Agrarexport dienen, sondern muß in erster Linie die Versorgung der eigenen Bevölkerung sicherstellen. Die umfangreichen Importe zeigen, wie weit das Land hier noch von einer möglichen Selbstversorgung entfernt ist.

Besonderes Gewicht legt die Charta auf die bäuerliche Besitzstruktur. Das Fernziel ist die Kollektivierung der Landwirtschaft, der die genossenschaftliche Zusammenarbeit bei der Produktion vorangehen soll. Doch bleibt vorerst das kleinbäuerliche Eigentum bestehen. Der Boden soll dem gehören, der ihn bearbeitet. Das Land kann vererbt, es darf aber nicht verkauft oder verpachtet werden; die Métayage soll verboten werden. Das Recht auf Eigentum setzt voraus, daß das Land dauernd und ohne Raubbau bestellt wird. Nicht oder nur mangelhaft genutzter Besitz soll enteignet und an die Dorfgemeinschaften verteilt werden. Damit wird auch der ›Absentismus‹, der städtische, vom Eigentümer verpachtete und nicht selbst genutzte Grundbesitz, bekämpft. Die Maßnahme der Besitzbegrenzung richtet sich gegen den Agrarkapitalismus, der Produktionsmittel und Kapital akkumuliert, Bodenspekulation betreibt und durch Lohnarbeit oder Verpachtung die landarme Bevölkerung ausbeutet.

Die allgemein gehaltenen Formulierungen der Charta lassen noch nicht erkennen, mit welchen Mitteln und Grenzen eine Agrarreform durchgeführt werden soll. Infolge des weitaus vorherrschenden Kleinbauerntums ist ein Besitzausgleich nur in sehr beschränktem Maß möglich. Die Zuteilung von Land kann meist nur in peripheren, weniger produktiven Bereichen der Gemarkungen oder in Kolonisationsgebieten erfolgen, die vom Staat infrastrukturell erschlossen werden müssen. Ebenso bleibt abzuwarten, wieweit es gelingt, traditionelle soziale Gegensätze innerhalb der Agrargesellschaft, die auf Unterschieden der Generationen, der Funktionen und des Besitzes beruhen (s. S. 88), abzubauen.

Im *industriellen Sektor* wird vor allem angestrebt, die Produktion von Konsumgütern der Agrar-, Textil- und anderer Zweige der Leichtindustrie zu steigern, um den eigenen Bedarf zu decken und die Importe zu verringern. Luxusgüter, die nur einer kleinen Oberschicht dienen, sollen hinter den Grundbedürfnissen der Bevölkerung zurücktreten. Importzölle müssen die einheimische Industrie vor der Konkurrenz billiger Auslandswaren schützen. Gegenüber den Ländern der Europäischen Gemeinschaft, der Madagaskar als assoziiertes Mitglied angehört, können Zölle allerdings nicht erhoben werden. Die Planung muß berücksichtigen, daß eigene Industriewaren im Ausland mit wenigen Ausnahmen (z. B. Erdölprodukte) auf absehbare Zeit nicht konkurrenzfähig sind.

Obwohl die Regierung die Grundstoff- und Energieindustrie verstaatlichen will, erkennt sie an, daß die weitere Industrialisierung nur mit Hilfe von privatem, z. T. ausländischem Kapital möglich ist. Fremde Investitionen sollen aber nur erfolgen, wenn einheimische Arbeitskräfte beschäftigt und mit Vorrang Waren für den Inlandbedarf hergestellt werden. Um den Staat über die Steuern am Gewinn zu beteiligen, wird gefordert, daß die Hauptniederlassung der Firmen in Madagaskar liegt. Wichtige Industriezweige sollen zu mindestens 51 % in Staatsbesitz übergehen. Die Zukunft wird zeigen, wieweit unter diesen Auflagen fremde Investitionen erhalten und gefördert werden können.

Die ausreichende Finanzierung ist auch der Angelpunkt für das Ziel, die Industrie zu dezentralisieren, neue Arbeitsplätze im ländlichen Raum zu schaffen und einen Stamm an Facharbeitern heranzubilden.

9.2. Aussenhandel

Die weitere Entwicklung der nationalen Wirtschaft hängt nicht zuletzt davon ab, daß es gelingt, die weltwirtschaftlichen Beziehungen des Landes zu erhalten und auszubauen. Der Außenhandel Madagaskars zeigt ausgeprägt die Einseitigkeit der Entwicklungsländer, bei der die Agrarprodukte im Export, die Industriewaren im Import weitaus vorherrschen. Die Ausfuhr- und Einfuhrwerte sind seit dem Ende der Kolonialzeit stark gestiegen, wobei aber die Importe stets überwogen, d. h. keine positive Handelsbilanz erzielt werden konnte (Tab. 13).

Tab. 13: Ein- und Ausfuhrwerte 1964—1974 (in Mio FMG)

	1964	1968	1972	1974	Steigerung 1964—1974 (in %)
Einfuhr	33 452	42 024	51 755	67 257	101
Ausfuhr	22 654	28 608	41 864	58 504	158
Deckung (in %)	67,7	68,1	80,9	87,0	

Der Deckungsgrad hat sich bis 1974 erheblich verbessert, da der Exportwert stärker als der Importwert gewachsen ist.

Der *Export* umfaßte 1974 die in Tab. 14 genannten Produkte und Handelspartner.

Die Ausfuhr war damit zu etwa 84 % auf Agrarprodukte konzentriert, von denen wiederum Kaffee, Vanille, Gewürznelken, Sisalfasern, Fleischwaren und Zucker 60 % des Gesamtwertes bestritten. Dennoch hat Madagaskar eine breitere Exportstreuung als andere Entwicklungsländer, in denen der Hauptanteil auf ein

Tab. 14: Export nach Waren und Abnehmerländern 1974

(n. Stat. du commerce ext. de Mad. 1974)

Exportware	Anteil am Gesamt-exportwert (in %)	Wichtige Abnehmerländer
Kaffee	26,7	Frankreich, USA
Erdölprodukte	9,6	Réunion
Vanille	7,6	Frankreich, USA
Gewürznelken	6,9	Malaysia, Bundesrepublik Deutschland
Fische, Krustazeen	6,0	Mauritius, Japan
Sisalfasern	4,5	Frankreich, Niederlande
Fleischwaren	4,1	Frankreich, Réunion
Gewürznelkenöl	3,4	Frankreich, USA
Zucker	3,0	USA, Bulgarien
Fleischkonserven	2,9	Frankreich, Polynesien
Kaperbsen	2,8	Großbritannien, Réunion
Chromerz	2,7	Frankreich, Japan
Reis	1,8	Frankreich, Réunion
Pfeffer	1,8	Bundesrepublik Deutschland, Frankreich
Baumwollgewebe	1,5	Frankreich
Graphit	1,4	Großbritannien, Bundesrepublik Deutschland, USA
Tabak	1,0	Niederlande, Frankreich
Raphiafasern	1,0	Frankreich, Bundesrepublik Deutschland
Häute, Leder	1,0	Frankreich, Italien
Kakao	0,7	Frankreich, Bundesrepublik Deutschland
Glimmer (Mica)	0,6	Japan, Bundesrepublik Deutschland Belgien-Luxemburg
Parfüm-, Medizinpflanzen	0,6	Frankreich, Niederlande
Bananen	0,4	Frankreich
Erdnüsse	0,3	Frankreich
Edelsteine	0,2	zahlreiche Länder
Sonstiges	7,5	
	100,0	

oder zwei Produkte entfällt, wie bei den Nachbarinseln Réunion und Mauritius mit ihren Zuckerrohrmonokulturen.

Die küstennahen Gebiete tragen mit ihren Pflanzungen weitaus am meisten zum Agrarexport bei, während das Binnenland nur mit Viehprodukten und Reis daran beteiligt ist; die Reisausfuhr ist wegen des großen Eigenbedarfes stark zurückgegangen und auf hohe Qualitäten beschränkt. Bei Kaffee, Vanille und Pfeffer hängt die Ausfuhr von den Weltmarktpreisen bzw. den Übereinkommen mit anderen Ländern ab, bei Gewürznelken auch von den sehr wechselnden Ernteerträgen. Bananen und Kakao spielen wegen der starken Konkurrenz südamerikanischer und westafrikanischer Länder nur eine geringe Rolle.

Während die traditionellen Bergbauprodukte Graphit, Glimmer und Edelsteine geringe Bedeutung haben und Uranerz nicht mehr exportiert wird, ist die Ausfuhr durch die Förderung von Chromerz und durch die Erdölverarbeitung der Raffinerie von Tamatave erheblich diversifiziert und gesteigert worden, wobei allerdings der Rohölimport die Bilanz wieder belastet.

Die wichtigsten Abnehmerländer des madagassischen Außenhandels im Jahr 1974 nennt Tab. 15.

Tab. 15: Export: Abnehmerländer 1974

(n. Stat. du commerce ext. de Mad. 1974)

Abnehmerland	Anteil am Gesamtexportwert (in %)
Frankreich	33,8
USA	20,6
Réunion	8,1
Japan	5,9
Bundesrepublik Deutschland	4,6
Großbritannien	3,3
Malaysia	2,9
Niederlande	2,6
Italien	2,2
Mauritius	1,9

Frankreich ist trotz starken Rückgangs seiner Importe aus Madagaskar (1963: 52,5 % des madagassischen Exports) noch immer der wichtigste Handelspartner des Landes; sein Anteil dürfte aber nach dem Regierungswechsel von 1975 weiter schrumpfen. Die Mitglieder der Europäischen Gemeinschaft übernehmen zusammen 49 %, die mit der EG assoziierten Überseeländer weitere 11 % der Ausfuhr. Der Export geht noch weit überwiegend in die westlichen Industrieländer, mit denen zahlreiche Handelsabkommen geschlossen wurden, jedoch werden vermehrte Handelsbeziehungen auch mit den sozialistischen Ländern angestrebt.

Die *Importe* verteilen sich auf zahllose Waren überwiegend der industriellen Produktion, die nur in großen Gruppen angeführt werden können (Tab. 16).

Während die Einfuhr von Rohöl und Produkten der Schwer-, Kraftfahrzeug- und Chemischen Industrie vorerst noch unumgänglich ist, könnten andere Im-

Tab. 16: Import nach Warengruppen und Lieferländern 1974

(n. Stat. du commerce ext. de Mad. 1974)

Importgruppe	Anteil am Gesamtimport (in %)	Wichtige Lieferländer
Erdöl und Erdölprodukte	18,0	Katar, Irak, Saudiarabien
Getreide (Reis)	13,8	VR China, USA
Eisen und Stahl	8,7	Frankreich, Japan
Maschinen, Röhren	7,8	Frankreich, Bundesrepublik Deutschland
Elektrische Geräte	6,0	Frankreich, Japan
Kraftfahrzeuge	5,8	Frankreich, Bundesrepublik Deutschland
Medikamente	3,6	Frankreich, Bundesrepublik Deutschland
Fette, Öle	3,1	Frankreich, Niederlande
Kautschukwaren (Reifen)	2,0	Frankreich, Italien
Plastikwaren	2,0	Frankreich, Bundesrepublik Deutschland
Organ.-chem. Produkte	1,6	Frankreich, Norwegen
Milch, Milchprodukte	1,6	Frankreich, Niederlande
Gerb- und Färbemittel	1,5	Bundesrepublik Deutschland, Frankreich
Synthet. Textilien	1,4	Frankreich, Italien
Getreideprodukte (Mehl)	1,3	Frankreich, Benelux
Papierwaren	1,2	Frankreich, Bundesrepublik Deutschland
Anorgan.-chem. Produkte	1,2	Bundesrepublik Deutschland, Frankreich
Druckwaren	1,1	Frankreich, Großbritannien
Sonstiges (u. a. Baustoffe, Düngemittel, Wein)	18,3	
	100,0	

porte erheblich reduziert werden. Dies gilt in erster Linie für Reis, der 1974 in einer Menge von 100 000 t auf Kredit vor allem aus der Volksrepublik China eingeführt werden mußte. Der Inlandbedarf ist aus eigener Kraft zu decken, wenn die Produktion um etwa 5 % gesteigert und die Vermarktung verbessert wird. Aber auch bei Milchprodukten, pflanzlichen und tierischen Fetten und Ölen, Papier und Zement könnte die Einfuhr durch vermehrte Verarbeitung einheimischer Rohstoffe vermindert oder entbehrlich werden.

Durch den hohen und einseitigen Anteil der Lieferländer für Erdöl (Katar) und Reis (VR China) verschiebt sich die Reihe der Staaten im Vergleich zum Export (Tab. 17).

Frankreich führt auch hier noch infolge der vielfältigen, in die Kolonialzeit zurückreichenden Handelsverflechtungen. Beachtlich groß ist der Anteil der Bundesrepublik, die u. a. Maschinen, Kraftfahrzeuge, Farb- und Kunststoffe sowie

Tab. 17: Import: Lieferländer 1974

(n. Stat. du commerce ext. de Mad. 1974)

Lieferland	Anteil am Gesamtimport (in %)
Frankreich	35,8
Katar	11,8
VR China	10,5
Bundesrepublik Deutschland	8,7
USA	7,0
Japan	4,9
Italien	2,4
Irak	2,1
Niederlande	2,1
Saudiarabien	2,0
Großbritannien	1,7
Belgien, Luxemburg	1,5

Textilien nach Madagaskar liefert. Die Länder der Europäischen Gemeinschaft sind mit 52 % am Import beteiligt.

9.3. AUSSENPOLITIK

In der Außenpolitik sucht Madagaskar nach dem Motto ›Tous azimuts‹ die Blockfreiheit und Eigenständigkeit zu wahren. Die Annäherung an die sozialistischen Länder, besonders an die Volksrepublik China und Nordkorea, entspringt der antikolonialen und antiimperialistischen Politik als Gegenreaktion zur Bindung an Frankreich bis 1972. Die Kündigung der Kooperationsabkommen mit Frankreich, die Aufhebung der französischen Militärbasen in Diégo-Suarez und bei Tananarive, die Schließung der amerikanischen NASA-Station und der Bruch mit Südafrika demonstrieren die Distanzierung zur westlichen Welt. 1973 ist Madagaskar aus der Franc-Zone ausgetreten; es will eine eigene Währung (ariary) einführen und verzichtete auf bisherige Finanzzuschüsse von Frankreich. Äußeres Zeichen der Wendung ist, daß Präsident RATSIRAKA seine Residenz im Palast der früheren Gouverneure und Botschafter Frankreichs bezogen hat.

Die verstärkten Beziehungen zu China und Nordkorea zeigen sich in neuen Entwicklungsprojekten, die von diesen Ländern mit Geldmitteln und technischen Experten unterstützt werden. Ein internationales ideologisches Seminar im Herbst 1976 über die Gedanken von KIM-IL-SUNG, des Präsidenten von Nordkorea, unterstrich die Bindung an den fernöstlichen Sozialismus. Aber auch zur

Sowjetunion, zu Kuba und den sozialistischen Ländern Afrikas — Algerien, Libyen und Tanzania — wurden politische, wirtschaftliche und kulturelle Beziehungen geknüpft.

Andererseits ist die Insel weiterhin assoziiertes Mitglied der Europäischen Gemeinschaft und wirtschaftlich noch eng mit den kapitalistischen Staaten bzw. Ländern der freien Marktwirtschaft verflochten. Sie sind nicht nur unentbehrliche Handelspartner, sie bestreiten auch den größten Teil der Entwicklungshilfe. Von 1950 bis 1976 erhielt Madagaskar öffentliche und private Leistungen in Höhe von 124,8 Mio DM allein durch die Bundesrepublik. Über die Entwicklungsorganisation OECD flossen dem Land von 1960 bis 1975 382 Mio US-$ zu, die überwiegend aus Frankreich kamen. Außerdem leisteten multilaterale Organisationen (EG, International Development Association, UN) in der gleichen Zeit Hilfe in Höhe von 287 Mio US-$.

Unabhängigkeit und wirtschaftlicher Fortschritt können so nur durch gleichrangige Beziehungen nach allen Seiten gesichert werden. Die geographische Lage Madagaskars birgt die Gefahr der Isolierung, aber auch die Chance einer vermittelnden Rolle zwischen den Kontinenten und ihren politischen Blöcken in sich.

10. DIE LANDSCHAFTSRÄUME MADAGASKARS — NATUR- UND KULTURGEOGRAPHISCHE DIFFERENZIERUNG
(Abb. 36)

Madagaskar vereinigt, wie die vorhergehenden Abschnitte gezeigt haben, natur- und kulturgeographisch kontrastreiche Räume, die zu einer klaren Gliederung des Landes führen. Wenn auch Übergänge und unscharfe Grenzen nicht fehlen, heben sich doch die zentralen und die peripheren Gebiete als unterschiedliche Natur- und Lebensräume deutlich voneinander ab. Unbestreitbar stellt das Hochland ökologisch und als Kernraum der Bevölkerung und der politischen Entwicklung eine eigene Großeinheit dar. Ihr fügen sich randlich die tieferen, küstennahen Regionen an, die sich in ihrer Naturausstattung, ihrem Volkstum und wirtschaftlichen Potential nicht nur vom Hochland, sondern auch untereinander stark unterscheiden. Hier sind die humide Ostseite, der wechselfeuchte Westen und der semiaride Südwesten selbständige Großeinheiten, während die Eigenart des Nordens auf seiner Übergangsstellung zwischen Hochland, Ost- und Westseite beruht. Innerhalb dieser Großräume können kleinere Teileinheiten abgegrenzt werden, die sich durch ihre morphologische oder wirtschaftsräumliche Individualität auszeichnen. Eine vollständige und stärker differenzierte Untergliederung der Insel bis zu den einzelnen Landschaftszellen ist weder im Rahmen dieser Darstellung noch nach dem Stande der Forschung möglich. Der abschließende Überblick muß sich darauf beschränken, die Grundlinien des bunten landschaftlichen Mosaiks der Insel und ihrer Lebensräume zu skizzieren.

10.1. DAS HOCHLAND

Als schräggestellter kristalliner Sockel mit einem vielfältigen Wechsel zwischen weiten Verebnungsflächen, Gebirgsmassiven, Becken und Tälern ist das Hochland nach Osten scharf durch die Steilstufe gegen das Küstenvorland, weniger deutlich nach Westen durch die periphere Randniederung zum Schichtstufenland hin abgegrenzt. Die Nordgrenze läßt sich dort ziehen, wo die Senke von Mandritsara-Androna das zentrale Gebirgsland vom nördlichen des Tsaratananamassivs trennt. Der Übergang nach Süden ist fließender, doch kann das Hochland dort begrenzt werden, wo sein bewegtes Relief von den tieferen, südwestlichen Rumpfflächen abgelöst wird. Hier erfolgt zudem der rasche klimatische Wechsel vom feuchteren Zentrum (mit 6—9 humiden Monaten) zum überwiegend ariden Südwesten.

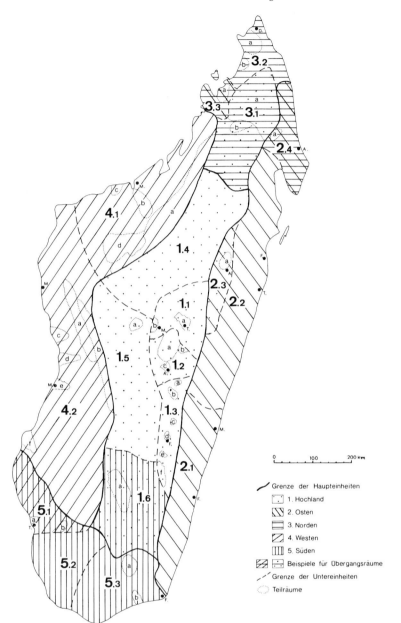

Abb. 36: Raumgliederung von Madagaskar.

1. Das Hochland
  1.1 Zentrales Imerina (Merinaland)
    a) Becken von Tananarive (Betsimitatatra)
    b) Itasygebiet
  1.2 Ankaratragebiet (Vakinankaratra)
    a) Ankaratramassiv
    b) Becken von Ambatolampy
    c) Becken von Antsirabe und Betafo
  1.3 Betsileoland
    a) Gebiet von Fandriana
    b) Gebiet von Ambositra
    c) Gebiet von Ambohimahasoa
    d) Becken von Fianarantsoa
    e) Becken von Ambalavao
    f) Andringitragebiet
  1.4 Nordwestliches Hochland (Tampoketsa)
  1.5 Mittlerer Westen
    a) Sakay
  1.6 Südwestliches Hochland
    a) Plateau von Horombe
2. Der Osten
  2.1 Südosten
  2.2 Mittlerer Osten (Betsimisarakaland)
  2.3 Alaotra-Mangorosenke
    a) Alaotraseebecken
  2.4 Nordosten
    a) Becken von Andapa (Ankaibe)
3. Der Norden
  3.1 Tsaratananagebiet
    a) Tsaratananagebirge
    b) Ankaizina
  3.2 Diégo-Suarez und Umland
    a) Ambregebirge
    b) Mündungsgebiet des nördl. Mahavavy
  3.3 Sambiranoniederung und Insel Nossi-Bé
    a) Sambirano
    b) Nossi-Bé
4. Der Westen
  4.1 Boina (nördliches Sakalavaland)
    a) Randniederung
    b) Unterlauf des Betsiboka
    c) Delta des südl. Mahavavy
    d) Kalkplateaus Ankara und Kelifely
  4.2 Menabe (südliches Sakalavaland)
    a) Bemarahaplateau
    b) Randniederung (Betsiriry)
    c) Mündungsgebiet des Manambolo
    d) Mündungsgebiet des Tsiribihina
    e) Mündungsgebiet des Morondava
    f) Mündungsgebiet des Mangoky
5. Der Süden
  5.1 Gebiet von Tuléar
    a) Fiherenanatal
    b) Tahezatal
  5.2 Mahafalyland
  5.3 Antandroyland
    a) Androymassiv
    b) Unterlauf des Mandrare

Die Größe und landschaftliche Differenzierung des Hochlandes erfordern eine weitere Untergliederung, wobei die kulturgeographischen Unterschiede eine gewichtige Rolle spielen. Der östliche Teil des Hochlandes ist der kulturelle Kernraum der Insel, in dem, begünstigt durch die Natur, vor allem aber durch die historische Entwicklung, eine dicht siedelnde und intensiv wirtschaftende Bevölkerung vom Sippenbauerntum zur Bildung von Staat und Städten fortgeschritten ist und die führende politische Stellung errungen hat. Feinere, z. T. naturbedingte Unterschiede untergliedern diesen Raum in das zentrale Imerina, Heimat des Merinavolkes und Herz des Landes mit der Hauptstadt Tananarive, in das Ankaratragebirge mit seinem Umland und in das kleinräumig gekammerte Gebiet der Betsileo. Diesen drei Teilräumen steht der breitflächig vorgelagerte, glacisartig abgedachte Westen des Grundgebirgssockels gegenüber. Als Teilräume gehören ihm die Verebnungsflächen der Tampoketsa im Nordwesten, der Mittlere Westen als Kolonisationsgebiet der Merina und Betsileo und der Lebensraum der Bara im Südwesten an. Zwei Längsschnitte sollen im folgenden diese Kern- und Randgebiete des Hochlandes erfassen.

10.1.1. Das zentrale Imerina (Merinaland)

Das Wohngebiet der Merina findet in der bewaldeten Steilstufe des Ostens und im Ankaratragebirge gegen Süden eine klare Angrenzung, während es im Westen und Norden unmerklich in die Nachbarräume übergeht. Mit seinen waldfreien Höhen und siedlungsreichen, von Reisfeldern durchzogenen Becken und Tälern birgt es Landschaftsbilder von unverwechselbarer Eigenart, die oft als typisch madagassisch verallgemeinert werden. Der Einfluß der Hauptstadt beherrscht ein weites Umland; Tananarive hat sich im Osten der Betsimitatraniederung zum Großstadtraum entwickelt, eine singuläre Erscheinung in Madagaskar.

Tananarive ist heute für neun Zehntel aller Fremden der erste Kontaktpunkt mit Madagaskar. Der Rundgang durch die belebten Straßen vermittelt ein anschauliches Bild von der Entwicklung der Stadt. Das auf steilem Hügel in 1470 m Höhe errichtete mächtige viertürmige Königsschloß mit seinem spitzen Giebeldach ist der historische Mittelpunkt. Anhöhe und angrenzende Ebene wurden, nachdem die Vazimba unterworfen waren, seit dem 16. Jh. zum Zentrum eines kleinen Stammesterritoriums, dessen Umfang man vom Schloß aus überblicken kann: In der zur Trockenzeit glasklaren Atmosphäre des tropischen Hochlandklimas leuchten die grünen Reisfelder der Niederung, seit Jahrhunderten Nahrungsspender der Stadt, und die rote, teils von grau-grünem Gras bedeckte Erde der umrahmenden Höhen, die heute von den auswuchernden Wachstumsspitzen Tananarives stellenweise schon erreicht werden.

Der Aufschwung der Stadt begann mit der Herrschaft des Königs ANDRIA-NAMPOINIMERINA, der den Merinastamm einigte und Tananarive 1796 zur Hauptstadt machte; ihre Bedeutung wuchs unter den folgenden Herrschern, als sich das Reich bis zum Meer im Westen und Osten hin ausdehnte. Vom Beginn bis zum Ende des 19. Jh. hatte sich die Stadtbevölkerung von etwa 10 000 auf 50 000 Einw. vergrößert und auch die vom Schloßberg nach Norden ausstrahlenden Höhenrücken besetzt. Diese Anhöhen tragen heute den alten Stadtkern, die Ober- und Mittelstadt.

Die Oberstadt um das Schloß hat ihre frühere Rolle als Residenz, Markt und Ort der großen Volksversammlungen *(kabary)* verloren; sie übernimmt heute vor allem kulturelle neben einigen administrativen Funktionen. An den abschüssigen gekrümmten Straßen und Plätzen liegen außer Wohngebäuden und wenigen kleinen Geschäften die Schulen und die Hauptkirchen der christlichen Religionen. Die Mittelstadt auf den benachbarten Höhen und Hängen hat, durchsetzt von Geschäften und Handwerksbetrieben, überwiegend Wohnfunktion für den Mittelstand. Noch ziehen sich schmale Treppchen und enge Gassen zwischen ummauerten kleinen Gärten hindurch, doch werden die Ziegelhäuser des 19. Jh., die einst die Holzhäuser ablösten, heute zunehmend durch nüchterne, mehrgeschossige Zementbauten ersetzt, die das malerische Bild beeinträchtigen.

Neben dieser verschachtelten Altstadt, die noch den frühen kolonialzeitlichen Stil erkennen läßt, ist die jüngere, regelmäßig angelegte Unterstadt Träger großstädtischer Funktionen mit allen Sparten der Dienstleistungen. An der zum Bahnhof führenden Hauptverkehrsader entfaltet sich der bunte Markt *(zoma)* und liegen hinter Arkaden die Geschäfte des gehobenen Bedarfes. In den Seitenstraßen mischen sich Wohngebäude mit kleineren Läden und Büros. Trotz seiner noch starken Wohnfunktion entwickelt sich in diesem verkehrsreichen Stadtteil eine City als Geschäftszentrum.

Nach dem Zweiten Weltkrieg wuchs Tananarive weit in das Umland hinaus, hat sich doch seine Einwohnerzahl seitdem, vor allem durch Zuzug von außen, fast verdreifacht (1973: 450 000 Einw.). Auf den Hügelketten im Osten sind neben Kasernen, Schulen und dem großen Universitätscampus neue Wohnviertel der gehobenen Schicht entstanden. Hier gibt es, wie in der ganzen Stadt, keine Trennung zwischen Madagassen und Ausländern; diese nehmen rasch ab und umfaßten 1973 nur noch 3,4 % der Stadtbevölkerung. Im Nordwesten an der Ausfallstraße nach Majunga, wo die Stadt mit dem großen Vorort Ambohimanarina zusammenwächst, liegen zahlreiche Betriebe der Leichtindustrie, die auch über die westlichen und südlichen Stadtviertel verteilt ist. Tananarive hat eine zwar vielseitige, doch überwiegend kleinbetriebliche Industrie, die nur etwa ein Fünftel der Erwerbstätigen beschäftigt. Hingegen ist der tertiäre Sektor mit 71 % der Erwerbstätigen übermäßig stark entwickelt; außer den in der Innenstadt ansässigen Banken und Handelsunternehmen hat der große Verwaltungsapparat einen hohen Anteil. Am Anosysee im Südwesten wurde ein Regierungsviertel mit Ministerien und anderen staatlichen Behörden errichtet, das sich mit seinen großen Bauten scharf von der engverbauten Altstadt abhebt.

Der ungeheuere Bevölkerungszustrom zwang zur Erschließung neuer Wohngebiete im Westen für einkommensschwächere Schichten. Sie sollen die übermäßig belegten älteren Stadtteile und Elendsquartiere entlasten, aber auch die unkontrolliert gewachsenen Slumsiedlungen am Stadtrand ersetzen. Die Niederung im Westen ist allerdings trotz der Dammbauten immer noch von regenzeitlichen Überschwemmungen bedroht, so daß man weitere Wohnviertel auf den Bergen im Osten erschließen will und damit wieder zu der von den Madagassen bevorzugten Höhensiedlung zurückkehrt.

Das immer noch reizvolle, bunt belebte Stadtbild läßt auch die großen Planungsprobleme der Zukunft erkennen. Die wachsende Bevölkerung erfordert neue Wohnviertel, die älteren Stadtteile sind unzureichend mit Wasser und hygienischen Einrichtungen ausgestattet und sanierungsbedürftig. Der Orts- und Fernverkehr blockiert zeitweilig die Innenstadt und erfordert weitere Straßenbauten. Die starke Zuwanderung hat eine wachsende Arbeitslosigkeit zur Folge; so konnten 1973 nur 9 % der Stellengesuche durch Angebote gedeckt werden. Der durchschnittliche Lebensstandard ist niedrig; nach einer noch keineswegs überholten Untersuchung von 1961 gehörten nur 6 % der Bevölkerung der Ober- und Mittelschicht an, während zwei Drittel als arm und ein Viertel als Elendsbevölkerung unter dem Existenzminimum eingestuft wurden. Die Schaffung neuer Arbeitsplätze, insbesondere im sekundären Sektor, ist deshalb vordringlich, wird jedoch durch die mangelnde Investitionsbereitschaft behindert. Der Zustrom an Menschen muß durch Dezentralisierung vermindert werden, d. h. durch die Förderung der übrigen Landesteile und besonders der ländlichen Gebiete, die von der Abwanderung bedroht sind. Die Stadtplanung kann ihre Aufgaben nur erfüllen, wenn sie durch die koordinierten Maßnahmen der Landesplanung unterstützt wird. Andernfalls droht Tananarive der überstürzten Urbanisierung, der seine Infrastruktur nicht gewachsen ist, zu erliegen.

Die Kultivierung der ehemals versumpften Niederungen, insbesondere der *Betsimitatatra-Ebene* westlich der Stadt, mit Deichbauten und umfangreichen Be- und Entwässerungsanlagen, wurde unter den Merinakönigen seit dem 18. Jh. begonnen und in der Kolonialzeit fortgesetzt. Hier herrscht der Reisanbau mit mehrfachen Ernten im Jahr und relativ hohen Erträgen. Der untere Teil der Hänge dient dem Regenfeldbau mit Mais, Maniok, Gemüse und Fruchtbäumen. Der obere Teil der Höhen *(tanety)*, seit Jahrhunderten entwaldet und mit hartem Gras bewachsen, trägt kleine aufgeforstete Eukalyptuswäldchen und isolierte Felder und wird vor allem als extensive Weide genutzt. Die Bevölkerung lebt teils noch in verstreuten Weilern auf den Anhöhen, meist drängt sie sich aber in den großen Dörfern am Rande der Niederungen, während die vielen von Wällen und Gräben umgebenen früheren Höhenfestungen heute verlassen sind.

Das dichte Gefüge der Parzellen im Umland der Stadt läßt die kleinbäuerliche Struktur erkennen. Erbteilung, Kauf und Verpachtung und der Landerwerb durch frühere Sklaven brachten eine hohe Mobilität der Grundstücke, die sich häufig im Besitz von Stadtbewohnern befinden. Die Nähe der Stadt hat mit ihrem großen Bedarf an Lebensmitteln die Markt- und Geldwirtschaft gefördert und insbesondere den kleinparzelligen Gemüseanbau verstärkt. Doch dient die Landwirtschaft noch immer weitgehend der Selbstversorgung. Die Markteinkünfte werden durch Handwerk und Lohnarbeit ergänzt. Die Großstadt beeinflußt heute ihr Umland weniger als Konsumzentrum, sondern vielmehr als Anziehungspol für Abwanderer und einen umfangreichen Pendlerstrom mit voller oder teilweiser Beschäftigung in den städtischen Berufen.

Die Ebenen um Tananarive stellen eine dicht erschlossene Kulturlandschaft dar, die noch in traditionellen Wirtschaftsmethoden verharrt. Die Stadt bietet zwar Verdienstmöglichkeiten durch Absatz und Arbeitsplätze, doch sind von ihr wenig Impulse ausgegangen, die Agrarwirtschaft zu modernisieren. Die Konzentration auf den Naßreisanbau hat den Regenfeldbau zurückgedrängt, wie viele brachliegende Terrassen zeigen. Durch eine verstärkte Nutzung der Höhen könnte die Produktion variabler gestaltet und die Abhängigkeit vom Reisanbau vermindert werden.

Die *Randgebiete* des zentralen Imerina werden von Tananarive aus durch ein radiales Netz von Verkehrslinien erschlossen. Längs dieser Straßen und Bahnen verdichten sich Bevölkerung und Bodennutzung, während die oft von Granitblöcken gekrönten Rücken dazwischen nur kleine Weiler inmitten verstreuter Felder und Weideflächen tragen. Die Anteile von Naßreis- und Regenfeldbau sind ausgeglichener als im Umkreis der Stadt; die Zahl der Vollerwerbsbetriebe nimmt zu, die Landflucht ist geringer und die sozialen Unterschiede sind weniger groß als im übervölkerten Einflußbereich der Metropole.

Nach Osten führen Bahn und Straße durch Reisfeldniederungen und über den Marktort *Manjakandriana* zum bewaldeten Steilrand des Hochlandes. Der abseits gelegene reizvolle *Mantasoasee* hat einen bescheidenen Fremdenverkehr mit Ferienhäusern; die Steinbauten des 19. Jh. künden hier noch von den Versuchen des Franzosen LABORDE, Handwerk und Industrie zu aktivieren. Im Nordosten von Tananarive liegt die umwallte frühere Königsresidenz vom *Ambohimanga*; sie ist mit ihrem Steintor, dem bescheidenen Holzhaus des Königs ANDRIANAMPOINIMERINA und dem Sommerschloß der Königinnen Wahrzeichen der Merinamacht. Im Nordwesten reihen sich an der Hauptstraße nach Majunga belebte Reihendörfer und Städte — so *Ambohimanarina* als verstädterter Vorort von Tananarive und *Ambohidratrimo*, ehemals Residenz eines Teilkönigreiches mit Königsgräbern auf dem ›heiligen Hügel‹. Ein dichter Verkehr verbindet die Hauptstadt mit dem internationalen Flugplatz von *Ivato*, dem Mittelpunkt des madagassischen Luftverkehrs. Der Ort ist am Rande einer seenreichen Reislandschaft durch Zuzug aus Tananarive und aus dem Umland sehr stark angewachsen. Im Nordwesten lockert sich das Siedlungsgefüge rasch auf und die Straße steigt hinter Mahitsy zu den einsamen Hochflächen der Tampoketsa an.

Nach Westen zieht die Nationalstraße 1 durch ein granitisches Hügelland, in dem Reisfelder, von Erosionsrissen zerschnittene Höhen, kleine Eukalyptuswälder und Dörfer mit Lehmziegel- und Backsteinhäusern rasch abwechseln. *Arivonimamo* und *Miarinarivo* mit seiner aufwendig großen Kathedrale sind kleine Verwaltungszentren. Westlich davon liegt das Vulkangebiet um den *Itasysee*, mit seinen baumlosen Basaltkuppen, -kegeln und -kratern eine der anmutigsten Landschaften der Insel, Wochenendziel wohlhabender Tananarivenser. Der nährstoffreiche dunkle Boden trägt vielfältige Kulturen, darunter Erdnüsse und Tabak für den Verkauf. Die Aleuritpflanzungen zur Gewinnung des Tungöles, eines der wenigen europäischen Kolonisationsgebiete im Hochland, sind heute allerdings unrentabel geworden und verwildern. Neu für den Reisanbau erschlossen wurde hingegen die von einem Lavastrom abgesperrte *Ifanjaniederung* weiter im Norden; spontane und gelenkte Immigration hat hier die Bodennutzung aktiviert, die mit Hilfe nordkoreanischer Techniker im noch versumpften Gelände weiter ausgedehnt werden soll. Im Westen zieht die Straße durch das immer noch siedlungsarme ehemalige Grenzgebiet zwischen Merina und Sakalava, wo die Viehhaltung vorherrscht, wie die großen Viehherden zeigen, die zu den Märkten und Schlachthäusern des zentralen Imerina getrieben werden.

Von Tananarive nach Süden führt die verkehrsreichste Achse des Landes, die mit Bahn und zahllosen Kleinbussen den dichten Markt- und Pendelverkehr bewältigt und die einzige Landverbindung zu den südlichen Landesteilen herstellt.

Das zentrale Imerina mit seinem auf Tananarive ausgerichteten Städtenetz überragt die Randgebiete im Bildungsgrad und Lebensstandard. Verstädterung, rasches Volkswachstum und steigende Ansprüche bringen hier aber auch zunehmend soziale Spannungen mit sich. Die Planung muß versuchen, die Entwicklung durch marktorientierte stärkere Streuung des Anbaus und neue gewerbliche Arbeitsplätze außerhalb der Hauptstadt zu steuern und den Überdruck durch neue Kolonisationsgebiete im Westen abzubauen. Als agrarisch weitgehend selbstversorgender und gewerblich stark an die Zufuhr von Importen aus Tamatave gebundener Wirtschaftsraum ist das zentrale Imerina noch ungenügend mit den übrigen Landesteilen koordiniert.

10.1.2. Das Ankaratragebiet (Vakinankaratra)

Der Gegensatz zwischen dem bis 2643 m aufragenden *Ankaratramassiv*, aufgebaut aus Basaltdecken über dem Grundgebirgssockel, und den randlichen, ehemals von Seen erfüllten Becken charakterisiert diesen Raum. Das von Schluchten zerschnittene, ganzjährig wind- und regenreiche Gebirge hat Minimaltemperaturen weit unter dem Gefrierpunkt und trägt auf den Hochflächen und Gipfeln über den entwaldeten Hängen noch eine Gebirgsflora mit niedrigen Büschen und Bäumen, Heidekraut, Moosen und Flechten. Aufforstungen mit Kiefern haben größeren Flächen ein neues Gesicht verliehen; sie dienen der Holzversorgung und mindern vor allem die Erosionsgefahr, werden aber häufig durch Weidebrände bedroht.

Die aus Merina und Betsileo gemischte Bevölkerung ist aus den benachbarten Becken bis in Höhen über 2000 m vorgedrungen, wo sich die Streusiedlungen auf den großen Weidegebieten verlieren. Der Reisanbau reicht in den schmalen Tälern bis 1800 m; Gemüse und Kartoffeln, die in den Städten seit der Kolonialzeit Absatz finden, werden in noch größerer Höhe gepflanzt. *Faratsiho* ist inmitten seines von Reisfeldterrassen malerisch gesäumten Beckens eine der höchstgelegenen Städte der Insel (1700 m). Wenige Verkehrslinien queren das häufig unter Wolken liegende Gebirge, das bisher für den Tourismus noch kaum erschlossen ist.

Um so belebter sind die großen, für den Reisanbau drainierten Niederungen, die sich am Ostfuß des Gebirges reihen und an ihren Rändern außer zahlreichen Dörfern in Ambatolampy, Ambohimandroso, Antanifotsy und Ambohibary ländliche Marktzentren besitzen. Neben dem Naßreisanbau spielt der Regenfeldbau mit Mais, Bohnen, Kartoffeln, Obst und Gemüse eine zumindest gleichrangige Rolle. Bahn und Straße verbinden diese Beckenräume über weniger besiedelte Höhen hinweg und begünstigen Absatz und Kontakte zur Hauptstadt.

Führendes Zentrum des Vakinankaratragebietes ist *Antsirabe*, ebenfalls in einer weiten Ebene gelegen, das sich seit der Jahrhundertwende rasch und dynamisch zu einer Stadt mit über 30 000 Einw. und vielseitigen Funktionen entwickelt hat. Begünstigt durch seine warmen Mineralquellen und das frische Hochlandklima in 1500 m Höhe wurde es in der Kolonialzeit zum vielbesuchten Luftkur- und Badeort. Wichtiger ist heute seine industrielle Funktion, gefördert durch die Agrarproduktion und die Arbeitskräfte der Umgebung, durch gute Verkehrsverbindung und Energieversorgung. Reis- und Fleischverarbeitung, große Textil-, Getränke- und Zigarettenfabriken machen Antsirabe zu dem nächst der Hauptstadt am stärksten industrialisierten Ort der Insel, dessen Erwerbstätige zu einem Drittel im gewerblichen Sektor beschäftigt sind. Zudem ist die Stadt Sitz einer Präfektur und eines Bistums, Verkehrsknotenpunkt und Markt für die vielseitige Agrarwirtschaft des Umlandes mit Reis-, Gemüse-, Obst- und Tabakanbau auf fruchtbaren vulkanischen Böden. Die Stadt muß ihren Umlandeinfluß noch verstärken und ihre Industrie weiter diversifizieren, damit sie ein selbständiges Zentrum nahe der Hauptstadt bleiben kann.

Der Marktort *Betafo*, historischer Mittelpunkt des Ankaratragebietes mit ehemals befestigter Residenz *(rova)*, hat durch die Konkurrenz des nahen Antsirabe an Bedeutung verloren und sank zum Unterzentrum ab. Seine malerische Umgebung mit jungen Vulkankegeln, an denen sich Feldterrassen emporziehen, erinnert an die Landschaft andiner Becken in Südamerika.

Der schroffe Unterschied zwischen dem einsamen Gebirge und seinem bevölkerungsreichen Ostsaum kann nur durch eine bessere Integration der Teilgebiete des Vakinankaratra gemildert werden, wobei der Gebirgsraum durch Holzgewinnung, intensivierte Viehzucht, vielleicht auch durch Kraftwerke und Fremdenverkehr wirtschaftlich aktiviert werden könnte. Damit würde dieser Übergangsraum zwischen Merina- und Betsileogebiet über die Bedeutung von Antsirabe hinaus ein größeres Eigengewicht erhalten.

10.1.3. Das Betsileoland

Der Lebensraum des Betsileovolkes ist der Abschnitt des Hochlandes, in dem das Gebirgsrelief am stärksten untergliedert und in viele kleine Teilbereiche aufgelöst ist. Der Gebirgssockel, im Merinaland breit gelagert und von weiten Becken und Tälern durchzogen, verengt sich nach Süden, wo er am Übergang zum Baraland im *Andringitra*massiv (2658 m) kulminiert. Die Flüsse haben sich sowohl vom östlichen Steilrand wie vom Westen her tief in den Sockel eingeschnitten und ihn in ein engmaschiges Netz von Höhenrücken und Tälern zerlegt. Der Steilrand im Osten, das tiefe Maniatal im Norden, der scharfkantige Quarzitkamm des Itremo im Westen und das Granitmassiv Andringitra im Süden bilden die klare Begrenzung dieses schmalen, doch dicht besiedelten und intensiv genutzten Raumes.

Siedlungs- und Anbaustruktur passen sich dem gekammerten Relief an. Zwar folgt der Nord-Südachse von Ambositra über Fianarantsoa bis Ambalavao eine Reihe von breiteren Talungen, in denen sich größere Dörfer und Städte entwickeln konnten. Doch werden diese auf den seitlichen Höhen und in den Nebentälern rasch von Kleindörfern, Weilern und einzelnen Höfen abgelöst. Diese für Madagaskar ungewöhnlich hohe Siedlungszerstreuung folgt dem in kleine Zellen gegliederten nutzbaren Land; sie wurde durch die Befriedung der Insel und die Individualisierung des Grundbesitzes verstärkt.

Der Reisanbau erreicht im Betsileogebiet seine höchste Entwicklung auf der Insel. Kanäle und geschwungene Deiche begrenzen das feinmaschige Netz der Felder in den Niederungen, zahllose, dem Relief genau angepaßte schmale Terrassen gliedern die Hänge und bezeugen augenfällig Fleiß und Geschick der Betsileobauern. In keinem Teil des Landes wird der Boden mit ähnlicher Sorgfalt planiert, für die Saat vorbereitet, gedüngt und aus Saatbeeten bepflanzt; Erwerb und Besitz von Reisfeldern sind das höchste Ziel. Der Regenfeldbau an den Händen tritt mit Mais, Bohnen, Maniok und Bananen hinzu, der Anbau von Kaffee, Tabak, Erdnüssen und Kartoffeln dient zum Teil dem Marktverkauf. Doch spielen diese Kulturen neben dem Reisanbau nur eine untergeordnete Rolle. Aber auch die Viehhaltung hat geringere Bedeutung als im Westen oder Süden der Insel und dient mehr der Bodenbearbeitung, der Düngung und dem Verzehr bei Festen als dem Marktverkauf. So nimmt die Intensität der Bewirtschaftung abseits der Reisfelder stark ab und die mit Wechselfeldern und Weiden genutzten Höhen tragen weithin nur eine dürftige, durch Weidebrände degradierte Grasvegetation. Größere Aufforstungen mit Eukalypten und Kiefern wurden nur bei Fianarantsoa und Ambohimahasoa angelegt.

Das Betsileoland kann sich mit Grundnahrungsmitteln selbst versorgen und Überschüsse an Reis in die südöstlichen und südlichen Landesteile exportieren. Die sehr rasch wachsende Bevölkerung erfordert jedoch eine erhöhte Produktion, die indes durch die Betriebsstruktur begrenzt ist. In den durchschnittlich nur etwa ein Hektar großen Betrieben läßt sich die Nutzung auf den gartenbauartig bestellten winzigen Parzellen kaum mehr intensivieren, und die für den Reis erschließbaren Flächen sind fast restlos besetzt. Die Agrarstruktur könnte verbessert werden, wenn man die verstreuten Parzellen zusammenlegt, um sie rationeller zu bewirtschaften, und die Zusammenarbeit der Kleinbetriebe fördert. Zudem sollte neben dem einseitig bevorzugten Reisanbau der Regenfeldbau auf den Hängen noch weiter ausgedehnt werden, wozu in dem steilen Gelände häufig Terrassen notwendig sind. Auch in Zukunft wird ein Teil der Bevölkerung aus dem zu eng gewordenen Heimatraum in die westlichen Kolonisationsgebiete abwandern müssen.

Auch die städtischen Zentren, die sich an der Nord-Südachse zwischen den Straßendörfern aufreihen, bieten im sekundären und tertiären Wirtschaftssektor nur eine begrenzte Zahl von Arbeitsplätzen. Die erste Betsileostadt, die man südlich des Tapiapasses, der Grenze zum Merinaland, erreicht, ist *Ambositra*. Es hat sich zwischen den höheren Zentren Antsirabe und Fianarantsoa zum Mittelzentrum mit Verwaltungs- und Marktfunktionen entwickelt. Sein genossenschaftlich organisiertes Holzhandwerk hat einen guten Ruf und stellt Einlegearbeiten, Skulpturen und Möbelstücke von kunstgewerblichem Rang her, verbunden mit einer Handwerkerschule. Ambositra ist zudem ein kleiner Verkehrsknoten; von hier führen Seitenstraßen zu den Unterzentren *Fandriana* im Osten mit seinem hübschen Ortsbild aus Backsteinhäusern und *Ambatofinandrahana* im Westen mit warmen Quellen, Marmorbrüchen und einer verdienstvollen Missionsstation.

Weiter südlich folgt an der Hauptstraße *Ambohimahasoa*, Marktort und früherer Stützpunkt der Merina und der Kolonialmacht.

Fianarantsoa ist mit etwa 55 000 Einw. das Oberzentrum des südlichen Hochlandes, ohne jedoch mit der Hauptstadt im Norden konkurrieren zu können. Der Ort hat sich auf hügeligem Gelände über kleinen Talweitungen erst seit dem 19. Jh. zur Stadt entwickelt, nachdem er zuerst durch die Betsileo, dann durch die Merinaherrscher und Franzosen als strategische Basis ausgebaut worden war. Als Verwaltungszentrum ist Fianarantsoa zur Provinzhauptstadt aufgestiegen, doch besitzt es nur einen begrenzten wirtschaftlichen Einflußbereich. In dem dreigeteilten Stadtbild spiegeln sich Lage und Entwicklung wider. Die Altstadt umgibt auf der Höhe mit Markt und Kathedrale die frühere befestigte Residenz, die regelmäßig angelegte Mittelstadt umfaßt das jüngere Verwaltungsviertel, während die Unterstadt an der Durchgangsstraße und Bahnlinie neben der Wohnfunktion dem Handel, Verkehr und einer bescheidenen Industrie dient. Im Baustil mischen sich die meist weißgetünchten Lehmhäuser der Betsileo mit den durch die Merina eingeführten Backsteinhäusern und heute zunehmend mit modernen Zementgebäuden, während die früheren Holzbauten wie überall im Hochland verschwunden sind. Die Bevölkerung umfaßt neben den Betsileo auch Merina, Inder und Chinesen als Händler und wenige andere Ausländer. Am Rande geht die Stadt fließend in das dichtbevölkerte Umland mit seiner vielseitigen Agrarproduktion über. Neubauviertel nehmen den im Vergleich zu Tananarive bescheidenen Volkszuwachs auf.

Neben den Verwaltungsaufgaben übernimmt Fianarantsoa mit zahlreichen Schulen bedeutende Kulturfunktionen. Die gut ausgebaute Bahn- und Straßenverbindung nach Osten ermöglicht den Austausch von Agrarprodukten mit dem Tiefland und den Import von den Häfen der Ostküste. Durch den weiteren Ausbau seiner Handels- und Industriefunktionen könnte Fianarantsoa im Zuge der Dezentralisierung ein stärkeres Gegengewicht zu Tananarive bilden.

Ambalavao schließt als Mittelzentrum und Tor zum Süden die Städtereihe des Betsileolandes ab. In einem weiten Talbecken gelegen, hat es als regionaler Markt-, Schul- und kleiner Industrieort sein agrarisches Hinterland wirtschaftlich gefördert.

Um den Kernraum der Betsileo legen sich die bevölkerungsarmen Trockensavannen im Süden und Westen und der Regenwald im Osten. Diese naturräumlich sehr verschiedenartigen Randgebiete sind von der Emigration aus dem übervölkerten Zentralraum durchsetzt worden.

10.1.4. Das nordwestliche Hochland (Tampoketsa)

Der Kontrast zwischen dem engräumigen, dicht besiedelten Osten des Hochlandes und seinen weitflächigen, einsamen Randgebieten zeigt sich eindrucksvoll, wenn man die Tampoketsa (Hochplateaus) zwischen Tananarive und Majunga quert. Der Blick umfaßt hier, nur stellenweise durch höhere Inselberge begrenzt, die großen Verebnungsflächen tertiären Alters, die den nach Nordwesten abtauchenden Grundgebirgssockel gliedern. Die ältesten dieser Flächen liegen, wie die Tampoketsa von Ankazobe und Fenoarivo, beiderseits des Ikopatales in über 1500 m Höhe, die jüngeren, tieferen greifen vom Nordwestrand her in den Sockel ein. Die großen, am regenreichen Ostrand des Hochlandes wurzelnden Flüsse Betsiboka, Ikopa und Mahajamba haben die Hochplateaus mit tiefen Tälern zerschnitten.

Mit fünf bis sechs ariden Monaten im Jahr bereits wesentlich trockener als das östliche Hochland, liegen die Tampoketsa am Übergang von der Feucht- zur Trockensavanne. Die artenarme Grasflur wird nur in Tälern und an steilen Hängen von niedrigen Baum- und Buschbeständen unterbrochen und verstärkt die Monotonie der Flächen. Sie ist erst durch jahrhundertelange Weidebrände entstanden. Das gestörte natürliche Gleichgewicht zeigt sich in der Degradierung

nicht nur der Vegetation, sondern auch der Ferrallitböden, die auf den
Hochflächen stellenweise verkrustet und wenig geschützt der Abtragung ausge-
setzt sind. Die an den Hängen gleich roten Wunden leuchtenden Erosionsrisse
(lavaka) erweitern sich in der Regenzeit rasch über dem gleitenden Unterboden.
Aufforstungen mit Kiefern und Eukalypten schützen bisher nur kleine Teile der
Tampoketsa, so in der Umgebung des Waldes von Ambohitantely, der noch ein
Rest der ursprünglichen Vegetation bei Ankazobe ist.

Zwischen den siedlungsabweisenden Hochflächen haben sich nur in den breiteren Tälern größere Dörfer entwickelt. Bis in das 19. Jh. war dieser breite Grenzsaum zwischen den Volksgruppen der Merina, Sakalava, Sihanaka und Tsimihety
fast unbewohnt und zeitweilig umkämpft; er wurde nur von verstreuten Herden
mit ihren Hirten durchzogen. Seitdem wanderten zwar Merina, Betsileo und Tsimihety ein, doch ist die Bevölkerungsdichte in diesen großflächigen Gemeinden
fast überall unter 5 je qkm geblieben. Neben wenigen, in der Regenzeit unbefahr-
baren Pisten erschließt den Raum nur die Hauptstraße von Tananarive nach Majunga, an der sich die Siedlungen stellenweise verdichtet haben und der Baustil des
Hochlandes mit Ziegelhäusern nach Nordwesten vorgedrungen ist.

Die Ernährungsbasis ist mit kleinen, auf die Täler beschränkten Reisfeldern
nur schmal. Die Hochplateaus tragen verstreute, im Regenfeldbau bestellte Parzellen für die Selbstversorgung. Der weitaus größte Teil der Grassavanne wird
auch heute noch durch die sehr extensive Viehhaltung mit wandernden Herden
und jährlichen Weidebränden genutzt.

So sind die Tampoketsa ein wenig erschlossener Übergangsraum am Außen-
rand der Provinzen Tananarive, Majunga und Tamatave geblieben. Die kleinen
zentralen Orte liegen fast alle an der Grenze zu den bevölkerungsreicheren Nach-
bargebieten im Nordwesten (Maevatanana, Mampikony) oder im Südosten (Ankazobe, Andilamena). Nur *Tsaratanana* im Mahajambatal hat sich innerhalb des
Gebietes zum bescheidenen Unterzentrum entwickelt. Der Chromerzbergbau
von Andriamena im Osten führte zu keiner Siedlungsverdichtung; er ist ver-
kehrsmäßig über den Alaotrasee an die Ostküste gebunden. Die Tampoketsa haben keine eigenständige wirtschaftliche Bedeutung; der Brandrodung ist fast nur
die extensive Weidewirtschaft, jedoch nicht die großflächige Kolonisation gefolgt,
die sich vom Merina- und Betsileoland vielmehr in den angrenzenden Mittleren
Westen vorgeschoben hat.

10.1.5. Der Mittlere Westen

Als Naturraum ist der Mittlere Westen dem nordwestlichen Hochland ähnlich. Auch hier beherrschen das Relief weite Verebnungen, die allerdings tiefer liegen und jünger sind als dort. Die Abgrenzung nach Westen ist am Rand des Sok-
kels *(Bongo Lava)* längs einer Bruchlinie über der Randniederung schärfer als im

Nordwesten. Die Flächen werden von den Flußsystemen des Mania und Mangoky zerschnitten; andererseits ragen isolierte Inselberge aus Granit und harte Quarzitkämme, wie die des Itremogebirges, über sie auf. Mit etwa halbjähriger Trockenzeit und dürftiger Grassavanne als Folge der Entwaldung gleicht der Raum dem Tampoketsagebiet.

Die Bevölkerungsdichte liegt in diesem ehemals umstrittenen Niemandsland zwischen Merina und Betsileo im Osten, Sakalava im Westen durchschnittlich noch unter 5 Einw./qkm. Doch haben einzelne Teilgebiete durch die gelenkte oder spontane Kolonisation der letzten Jahrzehnte einen erheblichen Zuzug erfahren.

Große Hoffnungen wurden auf das Kolonisationsprojekt in der *Sakay* westlich von Tananarive gesetzt. Hier entstand auf der vor 30 Jahren noch fast menschenleeren zertalten Hochfläche eine neue Kulturlandschaft mit verstreuten kleinen Einzelgehöften und hangparallelen Feldterrassen. *Babetville* ist mit Markt, Geschäften und Verarbeitungsbetrieben zum neuen Zentrum dieses Raumes geworden. Die Erschließung begann noch in der Kolonialzeit 1952 mit der Ansiedlung von Emigranten der Insel Réunion. Auf den planmäßig zugeteilten Grundstücken sollte mit Regenfeldbau von Mais, Maniok, Erdnüssen, Bohnen u. a. und mit Viehhaltung, insbesondere Schweinezucht, die Selbstversorgung gesichert und Marktüberschüsse erzielt werden. Für einen Teil der oft landwirtschaftlich unerfahrenen und mit hohen Subventionen gestützten Kolonisten hat die Ansiedlung zwar eine neue Existenzgrundlage gebracht, doch leben manche aus Mangel an Kapital und eigener Aktivität bis heute in dürftigen Verhältnissen.

Vermehrte Schwierigkeiten traten bei der gelenkten Ansiedlung einheimischer Kolonisten auf. Auch sie waren ungenügend vorbereitet und z. T. schlecht ausgewählt, wurden auf zu kleinen Betrieben angesiedelt und litten unter der Konkurrenz der benachbarten weißen Siedler. Häufig sträubten sie sich gegen die neuen Wirtschaftsmethoden der europäischen Technokratie.

So muß heute bei der Kolonisation des Mittleren Westens ein anderer Weg eingeschlagen werden, der seit 1967 von der Opération de Développement du Moyen-Ouest (ODEMO) gesucht wird. Die behutsam gesteuerte, spontane Kolonisation, die traditionelle Nutzungsformen aufgreift und weiterentwickelt, muß die überstürzten und starren Methoden der gelenkten Ansiedlung ersetzen. Dabei soll die ökologisch angepaßte Rindviehhaltung mit verbesserten Weiden wieder mehr in den Vordergrund treten und der Regenfeldbau, u. a. mit Bergreis, gefördert werden. Versuchsgüter, wie die große Viehfarm von Kianjasoa, können dabei wertvolle Anregungen geben. An die Stelle anonymer Anordnungen muß die persönliche Beratung treten, die nicht nur die Produktionssteigerung, sondern auch die dauerhafte Integration der Kolonisten zum Ziele hat. Es bleibt abzuwarten, wieweit die sozialistische Regierung diesen Weg, der schon 1970 von J. P. RAISON gefordert wurde und sowohl der Landesnatur wie der Mentalität der Bevölkerung gerecht zu werden versucht, weiterverfolgt. Die neue Straße von Antsirabe nach Miandrivazo, die neben die schwierig befahrbare und bisher einzige Querverbindung von Ambositra nach Morondava getreten ist, kann sich dabei zu einer tragfähigen Achse der Kolonisation entwickeln.

Vorläufig ist der Mittlere Westen noch ein passiver, überwiegend der Wanderviehhaltung dienender Ergänzungsraum der Provinzen von Tananarive und Fianarantsoa. Die zuständigen zentralen Orte liegen fast alle im angrenzenden Merina- und Betsileoland (Miarinarivo, Betafo, Ambatofinandrahana, Fianarantsoa und Ambalavao). Nur *Tsiroanomandidy* entstand als Verwaltungszentrum, Markt und Bistumssitz innerhalb des Raumes. Es hat sich zum großen Viehmarkt entwickelt, der das Angebot aus dem Westen sammelt, vermarktet und in die Verbraucherzentren im Osten weiterleitet. Ein anderer Großviehmarkt ist *Mandoto* an der neuen West-Oststraße. Weiter im Süden, wo neben viehhaltenden Bara Betsileo eingewandert sind und um Solila und Ankaramena Reis- und vielseitigen Regenfeldbau eingeführt haben, fehlen zentrale Orte. Von Fianarantsoa aus führen nur schmale Stichstraßen in den Mittleren Westen; dort lag früher auf hohem Felsen die ehemalige Betsileohauptstadt *Fanjakana*.

Im Rahmen der Landesplanung verdient der Mittlere Westen eine gesteigerte Förderung. Seine Erschließung kann jedoch nicht allein das Problem der Übervölkerung des Ostens lösen; ergänzend muß die erweiterte Kolonisation im westlichen Küstengebiet, aber auch die wirtschaftliche Aktivierung der dichtbesiedelten Hochlandgebiete hinzutreten.

10.1.6. Das südwestliche Hochland (Baraland)

Das Heimatgebiet der Bara ist sowohl natur- wie kulturgeographisch ein Übergangsraum zwischen dem Hochland und dem Süden der Insel. Auf der Fahrt von Fianarantsoa nach Tuléar quert man hinter Ambalavao die hohen Gebirgsketten des Andringitramassives und erreicht einsame weitgespannte Ebenen, die nur von einzelnen Inselbergen überragt werden. Der Grundgebirgssockel dacht sich sanft von 1100 m auf 800 m Höhe ab und wird von ausgedehnten tertiären Rumpfflächen mittleren und jüngeren Alters überzogen, besonders eindrucksvoll im *Plateau von Horombe*. Die Westgrenze liegt an den bizarren, ruinenhaft abgetragenen Sandsteinketten des *Isalo*, einer der imposantesten Landschaften der Insel. Die Südgrenze bildet der Steilrand des ›Rebord manambien‹, der wohl tektonisch mit dem Vulkanmassiv von Androy entstanden und durch Erosion ausgeformt worden ist. Im Osten bestimmen die Randketten des Hochlandes die Grenze, unterbrochen von der tektonischen, mit Seesedimenten erfüllten Senke von Ranotsara, die zum südöstlichen Küstenvorland überleitet.

Auch das Klima ist reich an Kontrasten. Der Ostrand hat unter dem Einfluß des Passates noch immerfeuchtes Klima, das aber auf der Leeseite rasch trockener wird und im Westen acht aride Monate aufweist. Entsprechend wandelt sich die Vegetation vom Regenwald im Osten zur Grassavanne, die nur von schütterem

Busch oder weitständigen Palmen durchsetzt ist, wobei auch hier Brandrodung und Weide den Pflanzenbestand verarmen ließen. Mit zunehmender Trockenheit gehen die ferrallitischen, häufig von Lateritkrusten bedeckten Böden des Hochlandes in die wenig entwickelten und humusarmen fersialitischen Böden des Südwestens über. Die aus dem Feinerdematerial errichteten Türme der Termiten ragen leuchtend rot aus der graugrünen Grassavanne.

Im Gegensatz zu den Reisbauern der Merina und Betsileo sind die Bara, angepaßt an den Naturraum, ein Hirtenvolk. Mit durchschnittlich über 4 Stück Vieh je Einw. wird hier die höchste Bestandsdichte auf der Insel erreicht. Mehr noch als in anderen Teilen Madagaskars bestimmt bei den Bara die Größe der Herde den sozialen Rang des Besitzers; das Zeburind ist Maßstab für alle Werte. Weite Herdenwanderungen sind erforderlich, um mit dem jahreszeitlichen Wechsel die Weiden zu nutzen. Weit geringer als ihre symbolische Bedeutung ist der Marktwert der oft schlecht ernährten Bestände. Der Feldbau spielt nur eine untergeordnete Rolle; kleine, oft im Landwechsel bestellte verstreute Parzellen werden mit Maniok, Batate und Erdnüssen überwiegend zur Selbstversorgung bepflanzt. Der Naßreisanbau ist nur in den Talgründen, namentlich im feuchteren Osten des Raumes, möglich. Er ist durch die eingewanderten Betsileo gefördert worden, deren Einfluß sich auch in der Lehmbauweise zeigt, die zudem durch den Holzmangel weiter vordringt.

Abgesehen von den Viehlieferungen in die benachbarten Bedarfsräume (Fianarantsoa, Tuléar, Südostküste) ist die agrarwirtschaftliche Bedeutung des Baralandes gering. Wichtig für den Auslandsexport ist nur der Abbau von Phlogopitglimmer (Mica) im Süden um Ampandrandava und Benato, der aber vor allem Arbeiter der Antandroy beschäftigt.

So ist die Existenzgrundlage der Bara in diesem Trockenraum, eingeengt durch immigrierte Betsileo im Norden und Antanosy im Süden, nur schmal. Deshalb wandern zahlreiche Bara in die Küstengebiete des Westens und Nordwestens aus; ein Teil von ihnen kehrt später zurück, um mit erspartem Geld wieder Vieh zu erwerben.

Der niedrigen Bevölkerungsdichte mit unter 5 Einw./qkm entspricht die geringe Zahl der zentralen Orte, die wirtschaftlich wenig in ihr Umland integriert sind. Nur *Ihosy* und *Betroka* sind größere Verwaltungsmittelpunkte; Ihosy ist auch ein bedeutender Verkehrsknotenpunkt mit Viehmarkt. Hier verzweigt sich die Hauptstraße aus dem Hochland nach Tuléar im Westen, Fort-Dauphin im Süden und Farafangana im Osten. Als Basis für die Beherrschung des Südens spielte Ihosy im Merina- und Kolonialreich eine wichtige strategische Rolle; es beherbergt bis heute zahlreiche Merina als Kaufleute oder Funktionäre. Größere Dörfer wie Ranohira und Isoanala haben nur bescheidene lokale Marktfunktion; sie liegen in weiten Abständen an den Hauptstraßen und in einem siedlungsarmen Umland, das noch stark von der Selbstgenügsamkeit der Hirtenbevölkerung geprägt ist.

10.2. Der Osten

Unter den peripheren Großräumen der Insel setzt sich die Ostseite durch den Steilrand im kristallinen Sockel am schärfsten vom zentralen Hochland ab. Die Fahrt von Tananarive oder Fianarantsoa zur Ostküste zeigt eindringlich, daß sich Isolierung und Eigenart dieses Raumes nicht nur im Relief, sondern auch in den anderen Naturfaktoren ausprägen. Auf der Luvseite des Südostpassates herrscht das immerfeuchte Klima mit warmen, wenig schwankenden Temperaturen an der Küste (Jahresmittel 25° im Norden, 23° im Süden); der teilweise noch erhaltene immergrüne Regenwald löst die baumarme Savanne des Hochlandes ab. So ist hier weit südlich des Äquators noch eine innertropische Landschaft zu finden.

Aber auch kulturgeographisch unterscheidet sich der Osten deutlich von den übrigen Großräumen. Unterhalb des bewaldeten, siedlungsarmen Steilrandes wohnt in den vorgelagerten Hügelländern und Küstenniederungen eine dichte, in viele Volksgruppen zersplitterte Bevölkerung auf engem Raum. Die Dörfer sind auf die Täler konzentriert, auf den Hügeln liegen verstreute Weiler. Anstelle der jüngeren Lehm- und Backsteinbauten des Hochlandes finden sich hier Holzhäuser auf Pfählen. Die Volksgruppen bewahrten in ihren Riten und Festen eigene Traditionen, wobei namentlich im Südosten arabischer Einfluß wirksam blieb.

Durch die arabischen Seefahrer und vorkoloniale europäische Stützpunkte ist der Osten früher als das Binnenland vom überseeischen Handel berührt worden. Damit hat hier neben der autochthonen Waldwirtschaft mit Brandrodungsfeldern der Anbau von Exportprodukten, begünstigt durch das Klima, Eingang gefunden.

Träger dieser Produktion waren zunächst neben wenigen Plantagen die kleinen europäischen Pflanzungen; heute bestreiten die zahllosen Kleinbetriebe der Einheimischen fast allein den Export. Im Zwischenhandel spielen die Chinesen noch eine große Rolle. Der Übergang zur Marktwirtschaft brachte neue Verdienstquellen, aber auch die Abhängigkeit von schwankendem Absatz und Preis und schränkte die Selbstversorgung ein. So trägt der Osten zwar mehr als die anderen Großräume zur Ausfuhr des Landes bei, ist aber für seine eigene Ernährung auf Zuschüsse angewiesen. Der zu schmale Lebensraum und fehlende Arbeitsplätze zwingen namentlich im übervölkerten Südosten zu umfangreicher Auswanderung in die westlichen Landesteile.

Nach außen klar als Einheit abgegrenzt, zerfällt der Osten im Inneren in viele kleinere Natur- und Lebensräume. Im naturräumlichen Aufbau dominiert, dem Relief entsprechend, die westöstliche Gliederung, die wiederum Variationen in nordsüdlicher Richtung aufweist.

So ist die Westgrenze, der Steilrand des Hochlandes, nicht gleichmäßig ausgebildet. Im Norden, wo die Bucht von Antongil die monotone Geradlinigkeit der Ostküste unterbricht, tritt das Gebirge längs von Bruchlinien bis hart an die Küste heran. Weiter südlich liegt der Rand weit im Landesinneren; er ist hier nicht durch Tektonik, sondern durch rückschreitende Abtragung entstanden. Wasser- und gefällsreiche Flüsse zerschneiden ihn in Riedel und tiefe Täler. Bruchlinien spielen nur um den Alaotrasee eine landschaftsgestaltende Rolle; hier ist der Steilrand durch eine Grabensenke zweigeteilt. Am schärfsten ist der Hochlandabfall östlich von Fianarantsoa; ganz im Süden gliedert er sich wieder in parallellaufende Gebirgsketten auf.

Sehr vielgliedrig ist das Hügelland östlich des Steilrandes, da es sich aus zerschnittenen Rumpfflächen im Kristallin mit Rücken härteren Gesteins und — im Süden — aus Basaltplateaus der Kreidezeit zusammensetzt. Dieses Hügelland reicht im Nordabschnitt bis nahe an die Küste, so daß die Flußniederungen isolierte Siedlungszellen bilden. Südlich von Tamatave legen sich breitere Küstenebenen mit jungen Anschwemmungen vor das Hügelland, doch konzentriert sich die Bevölkerung auch hier an den größeren Flüssen. Längst hat dieses Vorland seine natürliche Vegetation eingebüßt; Sekundärwald, Grassavanne oder Kulturland sind an die Stelle des Regenwaldes getreten.

Die Küste selbst ist nur im Norden an der einspringenden Bucht von Antongil stärker gegliedert. Im Schutz der Insel Sainte-Marie konnte sich der markante Strandhaken Pointe à Larrée bilden. Im übrigen bestimmt die hafenfeindliche Ausgleichsküste mit Dünenwällen und versumpften Niederungen das Landschaftsbild.

Nach der kulturgeographischen Differenzierung gliedert sich der Osten in den an Volksgruppen reichen Südosten, die von Betsimisaraka bewohnte Mitte und den isolierten Nordosten um Antalaha. Die Alaotrasenke ist als Übergangsraum zum Hochland eine eigene Untereinheit.

10.2.1. Der Südosten

Ein Drittel der madagassischen Volksgruppen lebt in dem schmalen Gebiet zwischen Fort-Dauphin und Mananjary zusammengedrängt, die Antanosy, Antaisaka, Antaifasy, Antaimoro und Antambahoaka an der Küste, die Tanala im Hinterland. Sie haben sich in einer wechselvollen, zeitweilig von arabischen oder arabisierten Herrschern geprägten Geschichte entwickelt. Zwischen ihren meist an die Unterläufe der großen Flüsse gebundenen Kernterritorien liegen Übergangssäume, in denen sie sich vermischten.

Differenziert in ihren Gebräuchen und Sozialstrukturen, z. T. mit Kastengliederung, schufen diese Volksgruppen doch eine Kulturlandschaft mit gemeinsamen Zügen. Die Dörfer, früher bevorzugt auf Höhen errichtet, haben sich wie im Hochland seit dem Ende der Stammesfehden auch in den Niederungen entwickelt und durch Aussiedlung und Rodung um viele Streusiedlungen vermehrt.

Das Kulturland, engparzelliert um die Orte, lockert sich in Ortsferne rasch auf und ist von Sekundärvegetation aus Ravenala, Bambus u. a. durchsetzt und überwuchert. Der Reisanbau mit Bewässerung nimmt die Flußauen ein; auf den Terrassen und Hängen wird Regenfeldbau mit Maniok, Batate, Taro, manchmal mit Bohnen, Mais und Erdnüssen betrieben. Kleine Bestände von Zuckerrohr auf feuchten Standorten, von Bananen und tropischen Fruchtbäumen ergänzen das bunte Anbaugefüge. Gewürznelken und Pfeffer, vor allem aber Kaffee, werden in den Kleinbetrieben um Mananjary und Manakara für den Export gepflanzt. Fehlende Weidegründe und feuchtes Klima lassen die Viehzucht hinter den Baum- und Strauchkulturen weit zurücktreten. So ist der Südosten auf die Zufuhr von Vieh, aber auch von Reis aus dem Hochland angewiesen.

Die größten Volksgruppen sind die Antanosy, Antaisaka und Tanala. Die Antanosy haben sich weit über die Ostseite hinaus über das südlichste Hochland bis fast an die Westküste ausgebreitet. Die um Vangaindrano dicht gedrängten Antaisaka wanderten bis in die westlichen und nordwestlichen Küstengebiete aus; diese Volksgruppe dürfte heute am weitesten über die ganze Insel verstreut sein.

Die Tanala sind hingegen meist in ihrem Heimatgebiet verblieben und behielten im Bereich des Regenwaldes die Formen des Waldbauerntums unter allen Volksgruppen am stärksten bei. Neben beschränktem Naßreisanbau sind Brandrodung *(tavy)* mit häufigem Flächenwechsel, Bergreisfelder und Sammelwirtschaft noch weit verbreitet. So dürfte dieser Raum noch am besten die Lebensform der ersten Besiedlungszeit widerspiegeln. Nur langsam sind intensivere Wirtschaftsformen, u. a. durch die Einwanderung der Betsileo, zu den Tanala vorgedrungen. Die Brandrodung ist aber noch immer unumgänglich zur Ernährung der wachsenden Bevölkerung. Die Gefahr liegt dabei weniger in der Bodenabschwemmung als in der Bodenerschöpfung; durch die vergrößerten Rodeflächen wird die Zeit der Bodenregeneration verkürzt.

Städtische Siedlungen entwickelten sich im Südosten erst in der Kolonialzeit als Verwaltungs- und Handelsstützpunkte. Sie reihen sich längs der Küste und am Fuß des Steilrandes auf. Nur *Farafangana* und *Mananjary* sind als Sitz von Präfekturen zu größeren Mittelzentren aufgestiegen; Mananjary ist inmitten des Kaffeebaugebietes mit Hafen und Straßenanschluß zum Hochland auch ein wichtiger Umschlagsort. Im Außenhandel wird es allerdings von *Manakara* übertroffen, dessen Hafen den größten Teil des Kaffees exportiert und für das südliche Hochland Importe aufnimmt, die auf der kühn den Steilrand erklimmenden Bahn verfrachtet werden. Im Hinterland sind Fort-Carnot, Ifanadiana und Vondrozo bescheidene Unterzentren.

Der Umlandeinfluß der Städte ist infolge der spärlichen Verkehrsverbindungen beschränkt. Neben den beiden westöstlichen Bahn- und Straßenlinien führt längs der Küste nur eine ausgebaute Straße von Manakara bis Vangaindrano. Nördlich und südlich davon verbinden Pisten die Küstenorte unzureichend und auch der Pangalaneskanal ist für größere Transporte nicht geeignet. Nur der weitere Ausbau des Verkehrsnetzes parallel zur Küste und zum Hochland kann die Isolierung des Raumes nach außen und den Partikularismus der Volksgruppen im Inneren mildern. Damit könnten auch Anreize für gewerbliche Arbeitsplätze geschaffen werden; bisher sind nur ganz geringe Industrieansätze zu finden. Der Fremdenverkehr hat ebenfalls Entwicklungsmöglichkeiten, wie der noch bescheidene Badeort *Ranomafana* inmitten des Regenwaldes mit seinen warmen Quellen beweist.

Der Südosten gehört mit dem Merina- und Betsileoland zu den am stärksten übervölkerten Räumen der Insel. Seine Infrastruktur zu fördern, muß vordringliches Ziel der Planung bleiben, wenn man ihn nicht der zunehmenden Auswanderung überlassen will, die seine Wirtschaftskraft schwächt.

10.2.2. Der Mittlere Osten (Betsimisarakaland)

Im Gegensatz zum südlichen Teil der Ostseite wird der mittlere nur von einer großen Volksgruppe beherrscht. Die Betsimisaraka, ursprünglich Waldbauern wie die südöstlichen Völker, haben im 18. Jh. zeitweilig eine politische Einheit gebildet, wurden aber dann von den Merina unterworfen. Schon vor der Kolonialzeit — früher als im Südosten — entstanden hier europäische Handelsstützpunkte und Pflanzungen für Exportkulturen. Der Raum liegt dem politischen Zentrum des Landes nahe, besitzt den wichtigsten Hafen und ist weniger isoliert als die anderen Teile der Ostseite.

Die Bodennutzung, die sich vom Regenwald des Steilrandes über das Hügelland zu den Küstenebenen hin verdichtet, ist der des Südostens ähnlich. Doch ist die Palette der Ausfuhrprodukte dank der verkehrsgünstigen Lage noch reichhaltiger als dort. Außer zahlreichen Pflanzungen mit Gewürznelkenbäumen, die sich um Fénérive konzentrieren, und mit Kaffee im Umland von Tamatave liefert eine große Plantage bei Brickaville Rohrzucker, wird im Norden des Raumes Vanille produziert und stellen die Täler im Umkreis des Exporthafens Tamatave den größten Teil der madagassischen Bananenausfuhr. Mit dieser auf unzählige Kleinbetriebe und nur noch wenige europäische Besitzungen verteilten Produktion ist der Mittlere Osten das vielseitigste Agrarexportgebiet der Insel, das jedoch wie der Südosten seine eigene Versorgung nicht mehr decken kann. Noch sind Einwohnerdichte und Übervölkerung weniger beängstigend als dort, und die bodenverbundenen Betsimisaraka wandern nur selten aus.

Ein Teil der Landbevölkerung wurde von den Städten aufgenommen, die hier die Küste noch dichter als im Südosten säumen und, wie Tamatave, z. T. schon auf Handelsplätze des ausgehenden 18. Jh. zurückgehen. Aus der Reihe kleiner, noch weitgehend ländlicher Markt- und Verwaltungszentren, von Nosy-Varika im Süden über Vatomandry bis Maroantsetra im Norden, ragt *Fénérive* als Präfektursitz und Mittelpunkt des exportorientierten Anbaus heraus.

An der Spitze aller Städte der Ostseite steht *Tamatave* (mad. *Taomasina*), Provinzhauptort, wichtigster Hafen und drittgrößte Stadt des Landes (60 000 Einw.). Die für die Ostküste ausnehmend günstige Hafenlage hinter einem Korallenriff,

alte Handelsbeziehungen zu Europa und den Maskarenen-Inseln, die Ausfuhrprodukte des Umlandes und die Nähe der Hauptstadt haben Tamatave den Vor-
sprung vor Majunga gesichert. Als einziger, modern ausgestatteter Hafen bewältigt es neben dem umfangreichen Export den größten Teil der lebenswichtigen In-
dustrieimporte, die auf Bahn und Straße in das Hochland gelangen. Hier sind auch
günstige Grundlagen für die Industrie gegeben, die auf der Produktion des Umlandes (Nahrungsmittelindustrie), auf den Importen (Metall- und Erdölindustrie)
und auf der rasch wachsenden Stadtbevölkerung (Konsumgüter- und Bauindustrie) beruht. Die Bedeutung der Stadt für den Handel wird durch zahlreiche
Geschäftshäuser, die zum Teil im Besitz von Chinesen und Indern sind, unterstrichen.

Auf den Küstendünen ausgebreitet, zeigt Tamatave nicht den verwinkelt male-
rischen Aufbau der Altstädte des Hochlandes, sondern ist, wie alle Küstenstädte,
ganz vom nüchternen Gitternetz der Straßen aus der Kolonialzeit geprägt. Die
Verheerungen der Zyklone, die den Landstrich immer wieder heimsuchen, haben
ältere Bauten weitgehend zerstört. Die Innenstadt wird von einem Ring junger
Wohnviertel umgeben, die mit ihren zum Teil behelfsmäßigen Behausungen die
Probleme der Landflucht und der arbeitslosen Stadtbevölkerung deutlich machen.
Im Gegensatz dazu erfreut das Zentrum mit Alleen und Parkanlagen, die von
feuchttropischen, blütenreichen Gewächsen geziert sind.

Tamatave ist, Land-, See- und Luftverkehr verknüpfend, nächst Tananarive
der wichtigste Verkehrsknoten des Landes. Im weiteren Umland nimmt jedoch
die Qualität der Landverbindungen stark ab. Der Süden des Betsimisarakalandes
ist wie der Norden mit *Maroantsetra* an der regenüberschütteten Bucht von Antongil auf der Straße nur schwer erreichbar und auch der West-Ostverkehr beschränkt sich auf die Achse Tamatave—Tananarive. So sind hier wie im Südosten
die Siedlungszellen am Unterlauf der Flüsse und im Hinterland ungenügend
miteinander verbunden und der Transport der Agrarprodukte leidet unter der
geringen Dichte des Verkehrs.

Ein Vorposten des Festlandes ist die regenreiche schmale Insel *Sainte-Marie,*
die eine eigene Volksgruppe beherbergt, seit der französischen Besetzung im
18. Jh. eine wechselvolle Geschichte durchgemacht hat und heute mit ihren
palmengesäumten Stränden ein Ziel des Fremdenverkehrs ist. In Vegetation und
Anbau faßt sie die ganze Üppigkeit der Ostseite Madagaskars zusammen.

10.2.3. Die Alaotra-Mangoro-Senke

Auf der Fahrt zwischen Tananarive und Tamatave stellt man überrascht fest,
wie sich das Gelände um Moramanga plötzlich verflacht und der Regenwald der
baumarmen Grassavanne weicht. Die Senke des Alaotrasees und Mangorotales
bildet hier als tektonischer Graben eine Übergangsstufe in 700—800 m Höhe zwi-

schen Ostküste und Hochland. Im Regenschatten des nach Westen gerichteten Bruchrandes schiebt sie sich mit 5—8 ariden Monaten als trockener Korridor in den Regenwald hinein. Das hügelige Relief der Senke ist aus einer von Flüssen zerschnittenen früheren Einebnungsfläche hervorgegangen; nach der Rodung hat die Erosion wie im Hochland tiefe Risse in die Hänge geschlagen. Monotone Eukalyptusforste säumen die Nebenbahn zum Alaotrasee, die dem Abtransport von Reis und Chromerz dient.

Als Lebensraum der kleinen Volksgruppen der Sihanaka und Bezanozano wurde die Senke früher nur für Sumpfreisanbau, extensive Viehhaltung und Fischfang am See genutzt. Die Kulturlandschaft wandelte sich tiefgreifend, als die Merina im 19. Jh. den Raum unterwarfen, unterwanderten und mit Stützpunkten besetzten und die französische Kolonisation im 20. Jh. das Umland des Sees für den Naßreisanbau erschloß. Die Gesellschaft SOMALAC setzte die Kultivierungsarbeiten fort. Auf dem verlandeten Seeboden werden heute nach der Anlage von Talsperren, Deichen und Terrassen hohe Ernteerträge (über 3 t/ha) erzielt und den umliegenden Reismühlen zugeführt. Mit etwa 80 000 ha Reisanbaufläche ist das Alaotrabecken das wichtigste Überschußgebiet der Insel, obwohl der Eigenbedarf erheblich gestiegen ist. Durch die Ansiedlung von Kolonisten ist die Einwohnerzahl seit 1900 um das Fünffache angewachsen. An die Stelle der französischen Pflanzungen sind die Kleinbetriebe der Einheimischen getreten, die nebenher Maniok, Erdnüsse und Tabak auf den umliegenden Hängen bauen. Gleichzeitig mit der Landerschließung hat die Flurbereinigung das Parzellengefüge verändert. So sind hier Ansätze zu einer rationellen Landwirtschaft geschaffen worden und die Umgebung des Sees gleicht mit den regelmäßigen Fluren und Kanälen heute einer Polderlandschaft. Eine neue Agrargesellschaft hat sich entwickelt, die jedoch innere Spannungen zwischen Kolonisten und Altbauern, zwischen traditionellen und modernen agrarkapitalistischen Formen aufweist.

Der wirtschaftliche Aufstieg und der Bahnbau haben die zentralen Orte des Raumes gefördert. *Ambatondrazaka* ist Verwaltungszentrum und wichtigster Markt des Seebeckens. *Moramanga* hat sich zum Verkehrsknoten zwischen Hochland, Ostküste und Alaotrasee und zum Industrieort (Holzverarbeitung) entwickelt. Nur *Andilamena* liegt abseits in einem isolierten Becken nördlich des Sees.

Wichtige Bodenschätze, Chromerz bei Andriamena und Graphit bei Périnet, werden im Randbereich der Senke gefördert und über die Bahn exportiert. Auf mehrere Orte verteilt sind Reismühlen, Stärkemehlfabriken (auf Maniokbasis) und holzverarbeitende Betriebe. So hat dieser Raum in vielen Wirtschaftsbereichen eine im Vergleich zu seiner Größe beachtliche überregionale Bedeutung erlangt.

10.2.4. Der Nordosten

Der kleine Raum der Halbinsel *Masoala* und ihres Hinterlandes verdient eine gesonderte Betrachtung, weil er einerseits sehr isoliert gelegen ist, andererseits um Andapa, Antalaha und Sambava infolge seiner Klimagunst eine ausnehmend starke Konzentration von Exportpflanzungen aufweist: hier liegt das wichtigste Produktionsgebiet der Erde für Vanille.

Die gebirgige Halbinsel *Masoala*, eine Bruchscholle, wird nur an der Küste von kleinen Dörfern gesäumt. Das Innere ist fast unzugänglich, und so blieb hier der immerfeuchte tropische Regenwald fast unzerstört erhalten. Seltene Tierarten, wie die in Madagaskar beheimateten Lemuren, können noch in ihrer natürlichen Umwelt beobachtet werden.

Erst nördlich des Ostkaps setzt der Straßenverkehr wieder ein; er verbindet Antalaha mit Sambava und führt seit wenigen Jahren bis zu dem in 500 m Höhe gelegenen Becken von *Andapa (Ankaibe)*. Dieser ›Vanillegarten der Erde‹ mit einem Viertel der Welterzeugung zeigt beispielhaft die Fülle des Anbaus, aber auch die zukünftigen Probleme des Nordostens. Das früher sumpfreiche Becken war im 19. Jh. noch kaum besiedelt und wurde erst durch die Einwanderung der Tsimihety und anderer Volksgruppen aus dem Hochland und Südosten erschlossen. Die Vanille wurde mit steigendem Weltmarktbedarf um 1920 durch Kolonisten der Insel Réunion eingeführt, als die älteren Pflanzungen an der Küste die Nachfrage nicht mehr decken konnten. Das warmfeuchte Klima und die leichten, humusreichen Alluvialböden des Beckens bieten der Vanille optimale Voraussetzungen. Daneben wird Kaffee *(C. robusta)* und Naßreis angebaut, ergänzt durch Regenfeldbau und Viehhaltung auf den umliegenden Höhen. Heute gehört das Becken von Andapa mit 55 000 Einw. und einer Dichte von fast 200 E./qkm zu den bevölkerungsreichsten Teilen der Insel. Der Export, früher auf Träger oder Flugzeuge angewiesen, geht auf der neuen Straße zum Hafen von Sambava.

Naturgunst und Aktivität der Kolonisten haben dem Raum zu hoher wirtschaftlicher Blüte verholfen. Die weitere Zuwanderung würde jedoch die Tragfähigkeit überschreiten; die Gefahren der Bodenerosion durch Rodung und der Bodenerschöpfung werden erkennbar. Zudem ist der Vanilleexport durch Preis- und Absatzschwankungen bedroht. Deshalb sollen die Exportkulturen auf optimale Standorte konzentriert und nicht ausgedehnt werden. Mit dem verstärkten Anbau von Reis, Mais, Bohnen, Kartoffeln und Erdnüssen und mit Viehhaltung könnte die Selbstversorgung gesichert werden.

Die lange Zeit gewinnbringende, heute jedoch gefährliche Einseitigkeit des Anbaus ist auch den Küstenregionen von Antalaha und Sambava eigen. *Antalaha* ist als Präfektursitz Verwaltungszentrum des Nordostens und zusammen mit *Sambava* Sammelpunkt für Vanille und Kaffee, die über beide Häfen exportiert werden. Vom Regenwald umgeben und fast nur auf dem Luftwege erreichbar, haben diese Städte so wie der ganze Nordosten nur wenig Kontakte zu den übrigen Landesteilen.

10.3. Der Norden

Der schmale nördlichste Landesteil zeigt große Gegensätze des Reliefs, des Klimas und der Vegetation, die sich auch in der Vielfalt der Kulturlandschaften auswirken. Nahe dem höchsten Gebirge der Insel liegen weite Küstenebenen, immerfeuchter Regenwald grenzt an die Trockensavanne, unbesiedelte und kaum erforschte Höhengebiete umgeben fruchtbare Niederungen, die, frühzeitig durch die europäische Kolonisation erschlossen, zu den wichtigen Anbaugebieten Madagaskars für Exportkulturen zählen. Diese Kontraste legen eine Untergliederung des Raumes in das zentrale Tsaratananagebirge, den trockenen Norden um Diégo-Suarez und den feuchten, an Plantagen reichen Westen mit der Sambiranoebene und der Insel Nossi-Bé nahe.

Der Norden ist auch ethnologisch sehr vielschichtig. Neben den einheimischen Tsimihety, Sakalava und Antakarana sind durch die Kolonisation Einwanderer aus allen Teilen der Insel angezogen worden und so ist hier die Mischung der Volksgruppen am weitesten fortgeschritten.

10.3.1. Das Tsaratananagebiet (Tsimihetyland)

Durch die Senke von Androna vom zentralen Hochland getrennt, erhebt sich das massige *Tsaratananagebirge* bis zu 2876 m Höhe im *Maromokotro*. Über dem kristallinen Sockel liegen jungvulkanische Kegel und Decken aus Trachyt und Phonolith; sie verleihen dem Gebirge zusammen mit den allseitig tief eingeschnittenen Tälern und eingeschalteten Becken einen großen Formenreichtum. Der immerfeuchte Regenwald überspannt hier die ganze Breite der Insel und ist in dem schwer zugänglichen Gebirge noch fast lückenlos erhalten. Der moos- und flechtenreiche Bergwald geht in 2000 m Höhe in den niedrigeren, meist wolkenverhangenen Nebelwald mit Podocarpusarten über, dem sich über 2500 m der Erikazeenbusch anschließt. Leider wurde die natürliche Gipfelvegetation mit Baumsenecionen durch die Fahrlässigkeit der ersten Besteiger abgebrannt, doch sind größere Teile des Gebirges mit ihren kostbaren Pflanzen- und Tierbeständen heute dem Naturschutz unterstellt.

Der Regenwald und die wasserreichen Flüsse bezeugen das feuchte Klima des Gebirges, das in seinem Kern 12, in den Randgebieten noch 8—9 humide Monate aufweist. Das Massiv wirkt als Regenkondensator und empfängt sowohl durch den Südostpassat wie durch den Nordwestmonsun reichliche Niederschläge.

Relief, Klima und Pflanzenkleid sind siedlungsfeindlich, und so gehört das Gebirge zu den bevölkerungsärmsten und unbekanntesten Teilen der Insel. An seinem Rand wurden jedoch die tieferen, von fruchtbaren Alluvial- und Vulkanböden erfüllten Becken und Täler von einwandernden Volksgruppen erschlossen. Bis in das 19. Jh. von den Sakalava mit ihren Viehherden nur sporadisch genutzt,

sind diese Gebiete seitdem insbesondere durch die Tsimihety, eine landwirtschaftlich aktive und sich rasch vermehrende Volksgruppe, mit Naßreis- und Regenfeldbau aufgewertet worden.

Die südlich des Tsaratananamassives liegende Beckenlandschaft *Ankaizina* mit
dem Zentrum *Bealanana* läßt die wirtschaftlichen Möglichkeiten und Probleme
dieses Gebirgsraumes erkennen. Umrahmt von einsamen Höhen, durchwoben
vom kleinmaschigen Muster der Reisparzellen, gehören die Becken der Ankaizina
zu den reizvollsten Landschaften der Insel. Neben dem bewässerten Reis werden
durch die Tsimihety und andere eingewanderte Volksgruppen Mais, Bohnen,
Kartoffeln und Erdnüsse angebaut und auf den randlichen Hängen große Viehbestände gehalten. In der Kolonialzeit erhielten französische Kolonisten, darunter
solche der Insel Réunion, große Konzessionen, auf denen der Kaffeeanbau *(C.
arabica)* eingeführt wurde, der durch das wechselfeuchte Höhenklima und die
vulkanreichen Böden sehr begünstigt ist.

Die Hoffnungen, ein neues Kolonisationszentrum zu schaffen, haben sich jedoch bisher nicht erfüllt. Die rasch wachsende Tsimihetybevölkerung, die in Dörfern und vielen Streusiedlungen um Bealanana lebt, leidet unter Landmangel, fast
alle europäischen Kolonisten haben den Raum wieder verlassen. Erst durch die
erweiterte Drainage der versumpften Beckensohlen kann der Anbau verstärkt und
durch den Ausbau der Straße zur Westküste der Absatz verbessert werden. Die
Ankaizina könnte mit Landreserven von etwa 100 000 ha sowohl die Versorgung
der Bevölkerung sichern als auch Exportüberschüsse namentlich mit weltmarkt-
gerechten Kaffeesorten erzielen.

Weiter im Süden ist *Befandriana-Nord* als Verwaltungs- und Marktzentrum
bereits gut durch eine ausgebaute Straße zur Küste hin erschlossen, während
Mandritsara im Hinterland wie Bealanana noch in der Isolierung verharrt, obwohl
es seiner Lage nach ein Verkehrsknoten zwischen zentralem Hochland, Nord-
west- und Nordostküste werden könnte. Durch eine verbesserte Infrastruktur
sind im Tsimihetyland noch große Reserven mobilisierbar, die auch in der Dynamik seiner Bevölkerung liegen.

10.3.2. Diégo-Suarez und sein Umland

Diégo-Suarez hat sich in extremer Lage, an der nördlichsten Spitze der Insel,
zur fünftgrößten Stadt (45 000 Einw.) entwickelt, obwohl es von einem ökologisch wenig begünstigten, bevölkerungsarmen Hinterland umgeben und mit den
übrigen Landesteilen jenseits des Tsaratananagebirges nur durch wenige Verkehrslinien verknüpft ist. Nicht das Bedürfnis nach einem zentralen Ort, sondern
die außergewöhnliche strategische Lagegunst hat hier eine Stadt als Anhang des
Flottenstützpunktes entstehen lassen, der von den Franzosen seit 1885 an der riesigen Bucht zur Überwachung des Indischen Ozeans angelegt wurde. Der Kriegs-

hafen übernahm auch Importfunktionen zur Versorgung der Truppe (Marine und Fremdenlegion) und des französischen Verwaltungspersonals. An das Militärgelände und Europäerviertel um den Hafen schlossen sich bald die Wohngebiete der zugewanderten farbigen Bevölkerung an, wobei das von General JOFFRE angelegte regelmäßige Straßennetz beibehalten wurde.

Als sich in der Stadt neben dem Hafen auch Handel, Industrie und Verwaltungsfunktionen entwickelten, nahm die Bevölkerung rasch zu; Diégo-Suarez beherbergt heute eine Vielzahl von Volksgruppen, die sozial differenziert und für Madagaskar ungewöhnlich scharf voneinander getrennt sind. Die Inder beherrschen den Handel, die Komorianer sind in unteren Dienstleistungen tätig, die Madagassen des Hochlandes arbeiten in der Verwaltung, die Einwanderer aus dem Süden werden als einfache Arbeiter beschäftigt. Am Rande der Stadt entstanden ausgedehnte Elendsquartiere mit Zuwanderern, die keine Beschäftigung finden oder von Kleinsthandel, Gelegenheitsarbeit und Prostitution leben; die Fluktuation der Einwohner ist hier sehr groß. Neben dem Hafen, der im Umschlag den vierten Platz einnimmt, gewann die Industrie mit etwa einem Drittel der Erwerbstätigen (1966) eine für Madagaskar ungewöhnlich große Bedeutung durch die Werft mit ihren Reparaturbetrieben. Die anderen Zweige, Fleisch- und Fischverarbeitung, Ölmühle und Brauerei, treten demgegenüber zurück. Als Sitz der Provinzverwaltung, eines Erzbistums, zahlreicher Schulen und Geschäfte, übt Diégo-Suarez höhere zentrale Funktionen aus.

Doch hat die Stadt heute, nachdem die Franzosen ihre Militärbasis aufgegeben haben, große wirtschaftliche Schwierigkeiten, da etwa die Hälfte der Bevölkerung im Dienst der ehemaligen Kolonialmacht stand. Drastisch zeigt sich hier, wie hart die wirtschaftliche Unabhängigkeit nach der politischen errungen werden muß. Die Zukunft kann nur durch neue Funktionen im Zuge der Dezentralisierung, durch stärkere Integration in das Umland und bessere Verkehrsverbindungen gesichert werden.

Das Umland von Diégo-Suarez bildet mit seinen dürftigen Grassavannen und Resten des laubwerfenden Trockenwaldes einen schroffen Gegensatz zum Regenwald des Gebirges. Im Lee des küstenparallel wehenden Passates steigt die Zahl der Trockenmonate auf sieben bis acht an. So ist dieser Raum in Klima und Vegetation bereits ein Vorposten des Westens, dem er auch im geologischen Baustil mit Ausläufern mesozoischer Schichtstufen gleicht. Nur das jungvulkanische *Ambrebergland* südlich von Diégo-Suarez ist durch seine Höhe (1475 m) noch ein Vorposten des immerfeuchten Regenwaldes.

Neben dem Reis- und Regenfeldbau für die Selbstversorgung lohnt sich nur an den Verkehrswegen der Anbau von Gemüse, Bananen und Agrumen für die Versorgung der Stadt. Die einst zahlreichen französischen Kolonisten, die eine vielseitige marktorientierte Agrarwirtschaft betrieben, sind bis auf wenige ›pauvres blancs‹ verschwunden, die früher wohlhabende Siedlung *Joffreville* am Ambreberglang verfällt. Im Osten ist *Vohémar* ein kleines Mittelzentrum an der Grenze zum immerfeuchten Regenwald und hat mit seinem Hafen Anteil am Export von Kaffee, Vanille und Gewürznelken.

Der agrarwirtschaftlich aktivste Raum liegt im Westen auf dem Delta des nördlichen Mahavavyflusses; hier wurden um *Ambilobe* auf den fruchtbaren Alluvialböden mit künstlicher Bewässerung die größten Plantagen der Insel für den Anbau von Zuckerrohr angelegt. Ihr nach der französischen Gesellschaft *Sosumav* benanntes Zentrum umfaßt neben den Raffinerien große Arbeitersiedlungen für die vor allem aus dem Süden der Insel zuwandernden, häufig wechselnden Hilfskräfte. Ein Teil der Einwanderer hat aber auch Land erworben und sich dauernd niedergelassen. So sind die Volksgruppen neben den einheimischen Antakarana stark gemischt, und interethnische Spannungen blieben nicht aus. Der Export des Zukkers, dessen Rohmaterial auch von Kleinbetrieben im Umland der Plantagen angeliefert wird, erfolgt über den darauf spezialisierten Hafen *St. Louis*. Dieser Raum gehört zu den in Madagaskar seltenen Beispielen einer durch kapital- und exportorientierte, rationalisierte Großbetriebe geformten Kulturlandschaft.

10.3.3. Die Sambiranoniederung und die Insel Nossi-Bé

An der Westküste gelegen, aber mit seinem fast immerfeuchten Klima und seiner Agrarstruktur noch ein Ausläufer des Ostens, hat dieser kleine Raum eine Sonderstellung im Landschaftsmosaik Madagaskars. Wie das Tsaratananagebirge erhält auch der nordwestliche Küstensaum sowohl Passat- wie Monsunregen, und nur ein bis zwei Monate des Jahres sind arid.

Das Delta des *Sambirano*flusses lagert sich breit vor die Ausläufer des Gebirges. Das feuchte Klima, die fruchtbaren vulkanischen Anschwemmungen aus dem Gebirge und die vor Wirbelstürmen geschützte Lage haben einen vielseitigen und ertragreichen Anbau ermöglicht, an dem in der Kolonialzeit große Pflanzungen französischer Kolonisten stark beteiligt waren; heute überwiegen die einheimischen Kleinbetriebe. Neben Naßreis und Maniok gedeihen Kaffee, Pfeffer und Vanille; besonders klimabegünstigt ist der Anbau von Parfümpflanzen (Ylang-ylang u. a.) und von Kakao, der auf den Uferdämmen der Flüsse wächst und im Sambiranogebiet seinen einzigen exportorientierten Standort in Madagaskar hat. Auch eine bescheidene Nahrungsmittelindustrie hat sich entwickelt, vor allem die Verarbeitung von Maniok zu Stärkemehl. Durch die einzige ausgebaute Straße des Nordwestens ist der Raum und sein Verwaltungs- und Marktzentrum *Ambanja* mit Diégo-Suarez verknüpft. Doch fehlt noch die durchgehende Verbindung nach Majunga und in das Hochland. Sie könnte die weitere Erschließung des Raumes fördern, in dem noch große Flächen der früheren Pflanzungen kaum genutzt sind.

Die vorgelagerte Insel *Nossi-Bé* vereint auf ihrem engen Raum eine erstaunliche Fülle tropischer Agrarkulturen. Mit ihren frischen Vulkanformen — Kegeln und von Seen erfüllten Kratern —, mit ihren buchtenreichen Stränden und Korallenriffen gehört sie zu den schönsten Landschaften Madagaskars. Schon 1840 von den Franzosen besetzt, wurde Nossi-Bé frühzeitig eines der wichtigsten Plantagengebiete. Der Regenwald ist heute weitgehend gerodet, an seine Stelle sind Kaffee-, Pfeffer- und Vanillepflanzungen getreten. Die Schwerpunkte liegen auf dem Anbau von Parfümpflanzen (Ylang-ylang) und von Zuckerrohr für den Export. Die Plantagen von Dzamandzar und ihre Raffinerie sind nach dem Betrieb der SOSUMAV bei Ambilobe die größten Lieferanten für Rohrzucker, der über den Hafen von *Hell-Ville,* dem Markt- und Verwaltungszentrum der Insel, ausgeführt wird. Die Arbeiter für die Pflanzungen sind aus fast allen Teilen Madagaskars zugewandert; neben den einheimischen Sakalava arbeiten zahlreiche Antandroy und Mahafaly aus dem Süden und Angehörige der südöstlichen Volksgruppen auf der Insel. Dazu kommen viele Komorianer, ferner indische und chinesische Händler und die geschrumpfte Zahl französischer Angestellter auf den Zuckerplantagen. Mit über 50 Einw./qkm gehört Nossi-Bé zu den wenigen dichtbesiedelten Gebieten der Westküste. Da der größte Teil der Nutzfläche von Exportkulturen eingenommen wird, muß die Bevölkerung von der Hauptinsel mit Reis versorgt werden.

Durch seinen landschaftlichen Reiz und seine Badestrände ist Nossi-Bé das wohl attraktivste Fremdenverkehrsgebiet Madagaskars. Auf dem See- und Luftwege leicht erreichbar, fehlt ihm jedoch noch die notwendige Infrastruktur und Beherbergungskapazität. Für die Zukunft bietet sich hier ein Ansatzpunkt, um Madagaskar mehr als bisher in den internationalen Tourismus zu integrieren.

10.4. DER WESTEN

Südlich der noch von Regenwald bedeckten Halbinsel Ampasindava beginnt der Westen Madagaskars, dessen großräumiger Baustil mit weit hinziehenden Schichtstufen, zwischengeschalteten Niederungen, Buchten und Deltamündungen bis Tuléar reicht. Am Rand des Grundgebirgssockels findet er seine Ostgrenze zum Hochland, von dem ihn auch das wärmere und im Südwesten trockenere Tieflandsklima unterscheidet. Die Trockensavanne mit Resten laubwerfenden Waldes und eintönige Grasflächen bilden die Vegetation des großen Naturraumes. Bis in das 19. Jh. war er, fast ausschließlich von den halbnomadischen Sakalava bewohnt, noch ein geschlossener Lebensraum, der stärker als die anderen Inselteile von afrikanischen, im Norden auch von arabischen Bevölkerungselementen geprägt wurde. Die Unterwerfung durch die Merina, die Ansiedlung französischer Kolonisten und die junge Erschließung der Küstengebiete haben seitdem die Kulturlandschaft erheblich gewandelt. Die zahlreichen Einwanderer aus dem Hochland und Südosten veränderten auch die Bevölkerungsstruktur. Doch sind große Teile des Raumes, der nur durch zwei durchgehende Straßen erschlossen ist, noch isoliert und wenig besiedelt; die Einwohnerdichte bleibt meist unter 10/qkm.

Für die Untergliederung des Westens bieten sich die beiden großen geologisch-morphologischen Beckenräume um Majunga im Norden und um Morondava im Süden an, die nach den etwa lagegleichen früheren Teilreichen der Sakalava mit Boina und Menabe bezeichnet werden können.

10.4.1. Boina (Nördliches Sakalavaland)

Zwischen dem Tsaratananagebirge im Nordosten und dem kristallinen Horst Ambongo im Südwesten spannt sich halbkreisförmig ein Schichttafelland, dessen bis über 200 m hohe Stufen aus Kalken und Sandsteinen der Jura-, Kreide- und Tertiärzeit aufgebaut werden. Die Schichten fallen nach Nordwesten ein, die zum Teil in Hügel aufgelösten Stufenstirnen sind nach Süden und Osten gerichtet und überragen parallel dazu laufende Niederungen (Subsequenzzonen), die von den Siedlungen bevorzugt werden. Die breiteste Subsequenzzone liegt vor dem Rand des Grundgebirges und zieht von Antsohihy im Norden bis über Maevatanana im Süden. Kretazische Basaltplateaus sind den Kreidestufen um Majunga zwischengeschaltet. Die großen Hochlandflüsse Sofia, Mahajamba, Betsiboka und der südliche Mahavavy durchbrechen die Schichtstufen und münden teils in tektonisch angelegten Buchten, teils mit Deltas in die Meeresstraße von Moçambique. Die Rodung des Hochlandes hat dort die Abtragung und im Tiefland die Anschwemmung stark gefördert. Die Flüsse werden in den Subsequenzzonen und an ihrem Unterlauf von Alluvialauen und von regenzeitlich z. T. überschwemmten Terrassen und Uferdämmen (Baiboho) gesäumt.

Mit 6—7 humiden Monaten und überwiegenden Monsun- bzw. Zenitalregen gleicht der Raum dem westlichen Hochland, doch sind seine Temperaturen mit über 20° C selbst im kältesten Monat wesentlich höher; in der großen Randniederung werden die höchsten Wärmegrade mit zeitweilig drückender Hitze und die stärkste klimatische Kontinentalität der Insel erreicht. Der dem Klima angepaßte Trockenwald ist auf den Höhen noch erhalten, so z. B. im Naturschutzgebiet von Ankarafantsika auf der Sandsteinstufe südlich Majunga, sonst aber meist gerodet. Die graugrüne Grassavanne ist nur von lockeren Baumbeständen mit der charakteristischen Satranapalme durchsetzt.

Im Vergleich zum Menabegebiet ist das Boinagebiet durch seine höheren Niederschläge und geringeren Reliefunterschiede für die agrarische Erschließung begünstigt. Frühzeitig wurden Einflüsse von außen wirksam, der arabische Handel an der buchtenreichen Küste, die Beherrschung durch das Merinareich seit 1824 und durch die Kolonialmacht, die von hier aus in das Hochland vordrang, seit 1895. Zudem haben die zahlreich einwandernden Tsihimety, Merina und Betsileo die einheimischen Sakalava seit der Jahrhundertwende zurückgedrängt. In der

Kolonialzeit sind außer dem alten Handelsplatz Majunga viele kleinere zentrale Orte entstanden, in denen indische Händler und komorianische Arbeiter stark vertreten sind.

So traten neben die ursprünglich beherrschende extensive Viehhaltung der Sakalava neue Wirtschaftsformen. Die abgelegenen Gebiete dienen zwar noch immer den wandernden Herden als Weiden, auf denen vor der Regenzeit ausgedehnte Brände angelegt werden, um den Graswuchs zu fördern. Doch ist der Regenfeldbau verstärkt worden, um die wachsende Bevölkerung zu versorgen. Vor allem aber nahm der Naßreisanbau, gefördert durch Einwanderer aus dem Hochland und europäische Kolonisten, sehr stark zu, und heute ist der Raum ein Überschußgebiet, das andere Landesteile beliefert und zeitweilig Reis exportiert. Stellenweise, wie bei Marovoay am unteren Betsibokafluß, können drei Anbauphasen im Jahr auf unterschiedlicher ökologischer Grundlage genutzt werden: auf den höheren Terrassen während der Regenzeit, auf den tieferen, zeitweilig überschwemmten Terrassen nach der Regenzeit und in den Flußniederungen mit künstlicher Bewässerung während der Trockenzeit. Die Terrassen werden für einjährige Pflanzen zur Selbstversorgung (Mais, Maniok, Batate) und Vermarktung (Tabak, Baumwolle, Erdnüsse) bevorzugt.

Die jüngere Agrarentwicklung hat sich auf die unteren Flußgebiete und die breite Subsequenzzone vor dem Hochlandrand konzentriert. Im Norden wurde im Umland der Präfekturshauptstadt *Antsohihy* besonders der Reisanbau gefördert; hier liegt auch das Zentrum der Gewinnung von Pflanzenfasern aus Paka und Raphiapalmen. Sehr vielseitig ist die Produktion um *Port-Bergé, Mampikony, Ambato-Boéni* und *Maevatanana*. Hier führten französische Kolonisten den Tabak- und Baumwollanbau ein, um den Inlandsmarkt zu versorgen. Neben den europäischen Pflanzungen lagen hier viele einheimische Pacht-(Métayage-)betriebe; die weißen Farmer sind fast ganz verschwunden, doch wird der Anbau von den Einheimischen fortgeführt. Die z. T. mit deutscher Hilfe ausgebaute Hauptstraße, die heute die gesamte Randniederung von Maevatanana bis Antsohihy durchzieht, begünstigt die künftige Entwicklung.

In der Betsibokaniederung um *Marovoay* liegt eines der ältesten und wichtigsten Reiszentren von Madagaskar. Durch Regulierung der jährlichen Überschwemmungen wurden über 30 000 ha erschlossen und hohe Erträge (bis zu 40 dz/ha) mit hochwertigen Sorten (Ali Combo) erzielt. Doch könnten hier noch weitere Sumpfgebiete melioriert und die Besitzstruktur der zahllosen Klein- und Pachtbetriebe verbessert werden, um die gegenwärtige Versorgungslücke des Landes zu schließen.

Als isoliertes Anbauzentrum ist schließlich im Delta des südlichen Mahavavyflusses die große, wegen des Arbeitskräftemangels und der schwierigen hydraulischen Verhältnisse (Bewässerung mit Pumpen) stark mechanisierte Zuckerrohrplantage von *Namakia* entstanden; sie beliefert vorwiegend den Inlandsmarkt.

Neben den kleinen, in der Randniederung liegenden ländlichen Markt- und

Verwaltungsstädten ist *Majunga* an der Betsibokamündung das mit Abstand größte Zentrum des Raumes und Hauptort der Nordwestprovinz mit 70 000 Einw. Im Gegensatz zu dem isolierten und an Hinterland armen Diégo-Suarez war Majunga schon frühzeitig ein Handelsplatz zwischen Afrika, Arabien und Indien und im 18. Jh. ein Mittelpunkt der Sakalava. Nach der Zerstörung durch die Merina 1824 wurde die Stadt in Gitternetzform wieder aufgebaut und in der Kolonialzeit erweitert. Der Hafen ist mit weitem Abstand hinter Tamatave der zweite des Landes, wobei die Küstenschiffahrt den Fernverkehr überwiegt. Die Zukunft des Hafens ist durch die riesigen Anschwemmungen des Betsiboka ernstlich bedroht, und man erwägt die Verlegung an eine der Buchten weiter im Norden. Majunga ist Zentrum des Fischfangs und der industriellen Verarbeitung von Produkten aus dem Hinterland. So hat die Stadt mehrere Reis- und Ölmühlen, eine große Zementfabrik und Textilbetriebe, die Baumwolle und Paka verarbeiten. Als wirtschaftliches Oberzentrum ist Majunga Sitz großer Handelsfirmen und mit Geschäften aller Bedarfsstufen ausgestattet. Die Bevölkerung besteht aus zahlreichen Indern, Komorianern, Sakalava und anderen Volksgruppen und ist damit stärker gemischt als in anderen Zentren des Westens.

Die Stadt ist durch den Land- und Luftverkehr gut mit dem Hochland verbunden. An der Achse längs des Betsiboka stehen Marovoay und Ambato-Boéni noch unter ihrem Einfluß, während die anderen Städte des Raumes eine größere Eigenständigkeit haben, die sich durch die neue Straße nach Norden wohl noch verstärken wird.

Die wirtschaftliche Bedeutung des Boinagebietes läßt sich durch Ausbau des Bewässerungs- und Regenfeldbaus für die Selbst- und Marktversorgung, durch weitere Verkehrslinien, z. B. von Majunga nach Südwesten, und die Reduzierung des Pachtsystems sicher noch steigern. Dennoch werden große Gebiete, wie die verkarsteten Jurakalkplateaus von *Ankara* und *Kelifely* oder das kristalline Hügelland des *Ambongo* wegen ihrer ökologischen Ungunst und Entlegenheit Passivräume bleiben. Sie gehören mit unter 2 Einw./qkm zu den bevölkerungsärmsten Teilen der Insel und bilden die Grenze zum Menabegebiet.

10.4.2. Menabe (Südliches Sakalavaland)

Das Menabegebiet gleicht als weitgespannter Sedimentationsraum des Erdmittelalters und Tertiärs in seinem großzügigen Baustil dem Boinagebiet, von dem es durch kristalline Horste getrennt ist. In seinem Zentrum sind die Landstufen mit bis über 500 m Höhe noch markanter ausgebildet als im Boinagebiet; eindrucksvoll zeigt dies z. B. der Blick von der Höhe östlich Miandrivazo über die weite, begrünte Niederung zur steilen blaugrauen Schichtstufe im Westen. Verstärkt durch Bruchlinien, überragt hier der Grundgebirgsrand *(Bongo Lava)* die breite Ausraumzone *Betsiriry*; ihr schließen sich westlich die zur Küste hin einfallenden

Kalk- und Sandsteinschichten des Jura (*Bemaraha*plateau), der Kreide und des Tertiärs, im Norden auch kretazische Basaltplateaus an. So wechseln Höhen mit verkarstetem oder sandigem Untergrund mit feuchten Niederungen an ihrem Fuß. Die großen Flüsse Manambolo und Tsiribihina durchbrechen die Stufen in tiefen, engen Schluchten. Anders als im buchtenreichen Nordwesten haben hier alle Ströme an der gezeitenschwachen Flachküste breite Deltas vorgeschüttet, die von Mangroven gesäumt werden.

Mit sieben bis acht ariden Monaten im Jahr ist der Raum trockener als das Boinagebiet und das Hochland, da sich die Monsunregen nur abgeschwächt, die Passatregen nicht mehr auswirken. Der Trockenwald ist zwar überwiegend gerodet, doch auf den Kalkplateaus und den sandigen Böden noch in größeren Beständen erhalten. Neben Akazien und Tamarinden sind die Affenbrotbäume (Baobab) mit ihren mächtigen Stämmen und kleinen Kronen weit verbreitet.

Die starken Reliefunterschiede und das niederschlagsarme Klima bewirken, daß sich das Kulturland mehr als im Boinagebiet auf die feuchten Flußniederungen und -deltas konzentriert. Die Höhen werden wie früher, als die Sakalava noch den Raum beherrschten, den Viehherden als Weiden in der Regenzeit überlassen; die entlegenen Karstgebiete sind völlig ungenutzt. Der Feldbau bevorzugt mehr noch als im Nordwesten die flußnahen Terrassen, vornehmlich die jährlich überschwemmten *Baiboho* (Niederterrassen), auf denen schon seit vorkolonialer Zeit Maniok, Mais, Batate und Fruchtbäume zur Selbstversorgung angepflanzt werden. Die Baiboho gewannen sehr an Wert, als in der frühen Kolonialepoche Tabak, Baumwolle und Kaperbsen als Markt- und Exportprodukte eingeführt wurden; auf diesen ökologisch günstigen Standorten breiteten sie sich in den Betrieben der europäischen Kolonisten wie der Einheimischen rasch aus. Jung ist auch der Naßreisanbau, der die ständig feuchten Flußniederungen einnimmt und mit künstlicher Bewässerung durch die eingewanderten Betsileo und Merina intensiviert wurde.

Schwerpunkte der Agrarentwicklung sind wie im Boinagebiet die große Subsequenzniederung und die Flußunterläufe. Die Ausraumzone Betsiriry schiebt sich, die Flüsse sammelnd, wie eine Oase zwischen die umrandenden Höhen Bongo Lava und Bemaraha. Hier setzte die Erschließung schon um die Jahrhundertwende durch die heute fast ganz aufgegebenen französischen Pflanzungen und die einheimischen Pachtbetriebe mit Tabak- und Baumwollanbau ein. Auch heute noch ist das Umland von *Miandrivazo,* neben dem von Mampikony im Nordwesten, das wichtigste Tabakgebiet der Insel mit einer Versuchsstation. Der Ausbau der Straße von Miandrivazo bis Morondava kann die weitere Entwicklung sehr begünstigen. Stärker gestreut ist südlich davon, im Raum zwischen Morondava, Manja und Ankazoabo, der Anbau von Erdnüssen, Baumwolle und Kaperbsen. Letztere sind mit Schwerpunkt um Manja eine bevorzugte Baibohokultur und werden über den Hafen von Morombe exportiert.

Die jüngsten Erschließungsgebiete liegen im Deltabereich der Westküste. Neben den fruchtbaren Alluvialböden ermöglichen hier die wasserreichen Flüsse die künstliche Bewässerung und damit außer den genannten Regenfeld- und Baibohokulturen einen ausgedehnten Naßreisanbau. Nur in Ansätzen ist die Erschließung bisher um *Maintirano*, am Unterlauf des Manambolo und um *Belo* am Tsiribihinafluß gediehen, behindert durch die Isolierung dieser Küstenräume. Die stärksten Fortschritte wurden in den Gebieten der Binnenkolonisation um Morondava und am Mankogyfluß erzielt.

Die Förderung der Flußzone zwischen *Morondava*, dem größten Ort des Raumes, und Mahabo begann schon 1917 mit dem Kanalbau für die künstliche Bewässerung; sie verstärkte sich aber erst 1961, als hier ein staatliches Erschließungsgebiet ausgewiesen wurde. Heute liegt östlich von Morondava eines der größten Reisanbaugebiete des Westens. Auf den tonig-lehmigen, von vielen Be- und Entwässerungskanälen durchzogenen Alluvialböden werden z. T. doppelte Ernten erzielt; in höherem Gelände wird der Reis auch im Regenfeldbau gepflanzt. Dazu kommen Kaperbsen, die teils als Zwischenfrucht mit Reis, teils auf den Baiboho angebaut werden, Baumwolle mit künstlicher Bewässerung und die Vielzahl der schon genannten Baibohokulturen, ferner junge, von Israelis angelegte Agrumenpflanzungen und die Nutzung der Kokospalmen an der Küste. Das höhere, teils bewaldete Randgebiet auf Sandböden dient der extensiven Viehhaltung. So hat sich ein Polykulturgebiet entwickelt, das viele Emigranten, namentlich der Antaisaka, Antandroy, Betsileo und Bara, als Pächter und Landeigentümer angezogen hat; die Sakalava leben heute in der Minderheit. Die Entwicklungshilfe, z. T. von deutscher Seite, hat hier beachtliche Erfolge erzielt, doch kann der Raum durch weitere Bewässerungsanlagen, Flurumlegungen und eine verbesserte, heute noch stark von Pacht bestimmte Grundbesitzstruktur verstärkt in Wert gesetzt werden.

Das zweite große Kolonisations- und Immigrationsgebiet der Westküste wurde seit 1952 nach gründlichen Voruntersuchungen am unteren *Mangoky*fluß erschlossen. Durch umfangreiche Bewässerungsanlagen konnten 1970 bereits ca. 2000 ha des Deltas mit Reis und Baumwolle im Fruchtwechsel mit Futterpflanzen genutzt werden; sie decken heute einen großen Teil des inländischen Baumwollbedarfes. Über 1000 Kolonisten, vorwiegend einheimische Masikoro, daneben eingewanderte Antaisaka, Antandroy, Mahafaly u. a. wurden in neuen Dörfern angesiedelt, und ein eigener zentraler Ort mit allen Dienstleistungen des Nahbedarfs wurde errichtet. Die Kolonisten bewirtschaften das regelmäßig parzellierte Land, an dem sie nur Nutzrecht haben, gemeinsam mit der Erschließungsgesellschaft, an die sie einen Teil der Baumwollerträge und der Reisernte zur Vermarktung abführen. Nebenher betreiben sie Baibohokulturen und Viehhaltung im Umland. So ist hier wie am Alaotrasee und in der Sakay eine rational geplante neue Kulturlandschaft entstanden, die später 100 000 ha, d. h. die Hälfte des Deltas umfassen soll.

Es ergaben sich allerdings Schwierigkeiten mit den Kolonisten, die mit neuen

Anbaumethoden vertraut und in die heterogene Gemeinschaft integriert werden müssen; da sie kein Eigentumsrecht erhalten, kehren viele nach kurzer Zeit wieder in ihre Heimatgebiete zurück. Zudem sind in jüngerer Zeit durch Überschwemmungen und Bodenversalzung schwere Schäden entstanden. Es bleibt abzuwarten, wie die neue Regierung das stark auf internationaler Hilfe beruhende Projekt fortführt, das einen wesentlichen Beitrag zur Eigenversorgung des Landes und zur Entlastung übervölkerter Gebiete leisten kann.

Dies gilt auch für andere Küstengebiete des Menabe, in denen noch große Landreserven erschlossen werden könnten. Hemmend wirkt dabei der Mangel an Verbindungen; es fehlt eine ausgebaute Straße parallel zur Küste und der gesamte Raum ist nur durch eine einzige ganzjährig befahrbare Strecke (Morondava–Antsirabe) mit dem Hochland verbunden. Auch der Hafenverkehr wird durch Riffe, Strömungen oder Anschwemmungen behindert und beschränkt sich auf den bescheidenen Umschlag in Morondava und Morombe. Nur durch die weitere Land- und Verkehrserschließung kann der Raum seine Funktion voll erfüllen, das Hochland zu ergänzen, d. h. Nahrungsmittel zu liefern und Bevölkerung aufzunehmen.

Der Verkehrsausbau würde auch die isolierten zentralen Orte des Menabe aufwerten; sie liegen vorwiegend an der Küste (die Präfekturzentren Morondava und Maintirano, außerdem Besalampy, Belo und Morombe) oder in der Randniederung (der Viehmarkt Morafenobe und Miandrivazo). *Morondava* könnte sich zum lagegünstigen Oberzentrum für den ganzen Raum entwickeln. Es verfügt bereits über alle Dienstleistungen der Mittelstufe in Verwaltung, Kultur und Handel, an dem indische Geschäftsleute sehr stark beteiligt sind; doch ist sein Einzugsbereich, an der Küste bis Belo, im Inland bis Mahabo reichend, noch beschränkt.

10.5. DER SÜDEN

Der Süden von Madagaskar ist der ökologisch am meisten benachteiligte und wirtschaftlich schwächste Landesteil. Die Entwicklung wird in erster Linie durch die starke Trockenheit behindert. Acht bis neun Monate im Jahr sind arid; abseits der Passat- und Monsunströmung fallen nur 300—800 mm Niederschläge, die meistens aus wandernden südwestlichen Tiefdruckzellen kommen und große Schwankungen aufweisen. Der Wassermangel wird durch die verkarsteten Kalkflächen und durchlässigen Sandböden noch verstärkt; viele Flüsse liegen monatelang trocken, und so ist hier der Naßreisanbau, der das wichtigste Grundnahrungsmittel der Insel liefert, erschwert oder unmöglich. Der ertragsarme Regenfeldbau und die extensive Viehhaltung dienen überwiegend der Selbstversorgung. Der Raum liegt weitab vom politischen Zentrum der Insel, dem er seit vorkolonialer Zeit Widerstand leistet; Aufstände richteten sich sowohl gegen die Merina und Franzosen wie gegen die erste nachkoloniale Regierung. So sind wirtschaftliche

Impulse, behindert durch den Mangel an Verkehrslinien, nur spät und beschränkt bis hierher vorgedrungen, und es konnten sich nur bescheidene zentrale Orte entwickeln. Die ökologische Tragfähigkeit des Raumes ist eng begrenzt, so daß die einheimischen Mahafaly und Antandroy in großer Zahl zeitweilig oder für dauernd auswandern.

Andererseits hat der Süden durch seine Abgelegenheit und langsame Entwicklung mehr als andere Landesteile originelle Züge bewahrt. Im lichten Trockenwald und Dornbusch sind trotz der Rodungen und Brände noch seltene, zum Teil endemische Pflanzenarten erhalten, wie die langarmigen Didieraceen, unter den Tieren die Lemuren, Schmetterlinge und Riesenschildkröten. Sie bedürfen des dringenden Schutzes, um ihnen das Schicksal des in historischer Zeit ausgerotteten Riesenstraußes *Aepyornis* zu ersparen. Aber auch die Bevölkerung hat in ihrer Sozial- und Wirtschaftsstruktur und in ihren Gebräuchen traditionelle Züge stärker bewahrt als in den besser erschlossenen Landesteilen.

Nach seiner kultur- und naturgeographischen Differenzierung läßt sich der Süden in das Umland des Oberzentrums Tuléar und in die Lebensräume der Mahafaly und Antandroy gliedern.

10.5.1. Das Gebiet von Tuléar

Am Übergang zwischen dem Westen und Süden Madagaskars liegt Tuléar, die Provinzhauptstadt für beide Räume. Ihr Umland zeigt mit niedrigen mesozoischen Schichtstufen noch Bauelemente des Westens; das semiaride Klima und der xerophile Dornbusch deuten hingegen auf den Süden. Die Nordgrenze zum Menabegebiet bildet der siedlungsarme Wald von Mikea auf der trockenen pliozänen Sandsteintafel, die Ostgrenze der kretazische Basaltrücken Anavelona, während die Südgrenze zum Mahafalygebiet am Onilahyfluß gezogen werden kann.

Tuléar ist wie Diégo-Suarez erst in der Kolonialzeit zur Stadt angewachsen und leidet wie jenes unter seiner Abgelegenheit und schwachen Verkehrsverbindung zum Hochland. Dennoch ist die Einwohnerzahl von Tuléar, das ursprünglich eine kleine Handels- und Missionsstation war, rasch auf ca. 40 000 angestiegen, weil der Ort als einziger Hochseehafen des Südwestens und als Oberzentrum überregionale Funktionen für ein riesiges Gebiet übernommen hat. Das gitterförmige kolonialzeitliche Straßennetz überspannt heute das ganze Dünengebiet vor dem Steilrand des tertiären Kalkplateaus. Der Hafen, im Schutze einer Bucht und vorgelagerter Korallenriffe angelegt, exportiert die landwirtschaftlichen Überschüsse des Hinterlandes (Viehprodukte, Kaperbsen u. a.) und bestreitet vor allem den Überseeimport an Fertigwaren für den gesamten Südwesten. Daran schließen zahlreiche, häufig indische Groß- und Kleinhandelsbetriebe an. Auch die bescheidene Industrie wird teils vom Hinterland (Ölfabriken, Fleischverarbeitung und

Konservierung), teils vom Import (Metallverarbeitung) gespeist. Zudem ist Tuléar der nach Diégo-Suarez bedeutendste Mittelpunkt des Fischfanges, der auch die Hauptstadt beliefert. Als Verwaltungs-, Schul- und Marktzentrum betreut es ein weites Hinterland, das indes durch wenige Straßen nur ungenügend erschlossen ist. Die wichtigsten Verbindungen führen nach Südosten und über Ihosy in das Hochland.

Im Umland liegen in den Tälern schmale Streifen intensiver Bodennutzung. Dazu gehört die dichter besiedelte Zone um Befandriana im Norden, die Kaperbsen und Baumwolle liefert. Neue Anbaugebiete wurden durch die Kolonisationsgesellschaft SEDEFITA an den dauernd wasserführenden Flüssen Fiherenana und Taheza erschlossen. Im *Fiherenanatal,* das sich als feuchte Grünzone aus dem trockenen Umland abhebt, hat sich ein Polykulturgebiet mit Baumwoll-, Erdnuß-, Gemüsebau und Viehzucht für die Marktbelieferung entwickelt. Im Tal des *Taheza,* eines Nebenflusses des Onilahy, haben von Südosten eingewanderte Antanosy die einheimischen Bara verdrängt und den Reisanbau eingeführt. Die Nutzung wurde mit neuen Bewässerungsanlagen und -methoden (Verpflanzung aus Saatbeeten mit hochwertigem Saatgut) verbessert, so daß von hier aus der reisarme Süden beliefert werden kann. Zudem wird angestrebt, den Futteranbau auszudehnen und damit die Weiden zu entlasten, d. h. Vieh- und Feldwirtschaft zu koordinieren.

Die kleine Volksgruppe der *Vezo,* die über die gesamte Südwestküste verstreut ist, lebt vom Fischfang und vom Austausch mit den Ackerbauern des Hinterlandes; sie gilt als Teilgruppe der Sakalava.

Das Gebiet von Tuléar birgt zwar das größte Zentrum des Südens, doch ist seine Tiefenwirkung beschränkt; es kann nur einen kleinen Teil der Auswanderer aus den übrigen südlichen Landesteilen aufnehmen, die noch ein starkes Eigenleben führen.

10.5.2. Das Mahafalyland

Zwischen den Flüssen Onilahy im Norden und Menarandra im Südosten liegt der Lebensraum der Mahafaly. Er ist mit neun Trockenmonaten und Niederschlägen, die von 700 mm im Binnenland auf unter 300 mm/Jahr an der Küste absinken, mit weiten Karst- und Sandflächen hinter einer abweisenden Küste das am meisten benachteiligte Gebiet der Insel.

Der geologisch-morphologische Aufbau des reliefarmen Raumes zeigt eine klare Abfolge vom Binnenland zur Küste. Der Nordosten gehört noch zum kristallinen Sockel, der sich vom Hochland (Baraland) her sanft abdacht und von jungtertiären Einebnungsflächen geschnitten wird; vereinzelte Inselberge ragen darüber auf. Im Südwesten lagert über dem Kristallin das eozäne Mahafalykalkplateau mit Karstformen und Roterden mediterranen Typs. Am Fuße des Plateaus schließt die Küstenebene an; ihre Dünen bezeugen mehrere quartäre Transgressionen und sind z. T. schon zu Sand- und Kalkstein verhärtet. Der Dornbusch mit

Euphorbia- und Didieraceenarten, mit Tamarinden und Affenbrotbäumen wird auf gerodeten Flächen durch die Grassavanne abgelöst.

Nur im feuchteren Nordosten, wo sich neben den Mahafaly eingewanderte Antanosy niedergelassen haben, und an der Küste übersteigt die Volksdichte 5 Einw./qkm, während das Kalkplateau fast siedlungsleer ist. Die kleinen Weiler und Dörfer mit ihren aus einheimischem Pflanzenmaterial und Lehm errichteten Behausungen liegen weit verstreut oder sie reihen sich locker an den nur zeitweilig wasserführenden Flüssen und an der Küste.

In der Umgebung der Siedlungen gleicht das Mahafalygebiet mit den von Dornbusch, Aloe, Opuntien und Ästen umhegten Feldern einer Heckenlandschaft. Das vielgliedrige Muster dieser meist rundlichen Feldparzellen *(vala)* setzt sich aus den kleinen, nur wenige Hektar großen Grundstücken der Familien und dem über 50 ha erreichenden Besitz der Sippen *(valabe* = Großvala) zusammen. Die Hecken dienen dem Schutz sowohl gegen das Vieh wie gegen die oft heftigen, aus Südwesten wehenden Winde. Während die ortsnahen umhegten Felder dauernd bestellt werden, wandert der ortsferne Anbau. Die nach der Brandrodung nur wenige Jahre genutzten Parzellen sind ohne Hecken; das *open-field* löst die *bocage* ab.

Der Feldbau konzentriert sich infolge der wenigen Verkehrsverbindungen und zentralen Orte auf die Sebstversorgung. Maniok, Süßkartoffeln und Mais, Hirse (Sorghum), Bohnen und Kürbisse sind die wichtigsten Produkte des Regenfeldbaus; der Reis ist hier weniger verbreitet als in allen anderen Landesteilen, da die Bewässerung nur in wenigen Senken und Tälern möglich ist. Um so größere Bedeutung hat die extensive Viehhaltung auf den dürftigen Weiden am Außensaum der Gemarkungen. Weite Wanderungen mit Hirten führen die Herden während des Anbaus in den Küstengebieten auf die Plateaus im Landesinneren. Der Wert der Herden wird auch hier weniger nach der Marktqualität als nach der Stückzahl bemessen, die das Prestige des Besitzers bestimmt.

Nur wenige zentrale Orte liegen weit gestreut in diesem überwiegend agrarischen Raum. *Ampanihy* ist das größte Verwaltungszentrum; die Verarbeitung der Wolle von Mohairziegen zu Teppichen in einem Genossenschaftsbetrieb hat geringe Exportbedeutung. Ein weiteres Verwaltungszentrum ist *Betioky* im Norden; an der Küste liegt nur *Itampolo* als größere Siedlung. Das benachbarte Androka wurde von Dünen verschüttet und ist heute fast eine Wüstung.

Als überregionale Verkehrslinie durchzieht allein die nicht asphaltierte Straße von Tuléar nach Fort-Dauphin den Raum. Die Bevölkerung bleibt auf einen engen Lebensbereich beschränkt, wenn sie nicht durch Dürrejahre und Mißernten zur Auswanderung gezwungen wird. Doch war auch dieses benachteiligte Gebiet zu einer eigenen Kulturentwicklung fähig, wie die kunstvoll geschnitzten Holzfiguren auf den Gräbern der Mahafalysippen bezeugen.

10.5.3. Das Antandroyland

Als Naturraum schließt sich das Antandroyland dem Gebiet der Mahafaly ohne scharfe Grenze östlich an. Hier wie dort senkt sich der eingerumpfte, mit Inselbergen besetzte Grundgebirgssockel zur Küste hin ab, die auch im Antandroyland von einem breiten quartären Dünensaum begleitet wird. Doch verschwindet nun das Mahafalykalkplateau unter pliozänen Sanden, die sich als weißer oder leuchtend roter Landschaftsstreifen zwischen Grundgebirge und Dünensaum einschieben. Im Nordosten überragt das kretazische *Androymassiv* mit seinen basaltischen Lavadecken die kristalline Rumpffläche; es wird vom Mandrarefluß zerschnitten und im Norden halbkreisförmig von einem durch Einbruch und Erosion entstandenen Steilrand *(Rebord manambien)* umgeben, der scharf die Grenze zum Hochland markiert.

Der Wassermangel beherrscht auch diesen südlichen Raum. Nur am Ostrand sinkt mit zunehmendem Passateinfluß die Zahl der Trockenmonate auf unter acht und nimmt der Jahresniederschlag auf über 800 mm zu. Bis hierhin reicht auch der Dornbusch, in dem neben vereinzelten Affenbrotbäumen die endemischen Didieraceen *(Fantsiholitra)* mit ihren skurrilen Formen ein auf der Erde einmaliges Vegetationsbild bieten.

Die zu über 90 % bäuerliche Bevölkerung der Antandroy lebt in verstreuten Gruppensiedlungen, deren Bewohner häufig eine Sippeneinheit bilden (*zolika*; Sippenweiler). Die winzigen, an den Dorfwegen aufgereihten Wohnhäuser bestehen aus Holzgeflecht mit Lehm oder aus Brettern der Didieraceen. Wie bei den Mahafaly werden die ortsnahen Felder von Hecken zum Schutz gegen Vieh und Wind umgeben und im Regenfeldbau mit Mais, Maniok, Süßkartoffeln und Hirse für die Selbstversorgung bestellt. Der Ertrag erlaubt jedoch nur in den grundwassernahen Talsohlen und Becken, so um Ambovombe und Beloha, eine höhere Bevölkerungsdichte, die im Hinterland der Küste bis auf über 50 Einw./qkm ansteigt. Der Naßreisanbau ist fast nur am feuchten Ostrand möglich.

Wie bei den Bara und Mahafaly richten sich bei den Antandroy Lebenshaltung und Ansehen der Bauern in erster Linie nach dem Viehbestand. Die Herden suchen während der Trockenzeit die niederschlagsreicheren Höhen im Nordosten auf; an den Wanderwegen werden die provisorischen Siedlungen der Hirten errichtet. Die Dürrejahre und unregelmäßigen Niederschläge gefährden immer wieder Anbau und Viehbestand. Die größte Katastrophe trat in den Jahren nach 1924 ein, als durch die Ausbreitung der Koschenille-Schildlaus die Bestände der Opuntien vernichtet wurden und das Vieh diese lebenswichtige Futtergrundlage verlor. Zehntausende von Rindern verhungerten damals, und fast die Hälfte der aktiven Bevölkerung wanderte zeitweilig oder für dauernd aus. In der Folgezeit wurden die Opuntien mit großer Mühe wieder neu angepflanzt.

Am unteren *Mandrare*fluß heben sich die französischen Sisalplantagen mit ihren großen, regelmäßigen Streifenparzellen, ihren Arbeitersiedlungen und Verarbeitungsbetrieben scharf von der bäuerlichen Kulturlandschaft der Umgebung ab. Mit bis zu 5000 Beschäftigten sind sie die größten Arbeitgeber des Raumes und ziehen zahlreiche, häufig wechselnde Arbeitskräfte an, die neue Konsumgewohnheiten annehmen. Die Zukunft der Plantagen ist wegen der Tendenz zur Verstaatlichung, aber auch wegen des rückläufigen Absatzes ungewiß.

Die zum Abtransport der Sisalfasern angelegte Asphaltstraße von Fort-Dauphin über Amboasary nach Ambovombe hat den Südosten des Raumes erschlossen und die Entwicklung dieser drei größten zentralen Orte des Antandroylandes begünstigt. An den übrigen Verkehrsachsen nach Ihosy und Tuléar liegen nur kleine Unterzentren, im Norden Beraketa, Bekily und der Viehmarkt Antanimora, im Westen Tsihombe und Beloha; sie haben einen eng begrenzten Einzugsbereich.

Fort-Dauphin ist als Sitz der Präfektur mit ca. 14 000 Einw. Hauptort des Antandroylandes. Sein Hafen nutzt eine kleine Bucht, die nur mäßig gegen die starke Brandung schützt; er ist der einzige Anlegepunkt an der sonst abweisenden felsigen Steil- und Dünenküste des Südens. Die wechselvolle Geschichte des Ortes führt von der Anlage des ältesten französischen Forts und Handelsstützpunktes der Insel im Jahre 1642 durch E. DE FLACOURT über den Schlupfwinkel für Piraten bis zur Garnison der Merina und Franzosen im 19. Jh. Heute ist Fort-Dauphin Ausfuhrhafen für Sisal, Vieh und die Bergbauprodukte Phlogopitglimmer und Quarz, die aus dem Grundgebirge im Hinterland gewonnen werden. Die Holz-, Sisal- und Glimmerverarbeitung hat eine bescheidene Industrie hervorgerufen. Für Handel, Verkehr, Bildungs- und Gesundheitswesen wurde die Stadt führendes Zentrum des Südostens. Im Rahmen der ganzen Insel ist Fort-Dauphin aber durch seine periphere Lage und die ungenügende Verbindung zum Hochland benachteiligt und gleicht hierin Tuléar und Diégo-Suarez. Darunter leidet auch der allein auf dem Flugtransport beruhende Fremdenverkehr.

Die Umgebung der Stadt gehört zweifellos zu den interessantesten Landschaften Madagaskars. Über der von weißem Strand gesäumten Bucht erhebt sich steil das Gebirge, das zur Ostseite überleitet. Seine Hänge sind von artenreichem Regenwald bedeckt, der nach Westen fast unvermittelt in die Dornsavanne übergeht. Hier liegt die schärfste Klimascheide der Insel zwischen dem immerfeuchten Osten und dem semiariden Süden. An dieser Nahtstelle, die beispielhaft die landschaftlichen Gegensätze Madagaskars zusammenfaßt, schließt sich der Kreis der regionalen Betrachtung.

Das schwierigste Problem des Antandroylandes und zugleich des ganzen Südens ist der Kampf gegen den niedrigen Lebensstandard als Folge der Trockenheit. Der Mensch hat diese Folgen noch verstärkt, indem er große Teile der natürlichen Vegetation abgebrannt und durch übermäßige Beweidung zerstört hat. Der so entblößte Boden resorbiert durch verstärkte Strahlung die Luftfeuchtigkeit, er neigt zur Verkrustung, unterliegt der Erosion in der Regenzeit und wird in der Trockenzeit von Sand überweht. Diesem Prozeß der Desertifizierung kann nur

Einhalt geboten und gleichzeitig die Ernährungsbasis verstärkt werden, wenn es gelingt, Land-, Vieh- und Forstwirtschaft kombiniert zu fördern.

Zu den notwendigen Maßnahmen gehört die Anlage von Baumreihen und Opuntienhecken, um den Boden vor Windabtrag zu schützen und zu festigen. Durch Weidepflege und verstärkten Futterbau muß das Überstocken des Graslandes vermieden werden. Fruchtwechsel, Düngung und Einsatz von Flachpflügen können den Feldbau intensivieren. Tiefbrunnen und Zisternen würden die Wasserversorgung verbessern. Bei geeignetem Relief könnten Talsperren die Niederschläge der Regenzeit speichern und damit den Reisanbau erweitern. Der Marktverkauf läßt sich durch den Anbau von Erdnüssen und Heilpflanzen, der sich im Umland von Ambovombe bewährt hat, steigern. Große Reserven für den Absatz liegen vor allem in der noch sehr „kontemplativ" betriebenen Viehhaltung, die mit verbesserter Pflege erhebliche Überschüsse an Fleisch, Milch und Häuten erzielen und neben der Rinder- auch die Ziegen und Schafhaltung einbeziehen könnte; dabei müßte allerdings für den Schutz der natürlichen Vegetation gesorgt werden. Die Integration in die Marktwirtschaft erfordert bessere Absatzorganisationen und Verkehrslinien. Die mit internationaler Hilfe durchgeführte *Action Androy* versucht, diese vielseitigen Ziele zu erreichen.

Der Süden kann wegen seiner ökologischen Nachteile kein Kolonisationsraum wie der Westen werden; auch der Industrie sind enge Grenzen gesetzt, da ihr fast alle Standortvorteile fehlen. Es ist jedoch möglich, daß dieser Raum sich selbst besser versorgt und damit weniger auswandernde Kräfte verliert. Dies setzt voraus, daß nicht nur die technische und ökonomische Hilfe, sondern auch die Ausbildung verstärkt wird, um den hohen Prozentsatz der Analphabeten zu verringern. Erst dann kann dieser abgelegene, benachteiligte, oft geringschätzig beurteilte und oppositionelle Raum ein vollwertiges Glied der madagassischen Gemeinschaft werden.

11. ZUSAMMENFASSUNG —
MADAGASKAR
IM ZEITLICHEN UND RÄUMLICHEN SPANNUNGSFELD
DER SOZIOÖKONOMISCHEN ENTWICKLUNG

Die großen Probleme, die Madagaskar auf seinem weiteren Weg in die Unabhängigkeit zu bewältigen hat, wie auch die Chancen, die es dabei ausschöpfen kann, haben ihren Ursprung in der Lage der Insel, ihrer vielseitigen inneren Differenzierung und vielschichtigen historischen Entwicklung.

Die Lage im Indischen Ozean distanziert Madagaskar von den inneren Problemen der benachbarten Kontinente, brachte aber andererseits fremde Einflüsse seit vorgeschichtlicher Zeit.

Die Lage innerhalb des tropischen Klimagürtels bestimmt zusammen mit dem Relief die im einzelnen variantenreiche, im ganzen aber klar überschaubare *naturräumliche Gliederung.* Dominierend ist dabei der rasche ostwestliche Wandel von der immerfeuchten, dem Passat zugekehrten Ostseite über den vom Monsun beeinflußten wechselfeuchten Teil im Zentrum und Nordwesten bis zum semiariden Südwesten mit den entsprechenden Veränderungen der Vegetation und Bodenbildung. Diese Gliederung wird durch die zentrale Erhebung des Hochlandes, das von einem Ring küstennaher Tiefländer umgeben ist, weiter differenziert.

Dieser breiten naturräumlichen Spanne haben sich Erschließung und wirtschaftliche Nutzung angepaßt. Doch mußte sich jede der drei Epochen der madagassischen Geschichte, die vorkoloniale, die koloniale und die nachkoloniale Zeit, auch mit neuen politischen, wirtschaftlichen und kulturellen Strömungen, die von außen die Insel erreichten, auseinandersetzen. Tradition und Innovation liegen bis heute miteinander im Widerstreit.

Die *vorkoloniale Epoche* schuf mit der Einwanderung aus dem afrikanischen und südasiatischen Raum die bis zur Gegenwart maßgebliche Basis des kulturräumlichen Gefüges. Dem ökologischen Potential folgend, schieden sich die Waldbauern des Ostens mit Sammelwirtschaft und wanderndem Brandrodungsfeldbau von den Ackerbauern der wechselfeuchten Gebiete, in denen der Regenfeldbau mit dem hochentwickelten Naßreisanbau verbunden wurde. Hiervon unterschieden sich wiederum die halbnomadischen Viehzüchtergruppen des niederschlagsarmen Westens und Südens.

Auf der Stufe des Sippenbauerntums entwickelte jede Volksgruppe bei häufig wechselnden politischen Verbindungen und z. T. unter arabischem Einfluß ihre eigene Lebensform innerhalb vage umgrenzter Territorien. Die in den Sippen gewachsenen traditionellen Macht- und Besitzstrukturen unterliegen erst in junger Zeit der zunehmenden Veränderung.

Noch in die vorkoloniale Zeit fällt der Übergang von der sippenbäuerlichen zur staatlich organisierten Agrargesellschaft mit dem Aufbau und der Ausdehnung der Merinaherrschaft, die über die Oligarchien der Volksgruppen eine zentral gelenkte Staatsmacht setzte, bei der bereits europäischer Einfluß Pate stand.

Die *Kolonialzeit* brachte eine Fülle wirtschaftlicher und sozialer Neuerungen, unter denen die Einfuhr von Exportkulturen, die Individualisierung des Grundbesitzes, der Ausbau eines Verwaltungs- und Städtenetzes und die infrastrukturelle Erschließung der Insel die wichtigsten sind. In dieser Zeit wird die Wanderung ganzer Volksgruppen, die nun stationär geworden sind, von der rasch wachsenden individuellen Mobilität abgelöst. Exportpflanzungen, neu erschlossene Gebiete der Binnenkolonisation und die wachsenden zentralen Orte zogen zahlreiche Emigranten aus den übervölkerten und ökologisch benachteiligten Landesteilen an. Aus den indischen und chinesischen Händlern entwickelte sich eine koloniale Zwischenschicht.

Wirtschaftlich zwang die Kolonialzeit Madagaskar in die einseitige Abhängigkeit von Frankreich als Lieferant von Agrar- und Abnehmer von Industrieprodukten. Der Ausbau des Schulwesens diente nicht einer an der Umwelt orientierten Erziehung zu selbständig-kritischem Denken, sondern der Ausbreitung der französischen Kultur und schied eine dünne französisierte Oberschicht von der Masse der in traditionellen Lebensformen verharrenden Bevölkerung.

Mit diesem Erbe der vorkolonialen und kolonialen Zeit hat sich der neue Staat auf der Suche nach Selbständigkeit auseinanderzusetzen. Dabei lassen sich einige grundlegende *Problemkreise* erkennen, in denen sich sowohl die ökologischen Unterschiede wie die historischen Entwicklungsprozesse des Landes widerspiegeln.

Das schwerwiegendste innere Problem ist das wirtschaftliche und soziale *Gefälle zwischen den Landesteilen*. Die dicht besiedelten, städtereichen Gebiete des Zentrums, des küstennahen Ostens und Nordwestens stehen mit ihrem höheren Lebensstandard den dünn besiedelten ärmeren des Westens und Südens gegenüber. Die Überlegenheit der erstgenannten Räume beruht im zentralen Hochland auf der seit vorkolonialer Zeit ausgebauten politischen Führungsrolle, die sich im Ursprung auf die hochentwickelte Reiskultur stützte, im Osten und Nordwesten auf der starken Integration in die Marktwirtschaft mit dem Anbau zahlreicher Exportprodukte. Der Westen zeigt hingegen bisher nur in den Flußmündungsgebieten, der klimatisch benachteiligte Süden nur vereinzelte Ansätze einer neuen Entwicklung.

Dieser nordost-südwestliche Gegensatz der Landesteile wird von der Konkurrenz zwischen dem Zentrum und der Peripherie überlagert. Das zentrale Hochland ist zwar Sitz der politischen und wirtschaftlichen Steuerung und der höchsten

Kulturentwicklung, in der Agrarproduktion verharrt es jedoch in der traditionellen Eigenversorgung. Der Vormacht des Zentrums stellen sich zunehmend dynamische Entwicklungen in der Peripherie entgegen. Hier liegen nicht nur die Produktionsgebiete für den lebenswichtigen Außenhandel, sondern auch alle Häfen, die den Güterverkehr mit der Außenwelt und die Zufuhr zum Hochland sichern. Die Kolonisationsgebiete des Westens werden mit dem Zuzug zahlreicher Emigranten das Gewicht der Peripherie weiter verstärken. Für Madagaskars Einheit ist es lebenswichtig, die wirtschaftliche Zusammenarbeit zwischen den Landesteilen zu verstärken und die politische Macht zu dezentralisieren, um damit die noch schwelenden Antipathien zwischen den Volksgruppen zu entschärfen.

Diese räumlichen Divergenzen werden von allgemeinen wirtschaftlichen und sozialen Problemen begleitet, dazu gehören die Koordination zwischen den Zweigen der Primärwirtschaft, der Übergang von der Subsistenz- zur Marktwirtschaft, die Mobilität zwischen Land und Stadt und die soziale Differenzierung der nachkolonialen Zeit. Dahinter steht die entscheidende Frage, wieweit sich Tradition und Modernisierung verbinden lassen, um die Kräfte des Landes zu mobilisieren und eine eigenständige Weiterentwicklung zu sichern.

Die Konkurrenz zwischen Feldbau, Viehhaltung und Waldnutzung muß durch die *Koordination der Primärwirtschaft* überwunden werden. Zwiespältig leben im Madagassen der asiatische Reisbauer und der afrikanische Viehzüchter fort; sie machen sich die Nutzflächen streitig und zerstören gemeinsam die natürliche Vegetation durch Brandrodung und Weidefeuer.

Noch zwingen Bevölkerungswachstum und Weidemangel dazu, diese Methoden beizubehalten, doch muß auf lange Sicht der Raubbau durch Bodenpflege, die extensive durch eine intensivere Bewirtschaftung ersetzt werden. Im Feldbau tragen Fruchtwechsel, Düngung und hochwertiges, den Klima- und Bodenverhältnissen angepaßtes Saatgut dazu bei. Im Hochland sollte neben dem Naßreisanbau der Regenzeitfeldbau (*Tanety*kulturen) verstärkt gefördert werden. In der Viehhaltung würden Kunstweiden und bessere Qualität der Herden statt prestigebezogener Quantität entscheidende Fortschritte bringen. Eine flächenintensivere Landbewirtschaftung würde wiederum die natürliche Vegetation schonen, die zum Schutz des Wasserhaushaltes und des Bodens erhalten und durch zusätzliche Aufforstung ergänzt werden muß. Der Naturschutz dient in Madagaskar nicht nur den seltenen Tier- und Pflanzenarten, sondern auch dem ökologischen Gleichgewicht als Grundlage der Ernährung; er setzt die enge Koordination mit der Landwirtschaft voraus.

Neben der Selbstversorgung entwickelte sich gegen Ende der vorkolonialen und verstärkt in der kolonialen Zeit die *Marktwirtschaft*, welche die wachsenden zentralen Orte und den Außenhandel mit Agrarprodukten beliefert. Während in den entlegenen Gebieten bis heute die Selbstversorgung überwiegt, sind die stadt-

und hafennahen Agrarräume über den Marktverkauf weitgehend in die Geldwirtschaft integriert. Damit verfügen hier die Bauern in bescheidenem Maße über Barmittel, die es erlauben, Nahrungsmittel und Gebrauchsgüter zu kaufen, Betriebsinvestitionen wie Vieh- und Landkauf vorzunehmen und Lohnarbeiter zu beschäftigen. Ein Teil der Handelsspanne wird noch durch asiatische Händler abgeschöpft, die deshalb dorfeigenen Absatzorganisationen weichen sollen.

Der Lebensstandard ist in den Gebieten der Marktwirtschaft gestiegen. Doch schränkt der Anbau von Exportkulturen die Selbstversorgung mit Reis und Viehprodukten ein. Sie muß aber als Grundlage erhalten bleiben, da Weltmarktschwankungen und Klimaeinflüsse, z. B. die häufigen Wirbelstürme, den Export bedrohen. Die Eigenversorgung hat Vorrang, solange der Import von Nahrungsmitteln einen Großteil der Exporterlöse aufzehrt. Auch der Anbau von Produkten für den Inlandmarkt darf nicht zu eng spezialisiert werden, solange das Verkehrsnetz für den sicheren und ganzjährigen Austausch zwischen den Landesteilen nicht ausreicht.

Neben dem Übergang von der Subsistenz- zur Marktwirtschaft hat die *Verstädterung* die Agrargesellschaft in ein neues Spannungsfeld gerückt. Durch die Entwicklung zentraler Orte ist seit dem 19. Jh. neben dem Bauerntum ein städtisches Bürgertum, spezialisiert auf Verwaltung, Handel, Gewerbe und viele Dienstleistungen, entstanden. Der Grad der Verstädterung ist zwar immer noch gering; nur etwa ein Siebentel der Gesamtbevölkerung wohnt gegenwärtig in Orten mit zentralen Funktionen. In den Provinzhauptstädten und größeren Mittelzentren schreitet der Prozeß der Urbanisierung jedoch schnell voran und stellt die Planung vor schwere Probleme. So müssen ältere Stadtteile saniert, die Versorgung mit Wasser und Energie verbessert, die Dienstleistungen namentlich im Bildungs- und Gesundheitswesen verstärkt und der innerstädtische Verkehr entflochten werden. Das schwierigste Problem ist jedoch der Zuzug der Landbevölkerung in die größeren Städte. Die Zuwanderer verstärken die arbeits- und obdachlose Unterschicht, für die neue Wohnviertel und Arbeitsplätze geschaffen werden müssen. Da jedoch die Industrie in den meisten Städten noch kaum entwickelt ist und die Dienstleistungsberufe übersetzt sind, wachsen die sozialen Spannungen.

Dieses Problem kann nur durch eine integrale Planung bewältigt werden, die Stadt und Land zugleich umfaßt. In den Städten ist eine dezentralisierte Industrialisierung anzustreben. Sie muß sich den örtlichen Bedürfnissen anpassen und kleine oder mittlere, arbeitsintensive Betriebe der Agrar- und Leichtindustrie begünstigen, um neue Arbeitsplätze zu schaffen, die Produkte des Umlandes zu verarbeiten und die Bevölkerung mit Konsumgütern zu versorgen. Andererseits muß die Landflucht verringert werden. Diesem Ziel haben die koordinierte Förderung der Agrarwirtschaftszweige und die Erschließung weiterer Kolonisationszonen, vornehmlich im Mittleren Westen und an der Westküste, zu dienen.

Markt- und Geldwirtschaft und Urbanisierung haben zu einer *sozialen Differenzierung* geführt, die sich in der Kolonialzeit anbahnte und in der Gegenwart fortsetzt. Der Gegensatz zwischen den Madagassen und den privilegierten Ausländern, deren Zahl immer mehr zusammenschmilzt, tritt heute zurück hinter einer neuen Schichtung innerhalb der einheimischen Bevölkerung.

In der ländlichen Gesellschaft ist die traditionelle Führungsrolle der Sippenhäupter, der Alten und der Großbauern noch immer wirksam. Sie wird jedoch, zumal in stadtnahen Gebieten, zunehmend in Frage gestellt durch die junge Generation, die sich nicht nur der schützenden Gemeinschaft unterordnen, sondern auch individuelle Freiheit erlangen will. Außerdem entwickelt sich, vornehmlich bei den Immigranten der Kolonisationszonen, in Stadtnähe und in Gebieten der Marktproduktion, eine Schicht von Bauern, die durch fortschrittliche Anbaumethoden, Besitz technischer Produktionsmittel und Integration in die Markt- und Geldwirtschaft den traditionellen Wertvorstellungen neue Maßstäbe entgegensetzt.

In der städtischen Gesellschaft hat sich neben der mittelständischen Masse der Gewerbetreibenden und Angestellten eine Ober- und eine Unterschicht gebildet. Die dünne Oberschicht umfaßt einerseits die Intellektuellen mit französischer Bildung, die asiatischen und wenigen madagassischen Inhaber von Handels- und Industrieunternehmen, andererseits die höheren Funktionäre der Regierung. Zur Unterschicht zählen die Arbeiterschaft und die sozialen Randgruppen der Zugewanderten.

Die sozialistische Regierung strebt eine *neue Gesellschaftsordnung* an, die diese traditionellen oder modernen sozialen Gegensätze in Land und Stadt überwindet. Die Ortsgemeinschaften sollen dabei als Basis dienen, doch setzt dies ihre Demokratisierung voraus. Ihre Stabilität fußt noch auf der traditionellen Rollenverteilung, die sich nach Alter, Besitz und ethnischer Zugehörigkeit bemißt. Die Dorfgemeinschaften suchen mit ihrem konservativen Aufbau Sicherheit und Ordnung zu bewahren, sie mißtrauen den Risiken der Marktwirtschaft und den technischen Neuerungen, die eine soziale Umschichtung herbeiführen könnten. Sie sind zudem isoliert, noch nicht in die nationale Gemeinschaft integriert und in den Landesteilen verschieden strukturiert.

Dennoch kann das Gemeinschaftsbewußtsein der örtlichen Gruppen als Ausgangsbasis für die *Erziehung* zu einer sozialen und demokratischen Gesellschaft dienen. Dabei muß angestrebt werden, daß der einzelne selbstverantwortlich nach seinen Fähigkeiten an den gemeinsamen Aufgaben mitwirkt und nicht Privilegien bewahren oder erlangen will. Die Führungsschicht darf sich nicht an Besitz und ererbten Rechten, sondern nur an ihrer Leistung für die Gesamtheit messen. Die einzelne Dorfgemeinschaft muß über ihr Eigenleben und ihre Volksgruppe hinaus mit der gesamten Nation verbunden und sich bewußt werden, daß die Zukunft des Landes und damit auch das eigene Wohl nur durch gemeinsamen Einsatz gesichert werden können.

Die Erziehung zu diesem Bewußtsein ist die wichtigste Voraussetzung, um das Hauptproblem des Landes, die *innere Integration* als Grundlage der Unabhängigkeit zu bewältigen. Die Aktivräume der Insel — das Hochland, der Osten, der Nordwesten und die westlichen Küstengebiete — müssen verstärkt miteinander verbunden, die Passivräume — der Süden und Mittlere Westen — weiter gefördert und erschlossen werden. Die Planung muß alle Landesteile koordiniert umfassen, um einen besseren Ausgleich von Produktionskraft, Lebensstandard und Bevölkerungsverteilung zu erzielen und die naturgegebenen Ressourcen voll auszuschöpfen.

Neben der inneren Integration muß Madagaskar die *äußere Integration* in Weltwirtschaft und -politik bewältigen und dabei versuchen, Unabhängigkeit und notwendige Bindungen in Einklang zu bringen. Im Spannungsfeld zwischen nördlichen Industrie- und südlichen Entwicklungsländern, zwischen dem westlichen kapitalistischen und dem östlichen sozialistischen System hat sich Madagaskar für den schwierigen Weg der Öffnung nach allen Seiten entschieden. Es hat die kolonialzeitliche Bindung an Frankreich überwunden, wird aber auch in Zukunft nicht auf den wirtschaftlichen Austausch mit den westlichen Ländern, ihre technische und finanzielle Hilfe verzichten können. Es sucht ein Gegengewicht im Kontakt mit dem Osten, der nicht nur zu neuen wirtschaftlichen Beziehungen, sondern auch zum Import sozialistischer Ideen führt.

So steht Madagaskar erneut vor der Aufgabe, die seine ganze Geschichte begleitete: Einflüsse von außen aufzunehmen und fruchtbar in die eigene Entwicklung zu integrieren. Es muß an der Konkurrenz des freien Weltmarktes teilnehmen und seine Produktivität steigern, indem es traditionelle mit modernen Wirtschaftsformen verbindet. Es muß die innere Einheit durch eine soziale Gesellschaftsordnung sichern, die der Gemeinschaft verpflichtet, aber nicht der Allmacht des Staates unterworfen ist und dem einzelnen die freie Entfaltung im Rahmen des Gemeinwohls ermöglicht. Die natur- und kulturgeographische Vielfalt verleiht Madagaskar Gewicht genug, um dabei einen selbständigen Weg zu finden und damit seine Eigenart zu bewahren.

Tab.18: *Die Volksgruppen Madagaskars 1972*
(n. Étude sur la population de Mad., I.N.S.R.E., Tananarive 1974)

Volksgruppe		Bevölkerungszahl
Antaifasy		98 046
Antaimoro		272 121
Antaisaka		406 468
Antakarana		49 569
Antambahoaka		31 273
Antandroy		428 350
Antanosy		189 013
Bara		267 107
Betsileo		953 968
Betsimisaraka		1 165 592
Bezanozano		61 761
Mahafaly		136 010
Merina		2 066 994
Sakalava		470 156
Sihanaka		187 871
Tanala		293 434
Tsimihety		572 847
andere madagassische Volksgruppen		168 945
Madagassen		7 819 525
Komorianer	rd.	44 000
Asiaten	rd.	32 000
Franzosen	rd.	31 000
andere Ausländer	rd.	2 000
Gesamtbevölkerung	rd.	7 929 000

Tab. 19: Madagaskar, Gebiet und Bevölkerung

(n. Étude sur la population de Mad., I.N.S.R.E., Tananarive)

Provinz	Fläche (qkm)	Bevölkerung 1972 (in 1000)	Einw./qkm
Tananarive	58 283	1934	33,2
Fianarantsoa	102 373	1921	18,8
Tamatave	71 911	1265	17,6
Diégo-Suarez	43 056	639	14,8
Majunga	150 023	957	6,4
Tuléar	161 405	1213	7,5
Madagaskar	587 051	7929 (1972)	13,5
,,	,,	8185 (1974)	13,9
,,	,,	8390 (1975)	14,3
,,	,,	8600 (1976)	14,6
,,	,,	8815 (1977)	15,0

Tab. 20: Klimadaten

(n. Service de la Météorologie)

Station	Breiten-lage (s. Br.)	Höhe über NN	Mittlere Jahres-temperat. (in –C)	Mittlere Temp. des kältesten Monats (in –C)	Mittlere Temp. des wärmsten Monats (in –C)	Jahres-schwan-kung (in –C)	Mittlere Jahres-nieder-schlags-summe (in mm)
Osten, Nordwesten:							
Vohémar	13,22°	5	25,3	23,1	27,2	4,1	1445
Maroantsetra	15,26°	2	23,7	20,8	26,0	5,2	3664
Tamatave	18,07°	5	24,1	21,3	26,7	5,4	3529
Farafangana	22,48°	6	22,8	19,6	25,7	6,1	2433
Fort-Dauphin	25,02°	8	22,8	19,8	25,6	5,8	1529
Nossi-Bé	13,19°	11	25,9	23,6	27,2	3,6	2232
Ambanja	13,40°	40	25,7	23,2	27,1	3,9	2172
Hochland:							
Bealanana	14,33°	1125	19,8	16,6	21,9	5,3	1323
Mandritsara	15,50°	350	24,4	21,2	26,7	5,5	1149
Tananarive	18,55°	1381	18,5	14,4	21,1	6,7	1354
Antsirabe	19,49°	1540	16,5	12,4	19,7	7,3	1493
Ambositra	20,37°	1245	17,9	13,8	20,8	7,0	1529
Fianarantsoa	21,27°	1105	18,5	14,5	21,4	6,9	1215
Ihosy	22,24°	800	21,6	17,4	24,5	7,1	842
Nanokely	19,31°	2100	13,9	10,2	16,1	5,9	1675
Norden, Westen:							
Diego-Suaréz	12,21°	105	27,0	25,1	28,3	3,2	902
Majunga	15,40°	22	26,9	25,1	28,0	2,9	1567
Marovoay	16,07°	20	27,0	24,2	29,0	4,8	1520
Maintirano	18,03°	13	25,7				840
Morondava	20,17°	8	24,8	21,0	27,7	6,7	780
Miandrivazo	19,32°	71	27,2	23,7	29,0	5,3	1425
Süden:							
Tuléar	23,23°	9	23,7	19,9	27,4	7,5	344
Itampolo	24,41°	5					331
Faux-Cap	25,33°	20	23,3	20,2	26,4	6,2	344
Ambovombe	25,11°	135	22,9	18,5	26,4	7,9	606
Ampanihy	24,41°	275	24,6	19,8	28,3	8,5	581
Sakaraha	22,55°	460	23,0	17,9	26,5	8,6	735

Tab. 21: Produktion landwirtschaftlicher Erzeugnisse 1975 (in 1000 t)

(n. amtl. Statistik)

Reis	1874
Mais	120
Kartoffeln	102
Zuckerrohr	1300
Süßkartoffeln	337
Maniok	1419
Bohnen	58
Kaperbsen	24
Apfelsinen	83
Bananen	421
Ananas	53
Erdnüsse (in Schalen)	40
Baumwollsamen	17,5
Kaffee	88
Tabak	4
Rohbaumwolle (entkörnt)	10
Sisal	30
Gewürznelken	4
Pfeffer	3
Vanille	1,8

Tab. 22: Viehbestand 1975 (in 1000 Stück)

(n. amtl. Statistik)

Pferde	2
Rinder	9 700
Kühe	40
Schweine	650
Schafe	720
Ziegen	1 100
Hühner	13 000

Tab. 23: Industriestruktur 1970

(n. Recensement industriel, I.N.S.R.E., Tananarive)

Industriezweig	Zahl der Betriebe	Zahl der Beschäf- tigten	Lohnsumme (in 1000 FMG)	Verkaufte Produktion (in 1000 FMG)
Bergbau	16	1 626	247 551	1 691 897
Nahrungsmittel	129	14 635	1 797 167	14 839 015
Getränke	18	1 024	132 294	1 357 479
Tabak	8	1 101	178 149	1 662 472
Textilstoffe	15	7 247	1 178 944	7 023 213
Schuhe, Bekleidung	22	2 696	511 047	2 932 504
Holz und Möbel	33	1 817	254 082	906 226
Papier	4	601	203 625	1 159 141
Druck, Verlage	16	915	275 868	1 036 936
Leder, Pelze	3	303	26 428	337 883
Kautschuk	2	102	25 301	166 816
Chemie	37	1 991	336 436	3 553 034
Erdölprodukte	1	222	211 112	975 186
Sonst. Mineralprod.	12	1 312	148 065	1 049 858
Maschinenbau	8	309	76 687	537 489
Verkehrsmittel	21	1 541	323 061	2 048 042
Sonst. Metallwaren	22	1 315	268 843	2 464 603
Elektrizität	4	2 690	735 407	3 643 260
Sonstige	4	241	40 078	260 975
Summe	375	41 688	6 970 145	47 646 029

Tab. 24: Bergbauproduktion 1974

(n. Situation économique, I.N.S.R.E.,
Tananarive)

Produkt	Menge (in t)
Chromerz	155 874
Graphit	16 298
Glimmer (Mica)	702
Quarze	109
Granate	9
Turmalin	1
Jaspis	34

LITERATURVERZEICHNIS

Abkürzungen

AG	= Annales de Géographie
BDPA	= Bureau pour le Développement de la Productivité Agricole
BM	= Bulletin de Madagascar
CNRS	= Centre National de la Recherche Scientifique, Paris
COM	= Cahiers d'Outre-Mer
ER	= Etudes Rurales
INSRE	= Institut National de la Statistique et de la Recherche Economique, Tananarive
ISM	= Institut Scientifique de Madagascar
MRG	= Madagascar, Revue de Géographie
O.R.S.T.O.M.	= Office de la Recherche Scientifique et Technique d'Outre-Mer
TM	= Terre malgache, Tany malagasy

Gesamtdarstellungen

Atlas de Madagascar. Préparé par l'association des géographes de Madagascar sous la direction de R. Battistini, F. Le Bourdiec, P. Le Bourdiec. Tananarive 1969 ff.

Bastian, G.: Madagascar. Etude géographique et économique. Paris 1967.

Battistini, R.: L'Afrique australe et Madagascar. Paris 1967.

Battistini, R. — Richard-Vindard, G.: Biogeography and ecology in Madagascar (= Monographiae Biologicae, Vol. 21). The Hague 1972.

Cadoux, Ch.: La République Malgache. Paris 1969.

Deschamps, H.: Madagascar. Que sais-je? No. 529, Paris 1968.

Dez, J.: Madagaskar — Geographie, Staat und Geschichte. Z. f. Wirtschaftsgeographie 12, S. 133—135, 1968.

Grandidier, A. (Hrsg.): Atlas des colonies françaises. Paris 1934.

Grandidier, A. et G.: Ethnographie de Madagascar. 5 Vol. Paris 1908—1928.

Grandidier, A. et G.: Histoire physique, naturelle et politique de Madagascar. Tananarive 1956 ff.

Grandidier, G.: Bibliographie de Madagascar 4 Vol. 1905—1957.

Guilcher, A. — Battistini, R.: Madagascar, Géographie régionale. ›Les cours de Sorbonne‹, Paris 1967.

Hänel, K.: Madagaskar. Bonn 1958.

Heseltine, N.: Madagascar. London 1971.

Isnard, H.: Madagascar. Paris 1964.

Kent, R. K.: From Madagascar to the Malagasy Republic. London 1962.

KLUTE, F.: Madagaskar. Handb. d. Geogr. Wissensch., Bd. Afrika, S. 459—468. Potsdam 1930.

MADAGASKAR, Comores, Réunion, Ile Maurice. Les Guides Bleus. Paris 1968.

MAURETTE, F.: Madagaskar. Géogr. Univ. Bd. 12, S. 342—374. Paris 1938.

PASCAL, R.: La République Malgache. Paris 1965.

POSER, H.: Madagaskar. Westermann Lexikon d. Geogr. Bd. III. S. 172—180. Braunschweig 1970.

RAJEMISA-RAOLISON, R. Dictionnaire historique et géographique de Madagascar. Fianarantsoa 1966.

ROBEQUAIN, CH.: Madagascar et les bases dispersées de l'union française. Paris 1958.

SCHNACK, F.: Große Insel Madagaskar. Konstanz 1946.

SCHOMERUS, M.: Seychellen, Madagaskar, Réunion, Mauritius, Komoren. Mai's Weltführer Nr. 23. München o. J.

SICK, W. D.: Madagaskar — Wirtschaftsgeographische Entwicklung und Differenzierung. Geogr. Rundschau 25 (6), S. 213—222, 1973.

SICK, W. D.: Madagaskar. In: Länder, Völker, Kontinente, Bd. II, S. 154—163, Bertelsmann Lexikon-Verlag, Gütersloh 1974.

SPACENSKY, A.: Madagascar. 50 ans de vie politique. Paris 1970.

STRATTON, A.: The great red island. London 1965.

TARA, V. — WOILLET, J. C.: Madagascar, Mascareignes et Comores. Paris 1969.

THIERRY, S.: Madagascar. Paris 1961.

THIERBACH, H.: Madagaskar. Zschr. f. Wirtschaftsgeographie, H. 5, S. 151—154, 1977.

THOMPSON, V. — ADLOFF, R.: The Malagasy Republic. Stanford/Calif. 1965.

ÄLTERE REISEWERKE

CATAT, L.: Voyage à Madagascar (1889—1890). Paris 1895.

FLACOURT, E. DE: Histoire de la grande Isle de Madagascar. Paris 1658.

GRANDIDIER, A.: Collection des ouvrages anciens concernant Madagascar. 9 Bde. Paris 1913—1920.

KOCH-ISENBURG, L.: Zauberhaftes Madagaskar. Stuttgart 1954.

LEGUEVEL DE LACOMBE, B. F.: Voyage à Madagascar et aux îles comores 1823—1830. Paris 1840.

PAPPENHEIM, Hauptgraf zu —: Madagascar. Berlin 1906.

PFEIFFER, I.: Voyage à Madagascar. 1862.

SIBREE, J.: The great African Island. London 1880.

VALETTE, J.: Les études historiques malgaches de 1940—1960. Rev. histor., Fasc. 461. Paris 1962.

ZU KAPITEL 2: ENTWICKLUNG VON BESIEDLUNG, BEVÖLKERUNG UND STAAT

BATTISTINI, R. — VERIN, P.: Les transformations écologiques à Madagascar à l'époque proto-historique. BM 244, S. 841—856, 1966.

BATTISTINI, R. — VERIN, P.: Man and the environment in Madagascar. Biogeography and ecology in Madagascar, S. 311—337. The Hague 1972.

BOITEAU, P.: Contribution à l'histoire de la nation malgache. Paris 1958.

CALLET, R. P.: Tantaran'ny Andriana eto Madagaskar. 2 vol. Tananarive 1908.

CHAMLA, M. C.: Recherches anthropologiques sur l'origine des Malgaches. Mémoires du Muséum. Paris 1958.

CHAPUS, G. S. — DANDOUAU, A.: Manuel d'Histoire de Madagascar. Paris 1961.

DAHL, O. C.: Malgache and Maanjan. Oslo 1951.

DANDOUAU, A. — CHAPUS, G. S.: Histoire des populations de Madagascar. Paris 1952.

DESCHAMPS, H.: Histoire de Madagascar. Paris 1965.

DONQUE, G.: Le contexte océanique des migrations malgaches. Ann. Univ. de Madagascar, Archéologie, Taloha 1, S. 43—69, 1965.

FERRAND, G.: L'origine africaine des Malgaches. Journal Asiatique, S. 353—500, 1908.

HARDYMAN, J. T.: Madagascar on the move. London 1950.

JANVIER, Y.: La géographie greco-romaine a-t-elle connu Madagascar? Rev. d'études historiques 1—2, S. 11—41, 1975.

LABATUT, F. — RAHARINARIVONIRINA, R.: Madagascar — Etude historique. Tananarive 1969.

MOLET, L. — OTTINO, P.: Madagascar entre l'Afrique et l'Indonésie. L'homme, Rev. française d'anthropologie. Vol. XII, Cah. 2, S. 126—135, 1972.

MURDOCK, G. P.: Africa — Its Peoples and their Culture History. New York 1959.

OTTINO, P.: Madagascar, les Comores et le Sud-Ouest de l'Océan indien. Publ. du Centre d'Anthropologie culturelle et sociale, 1974.

RALAIMIHOATRA, E.: Histoire de Madagascar. Tananarive 1966.

TOUSSAINT, A.: Histoire de l'Océan indien. Paris 1971.

VERIN, P.: Les Recherches archéologiques à Madagascar. Azania Vol. I, S. 119—137, 1966.

VERIN, P.: L'origine indonésienne des Malgaches. BM 259, S. 947—976, 1976.

Ethnologie

ANDRIAMANJATO, R.: Le Tsiny et le Tody dans la pensée malgache. Paris 1957.

ANDRIANANJASON, V. G.: Im Lande der Malagasy. 500 Jahre Sitten und Gebräuche in Madagaskar. Hangelar 1969.

BIRKELI, E.: Les Vazimbas de la côte ouest de Madagascar. Mém. de l'Académie malgache, Fasc. 22.

BLOCH, M. E. F.: Decision making in councils among the Merina in Madagascar. Councils in Action. Cambridge Papers in Social Anthropology. London 1971.

BLOCH, M. E. F.: Placing the dead. London 1974.

DANDOUAU, A.—CHAPUS, G. S.: Histoire des populations de Madagascar. Paris 1952.

DECARY, R.: Mœurs et coûtumes des Malgaches. Paris 1951.

DECARY, R.: Les conditions physiques du peuplement humain de Madagascar. Mém. de l'ISM. S. 1—12, 1952.

DECARY, R.: La mort et les coûtumes funéraires à Madagascar. Paris 1962.

FAUBLEE, J.: Ethnographie de Madagascar. Paris 1946.

GERNBÖCK, L.: Zur Frage der Kleinwüchsigen in Madagaskar. Archiv f. Völkerkunde 16, S. 23—28. Wien 1961.

GERNBÖCK, L.: Die Vazimbafrage. Anz. d. phil.-hist. Klasse d. Österr. Akademie der Wissensch. 5. S. 85—92, 1965.

GRANDIDIER, A. et G.: Ethnographie de Madagascar. 5 Bde. Paris 1908—1928.

MÖTTING, W.: Geographische Völkerkunde von Madagaskar. Hamburg 1935.

POIRIER, J.: Madagaskar — seine traditionelle Kultur. Zschr. f. Wirtschaftsgeogr. 12, S. 135—139, 1968.

POIRIER, J. — DEZ, J.: Les groupes éthniques de Madagascar. Tananarive 1963.

SCHOMERUS-GERNBÖCK, L.: Madagaskar. Studien zur Kulturkunde 34. Bd., S. 785—815. Wiesbaden

SIBREE, J.: Madagascar and its people. London 1870.

ZU KAPITEL 3: DIE NATURRÄUMLICHEN GRUNDLAGEN

Zu Kapitel 3.1: Die Klimate Madagaskars

DONQUE, G.: Etude de quelques types de temps à Madagascar. MRG 1, S. 103—122, 1962.

DONQUE, G.: The climatology of Madagascar. Biogeography and ecology in Madagascar. S. 87—144. The Hague 1972.

DONQUE, G.: Le climat d'une façade au vent de l'alizé: la Côte Est de Madagascar. MRG 24, S. 9—74, 1974.

DONQUE, G.: Contribution géographique à l'étude du climat de Madagascar. Tananarive 1975.

DONQUE, G.: Les cyclones tropicaux des mers malgaches. MRG 27, S. 9—63, 1975.

DUFOURNET, R.: Régimes thermiques et pluviométriques des différents domaines climatiques de Madagascar. MRG 20, S. 25—113, 1972.

DUVERGE, P.: Principes de météorologie dynamique et types de temps à Madagascar. Publ. Serv. Météorol. de Mad. No. 13, 1949.

POISSON, CH.: Conditions de formation des cyclones malgaches. Bull. Soc. d'Océanographie de France, S. 1630—1636. Paris 1937.

RAVET, J.: Atlas climatologique de Madagascar. Publ. du Serv. Météorol. de M., No. 10. Tananarive 1948.

TRENDEL, R. — VALTAT, B.: Trajectoires des cyclones dans le Sud-Ouest de l'Océan indien. Publ. du Serv. Météorol. de Mad. No. 21, 1951.

Zu Kapitel 3.2: Die Landformen und ihre Entwicklung

BATTISTINI, R.: Les données actuelles sur le Quarternaire marin et dunaire de Madagascar. Bull. Comm. Trav. Hist. et Scientif. Section Géographie, 75, S. 117—131, 1963.

BATTISTINI, R.: Note préliminaire sur la morphologie et l'origine des arrécifes à Madagascar. MRG 18, S. 77—101, 1971.

BATTISTINI, R.: Madagascar, relief and main types of landscape. Biogeography and ecology in Madagascar, S. 1—25. The Hague 1972.

BATTISTINI, R. — DOUMENGE, F.: La morphologie de l'escarpement de l'Isalo et de son revers dans la région de Ranohira (Sud-Ouest de Madagascar) MRG 8, S. 87—92, 1966.

BESAIRIE, H.: Description géologique du Massif Ancien de Madagascar. 2 Bde. Serv. géol. de Madagascar. Tananarive 1968, 1969.

Besairie, H.: Précis de Géologie malgache. Ann. géol. de Madagascar, Fasc. 36. Tananarive 1973.

Birot, P.: Contribution à l'étude morphologique des ›plateaux‹ du centre de Madagascar. MRG 3, S. 1—39, 1963.

Bourgeat, F.: Les vallées alluviales de l'Ouest et du Nord-Ouest de Madagascar. TM 5, S. 115—132, 1969.

Bourgeat, F. — Petit, M.: Contribution à l'étude des surfaces d'aplanissements sur les Hautes Terres centrales malgaches. AG 426, S. 158—189, 1969.

Brenon, P.: The geology of Madagascar. Biogeography and ecology in Madagascar, S. 27—86. The Hague 1972.

Dixey, F.: Observation sur les surfaces d'érosion à Madagascar. Compte rendu de l'Académie des Sciences, S. 944—947, 1956.

Poser, H.: Stufen- und Treppenspülung — eine Variante der Flächenspülung. Beobachtungen aus Madagaskar. Abh. Akad. d. Wiss. Göttingen, Math. Phys. Kl. III. Folge Nr. 29, S. 147—160, 1974.

Rossi, G.: Aspects morphologiques du Karst de Narinda. MRG 27, S. 65—88, 1975.

Zu Kapitel 3.3: Gewässernetz und Abflußregime

Aldegheri, M.: Rivers and streams on Madagascar. Biogeography and ecology in Madagascar (= Monographiae Biologicae Vol. 21). S. 261—310. The Hague 1972.

Zu Kapitel 3.4: Die Vegetation

Cabanis, Y., u. a.: Végétaux et groupements végétaux de Madagascar et des Mascareignes. Tananarive 1969.

Chauvet, B.: The forests of Madagascar. Biogeography and ecology in Madagaskar. S. 191—199. The Hague 1972.

Humbert, H., u. a.: Flore de Madagascar et des Comores. Tananarive, Paris 1936 ff.

Humbert, H., u. a.: Carte internationale du tapis végétal; Madagascar. Pondicherry 1965.

Koechlin, J.: Flora and vegetation of Madagascar. Biogeography and ecology in Madagascar, S. 145—190. The Hague 1972.

Marquardt, W.: Die Vegetationszonen Madagaskars. Kosmos 59, S. 400—407, S. 448—452, 1963.

Morat, P.: Les savannes du Sud-Ouest de Madagascar. Mém. de l'O.R.S.T.O.M. No. 68. Paris 1973.

Perrier de la Bathie, H.: Biogéographie des plantes de Madagascar. Paris 1956.

Straka, H.: Über Moore und Torf auf Madagaskar und den Maskarenen. Erdkunde, 14, S. 81—89, 1960.

Straka, H.: Das Pflanzenkleid Madagaskars. Naturwiss. Rundschau H. 5, S. 178—185, 1962.

Zu Kapitel 3.5: Die Tierwelt

Decary, R.: La faune malgache. Paris 1950.
Grandidier, G. — Petit, G.: Zoologie de Madagascar. Paris 1952.
Paulian, R.: La zoogéographie de Madagascar et des îles voisines. Tananarive 1961.
Staffe, A.: Die Wildrinder von Madagaskar. Mitt. Naturforsch. Ges. Bern, N.F. 5, S. 19—34. Bern 1948.

Zu Kapitel 3.6: Die Böden

Bourgeat, F.: Sols sur socle ancien à Madagascar. Mémoires O.R.S.T.O.M. No. 57. Paris 1972.
Bourgeat, F., e. a.: Les sols alluviaux des hauts plateaux de Madagascar. TM 3, S. 89—106, 1968.
Bourgeat, F. — Aubert, G.: Les sols ferrallitiques à Madagascar. MRG 20, S. 1—23, 1972.
Bourgeat, F. — Zebrowski, C., e. a.: Relation entre le relief, les types de sols et leurs aptitudes culturales sur les hautes terres malgaches. TM 17, S. 183—217, 1975.
Hervieu, J.: Géographie des sols malgaches. Essai synthétique. Cahiers O.R.S.T.O.M. Série Pédologie, Vol. V, No. 1, 1967.
Le Bourdiec, P.: Accelerated erosion and soil degradation. Biogeography and ecology in Madagascar, S. 227—259. The Hague 1972.
Petit, M. — Bourgeat, F.: Les lavaka malgaches; un agent naturel d'évolution des versants. Bull. Assoc. Géogr. franç. 332/333, S. 29—33, 1965.
Roederer, P.: Les sols de Madagascar. Biogeography and ecology in Madagascar. S. 201—226. The Hague 1972.

Zu Kapitel 3.8: Der Naturschutz

Griveaud, P. — Albignac, R.: The problems of nature conservation in Madagascar. Biogeography and ecology in Madagascar, S. 727—739, The Hague 1972.

Zu Kapitel 4: Agrarlandschaft und Agrargesellschaft

Zu Kapitel 4.1: Agrargesellschaft und Besitzstruktur

Bied-Charreton, M. — G. Dandoy — J. P. Raison: Espaces naturels et développement rural: un travail collectif de cartographie sur Madagascar. — Vorbericht: Conditions géographiques de la mise en valeur agricole de Madagascar. O.R.S.T.O.M. Paris 1975.
Blanc-Jouvan, X.: Aspects nouveaux de la propriété foncière en droit malgache. Ann. malgaches, Univ. de Madagascar. Faculté de droit, 1, S. 33—79. Paris 1963.
I.N.S.E.E. — Enquête agricole. Tananarive 1966.
Pautard, J.: Exploitations agricoles et économie rurale à Madagascar. TM 2, S. 29—54, 1967.
Raison, J. P.: Note sur l'utilisation des cadastres malgaches pour la réalisation de cartes de terroirs. Cahiers O.R.S.T.O.M. Sér. Sciences hum. Vol. VI. No. 3, S. 5—28, 1969.

RAISON, J. P.: Les traveaux du Service Topographique de Madagascar et leur utilisation en sciences humaines. MRG 14, S. 97—130, 1969.

RAISON, J. P.: Un essai de cartographie de régions agricoles homogènes à Madagascar. Trav. et docum. de L'O.R.S.T.O.M. No. 39, S. 73—87, 1972.

RARIJAONA, R.: Le concept en droit fonçier de Madagascar. Etude de sociologie juridique. Paris 1967.

ROUVEYRAN, J. C.: L'exploitation agricole à Madagascar. Tananarive 1966.

ROUVEYRAN, J. C.: Essai de classification agroéconomique des surfaces des exploitations agricoles à Madagascar. TM 10, S. 85—104, 1971.

ROUVEYRAN, J. C. — CHAVANES, B.: Approche descriptive et quantitative de l'Agriculture Malgache. Rev. Econ. de Mad. 5, S. 137—239, 1970.

RUTHENBERG, H.: Ansätze und Hindernisse der weiteren landwirtschaftlichen Entwicklung in Madagaskar. Zschr. f. ausländ. Landw. 2, S. 18—59, 1963.

Zu Kapitel 4.2: Die traditionellen ländlichen Siedlungen

DECARY, R.: L'habitation chez quelques tribus malgaches. Mém. de l'ISM, Tome IV, Série C, S. 1—34. Paris 1957.

DECARY, R.: Contribution à l'étude de l'habitation à Madagascar. Pau 1958.

DECARY, R.: L'habitat à Madagascar. Pau 1958.

DELORD, R.: Les habitations traditionnelles de l'Ankaratra. Bull. de l'Acad. malgache, Nouv. Série, Tome 36, S. 307—314, 1958.

DEZ, J.: L'habitat traditionnel. Essai d'interprétation. BM 279, S. 701—713, 1969.

GALDI, P.: Les habitations traditionnelles à Madagascar. Informations et documents pour le développement rural, No. 33, 1969; 40, 1970.

JULIEN, G.: L'habitation indigène dans les possessions françaises: Madagascar. La Terre et la Vie, S. 44—72, 1931.

JULLY, A.: L'habitation à Madagascar. Col. de Madagascar, Rev. mens, 19, S. 899—934, 1898.

KAUFMANN, H.: Etude de l'habitat traditionnel de l'Imerina. Maschr. Tananarive 1966.

KLING, G.: Lexique des noms géographiques de Madagascar. BM 136, S. 790—818, 1957; 137, S. 882—905, 1957.

MILLE, A.: Les anciens villages fortifiés des Hautes Terres malgaches. MRG 12, S. 103—114, 1968.

MOLET, L.: Petit guide de toponymie malgache. ISM, Sect. des Sc. hum. Tananarive 1957.

RAVEHONA, P.: L'habitation rurale sur les Hauts-Plateaux. Lumière No. 1518, 1965.

SICK, W. D.: Strukturwandel ländlicher Siedlungen in Madagaskar als Folge sozialökonomischer Prozesse. 40. Dt. Geographentag Innsbruck. Tagungsber. u. wiss. Abh. S. 280—291. Wiesbaden 1976.

WOULKOFF, W.: La construction des habitations malgaches. Rev. de Mad. N. S. 17, S. 35—48, 1962.

Zu Kapitel 4.3: Die fremde und die einheimische Kolonisation
und die Binnenwanderungen

DELENNE, M.: Terroires en gestation dans le Moyen-Ouest malgache. ER 37—39,
S. 410—448, 1970.

DESCHAMPS, H.: Les migrations intérieures passées et présentes à Madagascar. L'homme
d'Outre-Mer Nouv. Série 1. Paris 1959.

GOUROU, P.: Milieu local et colonisation réunionnaise sur les plateaux der la Sakay (Cen-
tre-Ouest de Madagascar). COM 9, S. 36—57, 1956.

GUERIN, M.: Les migrations — facteurs de l'évolution socio-économique de l'Androy.
TM 7, S. 53—82, 1970.

ISNARD, H.: La colonisation agricole à Madagascar. Rev. de Géogr. Alpine, 39, S. 97—126,
1951.

KOERNER, F.: Les types de sociétés agricoles privées à Madagascar. Com 21, S. 276—297,
1968.

KOERNER, F.: Décolonisation et économie des plantations. Situation des propriétés euro-
péennes à Madagascar. AG 780 (430), S. 654—679, 1969.

MILLOT, M.: Etude des possibilités de mise en valeur du Moyen-Ouest. 2 Bde. B.D.P.A.
o. J.

RAISON, J. P.: La colonisation agricole des terres neuves dans la zone intertropicale.
O.R.S.T.O.M. Tananarive 1967.

RAISON, J. P.: Immigration spontanée et immigration planifiée dans la région de la Sakay.
O.R.S.T.O.M. Tananarive o. J.

RAISON, J. P.: Conditions et conséquences de l'intensification de l'agriculture sur les hautes
terres malgaches. TM 15, S. 59—68, 1973.

WUEST, R.: Die Bevölkerungswanderungen im äußeren Nordwesten Madagaskars. Diss.
Freiburg 1974.

Zu Kapitel 4.4: Die Methoden und Produkte der Primärwirtschaft

BASTIAN, G.: La forêt d'Ambohitantely. MRG 5, S. 1—42, 1964.

BECH, A.: Le manioc et les féculeries à Madagascar. TM 8, S. 179—194, 1970.

BOSCH, J. — PETITJEAN, B.: Aspects du marché de la vanille. TM 3, S. 47—76, 1968.

COURAUD, A.: La culture du cacaoyer au Sambirano. BM 280—281, S. 786—810, 1969.

DEFOS DU RAU, J.: Le sisal dans le Sud malgache. COM 7, S. 51—83, 1954.

DEWAILLY, J. M.: La cultur de la banane d'exportation. MRG 16, S. 7—43, 1970.

DEZ, J.: Eléments pour une étude de l'économie agro-sylvo-pastorale de l'Imerina ancienne.
TM 8, S. 9—60, 1970.

DOMERGUE, C. A.: Les grands traits de l'hydraulique à Madagascar. MRG 19, S. 7—47,
1971.

DONQUE, G.: L'aleurite et l'huile de toung à Madagascar. COM 15, S. 180—186, 1962.

DONQUE, G.: Les cultures maraîchères dans la région de Tananarive. MRG 5, S. 71—104,
1964.

DONQUE, G.: L'agriculture et l'élevage à Madagascar. COM 27, S. 105—127; S. 271—300,
1974.

DOUESSIN, R.: Le sucre à Madagascar. MRG 22, S. 95—168, 1973.

DUFOURNET, R.: Riziculture malgache. BM 244, S. 857—870, 1966.

DUFOURNET, R.: Le giroflier et sa culture à Madagascar. BM 262, S. 216—279, 1968.

FANONY, F.: La riziculture sur brûlis (tavy) et les rituels agraires dans la région de Manana-ra-Nord. TM 17, S. 29—48, 1975.

GRANIER, P.: Le rôle de l'élevage extensif dans la modification de la végétation à Madagascar. BM, S. 1047—1056, 1965.

GRANIER, P.: Le stylosanthes graciles à Madagascar. Amélioration des savannes et intégra-tion de l'élevage à l'agriculture. BM 289, S. 522—550, 1970.

GREGOIRE, R.: L'opération de productivité rizicole. TM 4, S. 5—12, 1968.

GUICHON, A.: La législation et la réglementation de l'exploitation forestière à Madagascar et leur application pratique. TM 6, S. 137—169, 1969.

KIENER, A.: Poissons, pêche et pisciculture à Madagascar. Nogent s. Marne 1963

LE BARS, Y., u. a.: L'hydraulique agricole à Madagascar. TM 4, S. 179—193, 1968.

LE BOURDIEC, F.: Hommes et paysages du riz à Madagascar. 3 Bde. Mschr. Tananarive 1973.

LE BOURDIEC, F.: Le sisal à Madagascar. MRG 13, S. 57—90, 1968.

LE BOURDIEC, F.: Géographie historique de la riziculture malgache. MRG 31, S. 11—72, 1977.

MOLET, L.: La culture indigène du riz et certains de ses problèmes à Madagascar. Mém. de l'ISM, Série C, Tome V, S. 197—213, 1959.

PELLERAY, H.: Quelques données de base en vue de l'étude des régimes hydrologiques de Madagascar. Mém. de l'IRSM, Série D. Tome VI, 1954.

RABE, A. H.: Der Ackerbau auf der Insel Madagaskar unter besonderer Berücksichtigung der Reiskultur. IfO-Inst. Mschr. Münschen 1965.

RAISON, J. P.: Mouvements et commerce des bovins dans la région de Mandoto (Moyen-Ouest de M.) MRG 12, S. 7—58, 1968.

RAMANANTSOA, G.: Effort de reboisement et exploitation de la forêt à Madagascar. TM 4, S. 195—202, 1968.

RAMANANTSOAVINA, G.: Aperçu sur quelques produits agricoles malgaches (Café, Vanille, Girofle, Coton). TM 10, S. 199—230, 1971.

RAMANANTSOAVINA, G.: Aperçu sur trois produits agricoles malgaches: le sucre, le poivre, le sisal. TM 11, S. 191—204, 1972.

RAMAROSON, S. — RAZAFINDRAKOTO, D.: L'élevage à Madagascar. Situation actuelle et per-spectives d'avenir. TM 14, S. 1—21, 1972/73.

RASAMOELA, L.: Le Raphia dans le commerce exterieur de Madagascar. TM 1, S. 205—210, 1972.

SERV. DE LA PÊCHE MARITIME: La pêche maritime à Madagascar. TM 14, S. 219—226, 1972/73.

VERIN, P., e. a.: Note sur la plantation des sucreries marseillaises de Mad. à Namakia. MRG 16, S. 163—165, 1970.

Zu Kapitel 4.6: Die Agrargesellschaft im Übergang von der Subsistenz- zur Marktwirtschaft

CHARMES, J.: Processus de stratification sociale et action du vulgarisation sur les Hauts Pla-teaux malgaches. TM 13, S. 69—95, 1972.

CHARMES, J.: Théorie et pratique de la vulgarisation agricole. TM 15, S. 45—57, 1973.

CHARMES, J.: Métayage et capitalisme agraire sur le périmètre Nord de la Somalac. Cahiers O.R.S.T.O.M. Série Sciences Hum. Vol. XII, No. 3, S. 259—283, 1975.

COMTE, J.: Les communes malgaches. Tananarive 1963.

CONDOMINAS, G.: Fokon'olona et collectivités rurales en Imerina. Paris 1960.

DEMOITIE, R.: Development of the cooperation movement in the Republic of Madagascar. Yearbook of Agric. cooperation, S. 103—117, 1971.

DEZ, J.: Les conflits entre la tradition et la novation. BM 227—228, 1965.

DEZ, J.: Un des problèmes du développement rural: la diffusion de la vulgarisation agricole. TM 1, S. 41—70, 1966.

FRANÇOIS, P.: Budgets et alimentation des ménages ruraux en 1962. Rapport de synthèse. Paris, Tananarive 1969.

GARRIGUES, A.: Problèmes de l'artisanat rural à Madagascar. TM 7, S. 171—193, 1970.

GUERIN, M.: Vulgarisation agricole et traditions à Madagascar. TM 2, S. 5—27, 1967.

HANICOTTE, G.: Les syndicats préfectoraux de communes. TM 15, S. 165—172, 1973.

ISNARD, H.: La vie rurale à Madagascar. COM 3, S. 301—318, 1950; 4, S. 39—60, 1951.

LANZENDÖRFER, M.: Der madegassische Weg der Überwindung der Unterentwicklung. Zum Stellenwert der Reorganisation des Agrarsektors. Mschr. Dipl. Arbeit. Erlangen 1975.

MÜLLER, J. O.: Ansätze zur Förderung von Agrargenossenschaften und verwandten Organisationen in Madagaskar. Zschr. f. ausländ. Landw. 8, S. 110—134, 1971.

PAVAGEAU, J.: Les jeunes paysans et le développement des rapports marchands à Madagascar. TM 17, S. 1—28, 1975.

PRATS, Y.: Le développement communautaire à Madagascar. Bibl. Afric. et Malg. 18, Paris 1972.

RANDRIANJAFIZANAKA, A.: Les vols de bœufs. TM 14, S. 151—171, 1972/73.

RAZAFIMPAHANANA, B.: Le paysan malagasy. Tananarive 1972.

RAZAFINDRANORO, G.: Les contradictions sociales au sein de la paysannerie ›Merina‹. TM 16, S. 173—190, 1974.

ROUVEYRAN, J. C.: La logique des agricultures de transition. L'exemple des sociétés paysannes malgaches. Tananarive 1972.

ZU KAPITEL 5: DIE STÄDTISCHEN ZENTRALEN ORTE

CENTRE NATIONAL DE LA RECHERCHE SCIENTIFIQUE: La croissance urbaine en Afrique Noire et à Madagascar. Coll. Internat. CNRS Talence. Paris 1972.

DONQUE, G.: Le Zoma de Tananarive. Etude géographique d'un marché urbain. MRG 7, S. 93—227; 8, S. 93—273, 1965.

GENDREAU, F.: Les centres urbains à Madagascar. Coll. Internat. CNRS, Tome II, S. 591—609, Paris 1972.

I.N.S.R.E. — Recensements urbains. Tananarive 1968 ff.

ISNARD, H.: Géographie urbaine et développement économique à Madagascar. MRG 8, S. 1—9, 1966.

LE BOURDIEC, P.: Croissance et organisation de l'espace urbain et suburbain: La morphologie des villes malgaches. Coll. Internat. CNRS Talence, Tome I, S. 157—176. Paris 1972.

Le Bourdiec, P.: Villes et régionalisation de l'espace à Madagascar. Thèse de Doctorat, Maschr. Paris 1977.

Poirier, J.: Aspects de l'urbanisation et sociologie urbaine à Madagascar. Civilisation, 18 (2), S. 285—298. Bruxelles 1968.

Portais, M.: L'influence d'une petite ville sur son environnement rural — Le Bassin d'Ambalavao. Coll. Internat. CNRS Talence, Tome II, S. 935—954. Paris 1972.

Wurtz, J.: L'influence de la ville de Tananarive sur les structures de sa région. Coll. Internat. CNRS Talence, Tome II, S. 1079—1087. Paris 1972.

Zu Kapitel 6: Bergbau und Industrie

Beygin, A.: Les industries de Madagascar. Dipl. d'Etudes sup. de Géogr. Tananarive 1967 (Maschr.)

Besairie, H.: Gîtes minéraux de Madagascar. 2 Bde. Annales géologiques de Madagascar, 34, I, II. Tananarive 1966.

Douessin, R.: Les industries de Tananarive. MRG 1, S. 1—102, 1962.

Hedrich, M.: Standort der Industrie im entwicklungsstrategischen Konzept Madagaskars. Internat. Afrikaforum 11, S. 107—110. München 1975.

I.N.S.R.E. — Recensement Industriel. Résultats pour 1969 et 1970.

Kratz, A.: Voraussetzungen und Möglichkeiten einer industriellen Entwicklung in Madagaskar. Hamburg 1963.

Ramanantsoavina, G.: Projets sylvo-industriels à Madagascar: l'industrie de la cellulose. MRG 27, S. 89—95, 1975.

Zu Kapitel 7: Der Verkehr

Demangeot, J.: La construction du faisceau de transport aérien France-Archipel malgache. COM 18, S. 369—405, 1965; MRG 9, S. 45—151, 1966; MRG 10/11, S. 83—162, 1966.

Marquardt, W.: Madagaskar — Probleme seines Seeverkehrs, seiner Häfen und Hafenpolitik. Erdkundl. Wissen 36, S. 135—163, 1974.

Pierrein, L.: La question portuaire et l'économie de Madagascar. Rév. de Géogr. Alpine, 39, S. 127—148, 1951.

Zu Kapitel 8: Die Bevölkerungsstruktur

Andriamboahangy, D. B.: Démographie et développement de Madagascar. Révue de Démographie, 2, S. 1—14. Tananarive 1975.

Bardonnet, D.: Les minorités asiatiques à Madagascar. Annuaire Français de droit international 10, S. 127—224, 1964.

Gendreau, F.: Quelques aspects de la recherche en démographie à Madagascar. Cahiers O.R.S.T.O.M. Série Sciences humaines, Vol VI., No. 4, 1969.

Gourou, P.: Cartes de densité et de localisation de la population (de Madagascar). O.R.S.T.O.M. Paris 1968.

Hepp, G.: Erziehung und Politik im unabhängigen Madagaskar. Diss. Freiburg 1976.

I.N.S.R.E. — Inventaire des statistiques sociales 1972.

I.N.S.R.E. — Etude sur la population de Madagascar 1974.

MARQUARDT, W.: Inder und Chinesen auf Madagaskar. Erde 94, S. 321—333, 1963.

RASOAMPIANINA, V.: Essai de régionalisation à partir des données sur la population. Rév. de Démographie 2, S. 15—30. Tananarive 1975.

VERIN, P., e. a.: Arabes et Islamisés à Madagascar et dans l'océan indien. Rév. de Mad. 34—37. Tananarive 1967.

ZU KAPITEL 9: DER STAAT MADAGASKAR — POLITIK UND WIRTSCHAFT

CHARTE DE LA RÉVOLUTION SOCIALISTE MALGACHE, 1975.

DEFOS DU RAU, J.: La situation économique de Madagascar. COM 12, S. 174—209, 1959.

EBERLE, C. M.: Madagaskar als Wirtschaftspartner. IfO-Inst. München 1970.

GAUDUSSOU, I. DE: La nouvelle constitution malgache du 31. 12. 1975. Revue Juridique et Politique 30, S. 261—299. Paris 1976.

GENDARME, R.: L'économie de Madagascar. Paris 1963.

I.N.S.R.E. — Inventaire socio-économique de Madagascar 1960—1965, 1964—1968. Tananarive.

I.N.S.R.E. — Statistiques du Commerce extérieur de Madagascar 1974.

I.N.S.R.E. — Situation économique au 1. 1. 1975.

MARQUARDT, W.: Madagaskar. Jährliche Berichte in: Internationales Afrikaforum, München.

MINISTÈRE DU PLAN: Plan de développement national 1974—1977. Tananarive 1974.

NEIERTZ, P.: Situation de l'économie à Madagascar. Rev. écon. de Mad. 5, S. 89—135, 1970.

ZU KAPITEL 10: DIE LANDSCHAFTSRÄUME MADAGASKARS

Zu Kapitel 10.1: Das Hochland

ANCIAN, G.: La vie des Betsileo à Madagascar. Bull. Comm. Trav. Hist. et Scientif., Section Géographie, S. 1—75, 1955.

BATTISTINI, R.: Le massiv volcanique de l'Itasy (Madagascar). AG 71, S. 167—178, 1962.

BATTISTINI, R.: Problèmes morphologiques du Vakinankaratra. MRG 5, S. 43—69, 1964.

BERG, J. J.: Notes sur trois communautés rurales en pays Merina. MRG 4, S. 113—132, 1964.

BIED-CHARRETON, M.: Le canton de Betafo et le village d'Anjazafotsy. BM 265, S. 483—552, 1968.

BIED-CHARRETON, M.: Contrastes naturels et diversité agraire aux environs de Betafo (Madagascar). ER 37—39, S. 378—396, 1970.

BONNEMAISON, J.: Les peuplements des ›hauts‹ de l'Ankaratra. MRG 14, S. 33—61, 1969.

BONNEMAISON, J.: Les rizicultures d'altitude: Tsarahonenana, village de l'Ankaratra (Madagascar). ER 37—39, S. 326—344, 1970.

BOURGEAT, F.: Sols sur socle ancien à Madagascar. Mémoires O.R.S.T.O.M. No. 57. Paris 1972.

DUBOIS, H. M.: Monographie des Betsileo. Inst. d'Ethnologie, Bd. 34. Paris 1938.

LABATUT, F.: La site et les paysages de Fianarantsoa. COM 17, S. 341—369, 1964.

LE CHAU: Economie urbaine d'Antsirabé. Trav. et docum. de l'O.R.S.T.O.M. 21. Paris 1973.

MARCHAL, J. Y.: Contribution à l'étude historique du Vakinankaratra. BM 250, S. 241—280, 1967.

MARCHAL, J. Y.: Un exemple de colonisation agricole à Madagascar: Antanety-Ambohidava. ER 37—39, S. 397—409, 1970.

MARCHAL, J. Y.: La colonisation agricole au Moyen-Ouest malgache. La petite région d'Ambohimanambola (Sous-Préf. de Betafo). Atlas de strucutres agraires à Madagascar 2, O.R.S.T.O.M. Paris 1974.

MOTTET, G.: L'Itasy à la fin du XIXe siècle, essai de géographie historique. MRG 15, S. 53—79, 1969.

PETIT, M.: Où en sont les aménagements de la Sakay? MRG 6, S. 61—86, 1965.

PORTAIS, M.: L'influence d'une petite ville sur son environnement rural — Le Bassin d'Ambalavao. Coll. Internat. CNRS Talence, S. 935—954. Paris 1972.

RAISON, J. P.: Paysage rural et démographie: Leimavo (Nord du Betsileo, Mad.), ER 37—39, S. 345—377, 1970.

RAISON, J. P.: Utilisation du sol et organisation de l'espace en Imerina ancienne. Etudes de géogr. trop., offertes à P. Gourou. S. 407—425, Mouton 1972.

RATSIMBAZAFY, E.: Terroirs des Hauts-Plateaux et perspectives de restructuration. TM 16, S. 153—172, 1974.

SICK, W. D.: Luftbild — Hochland von Madagaskar. Erde 102, S. 257—261, 1971.

WURTZ, J.: Evolution des structures foncières entre 1900 et 1968 à Ambohiboanjo (Mad.), ER 37—39, S. 449—479, 1970.

Tananarive

BIED-CHARRETON, M. — WURTZ, J. — LEBRAS, J. L.: La plaine de Tananarive. 4 Bde. O.R.S.T.O.M. Tananarive 1967.

DONQUE, G.: Le Zoma de Tananarive. Etude géographique d'un marché urbain. MRG 7, S. 93—227; 8, S. 93—273, 1965.

DONQUE, G.: Population et société tananariviennes. BM 270, S. 919—980, 1968.

DONQUE, G.: Les grandes villes d'Afrique et de Madagascar. Tananarive. Notes et documents, No. 3529—3530, 1968.

DONQUE, G.: Les problèmes fondamentaux de l'urbanisme tananarivien. MRG 13, S. 7—57, 1968.

DONQUE, G.: L'extension urbaine de Tananarive. Coll. Internat. CNRS Talence, Tome I, S. 535—547. Paris 1972.

DOUESSIN, R.: Les industries de Tananarive. MRG 1, S. 1—102, 1962.

DOUESSIN, R.: Géographie agraire des plaines de Tananarive. MRG 25, S. 10—156, 1974; 26, S. 9—91, 1975.

ISNARD, H.: Les plaines de Tananarive. COM, 8, S. 5—29, 1955.

MANTAUX, Ch. G.: Tananarive d'autrefois. Rev. de Mad. 47/48. S. 4—61, 1969.

RAMAMONJISOA, J.: Tananarive, étude de géographie urbaine. MRG 27, S. 121—132, 1975.

RANDRIANIMANANA, G.: L'approvisionnement en main d'œuvre de la zone périphérique de la ville de Tananarive. TM 17, S. 49—64, 1975.

ROBEQUAIN, Ch.: Une capitale montagnarde en pays tropicale: Tananarive. Rev. de Géogr. Alpine 37, S. 273—330, 1949.

SARREMEJEAN, M.: La vie agricole et le calendrier du paysan malgache dans les plaines de Tananarive. COM 14, S. 349—371, 1961.

SICK, W. D.: Tropische Hochländer im Spiegel ihrer Städte. Ein Vergleich zwischen Quito (Ecuador) und Tananarive (Madagaskar). Tübinger Geogr. Studien H. 34 (= Sonderband 37), S. 293—307. Tübingen 1970.

TANANARIVE — Essai sur ses origines, son développement, son état actuel. Tananarive 1952.

WURTZ, J.: L'influence de la ville de Tananarive sur les structures agraires de sa région. Coll. Internat. du CNRS Talence, Tome II, S. 1079—1087. Paris 1972.

Zu Kapitel 10.2: Der Osten

ALTHABE, G.: Oppressions et libération dans l'imaginaire. Les communautés villageoises de la côte orientale de Madagascar. Paris 1969.

ALTHABE, G.: La vallée Antemoro de la Mananano. TM 7, S. 39—51, 1970.

BASTIAN, G.: Un vieil établissement français de l'Océan indien: Fort-Dauphin. COM 5, S. 241—256, 1952.

BATTISTINI, R.: Notes de reconnaissance sur quelques types de paysages agraires traditionnels du Sud-Est de Madagascar. MRG 6, S. 87—115, 1965.

BIED-CHARRETON, M.: La côte Sud-Est de Madagascar. O.R.S.T.O.M. Paris 1972.

COTTE, V.: Regardons vivre un tribu malgache: Les Betsimisaraka. Paris 1947.

DANDOY, G.: Vohibary, terroir du pays Betsimisaraka. O.R.S.T.O.M. Tananarive 1967.

DANDOY, G.: Terroirs et économies villageoises de la région de Vavatenina. Atlas des Structures agraires à Madagascar No. 1, O.R.S.T.O.M. Paris 1973.

DESCHAMPS, H.: Les Antaisaka. Paris 1936.

DESCHAMPS, H. — VIANES, S.: Les Malgaches du Sud-Est. Le peuple malgache, Monographies éthnologiques 1. Paris 1959.

FERNANDEZ, M. F.: Les transformations économiques de la région du Lac Alaotra au XXᵉ siècle. MRG 17, S. 87—92, 1970.

GUILLIOU, Y.: Samangoky-Andapa. Deux exemples d'aménagement hydro-agricole à Madagascar. TM 16, S. 1—80, 1975.

LAPIERRE, J. W.: Les transformations de la société rurale dans la région du Lac Alaotra. Civil. malg., Univ. de Mad., Série Sc. hum. No. 1, S. 203—224, 1964.

LE BOURDIEC, P.: Une économie ›insulaire‹ au cœur de Madagascar: L'Ankaibe. MRG 6, S. 1—35, 1965.

LINTON, R.: The Tanala — a hill tribe of Madagascar. Mus. of Nat. Hist. 317. Chicago 1933.

LOUZOUN, G.: Le remembrement au Lac Alaotra. TM 2, S. 101—128, 1967.

PETIT, M.: Ankofa, village Betsimisaraka. COM 18, S. 105—122, 1965.

PORTAIS, M.: Les cultures commerciales dans un milieu géographique original: La cuvette d'Andapa (Mad.) Trav. et docum. de Géogr. tropic. No. 20, S. 325—355, 1975.

Zu Kapitel 10.3: Der Norden

BATTISTINI, R.: Problèmes géomorphologiques de l'Extrème-Nord de Madagascar. MRG 7, S. 1—61, 1965.

BOURGEAT, F. — DAMOUR, M.: Les Deltas du Nord-Ouest de Madagascar. TM 13, S. 163—182, 1972.

GUILCHER, A.: Un cas d'économie tropicale de plantation: Les îles Radama (Madagascar). COM 10, S. 23—33, 1957.

KOERNER, F.: Décolonisation et économie de plantation dans les régions côtières du Nord et du l'Ouest malgache. Rev. Econ. de Mad. 5, S. 317—331, 1970.

LE BOURDIEC, P. et F.: L'Ankaizina. Problèmes de mise en valeur d'une région. MRG 10—11, S. 7—40, 1967.

MOLET, L.: Démographie de l'Ankaizina Mém. de l'ISM, Série C, Tome III, S. 1—230, 1956.

MOLET, L.: L'expansion Tsimihety. Mém. de l'ISM, Série C, Tome IV, S. 1—196, 1959.

PORTAIS, M.: Problème d'aménagement régional d'un espace géographique hétérogène: Le Nord de Madagascar. Trav. et docum. de l'O.R.S.T.O.M., 39, S. 34—38, 1974.

ROSSI, G.: Une ville de colonisation française dans l'Océan Indien: Diégo-Suarez. COM, S. 104—426, 1973.

ROSSI, G.: Les divisions régionales de l'extrême Nord de Madagascar. MRG 24, S. 75—87, 1974.

ROSSI, G.: Aspects morphologiques du karst de Narinda. MRG 27, S. 65—88, 1975.

Zu Kapitel 10.4: Der Westen

BATTISTINI, R.: Note sur l'agriculture autochtone et les déplacements agricoles saisonniers dans le delta du Mangoky. Mémoires de l'ISM, Série C, tome V, S. 215—233, 1959.

BATTISTINI, R. — FRERE, S.: Population et économie paysanne du Bas-Mangoky. O.R.S.T.O.M. Paris 1958.

DOUMENGE, F. — BATTISTINI, R.: La mise en valeur du delta du Mangoky. COM 19, S. 144—173, 1966.

GUILLIOU, Y.: Samangoky-Andapa. Deux exemples d'aménagement hydro-agricole à Madagascar. TM 16, S. 1—80, 1975.

LAVONDES, H.: Bekoropoka. Quelques aspects de la vie familiale d'un village malgache. Cahiers de l'homme, Nouv. Sér. 6. Paris 1967.

LE BOURDIEC, F.: L'évolution de la riziculture dans l'Ouest malgache. MRG 30, S. 9—32, 1977.

MARCHAL, J. Y.: Etude géographique de la plaine de Bemarivo. Trav. et docum. de l'O.R.S.T.O.M. No. 16. Paris 1972.

OTTINO, P.: Les économies paysannes malgaches du Bas-Mangoky. L'homme d'Outre-Mer, No. 7, 1963.

TOUR, M. DE LA —: Les Baiboho de l'Ouest malgache. BDPA. Mschr. Tananarive 1963.

TROUCHAUD, J. P.: La basse plaine du Mangoky. Cahiers de l'O.R.S.T.O.M. Sér. Sciences hum. Vol. III, No. 3, S. 1—91, 1965.

Zu Kapitel 10.5: Der Süden

BASTIAN, G.: Un vieil établissement français de l'Océan indien: Fort-Dauphin. COM 5, S. 241—256. 1952.

BATTISTINI, R.: L'extrème-Sud de Madagascar. Etude géomorphologique. Tananarive 1963, Toulouse 1964.

BATTISTINI, R.: Géographie humaine de la plaine côtière Mahafaly. Etudes malgaches 12. Toulouse 1964.

BATTISTINI, R.: Notes de reconnaissance sur quelques types de paysages agraires traditionnels du Sud et Sud-Est de Madagascar. MRG 6, S. 87—115, 1965.

BATTISTINI, R. — DOUMENGE, F.: La morphologie de l'escarpement de l'Isalo et de son revers dans la région de Ranohira (Sud-Ouest de Madagascar) MRG 8, S. 87—92, 1966.

DANDOY, G. — HARRISON, B.: Atlas de la région de Manombo — Befandriana-Sud. Trav. et docum. de l'O.R.S.T.O.M., No. 16, S. 85—162. Paris 1972.

DECARY, P.: L'Androy. Essai de monographie régionale. Paris 1930.

FAUBLEE, J.: La cohésion des sociétés Bara. Paris 1946.

FRERE, S.: Madagascar. Panorama de l'Androy. Paris 1958.

GUERIN, M.: Motivations nouvelles dans les communautés villageoises antandroy. TM 10, S. 127—162, 1971.

GUERIN, M.: Influences socio-économiques des plantations de sisal de la vallée du Mandrare sur l'environnement paysan. TM 13, S. 39—67, 1972.

HAUT DE SIGY, G. DE: Etude agronomique de la cuvette d'Ankazomanga. TM 1, S. 137—199, 1966.

HOERNER, J. M.: Essai de géographie régionale quantitative sur le sud-ouest malgache. MRG 29, S. 155—172, 1976.

HOERNER, J. M.: L eau et l'agriculture dans le Sud-Ouest de Madagascar. MRG 30, S. 63—104, 1977.

KOECHLIN, B.: Les Vezo du Sud-Ouest de Madagascar. Cahiers de l'Homme, Nouv. Série 15. Paris 1975.

LEMAITRE, Y.: La chèvre angora et le mohair dans la province de Tuléar. TM 5, S. 185—222, 1969.

MICHEL, L.: Mœurs et coûtumes des Bara. Mém. de l'Acad. malg. Fasc. 40. Tananarive 1957.

SALOMON, J. N.: Tuléar, un exemple de croissance et de structure urbaine en milieu tropicale. MRG 30, S. 33—62, 1977.

SALOMON, J. N.: Fourrés et forêts sèches du Sud-Ouest malgache. MRG 32, S. 19—39, 1978.

SOURDAT, M.: Sur l'évolution du Massif de l'Isalo et du Bassin de l'Onilahy (Sud-Ouest de M.). MRG 16, S. 105—118, 1970.

REGISTER

ORTSREGISTER

SACHREGISTER

TAFELTEIL

Bild 1: Tananarive: Altstadt mit Wohnhäusern des 19. und 20. Jahrhunderts am Faravohitra-hügel.

Bild 2: Tananarive: Markt (Zoma) mit Obst- und Gemüseständen.

Bild 3: Tananarive, Neustadt: Verwaltungsviertel am Anosysee.

Bild 4: Vorort im Südwesten von Tananarive auf Anhöhe inmitten von Reisfeldern der Betsimitatatraebene.

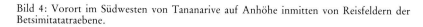

Bild 5: Südliches Hochland: Granithöhen südwestlich von Ambalavao.

Bild 6: Vulkanberge nordwestlich des Itasysees im zentralen Hochland.

Bild 7: Westliches Hochland: Erosionskerben (Lavaka) in der gerodeten Grassavanne.

Bild 8: Zentrales Hochland: Reisfelder mit Terrassen im Becken von Faratsiho am Anka-ratragebirge.

Bild 9: Zeburinder auf dorfnaher Naturweide.

Bild 10: Betsileobevölkerung: Versammlung nach dem Kirchenbesuch.

Bild 11: Verlandete Niederung am Alaotrasee. Eukalyptus-Anpflanzung im Vordergrund.

Bild 12: Östlicher Steilrand des Hochlandes mit Resten des Regenwaldes an der Strecke Tananarive–Tamatave.

Bild 13: Hafen von Fort-Dauphin am südöstlichen Steilrand des Gebirges.

Bild 14: Östliches Küstenvorland: Dorf bei Farafangana. Wohnbauten mit gleichgerichteter Firstlinie.

Bild 15: Östliches Küstenvorland: Betsimisarakadorf bei Nosy-Varika, Pfahlbauten, Dorfplatz mit Zeremonienpfählen.

Bild 16: Östliches Küstenvorland: Betsimisarakakinder mit französischem Missionar.

Bild 17: Insel Nossi-Bé: Fischerboote am Strand unter Kokospalmen.

Bild 18: Insel Nossi-Bé: Zuckerfabrik von Dzamandzar.

Bild 19: Nordwesten: Arbeitersiedlung einer Zuckerrohrplantage (Sosumav).

Bild 20: Westen: Trockenwald mit Affenbrotbäumen (Baobab) bei Morondava.

Bild 21: Moschee in Majunga.

Bild 22: Westen: Ruinenförmiges Bergland von Isalo und Trockensavanne.

Bild 23: Süden: Dornsavanne mit endemischen Didieraceen (Fantsiholitra).

Bild 24: Süden: Mahafalygrab; Steinaufschüttung mit Ochsenhörnern und geschnitzten Statuen.

Bild 25: Süden: Mahafalyfamilie in einem Dorf bei Ampanihy.

Bild 26: Süden: Praktische Entwicklungshilfe; Antandroybauer mit Zebuochsen und pflügender deutscher Helfer auf Batatefeld.

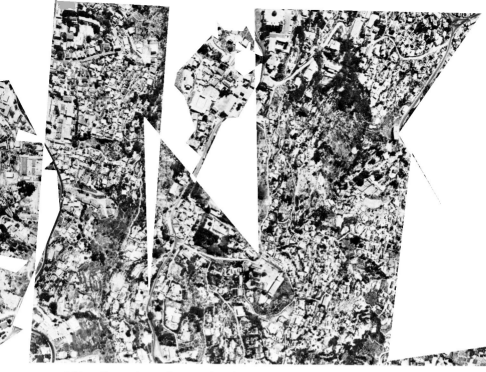

Bild 27: Tananarive. In der Mitte das auf steiler Anhöhe gelegene Königsschloß (Rova), oben der Sitz des Ministerpräsidenten (quadratischer Bau), rechts und links eng verbaute Alt-stadtteile mit Abschnitten der um 1900 angelegten Ringstraße; rechts außen Tälchen mit kleinparzelliertem Gemüseanbau (1 : 8000). (© I.G.N., Paris, Nr. 34 / 8. 11. 1978.)

Bild 28: Hochland bei Arivonimamo westlich Tananarive. Ehemalige Befestigungsanlagen der Merina mit Grabensystemen. Dazwischen Talnischen mit Reisfeldern, z. T. in Terrassen (1 : 7500). (© I.G.N., Paris, Nr. 2970/.)

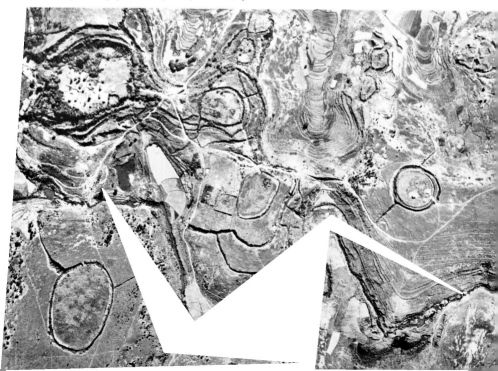

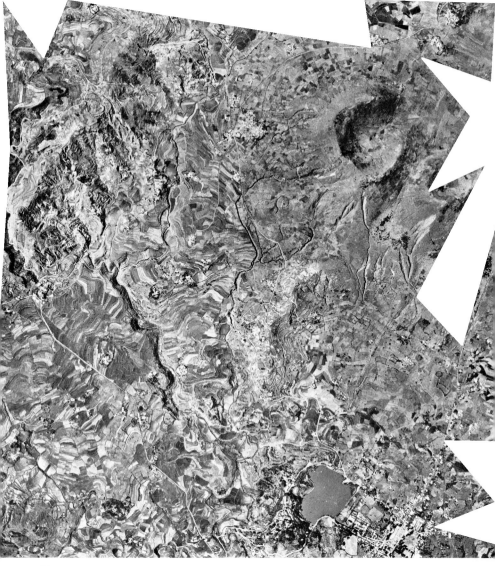

Bild 29: Hochland bei Betafo. Rechts oben junge Vulkankegel, links unten kleinparzelliertes Feldland, z. T. mit Terrassen und Streusiedlungen, rechts unten am See Betafo, Hauptort einer Unterpräfektur (1 : 25 000). (© I.G.N., Paris, Nr. 45 / 8. 11. 1978).

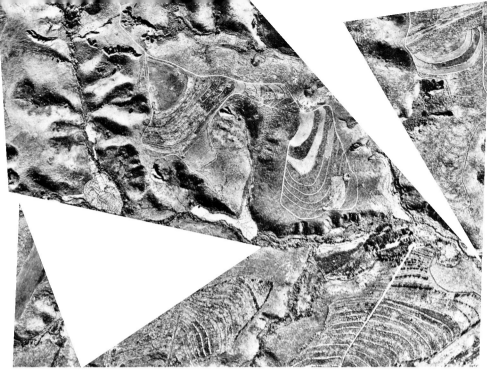

Bild 30: Hochland, Kolonisationsgebiet Sakay westlich Tananarive. Hangparallele Feld-streifen auf den Riedeln zwischen den Tälern und Erosionsnischen. Reisfelder auf den Tal-sohlen (1 : 10000). (© I.G.N., Paris, Nr. 506 / 8. 11. 1978).

Bild 31: Regenwald am Steilrand des Hochlandes östlich von Fianarantsoa. Rodegasse an Fluß und Straße mit Thermalbadeort Ranomafana (1 : 25000). (© I.G.N., Paris, Nr. 139 / 8. 11. 1978.)

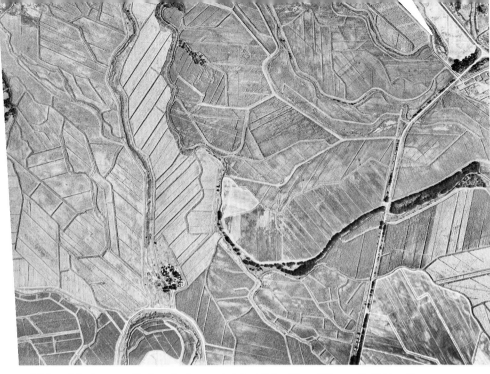

Bild 32: Nordwesten: Zuckerrohrplantage bei Ambilobe. Planmäßige große Feldstreifen mit Bewässerungskanälen und Verkehrslinien (1 : 25 000). (© I.G.N., Paris, Nr. 021 / 8. 11. 1978.)

Bild 33: Westliches Küstenvorland bei Morondava. Rechts Dorf Bemanonga an der Hauptstraße zum Hochland, oben Niederung mit Reisfeldern, unten Trockenwald, z. T. gerodet mit Sekundärvegetation (1 : 10 000). (© I.G.N., Paris, Nr. 358 / 8. 11. 1978.)

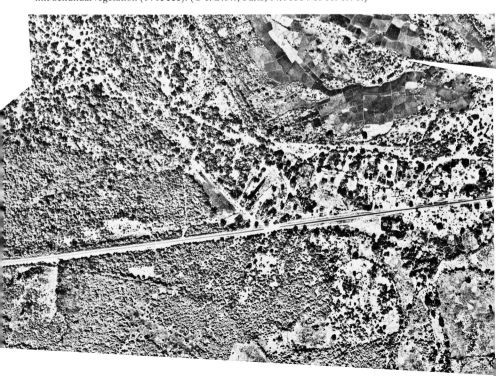

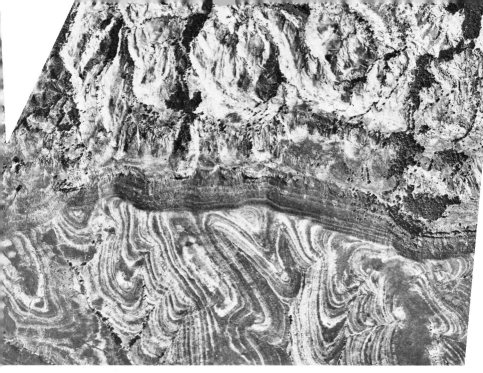

Bild 34: Westliches Schichtstufenland, Jurastufe Bemaraha. Unten verkarstete Landterrasse mit wechselnden Gesteinsschichten, oben tiefere Fläche mit Taloberläufen und Buschland auf wasserstauenden Schichten (1 : 25000). (© I.G.N., Paris, Nr. 249 / 8. 11. 1978.)

Bild 35: Südwestliches Küstenland. Küste mit Brandung, dahinter teils bewachsene Dünen umhegte rundliche Feldparzellen (Vala) der Mahafaly, rechts Steilrand des Kalkplateau (1 : 60000). (© I.G.N., Paris, Nr. 282 / 8. 11. 1978.)